少年法講義
［第4版］

丸山雅夫
Maruyama Masao

成 文 堂

第 4 版はしがき

　2016 年 3 月に本書の第 3 版を公刊して以降，少年法と少年司法をめぐる最大の動きは，2017 年に，法務大臣から「少年法における少年の年齢及び犯罪者処遇を充実させるための刑事法の整備に関する諮問第 103 号」が発せられたことである。それは，民法上の成年年齢を 18 歳に引下げる民法改正（平成 30 年法律第 59 号［2022 年 4 月 1 日施行］）が実現したことと平仄を合わせる形で，少年法適用年齢の上限を 18 歳未満に引下げることを主な内容とするものであった。諮問を承けた法制審議会は，少年法・刑事法（少年年齢・犯罪者処遇関係）部会を設置して，1 年半にわたって 29 回の部会審議を経たうえで，第 188 回法制審議会総会（2020 年 10 月 29 日）で部会の「諮問第 103 号に対する答申案」を採択した。その後，2021 年 5 月 21 日に，答申案にもとづいて，「少年法等の一部を改正する法律（令和 3 年法律第 47 号）」が成立し，2022 年 4 月 1 日から施行されることになっている。

　改正法は，少年法適用年齢の引下げを見送り，18 歳・19 歳の者（民法上の成年）を「特定少年」として，少年法の適用対象とする態度を維持した。ただ，18 歳・19 歳の犯罪に対しては，行為責任と責任主義を前提として，第 5 章「特定少年の特例」を新設し，通常の少年に対する特則に多くの重要な適用除外を明示している。このことによって，特定少年の犯罪の扱いは，成人犯罪者の扱いに準じる場面が多くなり，司法モデル的対応に近づいたものになったと言えよう。今回の改訂は，主として，この改正法の内容に対応することを目的としたものである。また，それ以外にも，必要に応じて，文言の補正や修正等を行っている。もっとも，改正法の内容については，当然のことながら，運用が開始されていない現時点での言及にとどまり，今後の運用を充分に想定したものにはなりえていない。今後，実務での運用が始まった場合には，特に検察官送致（62 条・63 条）や刑事事件の特例（67 条・68 条）などとの関係で，現時点では想定していない事態が生じることもありえよう。今後の実務を注意深く見守っていかなければならない。

　また，今回の改訂には直接の関係はないものの，2019 年 11 月に発見され

た新型コロナウイルス（COVID-19）感染症についても触れておく必要があろう。当初，この感染症は，サーズやマーズなどと同様に，発生地の中国湖北省武漢を中心としたエピデミック程度のもので収束（さらには終息）することが想定されていた。しかし，その後の感染拡大の勢いには凄まじいものがあり，瞬く間にパンデミックとなって，世界的に膨大な数の死者を出すことになった。この状況は我が国でも同じであり，感染防止対策のひとつとして，他人との接触の回避が特に重視されたことから，各大学においては，授業の形態を従来の対面型からオンラインのものに切り替えざるをえない状況が生じた。私の勤務する大学と非常勤先の大学でも全面オンライン授業となり，2 年間にわたってオンラインでの対応を余儀なくされ，教科書に準拠したうえで一定（相当）のパフォーマンスを交えて，学生の反応を見ながら行ってきた授業に大きな困難を経験した。普通の授業ができることのあり難さを，痛感している次第である。現在は，コロナ禍も収束に向かって一定の目途が立ちつつあり，全面オンラインの授業形態から対面型への復帰もほどなく可能になると思われる。ただ，最近の感染者数の激減が，終息への希望なのか，嵐（第 6 波感染）の前の静けさなのかは，素人では判断が不可能である。せめて，終息への希望であってほしいと切に祈っている。こうした時期での改訂には，感慨深いものがあり，将来的には懐かしい思い出になるのかもしれない。

　今回の改訂も，成文堂編集部の篠崎雄彦氏に担当していただき，終始，大変にお世話になった。初版の公刊時には，第 4 版を公刊する日が来ようとは予想すらしていなかった。また，他の法分野に比べて，授業科目としての開講数自体が少なく，受講者数も極めて限られている教科書の改訂を快くお引き受けいただいた成文堂社長の阿部成一氏に，心から感謝を申し上げたい。

　2021 年 12 月　コロナ禍の終息を期待しつつ

丸　山　雅　夫

第 3 版はしがき

　本書の第 2 版を公刊して (2012 年) 以降，わが国の少年司法においては，いくつかの比較的大きな動きが見られた。何よりも，立法との関係では，犯罪少年に対する刑事処分関連の規定を中心とした少年法改正 (平成 26 年法律 23 号) が実現するとともに (同年 5 月 7 日施行)，広島少年院事件を契機に招集された「少年矯正を考える有識者会議」の提言 (2010 年 12 月) をうけて，少年鑑別所法 (平成 26 年法律 59 号) および少年院法 (平成 26 年法律 58 号) が新たに制定された (いずれも 2015 年 6 月 1 日施行) ことが特筆される。今回の改訂に当たっては，できる限りこれらの動向にも配慮したつもりである。ただ，特に新少年院法にもとづく処遇現場での動向については，施行後間もないこともあって必ずしも十分に明確なものにはなっていないため，今後の補正を期さざるを得ない。

　他方，理論面においては，具体的に指摘することは差し控えるが，多くの有益な論稿，さらには研究書 (論文集) が公刊されるとともに，多くの教科書 (改訂版を含む) が出版された。特に，そのほとんどが私より若い方々の業績であり，私自身，大きな刺激を受けている。今回の改訂に当たっては，それらからも多くの示唆を得ていることを申し添えたい。こうした状況のなかで，本書がどの程度の役割を果たしうるかは不安であるが，今後の議論の進展にとって幾許かの貢献ができるのであれば望外の喜びである。読者の方々の積極的で忌憚のないご意見やご批判をいただければ幸いである。

　これらに対して，選挙権年齢の引き下げを実現した公職選挙法改正 (平成 26 年法律 86 号) や成人年齢の 18 歳への引下げ (民法改正) の議論を契機として，それらと連動する形で，少年法適用年齢の上限の引下げが議論の俎上に載せられている。この問題は，現行少年法の基本構造を根本的に変える可能性を持ったものであり，今回の改訂に反映させるまでにはなっていない。本格的な検討は今後に期さざるを得ないが，公職選挙法や民法改正との関連でこの問題を論じることは，適切でないと考えていることを強調しておきたい。少年法適用年齢の問題は，他の法制や法律との関連を否定できないにしても，

本来は少年法（制）独自の問題として正面から議論すべきものだからである。
そして，この点に関して，年齢の上限を 20 歳未満としている現行法の態度は，
保護主義を選択した少年法のあり方として（1 条），適切なものであると考え
ている。適用年齢の引下げを前提とした本書の改訂が必要にならないことを
祈るばかりである。

　今回の改訂は，比較的早い時期（2013 年）から準備を進めてきたものである
が，「少年矯正を考える有識者会議」の提言の具体化を待っていたことなども
あって，少しずつ先延ばしになり，今日に至ってしまった。今回の改訂に際
しても，当初は，成文堂取締役の土子三男氏に，初版以来の変わらぬご支援
をいただいていた。しかし，土子さんは，ほどなく体調を崩され，2014 年 5
月 1 日に逝去されてしまった。今回の改訂を土子さんにご報告できなかった
ことは，痛恨の極みである。1990 年出版の拙著『結果的加重犯論』以来，親
しくお付き合いいただいた土子さんに，この場をかりて改めてお礼を申し上
げたい。土子さんが体調を崩されてからは，編集部の篠崎雄彦氏に担当して
いただき，ようやく完成にこぎつけることができた。成文堂編集部に脈々と
受け継がれている「熱い編集者魂」に感謝を申し上げる次第である。また，
受講者数が極めて限られている教科書の改訂を快くお引き受けいただいた，
成文堂社長阿部成一氏に，心からお礼を申し上げたい。

　2016 年 3 月　春の訪れを実感する名古屋にて

丸　山　雅　夫

第 2 版はしがき

　初版を刊行した後，思いがけず多くの方々から，さまざまなご指摘やご意見をいただき，改めて考える貴重な機会を持つことができた。この短い期間にも，少年（法）をめぐって，いくつかの重要な動きが見られた。裁判員裁判との関係では，55 条移送の裁判例が見られる一方で，少年に対する死刑判決が出されており（いわゆる石巻事件），裁判員裁判対象事件としての適格性の問題が改めて浮上している。また，本書の改訂作業中に，いわゆる光市母子殺害事件の（元）少年側の上告が棄却されたとの報に接した（2012 年 2 月 20 日）。これにより，死刑相当事案における永山事件判決のアプローチ（死刑の例外的適用）を逆転させた 2006 年最高裁判決のアプローチ（重大・凶悪事件における死刑適用の推定）が改めて確認された。少年事件はもとより，裁判員裁判の当然の対象となる死刑相当事案の扱いについて，広範で慎重な議論の必要性を感じざるを得ない。さらに，広島少年院事件を契機とする「少年矯正を考える有識者会議」（法務省）の提言を受けて，少年院法改正の動きが現実のものとなっている。少年矯正についても，さまざまな議論がなされ，改めて検討すべき重要な論点が示されているところである。

　ただ，今回の改訂は，これらの動きを十分に検討するまでには至らず，統計資料等を最新のものに差し替え，若干の裁判例を付け加えたり，叙述をさらに適切なものにするといった，最小限の修正にとどめざるを得なかった。さらに検討すべき点については，次の機会を期することにしたい。それにしても，受講者数が極めて限られているなかで，予想すらしていなかった早い時期に第 2 版の刊行の機会に恵まれたことには，心から感謝している。

　初版の刊行に続き，今回も，成文堂取締役土子三男氏から，全面的なご協力をいただいた。変わらぬ編集者魂に心からの感謝を申し上げたい。

　2012 年 3 月　春の訪れを予感させる名古屋で

丸　山　雅　夫

初版はしがき

　本書は，はじめて少年法を学ぶ人たちのために書かれた教科書である。2006年3月に『カナダの少年司法』を出版した際に，「次は刑法の教科書を是非」と勧められたのに対して，「少年法の入門書を書いてみたい」との希望を表明し，本書の出版が実現した。当初は，入門書のつもりで執筆を始めたものの，内容を簡潔に纏めきることができず，教科書の形にすることに落ち着いた。このこと自体，私が少年法を本当に理解できていない証しだと言えるのかもしれない。いずれ，コンパクトな入門書に纏めたいとの希望を持っている。

　私が少年法にはじめて接したのは，法学部4年生の時に，少年法や少年問題で著名な森田宗一元裁判官の講義を受講したことによってである。大学院で刑法を専攻した後，はじめて職を得たノートルダム清心女子大学で，「社会福祉学特殊講義（少年問題）」を担当したものの，人生経験の浅い新米教員の身で少年法・少年問題を教えることの難しさを痛感した。当時は，少年法を教える大学はきわめて稀有な存在でもあり，毎回の講義に苦労したことを鮮明に覚えている。そのような経験から30年を経た今日，教科書の公刊にこぎつけたことには，感慨深いものがある。現在は，多くの大学で少年法の講義が開講されており，少年法の存在は30年前とは比較にならないくらい身近なものになっている。また，その良し悪しは別にして，立場の異なる多くの人々が，少年法や非行問題に積極的に発言するようにもなっている。しかし，他方では，法学部から法科大学院に進学してくる学生の多くが，少年法の講義に全く接したことがないという事実もある。本書が，多少なりとも，このような間隙を埋めるものとなるのであれば望外の幸せである。

　本書は，少年法の理念や構造を理解したうえで，何よりも，その全体像を手続の段階に従って理解することを念頭に置いて書かれている。したがって，できるだけ客観的な叙述を心がけ，私見の展開については極力差し控えたものとなっている。また，読みやすさを重視したことから，簡潔な叙述とともに，見出しや小見出しを多用した体裁になっている。特に先行業績について

は，多くのものを参照したり，参考にさせていただき，それらの内容の多く
が本書に反映されているが，叙述の煩雑さを避けるため，出典等については
すべて省略させていただいた。この点については，ご海容をお願いする以外
にない。

　少年法は，少年の成長発達権にもとづく健全育成と情操の保護を前提とす
るため，審判の非公開や少年の同一性推知情報の公表の禁止に見られるよう
に，手続等を衆目に曝さずに運用している実態がある。また，実務において
は，その多くの部分が通達や通知等にもとづいて運用されている。したがっ
て，条文等から「こうなるはずだ」と考えられることが，運用上は必ずしも
予想通りになっていない場合も多い。これらについても，先行業績や報告書
等から多くの情報を得たが，思いがけない誤解や誤認があるかもしれないと
危惧している。叙述の方法などとともに，読者の方からの叱声や批判をもと
に，今後，補正や訂正をしていきたいと考えている。

　最後に，受講者数が極めて限定されている教科書の出版を快くお引き受け
いただいた，成文堂社長阿部耕一氏，そして同取締役土子三男氏に，心から
御礼を申し上げたい。特に土子氏からは，本書の計画段階から暖かい激励を
いただくとともに，編集上の貴重な助言をいただいた。土子氏の支援と助力
がなければ，このような形で本書を世に送り出すことはできなかった。重ね
て感謝を申し上げたい。

　2010 年 8 月　名古屋の猛暑のなかで

丸　山　雅　夫

目　次

凡　例

▽関係法令名等の略記例

[法令表記]

・現行の少年法（昭和23年法168号，1959年1月1日施行）については，本文中では，法令名の表記なしを原則として，文脈に応じて「少年法」，「現行少年法」，「法」と表記し，括弧内では「○○条」と表記した。旧少年法（大正11年法42号，1923年1月1日施行）については，本文中では，文脈に応じて「旧少年法」，「旧法」，「旧」と表記し，括弧内では「旧○○条」と表記した。

・少年審判規則（昭和23年最高裁規則33号，1959年1月1日施行）については，本文中では，文脈に応じて「少年審判規則」，「審判規則」，「規則」と表記し，括弧内では「規○○条」と表記した。

・上記以外の法令については，本文中では，正式名称または一般的な略称で表記し，括弧内の条文表記においては，下記の法令略称を用いて表記した。また，通達等の表記については，原則として表題を省略するなど，簡略化してある。

・括弧内の条文表記において，直近の括弧内で引用された法令略称・条・項などを省略する場合は，「同」とした。

[法令略称]

院	少年院法（平成26年法58号，2015年6月1日施行）
旧院	旧少年院法（昭和23年法169号，1949年1月1日施行）
監	監獄則并図式（明治5年太政官達378号，1873年4月19日一部施行）または監獄法（明治41年法28号，1908年10月1日施行）
感	感化法（明治33年法37号，府県会の決議にもとづく地方長官の具申によって施行）
鑑	少年鑑別所法（平成26年法59号，2015年6月1日施行）
刑	刑法（明治40年法45号，1908年10月1日施行）
旧刑	旧刑法（明治13年太政官布告36号，1882年1月1日施行）
警	警察法（昭和29年法162号，1954年7月1日施行）
刑事施設	刑事収容施設及び被収容者等の処遇に関する法律（従前の監獄法に相当，平成17年法50号，2006年5月24日施行）
刑訴	刑事訴訟法（昭和23年法131号，1949年1月1日施行）
刑訴規	刑事訴訟規則（昭和23年最高裁規則32号，1949年1月1日施行）
刑補	刑事補償法（昭和25年法1号，1950年1月1日施行）
憲	日本国憲法（昭和21年11月3日制定，1947年5月3日施行）
検察	検察庁法（昭和22年法61号，1947年5月3日施行）
戸	戸籍法（昭和22年法224号，1948年1月1日施行）
更生	更生保護法（従前の犯罪者予防更生法に相当，平成19年法88号，2008年6月1日施行）

国公	国家公務員法（昭和 22 年法 120 号，1948 年 7 月 1 日施行）
裁	裁判所法（昭和 22 年法 59 号，1947 年 5 月 3 日施行）
裁判員	裁判員の参加する刑事裁判に関する法律（平成 16 年法 63 号，2009 年 5 月 21 日施行）
支援	総合法律支援法（平成 16 年法 74 号，2004 年 6 月 2 日施行）
司書	司法書士法（昭和 25 年法 197 号，1950 年 7 月 1 日施行）
児童約	児童の権利に関する条約（平成 6 年条 2 号，1994 年 5 月 22 日施行）
児福	児童福祉法（昭和 22 年法 164 号，1948 年 4 月 1 日施行）
少教	少年教護法（従前の感化法に相当，昭和 8 年法 55 号，1934 年 10 月 10 日施行）
少警	少年警察活動規則（昭和 32 年国家公安委員会規則 2 号，最終改正令和元年 12 月 13 日）
少補	少年の保護事件に係る補償に関する法律（平成 4 年法 84 号，1992 年 9 月 1 日施行）
心神喪失	心神喪失等の状態で重大な他害行為を行った者の医療及び観察等に関する法律（平成 15 年法 110 号，2005 年 7 月 15 日施行）
地公	地方公務員法（昭和 25 年法 261 号，1952 年 12 月 13 日一部施行）
道交	道路交通法（昭和 35 年法 105 号，1960 年 12 月 20 日施行）
売春	売春防止法（昭和 31 年法 118 号，1957 年 4 月 1 日施行）
犯罪被害基	犯罪被害者等基本法（平成 16 年法 161 号，2005 年 4 月 1 日施行）
判事補	判事補の職権の特例等に関する法律（昭和 23 年法 146 号，1948 年 7 月 12 日施行）
犯捜規	犯罪捜査規範（昭和 32 年国家公安委員会規則 2 号，最終改正令和元年 12 月 13 日）
非訟	非訟事件手続法（平成 23 年法 51 号，2013 年 1 月 1 日施行）
弁	弁護士法（昭和 24 年法 205 号，1949 年 9 月 1 日施行）
法設	法務省設置法（平成 11 年法 93 号，2001 年 1 月 6 日施行）
保護司	保護司法（昭和 24 年法 204 号，1950 年 5 月 25 日施行）
民	民法（明治 29 年法 89 号，1898 年 7 月 16 日施行）
民訴	民事訴訟法（平成 8 年法 109 号，1998 年 1 月 1 日施行）
留意事項	少年警察活動推進上の留意事項について（平成 19 年警察庁乙生発 7 号次長通達）
労基	労働基準法（昭和 22 年法 49 号，1945 年 9 月 1 日・11 月 1 日施行）

［公布法令等の略記］

公布法令等については，次の表記を基準として，以下の略記法に拠った。

　　昭 23 法 168＝昭和 23 年法律第 168 号

　　明＝明治，大＝大正，平＝平成，令＝令和

　　太告＝太政官布告，太達＝太政官達，勅＝勅令，条＝条約，最高裁規＝最高裁判所規則，国家公安委規＝国家公安委員会規則

▽裁判例の略記例

裁判例の引用については，次の表記を基準として，以下の略記法に拠った。

最大判昭 23・5・26 刑集 2 巻 5 号 511 頁＝最高裁判所昭和 23 年 5 月 26 日大法廷判決，最高裁判所刑事判例集 2 巻 5 号 511 頁

判＝判決，決＝決定，高＝高等裁判所，地＝地方裁判所，家＝家庭裁判所

民集＝最高裁判所民事判例集，集刑＝最高裁判所裁判集刑事，高刑集＝高等裁判所刑事判例集，判特＝高等裁判所刑事判決特報，家月＝家庭裁判月報，判時＝判例時報，判タ＝判例タイムズ，家判＝家庭の法と裁判

▽略語例

頻繁に使用される用語については，文脈に応じて，適宜，以下の例に準じて表記した。

・家庭裁判所裁判官　　⇒　家庭裁判所裁判官，家裁裁判官，裁判官
・家庭裁判所調査官　　⇒　家庭裁判所調査官，家裁調査官，調査官
・審判不開始（決定）　⇒　審判不開始決定，審判不開始，不開始
・不処分（決定）　　　⇒　不処分決定，不処分

▽参照指示

括弧内で，他の個所を参照すべき場合については，（⇒　○○頁）と表記した。

▽本文中の用語例は，できるだけ分かりやすいもので統一を図っているが，法文にある用語はそれに拠っている。

序　章　少年司法システムの特殊性

　現在，世界の各国は，成人犯罪（者）を扱う刑事司法システムとは別に，少年事件や非行少年を特別に扱うための少年司法システムを有しているのが通常である。その起源はコモン・ロー法系と大陸法系の潮流に求めることができ，形態的には３つのものに大別される。本章においては，本書の導入部分として，国家が少年非行に介入するための原理を明らかにしたうえで，介入原理と少年司法システムの形態との関係を明らかにする。

1　成人刑事司法と少年司法

1　固有の少年観にもとづく少年司法システム

⑴　成人と少年の区別的対応

　現在，世界の多くの国においては，成人犯罪（者）と少年犯罪（者）はそれぞれ別個の司法システムで扱うべきだとする考え方が広く定着しており，実際にそのような制度が確立されている。成人の犯罪を扱うものが刑事司法システムであり，少年の犯罪を扱うものが少年司法システムである。わが国も，14歳以上の者の行為が刑事裁判の対象となることを前提としながらも（刑41条），少年（20歳未満）の行為については，刑法に対して少年法が優先的に適用されるべきことを明らかにしている（1条・2条1項・40条参照）。

⑵　少年観の変化

　第1章で確認するように，少年司法システムは成人犯罪者に対する刑事司法システムから分化し，独立してきたという歴史を持つが，その背景事情として，少年（子ども）という存在に対する見方（少年観）が劇的に変化したことを指摘できる。それは，少年を単に「小さな大人（大人のミニチュア）」と見なして扱っていた少年観から，その固有の特性（「未成熟さ」とその反面としての「可塑性ないしは教育可能性の高さ」）を重視する少年観への変化であった。

　犯罪との関係で言えば，少年は，成熟を遂げて自己を確立した存在と見な

される成人に比べて，未成熟であって自己決定能力が低いために，環境から
の影響等によって犯罪に手を染めやすいが，その反面として，自己確立の達
成途上にあることから，生育環境の調整といった適時で適切な介入（働きかけ）
をしてやれば早期の立ち直り（再社会化）が容易かつ確実である，と考えられ
ているのである。こうした少年観は，少年犯罪への対処についても，少年と
いう特性に応じた独自の（成人犯罪者とは異なる）システムを必然的に要求する
ことになる。わが国の少年法も，明らかに，このような少年観を前提として
構成されている（1 条参照）。

2　国家的介入の正当化原理と少年司法システム

⑴　国家による法的介入の正当化原理

個人への介入　　われわれが生活している社会は，個人主義を基盤とする
自由な社会であり，原則として個人の行動の自由が保障されているが，例外
的に，国家（公的権力）が個人の行動に介入したり，さらには積極的に干渉す
ることが認められる。そのような国家的介入を正当化するための根拠として
は，侵害原理，保護原理（保護主義），道徳原理（道徳主義）が考えられる。

侵害原理と保護原理　　侵害原理は，個人の行動が他者の利益を侵害した
ことや，侵害するおそれがあることを根拠として介入するもので，ミル（J.S.
Mill）が主張したところから「ミル原理」とも言われる。他方，保護原理は，
他者の利益を侵害するおそれがない行動であっても，それを放置すれば行為
者本人の利益が害されることを根拠として介入するもので，一般にパターナ
リズムと呼ばれる。さらに，道徳原理は，他者および本人の利益を害するお
それのない行動であっても，その放任が社会の道徳秩序の維持の障害になる
ことを根拠として介入を正当化するものである。しかし，道徳原理による積
極的な法的介入は，法による道徳の強制（リーガル・モラリズム）になりかねな
いことから，法的介入原理としては認めるべきでない。

⑵　成人犯罪（者）に対する法的介入原理

　成人犯罪者に対する介入（刑罰による制裁）は，侵害原理によって正当化され
る。しかし，近代刑法は責任主義＊（社会的非難を基礎づける責任のない行為者には
犯罪の成立を否定するという考え方）を前提としているため，責任が否定される者

（触法行為者）に対する刑罰を侵害原理によって正当化することはできない。他方，触法行為者であっても，刑罰以外の方法による介入は侵害原理から正当化しうることもあり，触法精神障害者に対する強制的医療の実施（心神喪失33条以下）はその例である。それは，同時に，本人に対する利益（医療措置）という側面を持つことから，保護原理による介入でもありうる。

　また，他者の利益を害するおそれについては，成人の場合，将来的に犯罪者になること（虞犯）の証明が不可能であることから，侵害原理による介入が否定されるだけでなく，人格的な成熟を遂げていることから，保護原理にもとづく介入も排除される。このような結論を認める点で，多くの国における刑事司法システムには共通性が見られる。

> **＊Column　責任主義**
> 　刑法理論によれば，犯罪は，構成要件に該当する違法な行為について，行為者に責任が認められる場合に限って成立する。古い時代には，客観的に悪い結果が生じた以上は，行為者の内心とは無関係に犯罪が成立することが認められていた（結果責任または客観的責任）。しかし，近代刑法は，行為者の行為と主観との結びつきを重視して（主観的責任の原則），結果責任から決別した。これを責任主義といい，「責任なければ刑罰なし」という標語で表わされる。それは，さらに，一定の人的関係を根拠とする団体責任（縁坐や連坐）を否定したうえで（個人責任の原則），責任要素としての故意（過失）を要求する（意思責任の原則）とともに，責任が行為の時点で存在すべきことを要求するものである（同時存在の原則）。

⑶　少年犯罪（者）に対する法的介入原理

　侵害原理と保護原理の調和　　犯罪に対してさえ刑罰（過去の事実に対する社会的非難）ではなく，処遇（再社会化の方策）を中核として構成される少年司法システムにおいては，刑罰法令に違反した少年（犯罪少年，触法少年）については，侵害原理と保護原理のふたつを根拠として介入が正当化される。また，成人では介入が絶対的に否定される虞犯についても，少年の置かれている状態が少年自身を害しうるものであることに着目して，保護原理を根拠とする介入が正当化される。このように，現在の少年司法システムは，侵害原理と保護原理の調和のうえに成り立っていると言ってよい。

　調和の多様性　　ただ，両者の調和（重視の程度と強調の度合い）にはさまざ

まな態様があり，それに応じて，個々の具体的な少年司法システムの姿 (モデル) もさまざまでありうる。たとえば，保護原理を特に強調すれば，対象を要保護少年一般 (単に扶助が必要なだけの少年なども含む) にまで拡張し，それらのすべてを救済するための制度として少年システム (司法システムと福祉システムの混合) を構成することもできる。成立当初の少年システムは，そのようなものであった。他方，侵害原理を特に強調すれば，少年司法システムの対象を犯罪少年に限定したうえで，少年刑事裁判制度を導入することも可能である。事実，2003 年 4 月から施行されているカナダの少年刑事裁判法は，そのようなものとして構成されたものになっている。

　ごく概略的に言えば，少年司法システムの歴史は，保護原理を強調することによって刑事司法システムから分離ないしは分化した後，侵害原理との調和をどのように達成するかという課題に直面し続けてきたと言ってよい。その根底には，治安政策と福祉政策との調和のあり方という課題が横たわっているのである。

② 少年司法における 2 つの潮流と
少年法制としての具体化

1　コモン・ロー法系と大陸法系

　各国の法制度は，一般に，コモン・ロー法系 (イギリスやアメリカなど) に属するものと大陸法系 (ドイツやフランスなど) に属するものとに大別される。少年司法システムの分化も，それぞれの法系のもとで，2 つの大きな潮流の中で推移してきたと言ってよい。ただ，コモン・ロー法系と大陸法系の違いは，現在では，図式的に捉えられるほどには顕著でなくなっている点は注意する必要がある。

⑴　コモン・ロー型の少年法制

　判例の集積によって個別事案の解決を図ってきたコモン・ロー法系においては，判例法による硬直的な運用に対処するため，衡平法 (エクイティ) による個別的救済が認められ，それが，少年の特性に応じた柔軟な運用を期待される少年司法システムの分化を促進した。それは，保護原理を強調することに

よって，成人の刑事裁判（コモン・ロー）から分離独立する形で分化し，国親（パレンス・パトリエ）の考え方（国親思想）を基礎とするものとなった。国親思想は，実の親が親としての義務（子どもの健全な育成の保障）を果たせない場合に，国家が親に代わって親の義務を果たすという，後見的・福祉的な介入を認めるものである。

　国親思想にもとづく少年法制は，「英米型」と言われ，1899年のアメリカにおいて実現を見た。英米型の少年法のもとでは，少年司法システムを支えるものとして，「少年法」や「少年裁判所法」といった名称を持つ固有の法律が独立して制定されることが多い。

(2)　大陸法型の少年法制

　他方，制定法の運用にもとづいて事案の解決を図ってきた大陸法系の国においては，刑事学の進歩にともなう刑事政策的な見地から，固有の特性を有する少年犯罪（者）を成人犯罪（者）と同じように扱うのは不適切であるとする認識が共有されることになり，成人刑事裁判制度を少年用のものに修正する形で少年司法システムを分化させた。したがって，それは，形態的には依然として刑事裁判制度の枠内にあり（分離独立までには至っていない），刑事法的な性格が強く，侵害原理との結びつきが強いものである。それは，「大陸型」と呼ばれ，「少年刑法」といった名称の法律にもとづくことが多い。

2　少年法制における具体化

(1)　さまざまな形態

　各国の少年司法システムの具体的な内容は，どちらの潮流に属するかによってただちに決定されるわけではなく，各国の事情のもとで，侵害原理と保護原理をどのように調和させるかによって，さまざまな内容のものになっている。たとえば，英米型の典型であったアメリカの諸州においても，1970年代以降に侵害原理を強調した改正が実現しているし，カナダ少年刑事裁判法は侵害原理を特に強調した内容のものになっている。

　他方，「北欧型」と呼ばれるスウェーデンやデンマークなどの少年法制は，放任少年や要扶助少年などをも対象とする点で初期の英米型に類似しながらも，行政機関（児童福祉委員会）が問題解決に当たる点で保護原理をより徹底し

たものとして構成されている。

(2)　わが国の現行少年法

　わが国の現行少年法は，その具体的な内容から，コモン・ロー法系と大陸法系の中間に位置するものと見ることができる。わが国の少年法について，さまざまな観点や立場からさまざまな内容の改正が主張されている現状にも，少年司法システムが歴史的な産物であり，侵害原理と保護原理との調和にさまざまな態様のありうることが如実に示されている。わが国の少年法を論じる際にも，少年法制の具体的な姿が決して論理必然的に決定されるわけではないことを確認しておかなければならない。「少年法制は発明ではなく発展である」と言われるのも，このような意味においてである。

　明治期以来のわが国が大陸法系の法制度に倣ってきたことから，大正末期に制定された旧少年法も，大陸型に近い少年法制を前提とするものであった。しかし，第2次大戦後に制定された現行少年法は，アメリカの占領政策の一環として成立したこともあって，当時のアメリカの少年法制に倣った英米型のものとして成立し，現在に至っている。ただ，2021年改正（令3法47，2022年4月1日施行）によって「特定少年」＊への新たな対応が実現したことで，少年司法システムとしての構造そのものには変化がないものの，司法モデル（⇒29頁）への一定の接近が見られることになった。

　　＊Column　特定少年
　　　民法改正によって成年年齢の引下げが実現したことにともない（平30法59，2022年4月1日施行），少年法適用年齢の上限を18歳未満に引下げ，民法上の成年年齢と一致させる改正案（法務大臣からの諮問）が議論された。2年半にわたる法制審議会での議論の結果，少年法適用年齢の引下げは見送られた。それにより，18歳・19歳の者（従来は一般に「年長少年」と呼ばれていた）は，少年法上の少年とされる（特定少年）一方で，民法上は成年として扱われることになった。ただ，特定少年については，虞犯が介入対象から除かれるとともに，行為責任を前提とする扱いが強調されることになり，その関係で多くの特例が導入され（特に62条以下），関連条文が改正されるとともに，関連法令も改正されている。

第1章　少年司法システムの独立

　少年司法システムの創設は，まさに，近代市民社会における歴史的な産物である。本章においては，少年司法システムの先駆けとなった欧米型の少年法制が成人刑事司法システムから分化し，独立してきた過程について，それを推進した社会的要因と理論的背景を確認する。その後，わが国の少年法制の成立過程を概観するとともに，わが国の旧少年法と現行少年法の特徴を概観しておく。それによって，少年司法システムの創設過程という大枠では共通性を持ちながらも，その姿や形態，さらには具体的な内容が，各国の時代背景などからの強い影響を受けていたことを明らかにしたい。

1　欧米の近代化と少年法制

1　「小さな大人」による犯罪の扱い

(1)　コモン・ロー法系における対応

　小さな大人　　大人と少年（子ども）との間の質的な相違（特性）が重視されることのなかった時代にあっては，コモン・ロー法系と大陸法系のいずれにおいても，少年は，労働可能な体力を備えた段階で大人と同様に扱われるべき存在と見なされていた。これが少年を「小さな大人」と見る少年観であり，犯罪への対処の場面においても，少年は「小さな大人」として扱われていたのである。土地を基盤とした家族単位で構成される農耕型の社会においては，労働力として一人前である以上，大人と少年との間の質的な相違に着目するような契機すら存在しなかったと言ってよい。

　小さな大人の犯罪　　1300年代以前のイギリスのコモン・ローにおいては，犯罪者に対する扱いは年齢によって区別されることがなく，犯罪を行った者は等しく（少年・青年・成人の別を問わずに）刑事裁判の対象とされ，科される刑罰の重さも区別されることがなかったと言われる。その後，人間としての完成度（人格的成熟度）という観点から年齢に応じた犯罪者の区別的扱いが

徐々に認められるようになったが，少年司法システムの独立を見るまでは，7歳未満が絶対的な責任無能力者とされ（doli incapax），7歳以上14歳未満が責任無能力を推定される存在とされていたにとどまる。したがって，責任能力の存在を証明しさえすれば，10歳未満の者に死刑を科すことも可能であり，そのような実例も報告されている。

　もっとも，こうした時代にあっても，犯罪の大きな原因となっていた貧困への対策は相当に進んでおり，1601年のエリザベス救貧法（Poor Law）にその典型を見ることができる。しかし，そのような犯罪防止への間接的な対応も，包括的なものではありえず，ましてや大人と子どもとの間の質的相違に着目するまでのものではなかった。

(2)　大陸法系における対応

旧派の犯罪観　　小さな大人という少年観は，コモン・ロー法系の国にとどまらず，啓蒙期を経て近代市民社会の誕生後に旧派（古典学派）の刑法理論が席巻した大陸法系の国々においても，基本的に異なるところがなかった。旧派は，理性的な判断にもとづいて合理的に行動することができるという人間観を前提として，犯罪とともに刑罰の種類と程度（犯罪に対する法的効果）を明示的に予告しておけば（罪刑法定主義＊），通常人は理性的な利益衡量（損得勘定）の結果として犯罪から遠ざかる（合理的な行動を選択する）と考えた（一般予防論）。他方，犯罪を選択した者については，間違った判断の結果として犯罪を選択したことに対して刑罰による社会的非難を加えれば，その後は間違った判断をしなくなり，その結果として再犯が予防できると考えた（特別予防論）。行動の選択に際して，人間は，自分の「自由な意思」以外のいかなる要因によっても影響を受けることがないと考えられていたのである（自由意思を前提とする非決定論）。

　　　＊Column　**罪刑法定主義**
　　　　国家が犯罪者を処罰するためには，あらかじめ，犯罪とその法的効果としての刑罰を法律に明示しておかなければならない。これを罪刑法定主義といい，「法律なければ犯罪なく，法律なければ刑罰なし」というフォイエルバッハ（P. J. A. R. von Feuer-bach）の表現で知られている。その実質は，すべての国民に対する刑法の一律的な予告機能にある。したがって，犯罪と刑罰は，文章化された法律（成文法）で予告して

おかなければならない（法律［成文法］主義）。また，予告機能を全く持たない事後法による処罰が禁じられる（遡及処罰の禁止）とともに，一部の者にしか予告機能を果たしえない慣習で処罰することが禁じられ（慣習刑法の禁止），予告の範囲を超える解釈による処罰が禁じられる（類推解釈の禁止）。さらに，現在では，予告機能をより徹底するという観点から，刑罰法規は具体的で明確に規定されていなければならないとされ（明確性の原則），内容そのものが適正でなければならないとされる（刑罰法規適正の原則）。刑罰法規の適正は，犯罪と刑罰の釣り合いを要求する（罪刑の均衡の要請と差別的な刑罰の禁止）とともに，残虐な刑罰を禁止し，処罰に値しない行為の非犯罪化を要求する形でさらに具体化されている。

旧派の帰結とその限界　旧派の犯罪観によれば，理性的な判断を行うことができる能力の有無だけが重要であり，そのような能力を有している者である限り，等しく刑事裁判の対象とされるのは当然のことであった。また，理性的な利益衡量を前提とする以上，犯罪に対する不利益としての刑罰の内容は，犯罪の内容との関係で必要最小限のものであれば足りることになる。

　しかし，このような認識は，18 世紀終盤から急速な勢いで進展した産業革命にともなう深刻な社会問題の顕在化によって，劇的に変化せざるをえないことになった。そして，そのことが，刑事裁判からの少年司法システムの分化を推進する大きな原動力になったのである。

2　固有の少年司法システムの分化に向けた動き
⑴　産業革命による社会問題の顕在化と「子どもの救済運動」

社会問題の顕在化　自然科学の飛躍的な発展を契機としてイギリスに始まった産業革命は，当時の先進諸国において，産業構造の変化による資本主義経済への転換と急速な都市化（人口の一極集中現象）の進展をもたらすことになった。その結果，当時の先進諸国の大都市を中心として，大規模な失業と貧困，不安定な雇用，劣悪な就業状態，移民の増加，浮浪者の増加，スラムの形成（貧民街・貧民窟の発生）といった，それまでに経験したことのない広範で深刻な社会的混沌がもたらされた。

　こうした社会現象は，特に，社会的弱者としての子どもに顕著に見られた。日常の家庭生活における父親の不在や働く母親の出現などが経済単位としての家庭の崩壊を急速に進展させ，その結果として，放任された子どもの増加，

工場労働の場で搾取される子どもの出現，路上生活を余儀なくされる子どもの出現，犯罪・非行・逸脱行動に走る子どもの存在などが，深刻な社会問題として浮上したのである。

　　子どもの救済運動　　子どもを取り巻くこのような深刻な状況に対処するため，19世紀後半から20世紀にかけて，各国の上流・中流階級の人々を中心として，広範な「子どもの救済運動（Child Savers Movement）」が展開されることになった。それは，スラムの一掃，人道的な工場法の制定，公教育の充実などを推進することによって，保護を必要とする子どもに適切な保護を与えようとするものであった。また，それと同時に，子どもの養育環境としての家庭の機能が重視・強調され，喪失ないしは低下した家庭機能の回復と維持・向上のための努力がなされた。

　⑵　犯罪少年に対する処遇の変化

　　処遇における問題の発生　　少年犯罪の増加という状況のもとで，成人犯罪と少年犯罪を同じように扱っていたことと関連して，刑務所における少年犯罪者の処遇に重大な問題が生じることになった。第1は，年齢や性別，長期と短期，初犯と累犯といった区別なしに，犯罪者を同じ施設に収容していたことから，成人犯罪者から少年犯罪者への「悪風感染」が生じて刑務所が「犯罪学校」化し，少年の累犯が激増したことである。第2は，犯罪者の過剰収容と刑事政策における非適格性原則（犯罪抑止の観点から，犯罪者処遇施設における居住環境や生活環境は一般市民の環境の質よりも低くなければならないとされた）によって，収容施設の環境の劣悪化が深刻なものとなり，体力の乏しい少年を中心として死亡や身体的・精神的疾患が急増したことである。

　　処遇施設の改革　　少年に対する劣悪な処遇状況に対処するため，一般的な刑務所改革が進められる一方で，少年専用の刑務所や矯正施設の設立が促進されることになった。その代表的なものを設立順に見ると，ドイツのラウエル・ハウス（1833年），イギリスのパークハースト刑務所（1838年），フランスのメトレー・コロニー（1839年），アメリカのマサチューセッツ州立矯正院（1845年），イギリスのキングスウッド矯正院（1852年），アメリカのニューヨーク州エルマイラ感化監（1876年）などである。また，アメリカの各地に設置された救護院（House of Refuge）や，イギリスの改善学校（Reformatory School）およ

び授産学校（Industrial School）に見られるように，刑務所以外の施設における少年処遇も始められることになった。こうした事実に，少年処遇における刑事司法システムからの分化の端緒を見ることができる。

裁判手続における配慮　　刑事裁判手続においても，略式手続や成人との分離拘禁制度の立法化，プロベーション制度の導入に見られるように，少年の環境に配慮した扱いが徐々に確立されていった。特に，プロベーション制度は，アメリカのマサチューセッツ州ボストンの靴屋であったオーガスタス（J. Augustus）が刑務所収容対象の成人「酔っ払い」に対して始めた保護監督制度（1841 年）を起源とするが，その対象を少年にも拡張して州の採用するところとなり（1869 年），その後の各州で定着していった。今日では，一般に，犯罪者を矯正施設に収容することを猶予したうえで，条件を課して社会内で指導監督と補導援護を与え，条件違反があった場合には矯正施設に収容するという心理的強制のもとで，犯罪者自身による改善と社会復帰の達成を促進する制度として定着し，大きな成果をあげている。プロベーション制度の導入こそは，現在の少年司法システムを特徴づけるダイヴァージョンの先駆けをなすものと言われる。

(3)　新派の刑法理論

新派の主張　　固有の少年司法システムの導入を理論的に支えたのは，新派と呼ばれる近代学派の刑法理論（実証主義的犯罪論）であった。ドイツのリスト（F. v. Liszt）に代表される新派は，産業革命の結果として生じた犯罪の激増現象を旧派理論（非決定論）の失敗として痛烈に批判し，人間の行動は，自由意思によって選択されるようなものではなく，本人の素質と置かれた環境によって決定づけられていると主張した（決定論）。したがって，犯罪者は，その素質と環境によって犯罪者にならざるをえなかった存在であり，そのような者に対して刑罰による社会的非難を与えても意味がないことになる。

他方，素質と環境によって犯罪者が生まれるのだとすれば，素質と環境を適切なものに調整してやれば，犯罪者の再社会化（改善）も可能ということになる。こうして，新派は，社会的非難としての刑罰に代わって，社会防衛策としての保安処分制度の導入を提唱したのである。あくまでも刑法理論の域を出なかった旧派に対して，新派は，1889 年に国際刑事学協会を設立して刑

法改正運動に乗り出したこともあり，またたく間に実践的な刑法理論として先進諸国に広まっていった。

新派理論の影響　　新派の理論は少年犯罪だけを念頭に置いたものではなかったが，個々の犯罪者の素質と環境に着目した点，そしてそれらを適切に調整することで実効的な再社会化が可能であるとする点で，成人と質的に異なる存在として少年をとらえる少年観（未成熟さと可塑性の高さの強調）に強く馴染むものであった。また，新派の背景には，人間の素質と環境のすべてを解明することができるという，当時の自然科学の成果に対する「盲目的」とも言える信頼を見ることができる。

現在，成人犯罪については，旧派理論（犯罪に対する社会的非難）を前提にしたうえで新派の刑事政策的提言を取り入れる方向が進展している（特にヨーロッパにおける保安処分制度の導入）一方で，多くの少年司法システムは，基本的に新派理論にもとづいて構成されている。したがって，少年犯罪に対する保護処分（教育的方法による個別処遇）は，成人犯罪者に対する社会防衛としての保安処分と実質的に類似したものとなる。わが国の少年法が目的とする健全育成も，少年の未成熟と可塑性の高さを前提としたものである（1条参照）。

(4)　固有の少年司法システムの独立

福祉モデル少年法制の誕生　　以上の状況を背景として，1899 年に，アメリカのイリノイ州に少年裁判所法（正式名称は「扶助を要する少年，放任された少年および非行のある少年の扱いと制御を規制する法律」）が制定され，同州シカゴのクック・カウンティに少年裁判所が創設された。この出来事は，世界ではじめて固有の少年司法システムが確立されたことを意味しており，アメリカの著名な法哲学者パウンド（R. Pound）によって「マグナ・カルタが署名されて以来の司法分野における最大の出来事」と絶賛されるものであった。

世界最初の少年司法システムは，実証主義的犯罪論を理論的な基礎としながら，要保護少年一般を広く救済することを目的とした民間の社会運動（子どもの救済運動）とも強く結びついて，刑事司法システムから分化し，独立してきたものである。したがって，その内容は，保護原理を強調する福祉的な対応を目指すものとして構成されており，一般に福祉モデル（welfare model）少年法制と呼ばれる。

諸国の追随　　福祉モデル少年法制は，20世紀初頭の世界に急速に広がっていき，1905年にデンマークで少年法が制定されたのに続いて，1908年には，イギリスに児童法が制定され，カナダでも非行少年法が制定されている。他方，大陸法系の国においても，コモン・ロー法系における動向の強い影響を受け，刑事司法システムの枠内においてではあるものの，少年司法システムの分化が見られることになった。ドイツでは，フランクフルトとケルンの裁判所に少年裁判部が設置された（1908年）ことに続いて，1922年に少年福祉法が制定され，1923年には少年裁判所法が制定されている。また，フランスでは，1912年のベランジェ法によって，少年司法システムが確立を見た。

　こうした一連の動きは，スウェーデンの女性思想家ケイ（E. K. S. Key）が19世紀の末年（1900年）に指摘した「女性と子どもの世紀」の幕開けを象徴する出来事であった。わが国においても，1900年に固有の少年処遇の出発点とされる感化法の制定が実現し，1922年には本来的な意味での少年法（旧少年法）が制定されることになった。

②　わが国の近代化と少年法制

1　感化法制定までの少年の扱い

(1)　旧刑法の制定まで

江戸期における対応　　わが国の法制度の統一は明治期以降の近代化にともなって進展したため，江戸期においては，少年犯罪の扱いも統一的なものではなかった。もっとも，江戸中期（徳川吉宗将軍）の寛保元年（1741年）に成立した幕府刑法典「御定書百箇条」の79において，15歳以下（現在の15歳未満）の犯罪者の扱いに関する特例が明示されていた。15歳以下の者は，行為の善悪を「わきまえることのできない（子心にて無弁）」存在とされ，成人では死罪（事情に応じて処刑形態は異なる）の対象となる殺人や放火の場合も15歳まで親類に預け置いたうえ（一種のプロベーションの先行）で遠島とし（通常の刑罰を一等減軽），盗みの場合には大人に対する御仕置を一等軽くすべきものとされた。そこでは，現在の15歳未満という年齢が，必要的な刑罰減軽事由として機能していたのである。この規定の具体的な運用実態は必ずしも明らかでは

ないが，明治維新直前までには，各藩で少年犯罪者に対する感化制度が実施されていたとの指摘が見られる。

明治期初期の刑法　王政復古を標榜した当初の明治政府は，大宝の古律と中国（唐，明，清）の諸律を基盤として，徳川時代の公事方御定書の一部をも取り入れながら，最初の刑法典ともいうべき仮刑律（仮律）を制定した（政府部内の指令の準則であったため成立時期は不明）。仮刑律は，15歳を刑の減軽の基準年齢とするとともに，10歳および7歳を基準とした特別な扱いを認めていた。また，それと同時に，70歳，80歳，90歳を基準とする科刑上の特別扱いを認めていた。したがって，仮刑律は，責任能力とともに受刑能力を重視するものであったと言ってよい。このような特別扱いは，1870年に制定された新律綱領（明3太告940，同年12・27施行）および新律綱領の補足法として1873年に頒布された改定律例（明6太告206，同年7・10施行）にも引き継がれた。

明治期初期の行刑　新律綱領と改定律例が古代中国法の思想を基礎とするものであったのに対し，当時の行刑は，少年の扱いを含めて，1872年の監獄則并図式にもとづいていた。それは，教化主義による刑政を基礎とするコモン・ロー法系の監獄法を基本的に継受したもので，同一の監獄の中に，一般の犯罪者処遇のための区画（未決監，已決監，女監，病監）から独立した区画として，少年を主たる対象とする懲治処分のための懲治監を設けた。

　懲治監は，通常の監獄で刑を終了した20歳未満の者のうち，改善・更生が不十分な者と生活拠点や生活手段がないために再犯が予測される者の収容延長を認めるとともに，請願にもとづいて不良行為のある平民の子弟（年齢の制限は特にない）の収容を認めていた（監10条）。ただ，それは，行為者の年齢に対する配慮はそれほど強くなく，犯罪の虞のある者（虞犯，再犯・累犯の危険）に対する「懲らしめ」を中心とする犯罪予防を目的とするものであった。したがって，監獄則では，少年を主な対象とする懲治監を設けた点を別とすれば，少年犯罪（者）も成人犯罪（者）と等しく刑罰の対象とされていたことに注意する必要がある。

(2)　旧刑法と民間感化事業の興隆

旧刑法における懲治場処分　明治政府は，ほどなく王政復古の方向性に見切りをつけ，福沢諭吉が標榜した「脱亜入欧」に象徴されるように，急激

な西欧化に向けて法制度を整備していくことになる。その一環として，1880年に，フランスのナポレオン刑法典に倣った旧刑法が制定された。旧刑法も少年に対する懲治処分を維持したため，1881年の改正監獄則（明14太達81）が，「懲治監」から名称変更した「懲治場」で懲治処分を行うことになった。

　旧刑法にもとづく懲治場処分は，「懲らしめ」による懲治処分という点では共通しながらも，それまでの懲治監処分に比べて年齢をも重視した内容になっている点で，「少年」処遇の名に値するものであった。その意味で，旧刑法の懲治場処分は，わが国の少年処遇の出発点と言うことができる。

　懲治処分の内容　　旧刑法は，行為時12歳未満の者と瘖唖者を絶対的責任無能力者（刑法不論者）とする（旧刑79条本文・82条本文）一方で，12歳以上16歳未満の者を責任無能力が推定される存在（相対的責任無能力者）として，責任能力の証明を要求するとともに刑二等の必要的減軽を規定していた（同80条1項・2項）。また，16歳以上20歳未満の者には，刑一等の必要的減軽が規定された（同81条）。このように，旧刑法は，12歳以上を犯罪者として扱うことを前提としながら，さらに懲治場処分による例外的扱いを認めることによって，処遇の個別化を図っていたのである。

　懲治場処分の主たる対象は，8歳以上16歳未満の幼者（15歳満了まで）と16歳以上の責任無能力者（19歳満了まで），瘖唖者（5年以内の期間）であった。これらは，すべて，刑法不論者（責任無能力者）に対する懲治処分（不論罪懲治）であり，いずれも情状にもとづいて収容の是非が判断された（旧刑79条但書・80条1項但書・82条但書，監19条1号）。また，刑法不論者以外に，懲治監における請願懲治に見られた身分制を撤廃したうえで，8歳以上20歳未満の放恣不良の子弟で尊属親の請願がある者を懲治の対象としていた（監18条・19条2号）。さらに，監獄則は，16歳以上と16歳未満を区別し，16歳以上20歳未満の者についても初入場者と再入場者を区別して，それぞれ留置監房を別異とする扱いをした（同21条）。こうした区別によって，年長者および犯罪性が深化した者からの悪習汚染の防止を図ったのである。その後，1889年の改正監獄則（明22勅93）が尊属親の請願による懲治（請願懲治）を廃止したため，不論罪懲治だけを行う懲治場が監獄内に残存することになった。

　民間感化事業の興隆　　こうした状況のもとで，刑の執行対象とされえな

い刑法不論者の懲治処分を「監獄」で行うことの問題性とともに，少年犯罪に対する応報的・懲罰的行刑の実効性のなさが自覚され，欧米諸国の国親思想を基盤とする感化教育事業の強い影響を背景として，「懲矯院」設立運動が次第に盛り上がりを見せるようになっていった。その結果，不良少年に対する独自の処遇（環境改善と保護教育による教護事業）の必要性が自覚され，宗教家や社会事業家，さらには行刑関係者を中心として，「感化院」（懲矯院からの呼称変更）の設置に向けた動きが現実化していくことになった。

　明治17年（1884年）に大成教（新興神道）の池上雪枝が大阪の神道祈祷所で不良少年の保護に着手したのに続き，監獄教誨師の高瀬眞卿による東京の私立予備感化院（1885年），僧侶の石井実禅らによる千葉感化院（1886年），僧侶の森祐順らによる大阪の感化保護院（1887年），監獄教誨師の千輪性海による岡山感化院（1888年），京都府典獄の小野勝彬による京都感化保護院（1889年），早川竜助らによる静岡の三河感化保護院（1890年），警察官の山岡作蔵による三重感化院（1897年），本願寺派僧侶による広島感化院（1899年），キリスト教教誨師の留岡幸助による巣鴨家庭学校（1899年）といった私立感化院が，相次いで創設された。特に，巣鴨家庭学校の分校として出発した北海道家庭学校（1914年）は，家族的小舎夫婦制を基盤とするその後の感化事業をリードし続け，児童自立支援施設処遇の典型として現在に至っている。

2　感化法の制定とその内容

(1)　旧刑法下の感化法とその限界

感化法の制定　　1880年代に隆盛を迎えた私立感化院による感化事業は，その後，少年犯罪における不起訴処分事案の激増，感化院からの逃走事例の増加，篤志保護事業における設備・予算・人材面での制約と限界，外国における少年立法の実現といった事態に直面し，法律に根拠を持つ統一的な事業としての改編の必要性が痛感されるようになっていった。こうした状況に対応すべく制定されたのが，1900年の感化法であった。感化法の制定によって，わが国の少年法制は，意識的かつ本格的に展開されていくことになった。

感化法の内容　　感化法は，地方長官が管理する公立感化院の設置を地方自治体に義務づけたうえで（感1条・3条），地方長官に管理権・監督権・入院

決定権を与えるとともに（同2条・7条），在院者・仮退院者に対する親権を感化院長に与えて（同8条），検束・減食などの強い懲戒権を付与する（同9条）一方で，訴願による不服申立を認めた（同13条）点から明らかなように，国親思想に立脚して構成されたものであった。

感化院は，親権者・後見人がなくて不良行為（遊蕩，悪交など）を行う8歳以上16歳未満の者，刑法にもとづく懲治場留置を言渡された者，民法152条の懲戒権の行使として懲戒場に入ることを裁判所が許可した者をそれぞれ収容対象として（感5条），原則として19歳満了までを限度に（同6条），不良性を除去するための環境改善と保護教育を実施するものとされた（同7条・8条・9条）。また，在院費の全部または一部を扶養義務者から徴収することが認められ（同11条），それまでの感化事業を支えてきた私立感化院を代用感化院として認可することを認めるものであった（同4条）。

感化法の限界　　公立感化院の設置が府県議会の決議にもとづく地方長官の具申を前提とされたために，財政問題や教育保護思想の不徹底（感化法への無理解）から，旧刑法下における公立感化院の設置は2府3県（神奈川［1902年］，秋田［1904年］，東京［1906年］，埼玉［1906年］，大阪［1908年］）にとどまっていた。また，感化法の制定後も，旧刑法が廃止されるまでの8年間は，依然として，旧刑法を根拠とする監獄則上の懲治場処分が効力を有していた（刑法不論者に対する懲治処分を監獄の懲治場で執行していた）。さらに，1903年の監獄官制（明36勅35）によってすべての監獄が司法省管轄に移管されたことにともなって，司法省管轄の監獄則と内務省管轄の感化法とが錯綜するという複雑な状況が生じることにもなった。

(2)　現行刑法と第1次感化法改正

現行刑法の制定と感化法の改正　　少年処遇における錯綜状況は，ドイツに倣った1907年の現行刑法の制定と，それに続く感化法改正（明41法43）および監獄法の制定によって，ようやく解消されることになった。現行刑法は，刑事責任年齢の下限を12歳から14歳に引き上げる（刑41条）とともに，懲治処分の廃止（懲治場留置制度規定の削除）に踏み切ったのである。

それにともなって，感化法の対象が拡張され，親権者のない8歳以上18歳未満の者で不良行為を行う（虞のある）者，18歳未満で親権者または後見人か

らの申請がある者（1889年の改正監獄則が廃止した請願懲治の事実上の復活），民法152条の懲戒権の行使として懲戒場に入ることを裁判所が許可した者となった（感5条）。そこでは自営独立のための実科と教育・分類収容・予後指導を中心とした処遇を行い，一部経費の国庫補助が認められた（同11条ノ2）。

　感化処遇の一本化　　感化法の改正により，少年に対する感化処遇は，内務省管轄の感化院に一本化されることになった。また，国立感化院の設立の提示（感13条ノ3）にもとづいて，1917年に国立感化院令（大6勅108）が公布され，武蔵野学院が開設された。国立感化院は，感化院収容対象者のうち，14歳以上で，性状が特に不良な者および内務大臣が特に入院の必要を認めた者に対する処遇施設とされた。ここに至って，感化教育事業は，地方公共団体が設置する公立感化院を中心として，私立感化院と国立感化院の混在のもとで進められる体制として確立したのである。

　他方で，犯罪少年の処遇は，依然として，刑法にもとづく監獄法上の特設監（監2条）によっていたため，改正感化法も，現在の少年法からイメージされる統一的な少年法制ではありえず，不徹底な面を残したものであったことを否定できない。しかし，それは，侵害原理にもとづく介入（犯罪少年）と保護原理にもとづく介入（不良少年）の区別という点では明確なものであった。

3　旧（大正）少年法の制定とその内容

(1)　旧少年法制定に向けた動き

　旧少年法制定の背景　　18歳未満の不良少年の処遇が内務省管轄の感化法に統一される前後の時期を通じて，少年犯罪（者）の増加，累非行少年対策における感化教育の実効性の低さ，および現行刑法の制定にともなう刑事未成年者（14歳未満）対策の必要性が指摘される一方で，欧米を中心とした先進的少年法制の紹介などにより，刑罰よりも保護処分を重視する少年裁判所の設置を求める運動の高まりが見られるようになった。このような刑事政策上の予防主義・合理主義と人道主義・博愛主義との対立を背景としながら，日露戦争（1904年—1905年）後の犯罪少年の増加を契機として，明治44年（1911年）に始まった刑事訴訟法改正作業の過程において，犯罪少年をも取り込む統一的な少年立法（少年法の制定）の必要性が次第に自覚されていった。

図1　旧少年法の基本構造

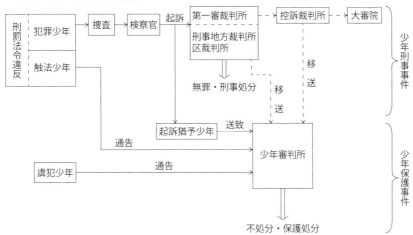

　旧少年法の成立　　以上のような事情を背景として成立したのが，1922 年
に制定された司法省管轄の旧少年法である。旧少年法は，18 歳未満を少年法
上の少年として（旧1条），少年の刑事事件には原則として刑事処分（刑罰）を
もって臨む一方で（同27条），刑罰法令に触れる行為をした少年（触法少年）と
刑罰法令に触れる行為をする虞のある少年（虞犯少年）を保護処分の対象とし
（同4条1項），少年審判所（司法省管轄下の行政機関）の設置（同15条）など，少年
法制としての特色を示す内容になっていた（図1参照）。

⑵　旧少年法の基本構造

　旧少年法と感化法の関係　　少年年齢の上限を18 歳未満としたことで，
14 歳以上18 歳未満の者の犯罪については，少年法が刑法（軍刑法の一部および
大審院の特別権限に属する犯罪を除く）の特別法として機能する（旧2条・3条・26
条）一方で，民法上の未成年者（20歳未満）であっても18 歳以上の犯罪者は，
20 歳以上の成人犯罪者と等しく扱われるものになっていた。他方，18 歳未満
の保護処分の管轄が明示されたことから（同28条），14 歳以上18 歳未満の保
護処分については少年法が感化法に優先するものとなり，感化法5条・6条
が改正（第2次改正）されることになった（大11法44）。

　旧少年法の制定と第2次感化法改正によって，要保護少年の処遇について

は，14歳以上を少年法（司法省）が原則的に管轄し，14歳未満を感化法（内務省）が管轄する体制が確立した。ただ，それまでの感化法による不良少年処遇に比べて，感化法が排他的ないしは優先的に管轄する範囲が制限されたため，刑事法的色彩（侵害原理）が強くなったことは否定できない。なお，旧少年法は，保護処分の対象について，現行少年法の3条1項1号・2号に見られるような「犯罪少年」と「触法少年」との概念的区別を用いることがなく，広義の「触法（刑罰法令違反）」概念で両者を包括していた点を注意しなければならない。犯罪少年に当たるか否かは，もっぱら，刑事処分の可否との関係でのみ問題になりうるものであった。

侵害原理と保護原理との関係　旧少年法は，刑事処分優先主義を前提としたため，少年犯罪（者）を少年審判所で扱う（保護処分の対象とする）ためには検察官の送致が必要的なものとされた（旧27条・62条）。事件の扱いを選別する権限は検察官が行使する構造になっており（検察官先議），したがって，現行少年法20条が規定するような逆送制度は存在せず，保護処分相当を理由とする刑事裁判所からの移送だけが規定されていた（同71条）。このような点は，侵害原理に強くなじむものであったと言えよう。

他方，刑事処分の場合と保護処分の場合を区別せずに，少年事件に関する事項を出版物に掲載することを禁止し，その違反に対して刑罰（1年以下の禁錮または千円以下の罰金）を規定した点（旧74条）などには保護原理の重視が明らかである。また，保護処分の選択肢の多様性（同4条）などにも，個別処遇を重視する保護原理への配慮がうかがわれる。

(3) 少年の刑事事件の扱い

裁判手続における配慮　14歳以上の少年が重罪（死刑，無期または短期3年以上の懲役・禁錮が法定されている犯罪）を犯した場合，および16歳以上の少年の犯罪（対象犯罪の限定はない）は，刑事処分優先主義にもとづいて，原則として刑事裁判手続で扱うものとされた（旧27条）。

ただ，いくつかの場面で教育改善の観点にもとづく特則が設けられ，その限りでは少年法が刑法・刑事訴訟法に優先するものとされていた（旧2条）。たとえば，捜査・公判段階における勾留の制限と独居拘置（同67条），少年被告人同士の接触回避と手続の分離（同68条・69条），少年保護司による調査（同

31 条・32 条），附添人選任などの少年審判（保護処分手続）に特有な規定（同 43 条・44 条）の準用（同 64 条・73 条）である。

行刑面における配慮　行刑面における配慮としては，現行少年法に引き継がれている制度の基礎がすでに整備されていた。たとえば，行為時 16 歳未満の少年犯罪者に対する死刑・無期刑の回避を含む刑の減軽・緩和措置（旧 7 条 1 項），相対的不定期刑の導入（同 8 条），分界場所における懲役刑・禁錮刑の執行（同 9 条），仮出獄要件の緩和（同 10 条・11 条・12 条），労役場留置（換刑処分）の禁止（同 13 条），資格制限の緩和（同 14 条），などである。刑事処分を原則とする旧少年法がこのような特則を設けたことにともない，少年受刑者用の施設として 7 つの少年刑務所（小田原，川越，姫路，名古屋，岩国，福岡，盛岡）が設置されることになった。

(4)　少年の保護事件の扱い

保護事件の扱いの概要　保護処分の対象としては，触法少年（犯罪少年を含む）と虞犯少年が明示された（旧 4 条 1 項）。また，刑事事件に当たるものであっても，検察官が保護処分を相当と判断した場合には，不起訴処分にしたうえで少年審判所に送致することが義務づけられた（同 62 条）。旧少年法の規定する保護事件の扱いについては，従来の感化法による少年処遇が地方長官の行政判断にもとづく収容処遇に限られていたのに比べ，いくつかの点での進歩を指摘することができる。

　何よりも，組織上は行政機関にとどまっていたものの（旧 17 条），司法機能とケースワーク機能を併有する専門機関としての少年審判所を設けたことである（同 15 条・21 条）。また，保護・教育経験のある少年保護司を少年審判所に配置し（同 18 条），調査・審判・予審・刑事裁判・処分執行の全段階に関与しうる権限を与えた（同 4 条・6 条・23 条・32 条・36 条・58 条）。少年保護司は，現在の家庭裁判所調査官の前身ともいえる活動を含めて，少年の保護事件に広範に関与する存在として期待されていたのである。

保護事件審判手続　審判手続においては，少年保護司による広範な社会調査（旧 31 条 1 項・32 条）と医師による心身の診察（同 31 条 2 項）に見られる科学主義の導入，審判の非公開（同 45 条），職権主義的審問構造の採用（同 33 条以下），国選を含めた附添人の選任（同 42 条），保護者・附添人・少年保護司の

審判出席権と意見陳述権 (同43条・44条) などが規定された。これらの多くは少年の刑事事件手続にも準用され (同64条・73条), 少年事件一般に対する保護的対応が顕著なものになっていた。

保護処分 処分に関しては, 審判不開始の可能性を明示する (旧40条・41条) とともに, 保護処分の内容を9種類のもの (訓戒, 学校長訓戒, 書面誓約, 保護者への条件付引渡, 補導委託, 少年保護司観察, 感化院送致, 矯正院送致, 病院送致・委託) とし (同4条・48条以下), さらに5種類の仮保護処分 (保護者預け, 補導委託, 病院委託, 少年保護司観察, 例外的な感化院・矯正院委託) を認める (同37条以下) 一方で, 虞犯少年の自由に対する制約度の強い保護処分については保護者の同意を必要としていた (同55条)。他方, 処分執行段階に少年審判所が関与することを認めていた点には (同5条・57条・58条), 行政機関としての性格が如実に示されている。

施設収容をともなう保護処分として矯正院送致が導入されたことから, それに対応するため, 少年法の成立とともに矯正院法が制定された (大11法43)。「矯正院」の具体的な名称としては「○○少年院」を用いるものとされ (矯正院官制8条), 矯正院法の施行と同時に, 多摩少年院と浪速少年院が事務を開始している。

4 現行少年法の成立とその概要

(1) 現行少年法制定に向けた動き

旧少年法の運用と感化法の発展的解消 旧少年法は, 施行当初の適用地域が大都市圏に限られており, 少年審判所の設置も東京と大阪に限られていた (いずれも1923年に事務を開始)。しかし, その後は次第に適用地域の範囲が広がり, 1942年までには全国的規模での実施が実現したと言われる。また, 旧少年法は, 刑事処分優先主義の構造でありながらも, 実際には, 「愛の法律」と言われたように, 保護的な運用が実現していたとも言われている。

他方, 旧少年法と同時に改正された感化法は, その後, 感化法に一層の内容を持たせるべきだとの改正論を受けて, 政府および民間の調査や研究を経て, 1933年に少年教護法へと発展的に解消された。それによって, 感化院の名称が少年教護院に変更される一方で, 少年鑑別機関の設置が可能となり (少

教4条)，少年教護委員による観察処分が導入された（同6条・8条2項）。

現行少年法の成立　こうした状況のもとで，第2次世界大戦（1939年—1945年）に敗北したわが国は，1946年の日本国憲法の成立を契機として，新憲法との整合性の観点から，法律制度の全面的な見直しを行うことになった。その一環として，非行少年の保護・処遇法制についても，児童保護立法の統合による少年保護事業の一本化，少年法と少年教護法との統合，さらには所管省の一元化等が議論されるようになった。

　もっとも，当初の司法当局は，旧少年法の小規模な改正で対応するべく，連合国総司令部（GHQ）との折衝を重ねていた。しかし，1947年には，少年法担当の情報局公安部行刑課長のルイス（B. G. Lewis）博士からの全面改正の提案とともに，全米プロベーション協会策定の「アメリカ標準少年裁判所法案」を模範とする「少年裁判所法案」の交付があり，国親思想を基礎とする福祉モデル少年法制が全盛期のアメリカ少年裁判所（法）を模範とせざるをえない状況となった。こうして，1948年に，旧法の全面改正の形式を取りながらも，少年保護・処遇体系の新立法としての実質を持つ現行少年法が成立することになったのである。

　少年法は，同時に制定された少年院法，および翌年制定の犯罪者予防更生法（昭24法142）とともに，司法省管轄の少年法制を根拠づけるものであった。また，少年法制定の前年には，少年教護法，児童虐待防止法（昭8法40），母子保護法（昭12法19）が，児童福祉法に統合され，厚生省管轄の少年保護法制として確立していた。このような形で少年法制の2本建制が引き継がれ，現在に至っているのである。

(2)　現行少年法の特色

現行少年法の性格　現行少年法は，旧法と比べて多くの特色を有している。現行少年法は，福祉的機能と司法的機能との調和のもとで少年の保護を図るという基本的認識では旧法と異ならないが，その具体的な内容との関係で特徴的な変化が見られる。それらは，形式的には旧法の「改正」手続によるものであったが，非常に広範囲にわたる実質的な改正内容であり，同一の理念に立脚した「新立法」と評価しうるものであった。現行少年法の詳細については第4章以下で個別的に確認していくが，以下に，旧法からの主要な

変更点をまとめておくことにしよう。

　人権保障の強化　　何よりも，少年に対する人権保障の強化という観点からの変化として，①保護処分の決定を，行政的機能を併有していた少年審判所の手から，純然たる司法機関としての家庭裁判所（地方裁判所と同格）に委ねることにした（3条），②保護処分が強制力を伴う裁判所の措置とされたこととの関係で，保護処分の決定に対して抗告を認めることにした（32条〜35条），③決定機関としての少年審判所が執行面にも関与しえたことを改め，保護処分の決定と執行とを原則として分離した（27条・46条），④裁判に適さない事実的措置を保護処分の選択肢から除外し，児童福祉法との調整のもとに，保護処分の内容を3種類のもの（保護観察，教護院・養護施設送致，少年院送致）に整理した（24条），⑤保護処分の手続を無方式としていた態度を改め，手続の形式性を強化（刑事訴訟法化）した（5条・11条・12条・17条〜21条・23条〜25条），などの点を指摘することができる。

　健全育成の充実　　少年の健全育成の充実という観点からの改正としては，⑥保護処分の拡充・徹底という観点から，少年年齢の上限を18歳未満から20歳未満に引き上げ，民法上の未成年者との一致を図った（2条1項），⑦検察官先議による刑事処分優先主義を改め，すべての事件を家庭裁判所に送致したうえで（全件送致主義），事件の扱いの判断権（選別権）を家庭裁判所に与えること（家庭裁判所先議・専議主義）にした（20条・41条・42条），⑧旧法が採用した科学的な人格調査の徹底を図り，家庭裁判所調査官を置いて科学調査（社会調査）を行わせるとともに，身柄を保全しながら心身の鑑別（資質調査）を行う専門機関として少年鑑別所を設置した（8条・9条・17条），などである。さらに，⑨少年の刑事事件において，死刑・無期刑を科しえない年齢を，行為時16歳未満から行為時18歳未満に引き上げ（51条），⑩旧法では全く配慮されていなかった少年の福祉を害する成人の刑事事件を，新たに家庭裁判所の管轄とした（37条），などの改正が行われた。

第2章　少年司法システムの動向

19世紀の終わりから20世紀の初頭にかけて成立した初期の少年法制は，いわゆる福祉モデルを基礎とするものであった。しかし，1960年代以降，福祉モデル少年法制に対して，その特徴に起因する問題への批判が大きくなり，北米大陸を中心として，司法モデル少年法制への転換に向けた動きが加速していった。本章では，少年司法システムの基礎となりうるモデルを確認したうえで，初期の福祉モデル少年法制の内容的特徴を明らかにし，その「何が」「どのように」批判されたかを検討することによって，司法モデル化への動きを跡づけることにする。そうした動きを明らかにすることは，わが国の少年法（制）の現在と将来を考えるための前提ともなりうる。

1　少年法制を基礎づけるモデル

1　福祉モデルとしての出発

(1)　さまざまなモデルの実現可能性

各国の少年法制の具体的な姿やあり方（モデル）は，侵害原理と保護原理との調和をどのように実現していくかに応じて，さまざまに異なっている。ただ，一般的なモデルとして言えば，家族モデル（family model）と犯罪統制モデル（crime control model）を両極として，福祉モデル，司法モデル（justice model）の形態を想定することができる。

家族モデルは，福祉モデルの別称として使われることもあるが，厳密に言えば，実親を中心とする家族単位で要保護少年一般の問題に対処しようとするものである。したがって，国親思想は必ずしも前提とされているわけではなく，少年法制としては立法化されていないのが通常である。ただ，「北欧型」の少年法制は，実質的に，家族モデルに近い側面があると言えるかもしれない。他方，犯罪統制モデルは，司法モデルを前提としながら，犯罪から社会を保護する観点（刑事政策としての社会防衛）を強調するものである。成人犯罪

者に対する刑事処遇を含めて，現在までのところ，純粋な形でこのモデルに立脚する司法制度は存在しないようである。

(2)　保護原理にもとづく福祉モデル

　福祉モデルは，少年問題に対する家族モデル的対応が困難になったことを契機として，保護原理を基礎として展開されたもので，特にコモン・ロー法系の初期の少年法制にその典型例を見ることができる。少年問題に対する保護的・福祉的対応という点では家族モデルと共通しながら，国親思想を当然の前提とする点で家族モデルとは明らかに異なる。それは，要保護少年の救済という観点から，個々の少年が抱えている具体的な問題（要保護性）を解明したうえで，最善の処遇による問題の解消（ベスト・インタレストの実現）を目的とし，広範な管轄と柔軟な手続にもとづく対応を特徴とする。

　法制度としては，司法システムと福祉システムとの中間に位置づけられるものである（民事と刑事の混合的な少年法制）と言えよう。世界で最初の少年法制は，コモン・ロー法系に属するアメリカで確立され，福祉モデルを基盤とするものであった。それは，その後の各国における少年法制の確立に大きな影響を与え，その基本的な発想はわが国の現行少年法にまで及んでいる。

2　司法モデルとそのバリエーション

(1)　侵害原理にもとづく司法モデル

　司法モデルは，侵害原理を前提とするもので，大陸法系の少年法制に代表される。侵害原理になじまない少年問題（虞犯やステイタス・オフェンス）は一般に管轄から除外され，手続面や処遇面でも成人の刑事司法に準じる場面が多い。その意味で福祉モデルと対置されるものである。ただ，福祉モデル少年法制が確立していた北米を中心として，1960年代以降，純粋な福祉モデルから司法モデルへの転換に向けた動きが顕著になった点は注意しなければならない。もっとも，司法モデルの内容は必ずしも自明のものではないため，司法モデル化の動きも決して単純なものではないし，一様なわけでもない。

(2)　司法モデルのバリエーション

　同じく司法モデルと呼ばれるものであっても，少年に対する手続的権利の保障を強調する立場からは，適正手続モデル（due process model）が主張されて

いるし，法と秩序 (law and order) を重視し，問題行動と処遇との釣り合い (just deserts) を強調する立場からは，正義モデル (justice model) の導入が主張されている。さらに，犯罪抑止の観点から，少年の問題行動に対する厳しい対処 (get tough, zero tolerance) を強調するならば，犯罪統制モデルに親和性のある司法モデル少年法制を実現することも不可能ではない。カナダ少年刑事裁判法における重大で暴力的な少年犯罪（者）に対する扱いは，犯罪統制モデル的な発想を印象づけるような内容のものになっている。

② 福祉モデルと司法モデルのはざまで

1　初期の福祉モデル少年法制の特徴

　現在の少年司法システムを理解する前提として，初期の福祉モデル少年法制の特徴を確認しておく。すでに述べたように（⇒ 9頁），初期の少年法制は，産業革命による社会状況の激変が生み出した「保護を必要としている子ども」一般の「救済」を目的として発展し，民事法と刑事法との混合的な性格を有する制度として結実したものであった。

(1)　広範な管轄

　広範な管轄の根拠　「要保護少年」一般の救済を目的とする福祉モデルでは，保護を要する状態にあること自体が重視されるため，要保護状態の種類や内容は必ずしも重視されず，その結果として広範な管轄が認められていた。現在の少年司法システムが対象としている「反社会的な存在としての少年」（犯罪少年や触法少年）は当然として，「非社会的な存在としての少年」（不良少年，虞犯少年，ステイタス・オフェンダー），さらには「扶助を要する存在としての少年」（遺棄・放任・虐待・搾取されている少年，家庭のない少年など）も広く対象とされた。福祉モデルは，犯罪少年や触法少年を含めて，要保護少年のすべてを「かわいそうな存在」と見る前提から出発していたのである。

　広範な管轄の修正　要扶助少年さえをも管轄する点は，福祉システムと司法システムとの調和が困難なことから長くは続かず，間もなく解消されることになった。したがって，福祉モデル少年法制の管轄も，実際には，純粋な保護原理にもとづくものではなく，侵害原理を完全には排除しない限度で

「非社会的な存在としての少年」にまで拡張したものであった。少年司法システムを基礎づける福祉モデルは，このようなものとして理解されなければならない。さらに，その後，「非社会的な存在としての少年」を司法システムの対象とする点について，侵害原理から十分に説明できるかという根本的な疑問が提起され，司法モデル化への動きが生じることになった。

(2)　柔軟性と裁量性

柔軟性と裁量性の根拠　　要保護少年を効果的に「救済する」ためには，個々の少年がどのような問題を抱えているか（要保護性）を具体的に解明したうえで，それを解消するための最善の処遇を選択することが前提となる。要保護性の解明とベスト・インタレストの実現こそは，福祉モデル少年法制の中核をなすと言ってよい。その背景には，当時の自然科学の飛躍的な発展を基礎とする実証主義的犯罪論があった。当時の実証主義は，人間の素質や環境は完全に解明することが可能であり，素質と環境を整えてやることによって最適な再社会化が達成され，それが少年の利益であると考えていた。そして，そのことを確実にするためには，手続や処遇のすべての段階を通じて，柔軟性と裁量性にもとづいた対応こそが有効だと考えたのである。

柔軟性と裁量性の帰結　　実証主義の主張が正しいとすれば，少年の要保護性を十分に解明するには，個々の少年に応じた柔軟な方法によるのが望ましい。そのため，少年手続は，広範な裁量権を与えられた関係者によって，形式や方式にとらわれずに運用されるのが望ましいとされた。したがって，成人犯罪者の権利として認められる適正手続（黙秘権の告知や公開裁判を受ける権利など）の保障についても，排他的とまでは言えないにしても，少年の利益の観点から制限することができると考えられたのである。

　また，最善の処遇による再社会化の場面では，なるべく多くの処遇選択肢を用意すること（処遇の多様性）によって，最善の処遇の選択（柔軟な対応）が容易になると考えられた。さらに，処遇中ないしは処遇後に最善の処遇でなかったことが判明した場合は，改めて，最善の処遇を与えることが可能であるとされた。処遇の事後的変更や再処遇も，少年の利益（再社会化による救済）という観点から正当化されていたのである。そして，最善の処遇を実親が与えられない場合には，国が実親に代わって処遇することが少年の利益とされるた

め，国親思想にもとづく対応が当然のこととされた。

2　「福祉モデルから司法モデルへ」の動き

　福祉モデルに立脚する少年司法システムは，1950 年代までは，各国で安定的に運用されていたようである。しかし，その後，さまざまな観点からの批判がなされ，1960 年代以降，司法モデル化に向けた動きが急速に進展していくことになった。ここでは，アメリカでの動向を見ることによって，福祉モデルの「何が」「なぜ」「どのように」批判されたかを確認しておく。それは，まさに，福祉モデルを特徴づけていた本質的部分に関わる批判であった。

(1)　広範な管轄に対する批判

　侵害原理との不調和　　個人の行動が他者の利益を侵害したり，侵害するおそれのある場合に限って国家・公権力の介入を認める侵害原理によれば，不良少年や虞犯少年，ステイタス・オフェンダーも，将来的な犯罪のおそれと結びつく限りにおいて，少年司法システムの対象とすることが可能である。他方，これらの少年は，侵害原理から直接に導かれる犯罪少年や触法少年に比べて，曖昧な性格や不明確な側面を持っていることを否定できない。特に，不良行為やステイタス・オフェンスの範囲が明確に設定しにくく（不明確性と不統一性），将来的な犯罪の虞れが証明に馴染みにくいこと（不確実性）から，不良少年等を犯罪少年や触法少年と同列に扱うことは，司法システムとしての性格を曖昧なものにする可能性を否定できない。

　ラベリング論からの批判　　1960 年代にラベリング論が隆盛を迎えると，不良少年等を司法システムの対象とすることは，ただでさえ否定的な印象を与えるラベリングの範囲を不当に拡張するものとして批判された。ラベリング論者によれば，そのような事態は，少年のベスト・インタレストの実現という福祉モデルの目的を真っ向から否定するものとされたのである。

　侵害原理にもとづく立法論　　このような批判を根拠として，不良少年や虞犯少年，ステイタス・オフェンダーを少年司法システムの管轄から排除する動きが見られることになった。もっとも，これは侵害原理をどの程度まで徹底するかという問題であり，実際には，犯罪少年と触法少年だけが司法システムの対象としての適格性を認められるというわけではない。わが国の現

行少年法も，虞犯少年を対象の中に取り込んだものになっている。

(2)　柔軟性と裁量性に対する批判

手続面での批判　　　個々の少年の要保護性を徹底的に解明する手続は，当事者に広範な裁量権を与えたうえで，柔軟に運営することが望ましい。これは，一般論としては正しい面を持っている。たとえば，黙秘権を告知することで少年がありのままの姿をさらけ出さなくなり，その結果として，要保護性の解明と最適な処遇選択が困難になる事態も想定されるからである。他方，裁量権の行使に何らの制限や制約もないとすると，「少年のためを思って一生懸命にやればやるほど，少年に事実上の不利益を与える」手続になってしまう可能性を否定できない。特に，保護者や弁護人との相談なしに手続が進行するような場合には，そうした危険性は一層大きなものとなる。要保護性の徹底的な解明が最善の処遇選択（少年の利益）の前提であるとしても，裁量性の大きい柔軟な手続における事実上の不利益は，「少年の利益」という観点からも当然に正当化されるわけではない。こうして，柔軟性と裁量性の大きさを前提とする手続が，そこから必然的に予想される濫用の危険性を根拠として批判されたのである。

処遇面での批判　　　同様のことは，処遇の場面についても当てはまる。最善の処遇による再社会化が少年の利益であれば，最善でなかった処遇を最善のものに変更し，新たに最善の処遇を与えること，さらには新しい処遇をより重い種類・内容のものに変更することも，少年の利益ということになる。初期の福祉モデルは，このように単純に考えていたと言ってよい。しかし，処遇中の内容変更や処遇後の再処遇は，実効性のある再社会化のためには有用であるとしても，少年にとっては，「不意打ち」的なものとなる。こうした事態は，成人犯罪者には明示的に禁止されており（不利益変更の禁止，一事不再理），「少年の利益」という観点からただちに正当化できるものではない。

(3)　適正手続条項の不存在に対する批判

理論的批判　　　福祉モデル少年法制は，裁量的で柔軟な運用にもとづくことを根拠として，成人犯罪者には明示的に保障される適正手続についても，特に規定するところがなかった。福祉モデルは，適正手続を，成人については不可侵の基本的人権と見る一方で，少年については保護原理によって制限

しうる権利と見ていたのである。アメリカにおいても，1950年代までは，「少年事件は本質的に刑事でなく民事である」という論法で，少年事件における適正手続条項の不存在や不適用が正当化されていた。何よりも，この点との関係で，適正手続の保障の法的な意義をめぐって，理論的側面での問題が議論されるようになったのである。

　連邦最高裁判決　　1960年代から1970年代のアメリカにおいて，理論的側面での議論と並行して，適正手続条項の適用を否定することが成人事件に比べて少年事件に事実上の不利益を与える状況が指摘され，その改善を迫る連邦最高裁判所判例が相次いだ。それらは，成人の重罪事件における弁護人の必要的関与を要求したギデオン事件判決（1963年）を契機として，通常（刑事）裁判所へ少年事件を移送する際の審理は適正手続の本質と公正な扱いに適合していなければならないとするケント事件判決（1966年），少年事件の事実認定手続における適正手続の標準（書面による告知，弁護人依頼権，自己負罪拒否特権，宣誓証人への対質権と反対尋問権）の遵守を要求するゴールト事件判決（1967年），少年事件の事実認定に「合理的な疑いを超える程度の証明」を要求するウィンシップ事件判決（1970年）である。

　もっとも，マッキーバー事件判決（1971年）のように，少年事件の適正手続化を徹底すれば結局は成人刑事裁判手続と同一になってしまうとして，適正手続の保障の徹底的な拡充に懐疑的な態度を示す判例がなかったわけではない。しかし，いずれにしても，これらの一連の判例によって，アメリカにおける少年事件の裁判実務が大きな転換期を迎えたことは否定できない。

⑷　再社会化の実効性に対する懐疑

　懐疑論の発生　　福祉モデル少年法制が強調した再社会化の考え方は，成人犯罪者の処遇も含めて，第2次世界大戦直後から社会の広範な支持を獲得し，1950年代および1960年代の刑事政策を支配することになった。しかし，1960年代の終わりから，イギリス社会とアメリカ社会において，少年犯罪（者）の増加に対する不安から広範なモラル・パニックが起こり，再社会化だけを強調する福祉モデルへの批判が高まっていった。特にアメリカにおいて，成人犯罪者への対応をも視野に入れた，ニクソン政権下での「法と秩序」の強調を背景として，犯罪者に対する「正当な刑罰」を要求する立場と「毅然と

した対処」を要求する立場が次第に有力になっていった。そうした中で，刑事政策としての再社会化の実効性を疑う懐疑論が生じることになった。もっとも，このような懐疑論は，当初は単に印象的なものにすぎなかった。

　実証的懐疑論の登場　　その後，こうした懐疑論は，成人犯罪者に対する施設収容処遇の実績に関する実態調査を背景として，徐々に現実的なものへと変化していった。それに大きな影響を与えたのが，「何を果たしているのか（What works?）」という刺激的なテーマのもとに「何も果たしていない（Nothing works）」という衝撃的な結論を提示したマーティンソン（R. Martinson）の論文（1974年）をはじめとする一連の実態調査報告であった。それらは主として成人犯罪者に対する処遇実績を検証するものであったが，それらが明らかにした懐疑的な結論は，少年犯罪に対するモラル・パニックを背景として，少年司法システムにおける処遇に対する懐疑論をもたらしたのである。

　懐疑論の定着　　もちろん，処遇実績の検証方法は一様でなく，そもそもが厳密な証明に馴染みにくいものでもあり，こうした懐疑論が処遇実態を正確に反映しているかについては異論も存在した。マーティンソン自身も，その後の調査結果を踏まえて，従来の主張が処遇の否定的側面だけを強調しすぎたことを認めてもいる（1977年，1979年）。しかし，その後も，懐疑論の典型であったマーティンソンの初期論文が頻繁に引用されたのに対して，改説後の論文はあまり引用されることがなかった。こうした事実からも明らかなように，再社会化の実効性に対する懐疑論は，1970年代のアメリカを広く支配していたと言うことができる。

3　司法モデル少年法制の成立とその後の動向

(1)　司法モデル少年法制の実現

　以上に確認したように，1960年代から1970年代のアメリカにおいて，理論的側面にとどまらず，当時の社会情勢とも密接に関連しながら，福祉モデル少年法制への批判が高まり，司法モデル少年法制への転換が現実的なものとなっていった。それに先鞭をつけたのがワシントン州（1977年）とニューヨーク州（1978年）の少年法制であり，ステイタス・オフェンスの非対象化，少年事件手続の形式化と適正手続的権利の保障，処遇の客観的基準の明示な

ど，司法モデルを具体化する内容のものへと改正された。その後も，多くの州において，同様の動きが見られるところである。

(2) わが国における改正の動き

1948年に当時のアメリカの少年法制（福祉モデル）に倣って成立したわが国の現行少年法についても，1960年代以降のアメリカの動向は大きな影響を与え，法務省を中心に根本的な改正に向けた動きが活発になっていった。それは，「少年法改正に関する構想（同説明書）」の公表（1966年）の後，「少年法改正要綱」の法制審議会への諮問（1970年），「法制審議会少年法部会中間報告」の公表（1976年），「少年法改正に関する中間答申」の法務大臣宛提出（1977年）へと続いていった。しかし，現在に至るまで，根本的な改正は実現していない。その後，2000年の大改正を経て，2007年，2008年，2014年にも比較的大きな改正がなされたが，「基本的な構造」との関係では大きな変化はなかった。こうした流れの中で，18歳・19歳を「特定少年」（⇒ 6頁）として特別に扱うことにした2021年改正は，特に重要なものである。一連の改正に関わる論点や内容は，わが国の少年法の将来を考えるうえでも重要であるから，終章において改めて確認することにしよう。

(3) 国際的動向

アメリカで司法モデル化に向けた動きが実現していった時期に続いて，少年司法システムのあり方は，少年の人権や自立などとの関連で，世界的な関心事として扱われるようになった。そうした流れの中で，1985年の「少年司法運営に関する国連最低基準規則」（北京ルールズ），1989年の「子どもの権利に関する条約」（子どもの権利条約），1990年の「少年非行の防止に関する国連ガイドライン」（リヤド・ガイドライン）および「自由を奪われた少年の保護に関する国連規則」（少年保護規則）が実現している。こうしたことからも明らかなように，現在の各国の少年司法システムは，単に国内法としての運用にとどまりえない状況を迎えているのである。この点についても，終章において改めて確認する。

第3章　わが国における少年非行と社会の対応

　わが国においては，1980年代の中頃から，少年非行の悪化（増加，凶悪化）を根拠として，深刻な事態を避けるために少年法を厳罰化すべきだという議論が見られるようになった。こうした議論は，必ずしも実証的な裏づけにもとづくものではないが，印象論として，社会の広い共感を呼んでいるように思われる。本章では，わが国の少年非行の主な特徴を確認するとともに，少年非行の悪化という印象（幻想）が形成される要因を考えてみたい。また，少年犯罪に対する社会の厳しい見方を反映していると思われる，いわゆる「実名報道」をめぐる動向を確認しておく。

①　わが国の少年非行の現状

1　検証の意義と方法

(1)　少年非行を検証する意義と限界

検証の意義　　社会の耳目を聳動させる犯罪が起こるたびに，あるいは一般論としても，「日本の治安は悪化している」などと言われる。少年非行についても，「増加し，凶悪化している」という主張がしばしば見られる。さらには，少年非行の悪化（増加と凶悪化）を当然の前提事実としたうえで，その原因を少年法の対応の「甘さ」に求め，その解決策として，いわゆる厳罰化論を主張する立場さえ見られる。他方，少年非行の状況は悲観すべきほどのものではないとの認識から，保護原理を前提とする少年法を擁護する立場や，保護主義的な対応の強化を主張する立場も見られる。

　このような対立的な見解は，治安対策の目的や意義，内容，さらには少年法の役割などに関する立場や見解の相違から生じているため，双方が納得するような結論に至ることは不可能に近い。また，それぞれの立場が前提とする少年非行の現状についての評価も，動かしがたいものとされている場合が多い。したがって，固定的な立場を前提とする人々にとっては，少年非行の

現状を検証することは無意味なものでしかない。しかし，単なる思い込みや印象から非行現象を感覚的に捉えがちな人々にとっては，少年非行の現状を明らかにすることは，非行現象を自分自身で評価するための有益な手がかりとなる。その意味で，検証作業は必要不可欠なものである。

2つのアプローチ　　非行現象を検証するには，量的アプローチと質的アプローチがありうる。前者は，非行の全体的・一般的状況を統計的手法で解明するもので，後者は，個々の非行事案を内容的に分析するものである。非行の実態を正確に理解するには，それぞれのアプローチから獲得されたデータや知見にもとづいて，総合的観点から検証することが望ましい。しかし，後者のアプローチは，具体的な処遇の場面で臨床的な機能を発揮する点では有用であるが，全体的な状況を把握するには大きな限界がある。

　非行の現状の把握という観点からは，前者のアプローチで満足するしかない。また，前者のアプローチについても，犯罪・非行の認知率や検挙率が極端に低ければ，統計的データが現状を正確に反映していると言うことはできない。近時の犯罪検挙率は刑法犯全体で35％程度であるが，放火や殺人のような凶悪犯では80％ないし90％程度である一方，認知された犯罪の圧倒的多数を占める窃盗の検挙率の低さ（30％未満）を考慮しても，一応の傾向だけは把握できるように思われる。

(2)　統計的検証のための基礎資料

　わが国の少年非行の現状を把握するための資料としては，法務省法務総合研究所発行の『犯罪白書』が何よりも有用である。それは，警察庁の統計（警察庁刑事局），警察統計年報・矯正統計年報・保護統計年報（法務省大臣官房司法法制部），司法統計年報（最高裁判所事務総局）にもとづいて，犯罪の動向と犯罪者の処遇とともに，少年非行の動向と非行少年の処遇に関して，詳細な分析と解説を加えている。また，毎年度初期の『法曹時報』誌上において，最高裁判所事務総局家庭局が，司法統計年報と最高裁判所資料にもとづいて，前々年度の家庭裁判所事件の概況（少年事件）を分析している。さらに，毎年度半ばの『家庭の法と裁判』誌上では，前年度の状況が分析されている。

　これら以外にも，警察庁の『警察白書』が，犯罪および非行の発生状況とその特徴の分析を中心に，警察活動の現状を説明するとともに，今後の課題

を明らかにしている。また，内閣府の『子供・若者白書』は，青少年の現状とそれに対する国の保護施策を中心に説明し，少年非行の現状，少年非行の防止と非行少年の処遇への言及が見られる。

　以下，少年法が対象とする非行（のある少年）の現状について，『犯罪白書』の統計的データにもとづいて，必要な限度で言及しておく（本編および付録のCD-ROM に詳細なデータが収録されているので，是非，自分の目で確認してほしい）。その焦点は，統計的なデータから少年非行の悪化（増加傾向，凶悪化傾向）が読み取れるかということにある。

2　わが国の少年非行の現状と特徴

(1)　少年刑法犯の検挙人員と人口比の推移 （経年的傾向）

全体的傾向を示す刑法犯　　少年非行の経年的変化を明らかにするのが，少年による刑法犯（刑法および爆発物取締罰則〔明17 太告32〕のほか10 の特別法に規定する犯罪）の容疑で検挙（補導）された犯罪少年（触法少年）の数の推移と，人口比（少年人口10 万人に占める非行少年の数）の推移である。家庭裁判所に係属する虞犯少年の割合が0.5％程度であることから，犯罪少年と触法少年とを合わせた動向が，非行少年全体の実態を直接的に反映している。また，薬物犯罪等の「特別法犯」は「刑法犯」から除かれているが，それらは一般保護事件の10％弱であることから，全体的傾向を把握するのに大きな影響はない。

検挙人員の推移　　検挙人員の推移では，1951（昭和26）年の16 万6,433人，1964（昭和39）年の23 万8,830 人，1983（昭和58）年の31 万7,438 人をピークとする上下動の波が見られた後，徐々に減少傾向を示し，最近は著しい減少傾向にある。それは，1980 年代の30 万人から80％程度も下落している。第1 のピークについては，戦後の経済的貧困に起因する「生存型非行」の頻発が指摘され，第2 のピークについては，経済の回復と急成長の時代を反映した「遊び型非行」への質的変化が指摘されている。第3 のピークとの関係では，窃盗（万引き，自転車盗，オートバイ盗）や横領（放置自転車の乗り逃げによる占有離脱物横領がほとんど）といった軽微な犯罪（触法）がそれを支えていること（一般刑法犯総数の約75％）が明白である。こうした傾向は，最近においても大きな変化がない。

　ただ，第2のピーク以降は，非行の動機等が明確でなくなっており，非行原因を追究する意義は薄れている。むしろ，「ひったくり」による強盗の一時的流行（模倣）や，特殊詐欺の「受け子」や「出し子」として少年が利用される状況に見られるように，社会との関連の分析こそが重要になっている。

　人口比の推移　少年人口比については，最近の低下傾向が明らかであるが，検挙人員の減少率が少年人口比の低下には直結せず，いわゆる第1の波の直後と同程度の水準になっている点が注目される。これは，少年人口そのものの減少によるものと思われる。非行少年の数量的実態を直接的に反映する人口比の推移からすれば，戦後から現在までという期間で見た場合，少年犯罪（触法）は，長期的にはごく緩やかな低下傾向にあると言ってよい。

(2)　少年刑法犯の検挙人員と人口比の推移（成人との比較）

　成人との比較　「刑法犯」における少年人口比を成人人口比（成人人口10万人に占める犯罪者の数）と比べると，第3の波の前から成人人口比を大きく上回っていた少年人口比が（2倍程度），2000年代に入って成人人口比に近づき，2013（平成25）年以降は成人よりも低くなっている。他方，刑法犯全体から自動車運転過失致死傷等（道路上の交通事故に係る自動車運転過失致死傷・業務上過失致死傷罪・重過失致死傷罪）を除いた「一般刑法犯」の推移を見ると，成人人口比が「刑法犯」の場合に比べて格段に（25％程度にまで）低下する傾向が顕著である。これは，成人犯罪の70％弱を占める自動車運転過失致死傷等を除くことで状況が大きく左右されるからである。

　一方，少年の検挙人員と人口比は「刑法犯」の場合と類似した動き（共通の傾向）を見せており，人口比の低下もさほど大きくはない（75％程度にとどまる）。したがって，少年非行の状況と成人犯罪の状況（特に人口比）を比較する場合は，「刑法犯」と「一般刑法犯」における成人犯罪の状況との相違を意識する必要がある。もっとも，自動車運転過失致死傷等が過失犯類型であり，免許取得を前提として，成人事件と少年事件に占める割合に圧倒的な違いがあることからすれば，人口比の比較においては，「一般刑法犯」を基準とする方が実態を正確に反映していると言えよう。

　少年人口比の高率の意味　「一般刑法犯」を比較の基準とした場合，少年人口比は，成人人口比の3倍程度が2倍程度に低下しているとは言え，「刑法

犯」を基準とする場合を大きく上回っている。そのことは，非行少年の割合が高いことを示す一方で，非行少年がそのまま犯罪者として成人する（犯罪者として存在し続ける）わけではないことを意味している。一般刑法犯における人口比の相違は，少年非行には一過性のものが多く，犯罪性が固定化していないこと（可塑性の高さ）の証左でもある。

(3) 罪名に見る少年非行の特徴

少年による刑法犯と一般刑法犯の罪名別検挙人員の推移を経年的に見れば，第 3 のピークの前から，軽微な窃盗や横領が一般刑法犯の圧倒的部分を占めるという傾向が明白である。一方，いわゆる凶悪犯（強盗，殺人，放火，強姦〔強制性交〕）については，一般刑法犯全体に占める割合も高くはなく，安定的ないしは減少傾向が見られる。強盗で変動が一時的に大きい要因としては，ひったくり形態の路上強盗の模倣によることを指摘できよう。このように，量的な観点からすれば，少年非行は，軽微な内容のものが大部分を占めており，凶悪なものは少ないと言うことができる。特に，凶悪犯の典型である殺人については，経年的な低下傾向が顕著である。

したがって，非行の「凶悪化」傾向は，社会一般の印象とは異なり，統計的には確認することができない。また，軽微な内容の非行は，特段の知力や体力を必要とすることがなく，確固たる動機もなしに，誰でもが手を染められるものであることから，いわゆる非行の低年齢化現象や一般化現象をもたらす要因としても機能してきたと言えよう。

(4) 少年非行は変化したか

わが国の少年非行の一般的特徴として，これまで，粗暴化，低年齢化，一般化の傾向が指摘されてきた。

粗暴化　　非行の粗暴化は，少年による家庭内暴力や校内暴力の増加との関係で言われることが多い。親や同居の家族に対する少年の家庭内暴力は，わが国に特有の社会現象として，1960 年代から問題視されてきた。また，校内暴力は，中学校と高校で生じるものを中心に，特に 1970 年代終盤から 1980 年代にかけて大きな社会問題になっていた。これらの問題は，現在でも解消されてはいないが，すでに一般的な特徴とまでは言えなくなっている。現在，家庭内暴力は，いわゆる DV 形態のものや児童虐待の増加へと劇的に

変化をしており，学校内の問題も，いじめや不登校，引きこもりといった問題が深刻化している。他方，粗暴化の裏づけとなる粗暴犯（凶器準備集合，暴行，傷害，脅迫，恐喝）の動向は，長期的には減少傾向が明らかである。

　低年齢化　　　非行の低年齢化現象は，非行現象を少年の年齢層別に見た場合に，その中心が，特定少年層（18歳，19歳）から中間少年層（16歳，17歳）へ，さらには年少少年層（14歳，15歳）へと移行していくことを言う。第3のピークが年少少年の急増によって形成されている点では，低年齢化現象を確認することができる。しかし，ここ20年ほどの動向は，中間少年と年少少年の人口比の差が僅少になるとともに，僅差を保ったままで同じような動きをしており，低年齢「化」現象までは確認できない。むしろ，第3の波の時期を例外として，比較的低年齢の少年（触法少年を含む）が全体を支える状況のもとで，特定少年をも含めて，すべての少年層が一定の割合で非行少年群を形成していると言えよう。

　一般化　　　非行の一般化現象は，非行少年を生みだす環境（家庭，生育環境など）には格別の特殊性があるわけではなく，どのような環境からも非行少年が産出されるというものである。これは，特に，第2および第3の波との関係で強調されていた。この点については，統計的な量的手法では明確な検証が不可能であり，個々の事案における質的手法で検証していく以外にない。ただ，軽微な内容の非行が圧倒的大部分を占めるという特徴からすれば，一般化現象は，依然として特徴的なものである。

　以上の状況のもとでも，重要なのは，少年非行の一般的特徴を分析する以上に，特殊詐欺のような成人犯罪との関係で少年非行の実態を明らかにし，対処に向けた方策を検討する意義が大きいということである。

②　社会における非行の「悪化」印象

1　印象と幻想をもたらす原因

　少なくとも統計的データからする限り，少年非行の悪化傾向を明確には認めることができない。それにもかかわらず，わが国の近時の社会においては，少年非行が悪化しているという印象が広く支配しているように思われる。そ

の原因として，ふたつの側面におけるものを指摘することができよう。

(1)　非行の「凶悪化」幻想

検証手法の限界　　原因のひとつは，凶悪化の検証には大きな限界が存在するということにある。凶悪な少年事件の量的増加の有無が，統計的データにもとづいて相当程度に客観的な検証が可能であるのに対し，個々の少年事件における質的な凶悪化の有無は，統計的な客観的検証は不可能であり，評価者の体験（疑似体験）にもとづいた印象的な判断に陥りがちであることを指摘しなければならない。

　一般に，個別の事件の凶悪化が主張される場合，「前代未聞の凶悪な犯行」とか「少年らしからぬ残虐な行為」といった表現が頻繁に用いられる傾向がある。そのような表現による評価は，社会からは説得的に見られる一方で，評価者の限られた個人的体験を基礎としている点に大きな危険をはらんでいる。なぜなら，自己が体験しなかったことは，事実として存在しなかったことと同義ではないし，ましてや比較の対象にすることもできないからである。

検証の回避　　少年のいわゆる実名報道をめぐって大きな論議を呼んだ「神戸児童連続殺傷事件」（⇒　46頁）は，その内容の異様さもあって，各種の報道媒体によって，「前代未聞の凶悪な事件」とか「かつてない異常な少年事件」といった騒がれ方をした。しかし，同種（被害者の頭部を切断するという内容）の事件が過去になかったかだけを問題にするならば，1969年の「サレジオ学院事件」の存在を指摘することができる。もちろん，過去に同種の事件があったからといって，「神戸児童連続殺傷事件」そのものの凶悪性が否定されるわけではない。いずれの事件についても，それぞれを凶悪なものとして評価することは可能だからである。

　むしろ問題なのは，凶悪さを指摘する際に，客観的な証明に馴染まない感覚的な形容句をつけることによって，主張内容さえをも論証したかのように振る舞うことにある。こうした手法は，しばしば，個人的印象をあたかも客観的事実であるかのように見せかける目的で用いられるからである。このような観点からすれば，少年非行が凶悪化しているという指摘は，実際には「幻想」に近い印象に支えられたものと言わざるをえない。

⑵ 情報伝達手段の変化と影響

情報伝達手段と情報への接触の変化　　原因の２つ目は，量的増加と質的悪化のいずれについても，情報伝達手段の変化とそれに伴う情報量の増大が大きな影響を与えていると思われることである。特に，事件報道の担い手としてのテレビの登場が決定的であったと言えよう。もちろん，テレビの普及以前にも，社会の注目を集める少年事件がなかったわけではない。ただ，当時の事件報道は新聞が中心であったため，地域的限定性，紙面の制約に伴う情報量の制限，同一事件を継続的に報道することの困難さなどの限界があり，ひとつの少年事件に対する人々の接触の程度にも限界があった。

他方，テレビによる事件報道は，全国ネットによる広域性，放映時間の長さに伴う情報量の飛躍的増加，継続的な報道可能性の増大などの点で，新聞報道をはるかに凌駕している。何よりも決定的なのは，現場からの中継（現場性）によって，視聴者に臨場感を持って訴えかける点にある。そして，視聴率の獲得競争のもとで，報道する側が「放映に値する」と判断すればするほど，このような特性が遺憾なく発揮されることになる。

刷り込み現象　　少年事件報道に接触する回数と時間が飛躍的に増大した結果，少年非行の量的な増加と質的な凶悪化という印象が，無意識のうちに人々に刷り込まれ，社会の共通認識を形成しているように思われる。こうしたメカニズムは，厳密には証明不可能な仮説の域を出ないが，実際には大きな影響力を持っていると推測される。同様の事態は，特に1960年代の終わりからイギリス社会とアメリカ社会を中心に深刻な状況を呈した，少年非行に対する社会のモラル・パニックとの関係でも指摘されていた。最近のインターネットの普及も，このような事態にさらに拍車をかけるものである。

2　社会のモラル・パニックと厳罰化要求

⑴　社会のモラル・パニック

本書は，少年非行の悪化という指摘は，疑似体験にもとづいた印象にすぎないと考えている。それにもかかわらず，そのような印象が「少年非行を何とかしなければ大変なことになる」というモラル・パニックを引き起こし，少年非行に対する厳しい対応を要求する方向（厳罰化論）に向かう可能性は容

易に予想される。カナダでは，1993年の連邦議会議員選挙の際，少年司法システムのあり方が大きな政治的争点となり，ケベック・ブロック連合を除く主要政党（保守党，進歩保守党，新民主党，自由党，改革党）が，法と秩序の尊重・重視と少年犯罪（者）に対する毅然とした対応を訴え，少年法制の大規模改革を公約に掲げた。その結果，犯罪少年に対する裁判を刑事裁判の一態様として位置づける少年刑事裁判法（2002年）が成立している。

　わが国のモラル・パニックは，カナダで見られたほど急進的なものではないものの，少年非行に対する厳罰化論の主張を支持する情緒的な基盤となっていることは否定できない。

(2)　いわゆる厳罰化論の内容と問題性

厳罰化論とその問題性　　厳罰化論の内容は，必ずしも一様ではないが，非行に対して厳しい態度で臨むべきだとする点で共通している。それは，わが国の少年非行が深刻な状況にあるという認識を前提として，その原因を少年法の保護主義的な対応（甘さ）に求め，少年法を厳しい内容に変えれば少年非行の深刻な状況は解消される，と考える点でも共通している。こうした主張は，三段論法的に見えることから一般に受け入れられやすくもあり，制裁を手段とする威嚇力への信頼という点も社会からの共感を得られやすい。

　しかし，このような論法が成り立つには，①少年非行の現状が本当に深刻なものであること，②そうした状態が少年法の保護主義的な対応に起因していること，そして，③厳しい内容の少年法が非行対策として実効的なものであること，のすべてが証明される必要がある。しかし，すでに見たように，①は証明されておらず，②と③は証明に馴染む内容のものではありえない。このような厳罰化論は，単なる印象にもとづく主張と言わざるをえない。

　また，非行（少年）に対する厳しい対応を要求する点は，社会が少年法を「刑法」と類似の機能を持った法律として認識していることに起因すると思われる。そのため，非行に対する社会的非難ではなしに，社会復帰（再社会化）を重視する運用に対して，少年犯罪があたかも「なかったかのように扱われている（リセットされてしまう）」といった印象が形成され，少年法に対する一種の反感となって表れていることが推測される。

厳罰化論に対する今後の方向性　　以上のように，少年非行の悪化を前提

とする厳罰化論や改正論は，その前提に正確さを欠いている。そこから，「少年非行の悪化が証明できない以上は，厳罰化論はもちろん，改正の必要もない」という論調で，現行少年法を擁護する立場も見られる。しかし，事はそれほど単純ではない。特に，社会が少年法に「少年刑法」の役割を期待しているように思われる点との関係で，少年法の理念と目的，そこから導かれる特徴と運用のあり方について，社会の共通認識を形成するために，関係者が社会に対して説明責任を積極的に果たしていかなければならない。

③　いわゆる実名報道をめぐる問題

1　少年法 61 条における同一性推知情報の開示禁止

　いわゆる厳罰化の主張とともに，少年犯罪に対する社会の認識をよく反映しているのが，事件に関わった少年を特定できる事実や情報（同一性推知情報）の開示を禁じている少年法 61 条に対する反応である。それは，犯罪少年の実名報道が許されるかという形で問題提起され，裁判所をも巻き込んで大きな議論となっている。

(1)　旧少年法 74 条から少年法 61 条へ

　旧少年法の対応　　旧法 74 条は，少年事件に関する「事項」を新聞紙等の出版物に掲載することを禁止し，その違反に対して，1 年以下の禁錮または千円以下の罰金による処罰を規定していた。これは，報道禁止の対象が少年の同一性推知情報に限らず，少年事件の事項に及んでいた点，違反行為に罰則をもって臨んでいた点で，現行 61 条と大きく異なっていた。前者については，少年のプライヴァシー保護やラベリングの回避ということ以上に，少年犯罪の模倣を防止するという観点（一般予防的な刑事政策的観点）を重視するものであったと言われる。また，後者は，現行少年法に比べて少年の保護に厚かったという印象を与えがちであるが，当時の出版法（明 26 法 95，1949 年に廃止）や新聞紙法（明 42 法 41，1949 年に廃止）に見られたように，出版の自由が大きく制限されていた明治憲法下での規制であったことを考えれば，少年の保護を特に重視したものであったとは単純に評価できない。

　現行少年法の対応　　これに対し，現行 61 条は，掲載を禁止する対象を「当

該事件の本人であることを推知することのできる」記事や写真等に限定しただけでなく，違反に対しても罰則を置くことはしなかった。罰則規定の形式にしなかった理由は，日本国憲法21条1項が保障する言論・出版等（表現）の自由に配慮して，報道機関の自主的な規制に委ねるのが適切だと考えたからである。61条は報道関係者の職業倫理と良識に対する信頼にもとづいて成立したもので，報道人は，それに応える行動を社会から期待されている。

⑵ 少年法61条の趣旨

61条は，一般に，同一性推知情報の報道を禁止することで，少年とその家族の名誉とプライヴァシーを保護し，非行少年の十分な保護と更生を図るという観点（特別予防的な刑事政策的観点）から立法されたと言われる。制定以後，61条は，その趣旨をさらに徹底する形で運用されてきた。たとえば，いずれも文言としては明示されていないにもかかわらず，矯正施設に収容された少年にも61条が準用されることを認め（昭30・9・6法務省矯正甲1092矯正局長通牒），捜査段階における少年の同一性情報の不開示を内容とする運用も確立されている（犯捜規209条，平14警察庁乙生発4警察庁次長依命通達）。

また，情報伝達手段の飛躍的な発達が顕著な現状のもとで，禁止される手段は，条文に明示された「出版物に掲載」することに限らず，テレビやラジオによる公表，さらにはウェブサイトを利用した開示など，伝達手段である以上はおよそ限定を付すべきではないと考えられている。なお，2021年改正により，逆送されて起訴された特定少年被告人には，61条の規制は及ばないことになった（68条本文）。

⑶ 少年法61条と新聞報道

新聞協会の方針　いわゆる実名報道の是非をめぐる議論は，現行少年法の制定直後から，センセーショナルな少年犯罪が発生するたびに蒸し返され，大きな社会問題とされてきた。特に，1958年に発生した「小松川女子高生殺害事件」＊に対する新聞各社の報道を契機として，61条の禁止に一定の例外を認めるべきではないかとの観点から，関係機関（日本新聞協会，最高裁家庭局，法務省刑事局・保護局，在野法曹等）の間で検討が行われた。そこでは明確な結論を得るまでに至らなかったが，ひとつの成果として，「新聞協会の少年法第61条の扱いの方針」（1958年12月16日）が策定されることになった。

　その内容は,「20歳未満の非行少年の氏名,写真などは,紙面に掲載すべきではない」という原則(61条の趣旨を尊重する基本的立場)を確認したうえで,例外的に,「逃走中で,放火,殺人など凶悪な累犯が明白に予想される場合」や「指名手配中の犯人捜査に協力する場合」など,「少年保護よりも社会的利益の擁護が強く優先する特殊な場合については,氏名,写真の掲載を認める除外例とするよう当局に要望し,かつこれを新聞界の慣行として確立したい」とするものであった。

　　＊Column　小松川女子高生殺害事件
　　定時制に通う18歳の男子高校生(窃盗で保護観察処分中)が,同じ高校に通う16歳の女子生徒を殺害した事件で,被害者の遺体を通学先の高校の屋上に遺棄するとともに,新聞社に犯行声明の電話をかけたり,被害者宅や警察に遺品を郵送した。約2週間後に犯人の少年が逮捕されたが,全国の約半数の新聞が少年を実名で報道し,在京新聞では朝日新聞だけが実名を伏せて報道するという状況が生じた。少年は,刑事処分相当として東京地裁で刑事裁判に付されて死刑判決を受けた後,最高裁の上告棄却により(1961年),殺人罪と強姦致死罪による死刑判決が確定した。犯人の少年が極貧家庭で劣悪な環境に育った在日コリアン(韓国籍朝鮮人)であったことから,大岡昇平らは,事件の背景にある貧困や朝鮮人差別の問題を指摘し,助命請願運動も大きな高まりを見せた。しかし,戦後20人目の少年死刑囚となった元少年は,1962年11月26日に宮城刑務所において死刑を執行された。

　その後の新聞報道　　もっとも,実際には,新聞協会の方針にもとづいて同一性推知情報の新聞報道がされた事例は,現在までのところ見当たらない。有力な新聞各社は,新聞協会の方針を実質的に拡張する方向で独自の報道基準を策定し,それによって判断していると言ってよい。それは,いずれも1960年に発生した「浅沼社会党委員長刺殺事件」と「中央公論社社長夫人等殺傷事件(嶋中事件)」,1965年の「少年ライフル魔事件」,1969年の「連続ピストル射殺事件(永山事件)」,いずれも1988年に発生した「名古屋大高緑地アベック殺人事件」と「目黒区両親・祖母刺殺事件」などに対する新聞各社の報道姿勢の違いに如実に示されている。

　61条をめぐる問題は,1980年代中頃までは新聞報道を中心とするものであり,「報道の自由・国民の知る権利」と「犯罪の抑止・捜査への協力」を対立軸として論じられるものであった。

2　想定外の状況の出現と裁判所の態度の変化

⑴　少年法 61 条と雑誌報道

　1980 年代の後半から，それまでの新聞報道における問題以上に，週刊誌を中心とした雑誌報道が大きな話題を呼ぶようになり，議論の場面と内容が質的な変化を遂げることになった。特に，特定の雑誌が「確信的」とも言える態度で少年の同一性推知情報を公表する報道を繰り返すようになったことから，少年犯罪に対する社会の厳罰化要求とも相まって，「犯罪少年は特定される必要がある」といった議論さえもが見られるようになっている。

　主な少年犯罪事件における初期の雑誌対応だけでも，次のような状況であった。1985 年の「札幌両親殺害事件」では，実名報道は見られなかったが，写真週刊誌の『フォーカス』が顔写真を公開した。1988 年の「綾瀬女子高生殺害事件（女子高生コンクリート詰め殺害事件）」では『週刊文春』が実名報道に踏み切り，1992 年の「市川一家殺傷事件」では『週刊新潮』が実名報道とともに顔写真を公開した。また，1994 年の「木曽川・長良川リンチ殺人事件」では『週刊文春』が実名に酷似した擬似仮名と経歴等を報道し，1997 年の「神戸児童連続殺傷事件（酒鬼薔薇聖斗事件）」＊では，『フォーカス』と『週刊新潮』が顔写真を公開し，さらには『文藝春秋』が検面調書を掲載し，『週刊現代』が精神鑑定書の一部を掲載した。後に大阪高裁が実名報道を容認した 1998 年の「堺少女等殺傷事件（堺通り魔事件）」＊では，『新潮45』が実名と中学卒業時の顔写真，現在の容貌・年齢・職業，住居等を掲載した。その後も，1999 年の「光市母子殺害事件」（⇒　333 頁）では，『週刊新潮』が実名報道を行っている。

　さらに，女子高生が同級生を殺害した「佐世保事件」や女子大生が老人を殺害した「名古屋大学女子学生事件」（いずれも 2014 年）では，ウェブサイトでの写真や動画の拡散が見られた。同一性情報をめぐる問題は，さらに深刻な状況を迎えていると言えよう。

　　＊Column　神戸児童連続殺傷事件
　　　1997 年 2 月上旬から 5 月下旬にかけ，神戸市須磨区で男子中学生（当時 14 歳）が 5 名の小学生児童を殺傷し（2 名が死亡，3 名が重軽傷），被害男児の頭部を切断したう

え「酒鬼薔薇聖斗」名義の犯行声明文を添えて通学先の中学校の正門前に置いたり，地元新聞社に挑戦状や犯行声明文を送りつけるなど，社会に大きな衝撃を与えた。その後，顔写真を掲載した雑誌の出版元に法務省が回収を勧告したり（出版社は拒否），公立図書館が検面調書を掲載した雑誌の閲覧停止措置をとるなど，報道の自由との関係でも議論を呼んだ。『フォーカス』の発売直後にウェブサイトで少年の顔写真が配信された点も，61 条における新たな問題を提起した。また，当時の少年法が送致時 16 歳未満の刑事処分を明示的に禁じていたため（2000 年改正前の 20 条但書），刑法 41 条では刑罰の対象とされている 14 歳・15 歳の犯罪少年を刑事裁判の対象にできないことの不整合が指摘され，2000 年の少年法改正の契機ともなった（⇒　311 頁）。その後，少年は，1997 年 10 月に医療少年院送致の決定を受けて関東医療少年院（当時）に収容され，2001 年 11 月から東北中等少年院での教育を経て，成人した 2004 年 3 月に仮退院で社会に復帰し，2005 年 1 月 1 日に本退院が認められた。

＊Column　堺少女等殺傷事件
　1998 年 1 月，大阪府堺市の路上で 19 歳の男子少年が女子高生，幼稚園児とその母親を包丁で襲撃し，園児を死亡させ，他の 2 人に重傷を負わせた。犯人は大阪地裁堺支部の刑事裁判で懲役 18 年を宣告され，2002 年 2 月，最高裁の上告棄却によって刑が確定した。元少年は，実名等を掲載されたことに対して，プライヴァシー権・氏名肖像権・名誉権等の人格権の侵害，実名で報道されない権利の侵害を理由として，記事の執筆者，雑誌の編集者，発行所に対して，不法行為による損害賠償と謝罪広告を求めて提訴した。大阪地裁は，同一性推知情報の報道それ自体による権利侵害について，表現の自由とプライヴァシー権等との調整という一般原理にもとづく基準（公益を図る目的の有無，手段・方法の必要性と相当性）によって判断し，本件では公表されない利益を「上廻る公益上の特段の必要性があったとも，公益を図る目的の下で必要かつ相当な公表の手段・方法において行われたものとも認めることができない」として，250 万円の損害賠償を認めた（大阪地判平 11・6・9 判時 1679 号 54 頁）。被告（出版社）側が控訴し，控訴審で第 1 審の判断が覆された。

⑵　裁判所の対応の変化

61 条違反への対応　　61 条を罰則規定としていない現行法のもとでは，61 条違反を刑事事件として立件することができず，民事上の不法行為責任（民 709 条）を追及する方法がとられる。そして，従来の民事事件では，いずれも不法行為の成立を認め，損害賠償を肯定するという対応が広く定着していた。裁判所は，一般に，61 条の立法趣旨に配慮して，その違反に対して厳しい態度で臨んでいたと言ってよい。そうした対応が大きく変化したのが，堺少女等殺傷事件と木曽川・長良川リンチ殺人事件の裁判であった。

大阪高裁の判断　　堺少女等殺傷事件における大阪地裁の判断（損害賠償請

求の容認）は，従来の判例の動向に沿うものであった。

　しかし，被告側の控訴を受けた大阪高裁は，61 条は公益目的や刑事政策的配慮を根拠とする規定であるとの理解を前提として，原判決を取り消すに至った（大阪高判平 12・2・29 判時 1710 号 121 頁）。大阪高裁は，「同条が少年時に罪を犯した少年に対し実名で報道されない権利を付与していると解することはできないし，仮に実名で報道されない権利を付与しているものと解する余地があるとしても，少年法がその違反者に対して何らの罰則も規定していないことにもかんがみると，表現の自由との関係において，同条が当然に優先するものと解することもできない」とし，「社会一般の意識としては，右報道における被疑者等の特定は，犯罪ニュースの基本的要素であって犯罪事実と並んで重要な関心事であると解されるから，犯罪事実の態様，程度及び被疑者ないし被告人の地位，特質，あるいは被害者側の心情等からみて，実名報道が許容されることはあり」，実名報道がただちに権利侵害になるわけではないとしたのである。

　本判決に対しては原告側から上告および上告受理の申立てがなされたが，いずれも後に取り下げられ，控訴審判決が確定している。

　最高裁の判断　　木曽川・長良川リンチ殺人事件の民事裁判では，本名酷似の仮名使用による本人の特定の程度が問題とされたが，原審では，少年の成長発達権の保障という観点から，およそ誰からも特定されないことが 61 条の内容であるとして，不法行為の成立が認められていた（名古屋高判平 12・6・29 判タ 1060 号 197 頁）。

　これに対して，最高裁は，実名酷似の仮名使用が名誉毀損に当たりうることは認めながらも，「X［少年］と面識等のない不特定多数の一般人が，本件記事により X が当該事件の本人であることを推知することができるとはいえ［ない］」として，原審に差し戻した（最判平 15・3・14 民集 57 巻 3 号 229 頁）。これは，少年の周囲にいる者が少年を特定できる場合であっても，不特定多数の者が少年を特定できない以上は，名誉毀損の成立要件である公然性を欠き，したがって不法行為を成立させないとするものである。

3 実名報道をどう考えるか

(1) 大阪高裁判決と最高裁判決の問題性

大阪高裁判決の論理は，刑法上の名誉毀損罪（刑230条）における真実性証明の許容規定（同230条の2）に関する解釈論に依拠するもので，61条の立法趣旨への言及や格別の配慮は見られない。また，最高裁判決においても，問題が名誉毀損の成否という一般論として検討されており，61条の立法趣旨への配慮は見られない。

しかし，このような論理は，刑法に名誉毀損罪が規定されているにもかかわらず，特に少年法に61条を規定していることの意義を看過するものであり，少年法の解釈論としては妥当でない。憲法論として表現の自由を強調するアメリカにおいてさえ，犯罪少年の同一性推知情報の公表は無制約でなく，不適切な公表に刑罰をもって臨んでいる州も珍しくない。さらに，少年の成長発達権を根拠とする同一性推知情報の公表禁止は，子どもの権利条約（16条・40条2項(b)(Ⅶ)），北京ルールズ（8.1条・8.2条・21条），少年保護規則（19条）にも明示されているように，近時の国際的な動向でもある。

(2) 今後の方向性と課題

適切な議論に向けて　大阪高裁判決や最高裁判決のような判断が，今後，61条違反を理由とする民事裁判例のなかで定着していくかは，予測困難である。ただ，こうした判決に見られるように，61条に対する社会の一般的な認識は，凶悪事件を犯した犯罪少年を念頭に，「少年を特定することが社会の利益に適合する場合がある」という方向へ強く傾斜しているように思われる。そこには，少年の成長発達権を無条件に認めることへの懐疑的な態度がある。さらには，「被害者側の情報が詳細に報道されるのに比べて，加害者側の情報が報道されないのは不公平だ」とする主張がされることさえある。これは，本来的には，刑事事件一般における被害者報道をどうすべきかの問題で，少年事件の被害者と加害者を同一の「天秤」に乗せて議論すること自体が不適切であるが，世間一般に受け入れられやすい論調のものと言えよう。しかし，成人事件における被疑者段階での実名報道主義の妥当性についてさえ，必ずしも十分な検討がされているわけではない。

このような状況のもとで，「犯罪を行った者は社会に晒されるべきだ」と

いった感覚が「独り歩き」しているように思われる。少年法61条における問題は，犯罪報道をめぐる問題の典型であり，象徴でもあるが，単に「氷山の一角」にすぎないものとも言えよう。報道現場を含めて，犯罪報道そのもののあり方の議論を深める必要性が痛感される。

新たな状況の発生　　少年の同一性推知情報については，実名報道とは別な場面でも深刻な問題が新たに生じている。神戸児童連続殺傷事件では，事件後に『文藝春秋』が検面調書を掲載し，『週刊現代』が精神鑑定書の一部を掲載したことが，社会問題化した。さらに，最近，『文藝春秋』2015年5月号が，神戸家裁の決定全文と称するものを共同通信編集委員名義で掲載し，同年6月には，同事件の元少年A名義で『絶歌』と題する手記が出版され，社会に大きな衝撃を与えた。また，16歳の少年が自宅に放火して家族3人を焼死させた「奈良事件」(2006年)では，精神鑑定を実施した精神科医が捜査段階での供述調書等の写しをフリージャーナリストに閲覧させて，秘密漏示罪(刑134条1項)で有罪判決を受けた(奈良地判平成21・4・15判時2048号135頁)。さらに，SNSの不適切な利用への対処，特定少年被告人に対する情報公開の解除の是非など，非行(少年)の情報をめぐる問題は，これまで以上に錯綜した困難な状況を呈しているのである。

第4章　少年法の基本構造

　本章以下において，わが国の少年法の内容を具体的に見ていく。歴史的な産物である各国の少年法制は，少年の特性を重視して成立したという共通性を持ちながらも，その具体的な内容は完全に一致しているわけではない。そこで，本章では，わが国の少年法の具体的な内容を確認するための前提として，少年法の意義と性格を明らかにしたうえで，わが国の少年法の目的と理念を確認し，そこから導かれる主要な特徴を概観しておくことにする。それによって，わが国の少年法について，単なるイメージではなしに，正確な理解のための前提にしたい。

①　少年法の意義と関連法令

1　少年法の意義

⑴　刑事法としての少年法典

　「少年法」ないしは「少年法制」の具体的な内容については，学問上の概念規定や厳密な定義が存在せず，さまざまなものを想定することが可能である。最も広く捉えれば，およそ少年に関わる法体系は，すべて「少年法（制）」と言うこともできる。しかし，わが国では，「少年法」という個別名称を持って1948年に公布され，1949年の1月1日から施行されている法典（少年法典）を意味するという理解が一般化している。本書で扱う「少年法」も，そのように捉えておく。少年法典としての少年法は，虞犯少年を含めて，犯罪（刑罰法令違反）と関係のある少年の扱いを特別に規定したものであり，犯罪一般を扱う刑法や刑事訴訟法の特別法としての性格を持っている。六法全書においても，少年法は，刑事法編の一部として編纂されている。

⑵　少年法の性格と社会のイメージ

　少年法は，「非行の克服」を前提とする少年の健全育成を目的とすることから（1条），犯罪防止を目的とする刑事政策の重要な一部になっている。この

ような意味で，少年法は，侵害原理を前提とする。他方，健全育成のための保護処分は，刑罰と同じような責任非難を目的とするものではないから，パターナリズム（保護原理）によって正当化されるものでもある。しかし，少年法に対する社会の見方は，管轄対象とされる非行少年が広範であるにもかかわらず，少年の犯罪に対する「少年刑法」のようなイメージが強いように思われる。このことは，少年事件に対する厳「罰」化の主張に顕著に表れていると言えよう。

2　少年事件に関わる法令等

(1)　少年法制に関わる法令

少年法は，犯罪と関係のある少年の扱いについて，網羅的に規定しているわけでもないし，完結した体系や内容から構成されているわけでもない。そのため，非行少年対策は，少年法を基本としながら，多くの関連法令等の有機的連携や補完的連携のもとで実現されることになる。そのような関連の制定法としては，刑法をはじめ，刑事訴訟法，少年院法，少年鑑別所法，少年の保護事件に係る補償に関する法律，更生保護法，児童福祉法，裁判所法など，多くのものがある。

また，法律以外にも，保護事件の手続の詳細は少年審判規則の規定に委ねられているし（36 条など），捜査段階については犯罪捜査規範と少年警察活動規則が重要なものであり，裁判所規則としての刑事訴訟規則なども，実際に重要な役割を果たしている。

(2)　通達等による補完

少年審判は裁判の一部ではあるが（裁 31 条の 3 第 1 項 3 号），福祉的・教育的機能をよりよく実現するために，法規上または事実上の多様な措置が用意されており，行政的な機能を有する事務も多い。そのため，少年事件の扱いについては，上記の法令以外に，上級の行政庁が下級の機関や職員に対して法令の解釈指針や運用指針等を示す通達も重要な役割を果たしている。たとえば，調査や審判の場で保護者に対して行う訓戒や指導等の保護的措置（25 条の 2），補導委託（25 条 2 項 3 号），保護処分における環境調整措置（24 条 2 項），保護処分決定後の少年の動向調査や処遇勧告（規 38 条 1 項・2 項）などの運用

は，通達にもとづいて具体化されている。さらに，関係機関の内規，通知，照会回答および各種の協議会における協議結果等も，少年事件への対処を具体的に運用していくのに重要な役割を果たしている。

② 少年法の目的と理念

1　健全育成と社会復帰モデル，成長発達権

⑴　少年法1条が明示する目的

少年法に固有の目的　わが国の少年法は，1条において，「少年の健全な育成を期し」て，「非行のある少年に対して性格の矯正及び環境の調整に関する保護処分を行う」ことと，「少年の刑事事件について特別の措置を講ずること」を明示している。少年法は，少年の健全育成を最終目的としながら，それを実現するための手段として，保護処分（性格の矯正と環境の調整）と刑事事件として扱われる場合の特別措置を規定しているのである。

このように，健全育成の観点からの保護処分と特別な措置を明示する少年法は，刑訴法1条の目的規定が事案の真相解明と刑罰法令の適正・迅速な適用実現（犯罪に相応した責任追及と社会的非難）を明示しているのに対して，少年の特性を重視するとともに，保護と教育を優先する趣旨のもの（教育主義とも言われる）として理解されている（規1条2項参照）。少年法に見られる多くの特徴も，こうした目的から具体的に導かれるものである。

少年事件全体に及ぶ目的　1条が明示する少年法の目的と理念は，少年院法や更生保護法，児童福祉法などの関連法令の解釈・運用指針とされるのは当然であり，少年審判規則はこのことを明示している（規1条1項）。また，それは，家庭裁判所における保護事件だけでなく，少年の犯罪事件が刑事裁判所で扱われる場合（少年の刑事事件）にも妥当することに注意しなければならない（50条，刑訴規277条参照）。これは，少年の「特性」を重視することからの帰結である。ただ，こうした理念を一般的に認めるとしても，それをどの程度まで徹底し，どのような形で具体化するかは可変的であり，異なった対応もありうる。それは，すでに見たように，少年の実名報道をめぐる社会の対応に如実に示されていたところである。

⑵　社会復帰モデルと少年の特性

社会復帰モデルとその限界　　健全育成の具体的な内容は，少年の社会復帰（再社会化）であり，「社会復帰モデル」が前提になっている。健全育成のための介入には，次のような場面が想定される。第1は，少年が再非行や再犯を繰り返さないようにすることで，成人犯罪者の場合と同様に，侵害原理にもとづく介入として正当化される。第2は，少年の問題を解決して（要保護性の解消）少年を平均的な状態に戻してやることで，保護原理にもとづく介入として正当化される。第3は，少年の可能性を積極的に引き出して，個性豊かな人間としての成長を遂げさせることである。

　少年法が対象とするのは第1と第2の場面であり，とりわけ第2の場面が重視される。第3の場面は，一般論としては望ましいが，法的な介入までは正当化することができない。たしかに，健全育成は，一般に「少年の改善」と言われることが多く，それは第3の場面をイメージさせる。しかし，平均的な状態で少年が社会に再統合されれば社会復帰は達成されるから，「改善」という表現は不適切な印象を与えるし，「改善」の強調は第3の場面への積極的な（過度の）法的介入を正当化することにもなりかねない。

　社会復帰モデルの前提　　社会復帰モデルの基礎になっているのは，少年の特性（未成熟さと可塑性の高さ）を重視する少年観であり，保護原理と強く結びついた考え方である。それによれば，少年は，たとえ肉体的には成人と同じ程度に発育しているとしても，精神的には未成熟（発達途上）な状態にあり，心情的にも不安定な状況にあることから，成人と比べて，環境からの影響を受けやすい存在と見なすことができる。こうした理解からすれば，少年の非行は必ずしも深い犯罪性に根ざしているとまでは言えず，そのような少年を成人犯罪者と同じように処罰すること（刑罰による社会的非難や責任追及）は適切でないことになる。

　また，未成熟で環境からの影響を受けやすいということは，その反面として，よりよい環境を与えてやれば再社会化も容易に実現されること（可塑性や教育可能性の高さ）を意味する。したがって，少年については，処罰よりも教育的手段（処遇）によって再社会化を図ることの方が，少年本人はもとより，社会にとっても利益になると考えられているのである。

(3) 成長発達権の承認

「少年の健全な育成」は，子どもの成長発達権との関係で論じられることが多い。成長発達権は，少年法の条文に明示されていないし，その内容も一義的に確定しているわけでもない。子どもの権利条約6条によれば，それは，すべての子どもが生命への固有の権利を有することを認め，子どもの生存と発達を可能な限り確保することとされている。少年法は，少年の特性（未成熟と可塑性の高さ）を重視することから，少年が環境からの影響のもとで試行錯誤を繰り返しながら，徐々に自己確立（成熟）を遂げていくことを前提とする。したがって，社会は，少年が社会的に重大な失敗（犯罪行為や触法行為）をした場合であっても，それをただちに非難するのではなく，それを教訓として少年が成長していく過程を保障しなければならないことになる。このような意味での成長発達権は，子どもの成熟過程を保護することにとどまらず，積極的に支援するものとして，広く承認されている。

2 非行に対する少年の責任

(1) 少年法の特性と少年の責任

刑法との違い　社会復帰モデルを前提とする健全育成，そしてその具体化としての成長発達権の承認から明らかなように，少年法は，非行事実の存在を前提として，少年の再社会化を目指す法制度（展望的視点の重視）として構築されている。このため，非行に対する少年の「責任追及」という視点は，本来的になかったと言ってよい。この点が，刑事法の一部として立法されているにもかかわらず，犯罪という過去の事実に対する社会的非難（処罰）を重視する刑法（回顧的視点の重視）とは決定的に異なっている。

保護処分と責任の関係　他方，このことが，「少年法は甘い」と言われ，いわゆる厳罰化の主張を招く大きな要因となっていることも否定できない。多くの人は，展望的視点を重視する少年法に対して，悪いことをやったという事実（非行）をリセットしてしまうものであり，何もなかったかのように社会復帰を認めるのは，正義に反すると考えがちだからである。

そこから，現行少年法の立場を前提として，非行に対する少年の「責任」を想定することが可能かが問題になる。こうした観点を反映して，学説の中

には，保護処分の不利益性（制裁的性格）に言及したうえで，保護処分にも何らかの責任要件が必要だとする立場が見られる（⇒ 94頁）。しかし，保護処分に不利益性が認められるとしても，そこからただちに保護処分が少年の責任を追及する機能を有していると考えることはできない。

(2)　少年法における責任

少年法の構造　非行に対する少年の責任を認める場合でも，それは，成人犯罪者に対する責任追及（刑罰による社会的非難）と同じではありえない。少年法は，保護処分を原則として，刑事処分（刑罰による社会的非難）が必要な場合に限って例外的に検察官への送致（逆送）を認めているため（20条・62条・63条），保護処分に「刑事的非難」の要素を認めることはできないからである。また，刑事未成年である触法少年（責任無能力者）については，刑事的非難を加えることは本来的にありえない（刑41条）。さらに，少年法が侵害原理と馴染まない虞犯少年をも審判の対象とし，しかもすべての非行少年に対する保護処分を共通のものとしていることからすれば，非行に対する少年の責任を「何らかの非難的要素」によって構成することもできない。

成長発達権の2面性　現行少年法を前提とする限り，非行に対する少年の責任としては，保護処分によって少年自身が再社会化に向けて努力をするということ以外には考えられない。それは，非行少年にとって，「責任」であると同時に，成長発達を保障される「権利」でもある。このような，排他的に見える「責任」と「権利」の2面性こそが，刑法に類似したもの（非行に対して非難する「少年刑法」的な法律）という社会的イメージと相まって，少年法の目的や役割についての理解を困難にし，誤った厳罰化論を助長しているように思われる。少年法の正しい理解と適切な運用を実現するためには，少年法に対する少年刑法的な社会のイメージを払拭することが急務である。

3　健全育成と人権保障との調和

(1)　少年法における人権保障

わが国の少年法は，少年の人権保障について，1条の目的規定をはじめとして，一般的な形で明示するところがない。これは，現行少年法の成立が，保護原理を基礎とする当時のアメリカの福祉モデル少年法制に倣ったことと

無関係ではない。当時のアメリカでは，少年の人権保障を明示する規定が存在しなかったため，要保護性を解消するための処遇は少年にとって利益な処分と考えられ，人権保障の観点が希薄になりがちであった。

　しかし，人権保障を一般的に明示する規定が存在しないことは，少年事件の扱いにおいて少年の人権を重視しなくてよいことを意味するわけではない。健全育成と人権保障は，相互に対立したり排斥し合うものではなく，調和しうるものであり，調和を目指すべきものである。現行少年法が少年司法システムとして改編されたのも，憲法の規定する基本的人権の保障（憲31条以下）が少年にも及ぶと考えられたからである。

(2)　人権保障の具体化

　現行少年法は，旧法では認めていなかった少年の抗告権（32条以下）を導入して，保護処分の不利益性を認めたが，少年の人権への配慮は必ずしも十分なものではなかった。その後，「流山中央高校放火未遂事件」の最高裁決定（最決昭58・10・26刑集37巻8号1260頁）＊を契機として，実務・学説・立法のそれぞれにおいて，少年の人権の問題が重要視されるようになっていった。

　そして，運用による解決が図られた後，2000年改正において，付添人規定（10条）が改正されるとともに，観護措置に対する異議の申立て（17条の2），国選付添人（22条の3），保護処分の取消し（27条の2）が導入されることになった。また，少年審判規則においても，少年鑑別所での観護措置に際して，供述を強いられないことの告知や，付添人選任の告知が明記される（規19条の3）などの改正がなされた。さらに，実務においては，各家庭裁判所が事務処理要領を策定して，合理的な事件処理態勢を確立するとともに，適正手続の要請に応えるための運用を行っている。

　ただ，こうした動きは，刑事裁判における適正手続の保障と比べて，必ずしも十分なものになっているとまでは言えない。今後，刑事裁判との相違を前提にしながら，少年事件における適正手続の保障の具体的内容を検討していかなければならない。また，子どもの権利条約などとの関係でも，多くの重要な課題が将来に残されている。

＊Column　流山中央高校事件
　事案は，高校3年の少年らが，器物損壊と校舎への放火未遂の嫌疑で家裁送致されたものである。送致事実のうち少年が徹底して争った放火未遂について，家庭裁判所は，少年らによる仕返しのおそれを理由として，少年とその付添人に立会の機会を与えずに目撃者2名を参考人として取り調べて，少年を保護観察処分に付した。再抗告を受けた最高裁は，「少年保護事件における非行事実の認定にあたっては，少年の人権に対する手続上の配慮を欠かせないのであって，非行事実の認定に関する証拠調べの範囲，限度，方法の決定も，家庭裁判所の完全な自由裁量に属するものではなく，少年法及び少年審判規則は，これを家庭裁判所の合理的な裁量に委ねた趣旨と解すべき」だとした。また，団藤裁判官の補足意見は，法廷意見をさらに進めて，保護処分は「少年の健全な育成のための処分であるとはいえ，少年院送致はもちろん，教護院・養護施設への送致や保護観察にしても，多かれすくなかれなんらかの自由の制限を伴うものであって，人権の制限にわたるものであることは否定しがたい。したがって，憲法31条の保障する法の適正手続，すくなくともその趣旨は，少年保護事件において保護処分を言い渡すばあいにも推及されるべきことは当然」であるとしている。

4　少年事件の被害者に対する配慮

(1)　犯罪被害者の配慮に向けた動き

　わが国の刑事司法は，「犯罪被害者等給付金の支給等に関する法律」(平13法30)の前身である旧犯罪被害者等給付金支給法(昭55法36)などの若干の例外を別にして，長いこと，犯罪被害者の問題を等閑視してきた。この事情は少年法においても同じであり，1条の目的規定だけでなく，少年事件の被害者を念頭に置いた規定は全く存在していなかった。

　こうした状況のもとで，被害者の人権を中核として刑事司法のあり方を見直そうとする(パラダイムの転換を目指す)動きが強くなっていた。その結果，刑事司法における被害者の保護を直接の目的とする「刑事訴訟法及び検察審査会法の一部を改正する法律」(平12法74)と「犯罪被害者等の権利利益の保護を図るための刑事手続に付随する措置に関する法律」(平12法75)が制定され，さらに「犯罪被害者等基本法」の制定とともに，2005年には「犯罪被害者等基本計画」が策定されるに至った。

　その後，刑事裁判への被害者参加制度が導入され(刑訴316条の33以下)，「犯罪被害者等の権利利益の保護を図るための刑事手続に付随する措置に関する法律及び総合法律支援法の一部を改正する法律」(平20法19)によって，被害者参加のための国選弁護人制度が創設された。また，法務省は，2001年3月

1日以降，受刑者の出所の時期・出所後の居住地などを犯罪の被害者や目撃者に通知する制度を実施している。

(2) 少年法における被害者配慮の拡充

こうした一連の動きは，少年司法にも大きな影響を与え，保護事件として家庭裁判所で終結する少年事件についても，被害者に配慮した規定や制度が導入されることになった。2000年改正によって，被害者等による記録の閲覧・謄写（5条の2・5条の3），被害者等の申出による意見の聴取（9条の2），被害者等に対する審判結果等の通知（31条の2）が認められた。また，2008年改正によって，記録の閲覧・謄写の対象範囲および意見聴取対象者が拡大されるとともに（5条の2・9条の2），一定の要件のもとで被害者等による少年審判の傍聴を認めることとし（22条の4），審判の状況を被害者等に説明すること（22条の6）が認められることになった。こうした状況のもとで，少年法の目的や理念をめぐる今後の議論においては，目的規定等に明示されてはいないものの，少年事件の被害者をも視野に入れた検討が不可欠なものとなっている。なお，被害者に対する配慮規定の具体的な内容については，手続の段階と具体的な場面に応じて個別に言及する。

3 少年法の特徴

1 専門機関の設置

(1) 家庭裁判所の創設

家庭裁判所の誕生　第2次大戦後に制定された日本国憲法は，基本的人権の保障の強化とともに，三権分立の原則を徹底して，行政権に対する司法権の独立を明らかにし，司法機関である裁判所に固有の地位と権限を与えた。その後に成立した現行少年法も，日本国憲法の精神と合致した少年事件の扱いを実現するため，旧法では少年の保護事件を行政機関である少年審判所が管轄していたのを変更し，司法機関である裁判所に少年事件の専属的管轄権を与えることにした。そして，少年事件が家庭問題と密接な関連性を持っているという認識のもとに，地方裁判所内に設置されていた家事審判所と統合して，家事事件と少年事件を専門に管轄する家庭裁判所を創設したのである。

家庭裁判所は，地方裁判所に相当する下級裁判所として，各都道府県庁所在地，函館市，旭川市，釧路市に合計 50 か所の本庁が置かれているほか，支部および出張所が設けられている（裁 31 条の 5 による裁 31 条の準用）。

家庭裁判所の管轄　　家庭裁判所の地域的な管轄（土地管轄）は，少年の行為地，住所，居所または現在地によって決められる（5 条 1 項 ⇒ 128 頁）。

その事物管轄は，家事審判法で定める家庭に関する事件の審判（家事審判）と調停（家事調停），および少年法で定める少年保護事件の審判（少年審判）を中心として（裁 31 条の 3 第 1 項 1 号・3 号），人事訴訟法に定める人事訴訟（離婚訴訟など）および人事訴訟に関する保全事件等である（同 2 号）。また，特別法による管轄として（裁 31 条の 3 第 2 項），氏名の変更の許可・不許可がある（戸 107 条・107 条の 2）。もっとも，少年事件と家庭問題との関連性については，少年法と家事審判法との間に有機的な連携までは見られず，調査官制度の存在（裁 61 条の 2）という共通点を別にして，制度的にも特別な配慮はされていない。

少年事件における家庭裁判所の意義　　少年保護事件における家庭裁判所創設の意義は，民事事件や刑事事件を扱う通常の裁判所と異なる専門裁判所として，少年の健全育成の観点から保護的機能を果たす点に認められる。少年事件において，家裁は，次のような機能を発揮することが期待されている。まず，保護処分の決定と執行が分離されたことにより，決定機関としての機能を果たすものとなった。また，検察官先議主義から全件送致主義に改められたことから，保護処分・刑事処分・児童福祉法上の措置を選択しうることになり，選別機関としての機能を果たすものとなった。さらに，保護処分継続中の処分（収容継続事件や戻し収容事件）を管轄する点では，後見的機関としての機能を果たすことにもなったのである。

(2)　**家庭裁判所裁判官**

司法官の関与　　旧法は，少年事件を少年審判官の単独審判で扱うものとし（旧 19 条），少年審判官については「判事ヲシテ之ヲ兼ネシムルコトヲ得」としていた（同 21 条 1 項）。その背景には，裁判官以外の者が少年審判官になりうることを認めるだけでなく，少年事件を保護的観点から扱うためには，法曹資格のない者を含めて，むしろ裁判官以外の者を積極的に活用しようとする姿勢のあったことがうかがえる。

　これに対して，現行少年法においては，少年事件を管轄する家庭裁判所が司法機関として設置されたため，少年事件の扱いも法曹資格を有する裁判官に限られることになった（裁31条の2）。したがって，家庭裁判所裁判官は，一般の裁判官と同様に，憲法と裁判所法による身分保障（憲76条3項・78条，裁48条）が与えられ，その任命資格は，地方裁判所の裁判官と同じものになっている（裁40条）。

　判事補の単独関与　　家庭裁判所の事件は一人の裁判官で扱うことを原則とし（裁31条の4第1項），検察官への送致決定（20条1項）を除いて，事実認定，要保護性の解明，最善の処遇選択のすべてにわたって，判事補が単独で関与することが認められる（4条）。特に，2021年改正によって，従前は20条決定のすべてについて判事補の単独関与が否定されていたものが，特定少年の刑事処分相当逆送（62条1項・63条1項）および原則逆送の判断（20条2項，62条2項・63条2項）については，判事補が単独でできることになった。

　一般に，判事補の職権は，判事補等として10年間の実務経験を要する判事（裁42条）の職権と比べて大きな制限を受ける（同27条）。それに対して，「判事補の職権の特例等に関する法律」1条は，判事補として5年以上の職歴を有する者のうち最高裁判所の指名を受けた者（特例判事補）については，特例的に，そのような制限が及ばないことを認めている。少年法4条の規定は，判事補一人による裁判を「他の法律に特別」に定めたものであり（裁27条1項・31条の5），特例法によるまでもなく職権の制限を受けないことになり，未特例判事補による少年事件への単独関与を認めるものである。

　判事補の単独関与の根拠　　未特例判事補による単独審判を認めた理由は，必ずしも明らかではない。一般には，刑事処分相当性の判断や刑事裁判の見通しを要求される20条決定だけは，経験豊かな判事に委ねることが適切だと考えられたからだと言われている。また，現行少年法の立法当初，家庭裁判所の判事の充足が困難であったという実際的理由によるものとの指摘もある。後者の理由であるならば，状況が改善されれば，未特例判事補の単独関与は見直されるべきことになろう。他方，前者の理由であれば，20条決定以外の裁判は，未特例判事補でも十分に対応できるという判断があったことになる。その背景には，少年事件は比較的容易であるという認識と，要保

護性の解明に積極的に協力し，納得したうえで処遇を受け入れるという「素
直な少年像」が存在していたように思われる。 しかし，現在の少年事件の多
くについて，そのような見方で説明できるかは疑問である。2000年改正によ
る裁定合議制の導入も（裁31条の4第2項），そのような問題の存在を示唆する
ものと言えよう。

　原則逆送判断における判事補の単独関与が認められることになったのは，
保護処分相当性が推定されている刑事処分相当逆送（20条1項）に比べて，刑
事処分相当性が推定されている原則逆送においては，罪質と情状に照らした
判断は判事補でも十分であると考えられたからであろう。しかし，保護処分
相当性と刑事処分相当性が表裏の関係にあることからすれば，逆送判断のす
べてについて判事補の関与を認めてこなかった従前の対応こそが望ましい。
また，特定少年の刑事処分相当逆送については，原則逆送の場合と異なり，
判事補の単独関与を認める積極的な理由は見出しがたい。いずれにおいても，
今後の実務における抑制的な運用が期待される場面である（⇒ 315頁）。

(3)　家庭裁判所調査官

　調査官制度　　家庭裁判所が管轄する事件を適切に処理するため，家庭裁
判所と高等裁判所に家庭裁判所調査官が置かれている（裁61条の2第1項）。一
般に「調査官」と言う場合には，家裁において職務を遂行する調査官を意味
する。少年に対する最善の処遇選択の実現は，要保護性を解明するために行
われる調査の結果等が，審判過程に十分に反映されることが前提となる。こ
こから，少年法は，調査と審判を別々の機関に行わせるのは適当でないと考
え，家裁自らが調査にあたるという方策をとった（8条1項）。そのため，裁判
官の補助機関として調査官を置き，要保護性の解明と最善の処遇選択との有
機的な連携を図ることにしたのである。

　旧法においても，少年保護司による社会調査が存在していた（旧31条1項・
32条）。現行少年法は，それをさらに徹底して，ソーシャル・ケースワーカー
としての家裁調査官に，心理学・社会学・教育学等の専門的知識にもとづく
科学調査と社会調査を行わせることにした。そのため，その採用試験も，そ
れらの専門的知識を重視する内容のものとなっている。調査官は，家庭裁判
所調査官補（裁61条の3）として採用された後，最高裁判所管轄の裁判所職員

総合研修所（裁14条の2）で2年間の専門的な養成研修（法律学, 人間関係諸科学, 調査理論・技法等）を受け, 正式に家庭裁判所調査官としての資格を与えられる。また, 採用後も, 専門的かつ実務的な研修を継続的に実施するなど, 調査官の能力の向上が図られている。調査官の職務の専門性に応じた組織の確立と実効的な運用のため, 調査官の中から, 主席調査官, 次席調査官, 総括主任調査官, 主任調査官が任命され（昭57最高裁規則4）, 調査官の一般執務と調査事務についての指導・監督を行う体制がとられている。

調査官制度への期待　調査官は, 少年事件について, 裁判官の命令に従って（8条2項, 裁61条の2第4項）, 審判および処遇に必要な調査を行うことが期待され（9条, 規11条）, 少年鑑別所との連携も要請されている（9条）。また, 調査結果の報告に際して処遇意見をつけるだけでなく, 報告の前後を問わずに, 処遇に関する意見を述べるものとされている（規13条2項・3項）。さらに, 調査官は, 観護措置を行い（17条1項1号）, 試験観察を統括する（25条1項）など, 家裁の多くの場面で実質的で重要な役割を果たしている。

裁判官に必ずしも多くの積極的な役割を期待できない制度のもとで, 家裁調査官の存在は少年法の中核をなすものであり,「家庭裁判所の機能は調査官によって実現されている」と言っても過言ではない（⇒ 70頁）。審判に付すべき少年を発見した場合に, 裁判官の命令なしに調査することが認められるのも（7条2項）, 通常の裁判所職員に認められる権限の行使（当事者の申立てや裁判官の命令にもとづく）の中では異例なものであり, 調査官の実質的な役割に着目した規定と言えよう。これら以外の役割として, 同行状の執行（13条1項）, 各種の決定の執行（26条1項）, 口頭による一般通告の調書記載（規9条2項）, 調査結果の書面報告（同13条1項・2項）, 処遇に関する適時の意見陳述（同13条3項）, 審判への立会と意見陳述（同28条2項・30条）, 保護処分の成績視察（同38条1項）が規定されている。

⑷　少年鑑別所

刑事施設との共通性　少年鑑別所は, 少年法上の観護措置のために送致された少年を収容する施設として（17条1項2号）, 法務大臣（法務省矯正局）が管理し（法設11条）, 各都道府県庁所在地など全国で52か所（支所を含む）が設置されている（少年院及び少年鑑別所組織規則12条・別表第3）。現行少年法および

旧少年院法の施行にともなって，1949年に発足した組織である。

また，少年の犯罪容疑事件においては，検察官は勾留に代えて観護措置をとることができるとされ（43条1項本文），少年鑑別所での観護が勾留の代替措置として認められている（44条2項）。その意味では，成人事件における勾留のための刑事施設（刑事施設3条3号）と共通の性格を有している。

少年事件における特性　少年鑑別所は，送致された少年の収容だけにとどまらず（鑑19条以下），少年保護事件における調査・審判・保護処分に資するため，および自由刑を宣告された16歳未満の少年に対する刑の執行に資するため，医学・心理学・教育学・社会学その他の専門的知識にもとづいて対象少年の資質鑑別を行う施設でもあり（同1条），特にこの点に大きな特徴がある。資質鑑別の結果は，家裁調査官による調査において活用を要請するという形で尊重されている（9条）。

また，これらの資質鑑別以外にも，家庭裁判所をはじめとする関連組織以外からの依頼にもとづく資質鑑別を行い（鑑17条・18条），さらには一般相談窓口（法務少年支援センター）を設けて，非行・いじめ・家庭内暴力・交友関係・引きこもり・しつけ等の相談にも応じている。特に，2014年に少年鑑別所法が独立したことにより（⇒ 133頁），その業務内容が一層拡充されている。このように，少年鑑別所は，要保護性が非行問題として発現する前の段階においても，少年の健全育成を目的とした広範な活動を行っているのである。

(5)　付添人

付添人の意義と地位　少年事件における付添人は，成人刑事司法における弁護人の役割（もっぱら被疑者・被告人の利益を代理し擁護する）とは異なり，少年の健全育成の観点から（1条），調査や審判における協力者としての役割を期待されている。その意味で，付添人の役割は保護者の役割と共通しており，保護者にも付添人就任権が認められている（10条2項）。

旧法にも「附添人」が規定されていたが（旧42条），刑事処分優先のもとで，保護事件への「弁護士」附添人の関与は少なかった。現行法のもとでも，付添人の資格には制限がないが，付添人関与事件のほとんど（99％近く）が弁護士付添人である。付添人関与事件は，漸増傾向にあり，一般保護事件の25％を上回るようになっている。これは，一連の法改正による必要的弁護士付添

事件の増加や被疑者段階での国選弁護人制度の導入によるものであり，今後のさらなる増加が予想される。

付添人の選任　付添人の選任権者は，少年，保護者，法定代理人，保佐人，配偶者，直系の親族・兄弟姉妹である（10条1項本文）。従前は少年と保護者に限られていたが，2021年改正で拡張された。この点は，親権者である保護者が存在しない特定少年にとって特に意義が大きい。検察官関与決定事件，被害者等傍聴申出事件，抗告受理決定事件については，家裁が職権で選任できる（22条の3・22条の5・32条の5）。少年が未成熟な場合，少年の意思に反して付添人を選任することができ，少年は解任できないと考えられる。選任の時期には特に規定がなく，家裁の事件受理後であれば時期を問わない。保護処分の言渡し後でも，確定までは抗告等の手続的利益があるため，選任が認められる（大阪高決昭54・10・3家月32巻8号112頁参照）。

弁護士を選任する場合は裁判所への届出で足り（10条1項但書），弁護士以外の者を選任する場合は，事件が係属している裁判所（高裁や最高裁を含む）の許可を要するが（同項本文），特に不適当な理由がない限り許可すべきである。

付添人選任の効力　少年保護事件が検察官送致されると（20条），弁護士付添人は弁護人とみなされ（45条6号），刑事手続の被疑者弁護人の数（刑訴規27条1項）との関係で，3人までに制限される（規14条1項）。選任の効力は，事件単位で考えるが，併合事件については全部に及ぶ（刑訴規18条の2参照）。捜査段階での弁護人選任事件が家裁に送致または移送された場合は（41条，42条，55条），弁護人は当然には付添人にならないため，改めて選任手続を要する（最決昭32・6・12刑集11巻6号1657頁）。

2　全件送致主義と家庭裁判所先議主義

(1)　少年審判の特殊性

少年の健全育成を目的とする少年法は，非行事実の存在を契機として，少年の要保護性を解明したうえで，最善の処遇によって要保護性を解消すること（少年のベスト・インタレストの実現としての再社会化）を任務とする。成人刑事事件においては，犯罪事実が認定されれば，被告人の責任（社会的非難の必要性の程度）に応じて刑罰が量定されるため，被告人の個人的事情が「決定的」な

重要性を持つことはない。このため，刑事裁判は，犯罪事実の厳格な認定を中核として構成されている（行為主義的構造）。

　他方，少年の事件においては，非行事実の認定は少年法による介入を正当化するだけであり，個々の少年の要保護性は，少年の個人的事情を基礎として個別的・具体的に解明されなければならず，その解消のための最善の処遇選択も個別的・具体的に検討されなければならない。また，非行の種類（犯罪，触法，虞犯）や内容（重大性など）は，必ずしも要保護性を直接的に反映するものではない。軽微な非行を契機として深刻な要保護性を有する少年が発見されることも，決して珍しくはないからである。このように，要保護性の内容は，非行事実を行った少年の個人的事情に「決定的」に依存している。このため，少年審判は，要保護性の解明とその解消を中核として構成されるという特徴を持っている（行為者主義的構造）。

(2)　全件送致主義と家庭裁判所先議主義

全件送致による検察官先議の否定　　最善の処遇選択が要保護性の解明を前提とし，要保護性が少年ごとに異なることからすれば，すべての非行少年について，専門機関が要保護性を解明したうえで最善の処遇選択をすることこそが望ましい。ここから，少年法は，そのような専門機関（科学的調査機構）として家庭裁判所を設置し，少年の事件を家裁の専属的な管轄に置くことにした。こうした考え方は，すべての非行少年に妥当するが，とりわけ旧少年法では刑事処分優先とされていた犯罪少年との関係で重要な意味を持ち，全件送致主義によってその具体的な実現が図られている。

　成人の刑事事件においては，起訴裁量主義＊（刑訴248条）とともに，微罪処分（同246条但書，犯捜規198条）が採用されているように，捜査機関限りで事件を終結させることが認められている。また，犯罪少年に対する刑事処分優先主義をとっていた旧法においては，刑事処分にするか保護処分にするかを検察官が判断したうえで（検察官先議主義），刑事処分が相当でない事件だけが少年審判所に送致されていた。

　　＊Column　起訴裁量主義
　　被疑者に犯罪の嫌疑があり，訴訟条件が具備されているにもかかわらず，諸般の事

情から訴追の必要がないと判断した場合に，公訴の提起を見合わせて被疑者を起訴猶予にすることができる制度をいう。起訴便宜主義とも呼ばれ，起訴法定主義と対比される。わが国の刑訴法248条は，「犯人の性格，年齢及び境遇，犯罪の軽重及び情状並びに犯罪後の情況により訴追を必要としないときは，公訴を提起しないことができる」と規定して，起訴裁量主義を採用し，起訴猶予としての不起訴処分を認めている。

家庭裁判所先議主義の採用　　刑事処分優先主義を採用しなかった現行少年法は，専門機関でない検察官が要保護性を解明することは適切でないと考えて検察官先議主義を否定し，専門機関としての家庭裁判所にすべての少年事件を係属させたうえで（41条・42条），保護処分か刑事処分かの判断を行わせることにした（家庭裁判所先議・専議主義）。

　また，非行の種類や内容が要保護性を直接的に反映するものではないことからすれば，成人刑事事件のように捜査段階で事件の終結を認めることは，専門機関による要保護性の解明なしに非行少年の扱いを決定するものであり，少年法の目的を没却することになる。この点でも，全件送致主義が必要とされる。これらの対応は，いずれも，教育主義からの帰結である。このように，全件送致主義と家庭裁判所先議主義は表裏一体となっている。

14歳未満の扱い　　以上のように，少年事件一般は，全件送致主義と家庭裁判所先議主義を前提として扱われる。他方，14歳未満の非行少年については，都道府県知事または児童相談所長からの送致がない限り家裁は管轄することができない（3条2項）。14歳未満の少年については，司法的対応よりも福祉的な対応が望ましいとの観点から，家庭裁判所先議主義ではなく，児童福祉機関先議主義が採用されているのである。

(3)　全件送致主義の拡張（簡易送致手続）

簡易送致手続の導入　　司法警察員の全件送致（直送）を規定する41条は，「送致しなければならない」として，送致強制主義を明示している。しかし，これに対しては，第一線の警察官を中心として，軽微事案を含めた全件送致は少年の心情を害し，捜査官の意欲を削ぎ，早期発見・早期処遇の目的に反するという反発が見られた。そこで，1950年に，最高裁・最高検・警察庁の協議にもとづいて，通常の事件送致手続の例外として，軽微事案の「簡易送致手続」が認められるに至った（昭25・8・14最高裁家庭甲235家庭局長通達）。ま

た，1969年の通達において（昭44・5・27最高裁家三103家庭局長通達），罪種と被害による限定を前提として除外例を明示する方法で「軽微な少年事件の範囲」が明確にされ，2020年から新たな基準による運用が行われている（令2・3・26警察庁丙少発10生活安全局長通達）。

簡易送致手続は，家庭裁判所の専権的な任務とされている非行事実の認定と要保護性の判断を捜査機関が行うことを認めるもので，捜査機関が実質的なインテイク機能（事件の選別と措置）を果たす点で，理論的には大きな問題を内包している。それにもかかわらず，家裁の処理能力の限界や早期発見・早期処遇（捜査段階でのダイヴァージョン機能）の必要性という現実的問題への対処から，実務に完全に定着している。ただ，近年は減少傾向が見られ，交通関係事件を除いた一般事件における比率は20％を下回る程度になっている。

簡易送致の運用　簡易送致の具体的な運用は，事案が軽微で要保護性に問題がないと捜査機関が判断した少年について，非行事実と若干の情状を記載した送致書（少年事件簡易送致書）を毎月1回，一括して家庭裁判所に送付するものである（犯捜規214条1項）。送付を受けた家裁は，原則として書面審査で事件を処理をし，特に問題がなければ審判不開始決定（19条1項）によって終局させ（簡易処分），成人の微罪処分に対する処置が準用される（犯捜規200条・214条2項）。他方，書面審査の結果，問題があると判断される少年については，身上調書その他の証拠書類の追送を受けた後，通常の保護事件手続がとられる。ただ，そのような事例は，きわめて例外的で，簡易送致手続が実務的に問題になることはないと言われる。なお，簡易送致基準に該当しない事件が簡易送致された事案について，通常の形式による再送致の検討を要請した裁判例がある（大阪家決昭45・11・16判時621号113頁）。

3　保護処分優先主義と不処分優先主義

(1)　保護処分優先主義

保護処分優先主義への転換　現行少年法の大きな特徴は，少年の犯罪事件に対して刑事処分優先主義で臨んでいた旧法の態度を改め，保護処分優先主義を採用したことである。具体的には，刑法上は刑罰による社会的非難が可能な犯罪少年（3条1項1号，刑41条）についても，教育主義的な観点にもと

づく処遇（保護処分を中心とした教育的手段）を優先させ，刑事処分（刑罰）は，家庭裁判所が刑事処分相当の判断をした場合に限って，検察官送致（逆送または検送）の手続による構造になっている（20条・62条・63条）。

　また，犯罪少年に対する保護処分の選択に当たっても，要保護性の内容と程度に釣り合う最小限のものを選択することが要請され，できる限り強制力の弱いものとする配慮がされている点で，保護処分優先主義の内容が徹底されている。保護処分優先主義を基礎とし，全件送致主義と家庭裁判所先議主義でそれを実現しようとする点に，わが国の少年法の最大の特徴がある。

　14 歳未満の福祉処分優先主義　　他方，刑事処分がありえない触法少年（刑事未成年）と 14 歳未満の虞犯少年については，児童相談所の管轄権が家庭裁判所に優先するため（3条2項），少年に対する強制を予定していない児童福祉法上の措置が保護処分に優先する（福祉処分優先主義）。また，虞犯少年については，年齢に関係なく刑事処分がありえない（犯罪構成要件に該当しない）にもかかわらず，14 歳を基準として児童相談所と家庭裁判所の管轄の優劣が決定されるため，14 歳以上には保護処分が優先する一方で，14 歳未満には福祉処分が優先する。このように，わが国は，14 歳未満の少年については，保護処分よりも福祉処分の方が望ましいという評価を前提にしている。こうした対応は，わが国の少年法制確立の歴史によるものである（⇒　13 頁）。

(2)　不処分優先主義

　要保護性の解消による離脱　　少年法は，非行事実の存在を前提として，少年の要保護性を解明し，最善の処遇によって要保護性を解消することを任務とする。非行事実の認定は，非行少年に対する少年法の介入を正当化するものであるから，厳格になされるべきことは当然であり，その点では刑事裁判との違いはない（適正な事実認定）。他方，少年法の中核は要保護性の解明とその解消にあるから，当該少年の要保護性が適切に解消されれば少年法としての任務は達成される。したがって，要保護性が解消された以上は，少年を少年司法システムのもとに置いておく理由はなくなり，そこから離脱（ダイヴァージョン）させなければならない。さらに，要保護性の解消は，最善の処遇による場合に限らず，非強制的な措置だけで実現する場合もあるし，何らの措置も取らずに実現する場合すら考えられる。この意味で，保護優先主義に

立つ少年法は，不処分優先主義にも立っている。

不処分優先主義の具体化　要保護性の解消は，要保護性の解明を当然の前提とする。したがって，要保護性の解消を根拠とする離脱は，少年事件が家庭裁判所に係属して，要保護性の解明のための調査が開始された時点以降は，どの段階でもありうる。ここから，「家庭裁判所はその全過程を通じて実質的な処遇を行っている」と言われる。試験観察（25条）のダイヴァージョン機能を期待した運用が，理論的な問題を内包しながらも実務で広範に認められているという事実も，不処分優先主義を積極的に実現しようとする態度の表れと見ることができる。

　実際，家庭裁判所に送致された一般保護事件の35％程度が審判不開始で終局し，20％強が不処分で終局している。各年度において一定の変動は見られるものの，現行少年法の施行以来，最終的な処遇にまで進まない少年の割合（60％弱）に大きな変化は見られない。保護処分に付される割合が全体の30％程度というのは，全件送致という特徴（送致前での事件の終結が認められない）を考慮しても，不処分優先主義にもとづく要保護性の解消を積極的に実現しようとする実務の姿勢を端的に反映するものと言えよう。

4　ケースワーク機能と社会防衛的機能
(1)　家庭裁判所のケースワーク機能

ケースワークへの期待　不処分優先主義を原則とし，保護処分以前の段階を含めて要保護性の積極的な解消を図るには，少年法がそのようなものとして構成され，実際にそのように運用される必要がある。この点について，少年法は，家庭裁判所のケースワーク（要保護性の解明とその適切な解消）機能によってそれを実現しようとしている。それは，事件受理以降の家裁の手続全体を実質的な処遇手続と見る認識を前提として，積極的な処遇を図るものであり，特に行動科学の専門家としての家裁調査官の役割と能力に大きな期待がかけられ，実現されているものである。

　具体的には，調査段階における調査官の面接調査や審判段階での試験観察，少年鑑別所における意図的行動観察などが積極的に活用されている。そして，このようなケースワークの実績が，わが国の少年事件への対応の実績が世界

的に高く評価されることにつながっている。また，児童福祉法上の措置も要保護少年に対するケースワークを重視していることに変わりはないから，家裁に送致されなかった非行少年（児童福祉法上の措置で足りると判断される 14 歳未満の者）についても，当然に福祉法制上のケースワーク機能が強調されなければならない。非行少年に対する保護手続は，その全体がケースワークによって支えられていると言ってよいものである。

ケースワークの限界　他方，捜査段階でのケースワークを想定することも論理的には可能であるが，簡易送致手続による軽微事件の扱いを唯一の例外として，それを活用することは一般に否定されている。全件送致主義に立つ少年法は，家庭裁判所と児童相談所を少年事件の扱いについての専門機関とし，それらのケースワーク機能だけを重視するものだからである。

また，要保護性の解消を内容とするケースワークは，非行事実の認定と要保護性の解明を前提とするものであるから，いわゆる否認事件のように，非行事実と要保護性が確認されていない段階においては，少なくとも強制的な介入を行うことはできず，非強制的な内容の働きかけ程度の関わりで満足する以外にない。実効性の高さが肯定的に評価されているケースワークではあるが，いかにパターナリズムの観点を強調しても，介入の根拠なしに行うことは許されず，その意味で万能なものではありえないのである。

(2)　社会防衛的機能

社会防衛的機能の考慮の否定　行為に対する社会的非難を目的とする成人刑事司法においては，一般予防的機能を媒介として，事実上の社会防衛的機能が実現されている。他方，要保護性の解明と解消を重視する少年司法においては，保護処分は少年の利益（再社会化）を実現するものとして捉えられることから，社会防衛的機能の実現は一般に否定され，従来の実務もそのように運用されてきた。処遇は要保護性の内容に相応すべきであり，非行事実の内容や軽重は，処分選択を直接的には左右しないと考えられてきたのである。この立場によれば，非行事実（送致事実）の存在は，少年法による介入を正当化するための契機にすぎず，処遇選択と直結する要保護性とは区別して扱われるべきものとされる。

社会防衛的機能の考慮の可能性　他方，犯罪性の除去に重点を置いて「少

年の健全育成」を考える立場によれば，少年司法において社会防衛的機能を承認することも不可能ではない。この立場は，少年司法における保護の実質を保護処分による犯罪性の除去に見ることから，保護処分には治安対策としての実質があることを否定できないとする。それによれば，保護手続全体に処遇的機能や役割を認めることは許されず，非行事実の内容や軽重と均衡した処分選択だけが正当化されることになる。これは，成人刑事司法における罪刑均衡的な発想と同様のものである。

たしかに，非行事実を送致事実に限定しないで，送致事実と一体不可分な行為事情（行為の動機や態様，被害者との関係など）をも非行事実の内容に含めて考えれば，要保護性判断に不可欠な要因は非行事実に取り込まれ，処分と非行事実との均衡を重視することは，要保護性を重視する少年法の態度と矛盾したり対立することはないとも言える。こうした理解は，カナダの少年刑事裁判法をはじめ，近時に改正された諸国の少年法制に顕著に見られる。少年司法システムに社会防衛的機能を認めることができるかという議論は，いわゆる厳罰化論と通底する部分もあり，今後のわが国においても避けて通ることのできないものである。

5 少年審判の構造と職権主義

(1) 少年審判の構造

刑事裁判の構造　犯罪に対する社会的非難を中核とする刑事司法においては，犯罪事実が認定されれば，該当する構成要件に明示された法定刑を基準として加重減軽の処理（刑72条）をしたうえで，宣告刑が量定される。犯罪者の個人的事情は，刑種の選択や酌量減軽（同66条）の検討の際に考慮されるにすぎない。そこでは，旧派的な応報刑（罪刑の均衡）が前提とされ，新派的な教育刑の考え方（再社会化の重視）は副次的にのみ機能することになる。このように，社会的非難の程度が犯罪の種類や程度・内容に強く結びつく刑事司法においては，犯罪事実の存否を厳密に認定することこそが重要であり，そこに刑事裁判の中心的役割が期待されている。こうした役割を実効的に実現するため，刑事裁判においては，検察官と被告人・弁護人が対等な当事者として攻撃と防御を尽くしたうえで，両当事者から独立した存在としての裁判所

が公権的判断を行う制度（当事者主義的対審構造）が採用されている。

少年審判の構造　　他方，非行事実の存在を契機として，少年の要保護性を解明したうえで，それを解消するための最善の処遇選択を役割とする少年司法は，要保護性の解明と解消に重点を置いて構成されている。第1章で見たように，少年司法は，個別・具体的な対象者の再社会化を重視する新派的な考え方を基礎として成立し，そのように運用されてきた。それは，回顧的な観点（何をやったか）から少年を非難するものではなく，展望的な観点（どうしたら最適な社会復帰を実現できるか）から少年事件に向き合う姿勢を基礎とするものである。わが国の少年法も，このような考え方を前提としている。

しかし，要保護性の解明と解消を重視することは，厳密な非行事実の認定を不要としたり，軽視したりすることと同じではない。非行事実の存在が要保護性の解明の「契機」にすぎないとしても，それが認定されなければ少年法による介入もありえないため，その存否は厳密に認定されなければならないからである。適正な事実認定にもとづく事案の真相解明という点では，刑事司法と少年司法との間に基本的な違いはない。したがって，少年審判は，厳密な非行事実の認定と要保護性の解明・解消という2段階構造を採用したうえで，相対的に後者を重視するものと言うことができる。

(2) 職権主義的運用

職権主義的審判構造　　少年審判が2段階構造のものであり，厳密な非行事実の認定を前提とするにしても，そのことは，少年司法に刑事裁判と同じような当事者主義的対審構造を採用することに直結するわけではない。適正手続にもとづく当事者主義的対審構造は，厳密な事実認定には役立つ一方で，個々の少年の具体的な要保護性の解明と適正な処遇選択（処分決定）との関係では，その実効性を阻害する方向に機能する可能性を否定できないからである。そもそも，少年の再社会化を最終目的として，要保護性の解明と解消を重視する少年法においては，対立当事者といった存在は想定されてこなかった。少年審判手続には少年のほか多くの者（保護者，付添人，調査官など）が関与するが，それらはいずれも，少年を保護・教育して，再社会化させる目的に協力する関係者として観念されていたのである。

2000年改正によって例外的に関与が認められるようになった検察官も，厳

密な事実認定を可能にするための協力者として行動し，それ以外の場面での関与は一切認められていない（22条の2）。少年審判は，こうした関係者の積極的な協力のもとに，家庭裁判所みずからが手続を主宰する「職権主義的審問構造」のものとして運用されているのである。

職権主義的運用　　職権主義的構造の正当化については，3つの実質的根拠（少年審判の目的，機能，運用）が指摘されている。何よりも，少年審判の目的は，少年に対する非難や責任追及ではなく，少年の最適な再社会化にある。したがって，それを実現するためには，刑事訴訟のように関係者が相互に対立する手続は適当でなく，家庭裁判所を中心として，すべての関係者が少年の健全育成に向けて協力する手続こそが望ましい。また，少年の性格や環境全般の考察を基礎として要保護性を解明し，その適切な解消を図るためには，専門機関による科学的調査が特に重要な役割と機能を担うことになる。そして，その効果的な実行とそれにもとづく正確な処遇判断は，本来的に当事者主義的な弁論手続には馴染まず，より自由度の高い職権主義的な手続でこそ可能になるとされる。さらに，処遇の効果的な実現のためには，再社会化に向けた少年自身の努力と関係者の協力が不可欠である。そのためには，裁判官が少年に直接に語りかけて，処遇方針を理解させ，少年の納得を得ることのできる非形式的な職権主義的な運用がふさわしいとされるのである。

審判の非公開，審判の非形式性，非行に対する内省の促進は（22条1項・2項），このような少年審判の職権主義的構造と運用のあり方を具体化したものにほかならない。

職権主義的運用の限界　　他方，職権主義的運用を過度に強調することは，厳密な事実認定をないがしろにする危険性があることを否定できない。2000年改正にもとづく検察官関与も，「山形マット死事件」（⇒　196頁）などを契機として，厳密な事実認定を担保するためのものであった。また，少年司法における適正手続の導入の是非と範囲の問題も，非行少年の人権保障の観点からだけでなく，厳密な事実認定の観点から検討する必要がある。少年法が2段階構造をとることから，非行事実の認定は当事者主義的対審構造のもとで厳格に行い，要保護性の解明と最善の処遇選択は職権主義的の運用にもとづいて柔軟に行うということも，観念的には考えられる。しかし，非行事実と

要保護性を厳格に区別することはできず，両者が密接な関係にある以上，そのような運用を実際に行うことは適切でない。

現実的には，職権主義的審問構造と当事者主義的対審構造のいずれかを相対的に強調することによって少年法全体を運用する以外になく，両者の強調の程度によって少年法の性格が決定されることになる。前者の強調は，伝統的な福祉モデルに立脚する少年法制に親和的であり，後者の強調は，1970年代以降のアメリカの各州やカナダの少年法制に見られるように，司法モデルや適正手続モデルに親和的なものである。

6 個別処遇の原則

(1) 処遇の個別化

個別化された司法　非行少年の要保護性の内容は，個々の少年の性格や素質，生育環境や生活環境等の組み合わせに応じて千差万別である。したがって，そのような要保護性を解消するために選択される処遇も，個々の少年に応じて個別化されることが望ましい。極端な言い方をすれば，「要保護性を同じくする非行少年は2人と存在しないし，必要とされる処遇も同じものは2つとない」ということになる。たしかに，観念的には少年ごとに最善の処遇を保障するのが理想であるが，そのような理想を少年法制として実現することは非現実的でもあるし，不可能である。そこで，できる限りの範囲内で，個々の少年の要保護性に対応した個別的処遇を実現することが要請される。このように構成される個別処遇は教育主義からの当然の帰結であり，この点で少年審判は「個別化された司法」と呼ばれる。

要保護性と非行事実の関係　要保護性の内容や程度は，非行事実の程度や内容を反映する場合も多いが，必ずしもそれらと直接的に関連しているわけではない。非行事実の内容が同じような少年の場合であっても，要保護性が異なれば，それに応じて処遇も異なるべきことになる。また，非行事実が軽微でありながら，要保護性の高い少年（劣悪な環境のもとにある犯罪的傾向・危険性の強い少年）もあるし，非行の結果や被害が重大であっても，要保護性の低い少年（良好な環境のもとにある犯罪的傾向・危険性の弱い少年）もありえよう。要保護性に相応する処遇選択という観点から，前者に対しては，施設内処遇を

中心とした保護処分（少年院送致等）が考えられる一方で，後者に対しては，社会内処遇を中心とした保護処分（保護観察）だけでなく，家庭裁判所の保護的措置（審判不開始，不処分を前提とする）を積極的に活用することによって再社会化を実現することも考えられる。その意味でも，個々の少年の要保護性の解明こそが重要なのである。

　他方，非行事実と要保護性を完全に分断して考えることも妥当ではない。一般的には，両者の間には事実上の関連性の存在する場合が多いからである。2000年改正が原則逆送という形式の推定規定を置いたのも（20条2項），それを明文で規定することの必要性や是非については疑問もあるが，非行事実と刑事処分相当判断を導く要保護性との間の事実上の関連性に着目したものとして捉えることができる。

(2)　個別的処遇の実現

　個別的処遇の制度的担保　　処遇の個別化を実現するためには，個々の少年の性格や環境などとの関係で，要保護性ができる限り正確に解明される必要がある。そうした要請に対応するため，少年事件を専門に扱う裁判所として家庭裁判所を設置したうえで，そこに専門的で科学的な調査機構として家庭裁判所調査官を配置し，さらに資質鑑別を行う少年鑑別所を置くとともに，家庭裁判所本庁と比較的規模の大きな支部に医務室が設置されている。また，個別処遇の実効性を担保するためには，少年ごとに異なりうる要保護性に対応するべく，できるだけ多種多様の処遇方法（選択肢）が用意されていることが望ましい。

　個別的処遇の具体化　　現行少年法の保護処分は，旧法が9種類の保護処分を認めていたのに対して（旧4条・48条以下），保護観察，児童自立支援施設・児童養護施設送致，少年院送致の3種類のものに制限されている（24条1項）。それ以外の処遇選択肢としては，児童福祉法上の措置が相当な場合の児童福祉機関への送致（18条）と，刑事処分が相当な場合の検察官送致（20条）が法定されているにすぎない。保護処分の種類が制限されたのは，保護処分の決定が裁判によることになったため，裁判に適さない事実的措置を除く必要が生じたことによる。

　ただ，このことによって，家庭裁判所が事実的措置を保護的な措置として

活用することまでが禁止されたわけではない。現行法も，保護観察と少年院送致において環境調整措置を講じることとしているし(24条2項・64条5項)，中間的措置としての試験観察を認めている (25条)。また，運用上の処遇類型の個別化を図るために，保護観察において，一般保護観察，一般短期保護観察，交通保護観察，交通短期保護観察が導入されており，少年院送致において，長期処遇のほか，短期間処遇と特別短期間処遇が導入されている。

④ 少年法が扱う事件

1 少年の保護事件と準少年保護事件

(1) 少年保護事件

3条1項各号に規定する少年 (非行少年) の事件は，「少年保護事件」と呼ばれ，家庭裁判所が専属的に管轄する (1条，裁31条の3第1項3号)。少年保護事件に関する審理手続を特に「少年審判手続」と呼び，その関連規定は少年法の第2章 (3条〜36条) に置かれている。また，後に検察官に送致されて刑事事件として裁判手続に付される事件であっても，全件送致主義 (41条・42条) を前提とすることから，当初は家庭裁判所で少年保護事件としての審理に付さなければならない。すでに見たように，保護事件と刑事事件の振り分けは，専門機関としての家裁の専権事項とされているのである (家庭裁判所先議・専議主義)。なお，少年事件に関する家裁の判断は，すべてが「決定」の形式により，決定書によって示される (規2条) ＊。

＊Column 決定と決定書
決定は，裁判官が作成する決定書による。決定書は，主文，理由，少年の氏名と年齢，少年の職業，少年の住居と本籍等の必要事項を記載したうえで，裁判官が署名押印するのが原則である (規2条1項・4項)。告知の方法は，保護処分決定等については審判期日に決定を告知しなければならないし，重要な決定については少年の面前で告知しなければならない (同3条)。これらのほか，決定と決定書に関する事項の詳細は少年審判規則の規定に委ねられており，決定と同行状の執行指揮 (同4条)，決定の通知の方法と対象 (同5条)，書類の作成者，調書への引用 (同6条)，事件の関係人に対する通知の方法 (同6条の2)，記録，証拠物の閲覧，謄写 (同7条)，記録の閲覧・謄写の際に明らかにすべき事項 (同7条の2)，がそれぞれ規定されている。

(2) 準少年保護事件

こうした少年保護事件に対して，保護処分中の少年または保護処分終了後の少年（すでに 20 歳に達している場合もありうる）について，その保護処分を対象とする事件も家庭裁判所が管轄し，準少年保護事件と呼ばれる。具体的には，保護処分取消事件 (27 条の 2)，収容継続申請事件 (院 137 条〜139 条)，戻し収容申請事件 (更生 71 条・72 条) である。これらは，本来の少年保護事件ではないが，その審判が保護事件と共通・類似の面を持っていることから，その性質に反しない限りで，保護事件の例によるものとされる (27 条の 2 第 6 項，規 55 条，更生 72 条 5 項)。2007 年改正で導入された施設送致申請事件 (26 条の 4，更生 67 条) も，保護手続の準用が認められることから (26 条の 4 第 3 項)，準少年保護事件と言ってよい。また，20 歳以上でも少年とみなして少年審判の規定が適用される虞犯通告事件 (更生 68 条) も，保護処分の調査・審判を行う点で準少年保護事件に含めて考えることができる。

2 少年の刑事事件

(1) 少年保護事件と少年刑事事件

少年による犯罪も，成人の犯罪の場合と同様に，被疑事件として捜査機関によって捜査が行われる。ただ，少年の犯罪事件はすべて家庭裁判所に送致され(全件送致主義)，まずは保護事件として家裁で審理されなければならない。そして，ほとんどの少年犯罪事件は，少年保護事件のまま，家庭裁判所において（少年法の枠内で）終局を迎える。

他方，刑事処分を相当とする少年犯罪事件については，例外的に検察官に送致することが認められている (20 条・62 条・63 条)。このように，少年の犯罪事件を検察官に送致することを，実務上，「検送」ないしは「逆送」と呼んでいる。逆送事件の場合，家庭裁判所から送致を受けた検察官は，原則として刑事裁判所に公訴を提起しなければならないが (45 条 5 号本文)，例外的に，家裁に移送することが認められる (同但書)。また，公訴の提起を受けた刑事裁判所が少年被告人について「保護処分相当」と判断する場合には，事件が再び家裁に移送され，少年保護事件として審理される (55 条)。なお，2000 年改正と 2021 年改正によって，一定の要件が満たされる場合には検察官に送致

すべきことを内容とする規定が新設された (20 条 2 項・62 条 2 項・63 条 2 項)。それは，一般に「原則逆送制度」と呼ばれるが，その実質は「刑事処分相当性」を推定するものであり，家裁に逆送を義務づけるものではない。

(2)　少年刑事事件の扱いの概要

　少年法は，少年の犯罪事件について，家庭裁判所に送致されるまでの段階 (被疑事件) のほか，家裁から検察官に逆送されて公訴が提起されるまでの段階 (被疑事件)，刑事裁判所に公訴が提起された後の段階 (被告事件) までをまとめて「少年の刑事事件」と呼び，その扱いを第 3 章・第 4 章・第 5 章第 2 節 (40 条〜61 条・67 条) に規定している。少年の刑事事件の処理については，原則として一般の成人刑事事件と同様に扱うとしながらも (40 条参照)，少年の特性に配慮して，刑法，刑訴法，刑事収容施設及び被収容者等の処遇に関する法律等の一般法に対する特則を置いているのである。少年刑事事件の扱いについては，本書第 10 章で個別的に言及する。

3　成人の刑事事件の削除

　少年法は，その制定から長きにわたって，未成年者喫煙禁止法 (明 33 法 33)，未成年者飲酒禁止法 (大 11 法 20)，労働基準法，児童福祉法，学校教育法 (昭 22 法 26) が規定する犯罪を列挙したうえで，成人がそれらの犯罪を犯した場合を「少年の福祉を害する成人の刑事事件」と呼んで，家庭裁判所の管轄とし (37 条)，それらを発見した検察官または司法警察員に家裁への通告義務を課していた (38 条)。その理由は，少年の非行を助長し，少年の福祉を害する犯罪については，一般の刑事事件と別個に扱うことが少年の保護に重要であることと，少年の保護と福祉の専門機関である家庭裁判所こそがそれらの犯罪を正当に評価できるとする点に求められていた。それは，保護すべき少年に非行の原因を与えた者の責任を追及するアメリカの制度 (非行原因供与罪) に倣ったものと言われていた。しかし，これらについては，かねてより，併合罪関係に立つ事案の扱いに不都合が生じたり，略式命令ができないといった不都合が指摘されていた。そこで，2008 年改正にともなって，これらの事件の管轄権を地方裁判所または簡易裁判所に移管するように改められ，37 条と 38 条が削除された。

第5章　少年法の対象

　少年法は，その対象として，「非行のある少年」(非行少年) を明示する (1条) とともに，審判に付すべき少年として，非行少年を 3 種類のものに具体化している (3条1項)。したがって，少年法の対象を明確にするためには，少年法の規定する「少年」の意義と「非行」の内容を明らかにしなければならない。本章においては，少年法上の少年の意義を明らかにしたうえで，犯罪，触法，虞犯として具体化されている非行概念を明らかにする。また，非行少年として扱うための要件として，刑法上の責任能力と同じような責任要件が必要とされるかについても検討する。

1　少年法の管轄する「少年」(年齢管轄)

1　少年の意義
(1)　少年法の適用年齢の上限とその意味

　少年の意義　　少年法は，「20 歳に満たない者」を少年としている (2条1項)。民法上の成年年齢の引下げとは異なり，少年法は，18 歳・19 歳 (民法上の成年) の特定少年 (⇒ 6頁) を含めて，20 歳未満を「少年」とする態度を維持したのである。なお，民法改正との関係で，従前の「成人」に関する文言が削除され，特定少年については，親権者 (法律上監護教育の義務ある者) としての「保護者」は存在しないことになった (同2項，民818条1項参照)。ただ，本書で「成人」と表記する場合は，従前通り，20 歳以上の者を意味する。また，性別についても言及がないことから，少年の性別を特に示す必要がある場合は，それぞれを「男子少年」または「女子少年」として表記することになる。

　旧法は18 歳未満を少年としていたが (旧1条)，20 歳未満とする現行法の規定は，民法上の旧「成年」規定 (民旧4条) と一致したものであった。立法当初は18 歳未満を少年とする特則が設けられており (68条)，1951 年 1 月 1 日から20 歳未満に統一された。年齢は，「年齢計算ニ関スル法律」(明35法

50）により，出生の日から起算して，暦に従って計算する（民143条の準用）。具体的には，出生の日から起算して，20年後の応当日の前日が経過した時点で満20歳に達する（大阪高判昭29・2・9高刑集7巻1号64頁）。

　諸外国の少年法制と比較した場合，わが国の上限としての20歳は高めに設定されている（18歳未満とする法制が多い）。民法上の成年年齢を18歳に引き下げる動きと並行して，少年法の適用年齢の引下げが議論されたが，最終的に見送られることになった。

　少年年齢の根拠　民法上は成年とされる18歳・19歳が，「特定少年」として少年法の介入対象とされていることからも明らかなように，少年法の適用年齢は，民法上の行為能力と直接的には関連していない。それは，もっぱら，わが国の刑事政策的な考慮にもとづいて決定されるべきものである。したがって，日本に在留する外国人については，その本国では成人として扱われる年齢に達していたとしても，20歳未満である限りは日本の少年法の適用を受ける（東京高判昭32・6・19家月9巻6号54頁）。これは，法の適用の原則である属地主義からの当然の帰結でもある。

(2)　少年法の適用年齢の下限

　14歳以上が下限となる犯罪少年（刑41条）を別にして，少年法は，少年年齢の下限については特に規定していないため，触法少年と虞犯少年については，条文上は下限に何らの制限もないことになる。ただ，実務上は，10歳程度を下限とする扱いがされており，11歳の虞犯少年を児童自立支援施設に送致した裁判例が見られる（東京家八王子支決平17・7・4家月58巻7号76頁，東京家八王子支決平17・9・9家月58巻7号82頁）。なお，14歳未満の少年については，児童福祉機関先議主義がとられているため（3条2項），個別的な場面で事実上の下限が機能することが多い。

　また，2007年改正で，「おおむね12歳以上」の少年を初等少年院または医療少年院に送致することが可能になった（旧院2条2項・5項）。「おおむね」には2歳程度の幅があるとされることから，下限を10歳程度とする扱いが追認されたと言えよう。適用年齢の下限を明示しないのも，諸外国の少年法制と比べて特異な対応である。

　なお，刑事処分の対象年齢（逆送可能年齢）の下限について，かつては送致時

16歳以上とする特則があったが（2000年改正前の20条但書），2000年改正で但書が削除され，14歳未満を刑事未成年とする刑法41条と整合的なものになっている（20条1項）。

2 年齢の基準時と認定方法

(1) 年齢判断の基準時

処分終了時基準と行為時基準の不都合 少年年齢を判断する基準時については，観念的には，行為時，処分・裁判時，処分終了時が考えられる。すべての処分が終了する時点まで少年でなければならないとする処分終了時基準は，「少年法のもとで扱えるのは少年だけである」という趣旨を一貫するものであり，画一的で明確な運用に馴染むが，成人になるまでに処遇を終了しなければならない点で硬直的な運用に陥りかねない。特に，20歳に近い年迫少年（年齢切迫少年）の処遇が不十分なものになりかねない点で，実際的な基準にはなりえない。

他方，行為時基準は，行為に対する非難可能性を中核とする刑事司法システムとの区別という点で明快であり，行為後は少年法による画一的な扱いが可能である点，比較的長期の処遇が可能になる点に長所を有する。そのため，諸外国では，行為時を基準とする法制も多い。しかし，行為時に少年であれば，その後は時間的な制約なしに少年法の対応を許容するのは現実的でなく，どこかに限界を設定せざるをえない。

処分時基準の原則と行為時基準の例外的採用 わが国の少年法は，少年事件のすべてを統一的に扱う基準は採用しておらず，処分・裁判時基準を原則としながら，例外的に行為時基準を用いるものになっている。保護事件については，調査・審判の結果として本人が20歳以上であることが判明した場合は，保護処分に付することができず，事件を検察官に送致しなければならないことから（19条2項・23条3項［虞犯事件については，成人の虞犯事件を扱う法制がないため，不開始または不処分として終結する］）明らかなように，裁判所の判断が示される時点（処分・裁判時）が基準とされている。

少年の刑事事件においても，不定期刑の言渡し（52条）や換刑処分の禁止（54条），仮釈放の要件（58条）は，いずれも裁判時を基準に判断するものであ

る。他方，死刑・無期刑を緩和する年齢要件として，「罪を犯すとき」18歳未満という行為（犯行）時が明示されており（51条），人の資格に関する法令の適用（60条）についても行為時基準によると解される。

　処分時基準による扱い　　処分・裁判時基準によれば，対象者が少年であることが審判条件ないしは裁判条件となる。したがって，試験観察（25条）に付されている場合は，その継続中を通じて少年でなければならず，52条（不定期刑）および54条（換刑処分の禁止）の適用に関しても，判決宣告時に少年でなければならない（最判昭24・9・29刑集3巻10号1620頁，最決昭34・7・3刑集13巻7号1110頁）。また，保護処分の決定後，抗告中に20歳になった場合も，原決定の時点を基準に少年であることを判断すれば足り，抗告審の決定ないしは告知の時点で20歳に達していても，原決定には影響がない（最決昭32・6・12刑集11巻6号1657頁）。これは，抗告があっても原裁判は執行でき（34条本文），抗告に理由があっても原裁判の取消しにとどまり，自判が認められないように（33条2項），抗告審が事後審であることからの帰結である。

　他方，刑事事件として判決を受けた事件の控訴中に20歳に達した場合は，控訴審には破棄自判が認められることから（刑訴400条），場合分けが必要となる。控訴棄却の場合は，第1審判決が対象となるので，第1審判決時が基準となり（前掲最決昭34・7・3），破棄自判する場合には，少年事件であるかどうかは裁判時を基準として決定されるため，破棄判決時が基準となる（最判昭26・8・17刑集5巻9号1799頁）。

(2)　年齢の認定方法と判断資料

　資料にもとづく認定　　年齢は，通常，戸籍謄本または本籍照会回答書にもとづいて，戸籍に記載された生年月日によって確認される。外国人については，外国人登録原票やパスポートなどから確認できる。これらの記載が実際と異なる場合は，実際の生年月日によって判断しなければならず（大判明29・3・19刑録2輯3巻87頁），その際の証拠資料となるのが，医師や助産師の業務日誌，近親者の日記・手紙・供述等である。

　場合によっては，鑑定等を利用したうえで，調査・心身鑑別，審判における本人の供述等を検討して確定しなければならないこともある。裁判例には，骨の発育状況等について法医学的見地から鑑定をした結果，成人と認定して，

年齢超過を理由とする検察官送致（19条2項）をしたものがある（名古屋家決昭44・6・20家月22巻2号92頁）。

年齢が確定できない場合の扱い　　他方，可能な手段を尽くしても年齢が確定できない場合もあり，その扱いについて見解が分かれる。学説のなかには，20歳未満（少年であること）の確認ができない以上，少年であることを前提とする少年法（特別法）は適用できず，刑訴法（一般法）によって扱うべきだとするものも見られる。しかし，対象者にとって，少年事件としての扱いは刑事事件としての扱いよりも「利益」なものであるから，「疑わしきは被告人の利益に」の一般原則にもとづいて，少年法によって扱うべきである。

したがって，成人として公訴提起された者の年齢が刑事裁判で争われ，未成年である可能性が否定できない場合は，少年法の手続規定が適用されるべきであるから，その手続を経ずになされた公訴提起は無効であり，公訴棄却される（宇都宮地判平3・7・11家月44巻1号162頁）。刑事裁判例ではあるが，少年か成人かが不明な場合に，少年として扱ったものが見られる（東京地判平9・2・25判時1614号146頁）。

(3)　成人に対する特別な扱い

特別な対応の必要性　　処分・裁判時基準も，行為時基準による場合と同様の不都合が生じうることから，基準時に少年であれば対象者を際限なしに少年法で扱うとはしていない。保護処分の執行は原則として20歳未満の者が対象であり（院137条1項本文，更生66条本文），その限りで，処分終了時基準と共通の発想（少年法による扱いには年齢的な限界がある）が前提とされている。そのうえで，年迫少年の処遇について，成人後も例外的に少年と同様に扱う場合（成人に対する特別扱い）を規定することによって，実質的な問題の解消を図っているのである。

「少年とみなす」扱い　　保護処分としての保護観察（24条1項1号）に付されている者については，保護観察所長が虞犯通告をした場合，20歳以上であっても「少年とみなして」扱われる（更生68条2項・3項）。その理由は，成人司法システムでは虞犯を扱うことができないため，少年とみなした扱いをしない限りは，虞犯通告された者に対する法的介入が許されないことに求められる。

成人に対する特別な扱い　捜査段階においては，少年を少年鑑別所に勾留する場合（48条2項），拘禁中に20歳に達しても，引き続き少年鑑別所に拘禁することができる（同3項）。また，保護処分の執行についても，処遇効果の観点から特則が規定されている。20歳を処遇の限度とする保護観察は，2年間が必要的な最短期間とされ，原則的な処遇年齢の限度である20歳に優越する（更生66条本文括弧書）ほか，23歳を超えない期間を定めて保護観察に付すことができる（同68条3項）。また，少年院送致では，在院中に20歳に達する者も送致後1年間は収容を継続できる（院137条1項但書）ほか，保護観察中の遵守事項の違反・不履行にもとづく少年院送致では23歳を超えない期間（26条の4第2項，更生67条2項），第1種および第2種少年院の処遇では23歳未満，第3種少年院の処遇では26歳未満（院4条1項1号・2号・3号），第5種少年院では通算で1年間（66条1項但書）を要件として，それぞれ成人に達した者に対しても少年法制での特別扱いが認められている。

　また，保護処分取消事件（27条の2）および収容継続申請事件（院137条～139条），戻し収容申請事件（更生71条・72条）では，成人に達した者についても家庭裁判所が審判権を持つ。一方，懲役または禁錮の言渡しを受けた少年については，特に設けた刑事施設または刑事施設・留置施設内に分界を設けた場所で刑が執行されるが（56条1項），特定少年を除いて（67条4項），20歳に到達後も26歳未満を要件として，そのような少年用の特別施設・場所で刑の執行を継続することが認められる（同2項）。

②　少年法の管轄する「非行」（事物管轄）

1　「審判に付すべき少年」の意義

(1)　非行少年の意義

　3条は，「審判に付す」べき少年として，犯罪少年，触法少年，虞犯少年を規定している。それらを併せたものが，1条に規定する「非行のある少年」とされる。犯罪少年，触法少年，虞犯少年が並列的に規定されているが，非行少年の中心は犯罪少年である。少年事件に占めるそれぞれの割合は年度で異なるが，少年事件の状況をよりよく反映する一般刑法犯の検挙数で見れば，

触法少年が20％程度，虞犯少年が0.5％程度で，残りが犯罪少年という状況が続いている。3条にいう「審判」とは，審判開始決定（21条）のあった審判（狭義の審判）に限らず，調査段階を含めて，家庭裁判所が審判権を有する（審判に付される可能性のある）少年が少年法の対象であることを意味する。実際に審判を開始するかどうか，他の手続に移管するかどうかは，調査の結果を待ってはじめて判断されることだからである。

(2)　14歳未満の特例

　触法少年と14歳未満の虞犯少年については，児童福祉機関先議主義にもとづき，児童福祉機関からの送致がなければ家庭裁判所で扱うことができない（3条2項）。14歳未満の少年は，強制的要素の少ない福祉的対応に委ねる方が適切だと考えられているからである（児福27条1項4号参照）。児童福祉機関から送致される少年の割合は，例年，0.5％程度にすぎない。

　2007年改正によって，触法少年による重大な行為（6条の6第1項1号該当行為）については，原則として家庭裁判所に送致することが児童福祉機関に義務づけられた（6条の7第1項本文）。また，14歳以上18歳未満の虞犯少年については，家庭裁判所と児童相談所の管轄が競合するため（児福4条），送致者が警察官の場合または通告者が保護者の場合には，家庭裁判所の審判と児童相談所の措置のいずれかを選択することになる（6条2項）。

2　犯罪少年

(1)　犯罪少年の意義

「罪を犯した少年」（3条1項1号）を「犯罪少年」と呼ぶ。旧少年法は，犯罪少年と触法少年とを区別せずに，「刑罰法令ニ触ルル行為ヲ為シ［タ］」少年という包括的表現を用いていた（旧4条）。現行少年法の制定に際して両者が概念的に区別され，直後の1949年改正（昭24法212）によって，1号の犯罪少年と2号の触法少年とを区別する規定方式になった。他方，犯罪少年と触法少年が区別されたことから，犯罪少年を保護処分に付すためには成人犯罪者と同様の責任要件を要するかが問題とされることになった（⇒ 92頁）。

(2)　犯罪の意義とその帰結

犯罪の意義　　「罪」とは，法律上の犯罪を意味する。犯罪の種類に限定は

なく，刑法典（狭義の刑法）が規定する犯罪だけでなく，特別法の罰則（広義の刑法）が規定する犯罪も含まれる。成人の刑事事件では，犯罪の成立が認められるためには，構成要件該当性，違法性，責任（有責性）が肯定される必要があり，さらに刑罰を科すためには，訴訟条件を具備する一方で，処罰阻却事由の存在しないことが条件とされる。こうした判断構造は，少年犯罪事件においても基本的に異ならない。

したがって，少年の行為が構成要件に該当しても，違法阻却事由（刑35条・36条・37条）が存在すれば，犯罪少年とはされない。他方，有責性の要件については，犯罪を成立させえない刑事未成年（刑41条による責任阻却）も触法少年として審判の対象とされていることから，その要否と具体的な内容に関して争われている。

犯罪少年としての扱い　　犯罪の成立が認められる以上は犯罪少年に当たるから，刑訴法上の訴訟条件（親告罪における告訴等）が欠けていたり（東京家決平12・6・20家月52巻12号78頁），刑の減免事由（刑36条2項・37条1項但書・39条2項・43条但書等）や処罰阻却事由（刑244条1項等）があっても，犯罪少年として審判に付すことができる（東京高決昭29・6・30家月6巻10号58頁）。もっとも，これらの場合にも，それぞれの制度の趣旨（親告罪における被害者の心情の保護や親族相盗例における家庭内での事案の処理など）を審判で考慮することまでは否定されないから，調査・審判・処分決定に際して事実上の影響を持つことはありうる。公訴時効完成後に送致された事件について，審判開始の要件を欠くとした裁判例がある（福岡家決昭61・5・15家月38巻12号111頁）。

3　触法少年

(1)　触法少年の意義

「14歳に満たないで刑罰法令に触れる行為をした少年」（3条1項2号）を「触法少年」と呼ぶ。刑事未成年であることに着目した区分であるから，行為時を基準として年齢が判断される（刑41条）。14歳未満であることを別にして，構成要件に該当する違法な行為を行っている点で，実質的に犯罪少年と異なるところがない。ただ，保護処分の要件として責任を要求するにしても，触法少年のそれが責任能力と同じものになりえないことは明らかである。

⑵　触法少年の扱い

適法な送致が欠ける場合　　触法少年には児童福祉法上の措置が優先するから（児福26条・27条），家庭裁判所の審判に付すためには，児童福祉機関からの送致が必要である（3条2項）。したがって，触法少年を司法警察員・検察官が家庭裁判所に直接送致した場合は，適法な送致手続が欠けることになる。しかし，そのような場合にも，送致がある以上は家庭裁判所は事件を受理することになるため，その場合の家庭裁判所の対応が問題になる。

筋論を徹底すれば，審判権のない家庭裁判所は審判不開始としたうえで（19条1項），調査官等が改めて児童相談所等に通告する（児福25条）という方法によるべきことになる。しかし，少年の迅速な保護を図る観点から，年超検送等（19条2項・27条の2第3項）の場合にならって，家庭裁判所みずからが児童相談所等に事件送致すればよいとされ，実務もそのように扱っている（東京家決昭44・6・26家月22巻2号97頁等）。

受理時に14歳に達していた場合　　次に，行為時には14歳未満でありながら，家庭裁判所の受理時には14歳に達していた少年の扱いが問題になる。責任能力の有無という観点からは，刑事責任年齢は行為時を基準に判断されるから，行為時に14歳未満であった以上は，受理後に14歳に達していたとしても，3条2項にもとづく送致手続が必要とされることになろう（行為時基準）。しかし，この立場によれば，責任能力の観点を考慮できない（行為時14歳を基準とする区別に意味がない）虞犯少年に3条2項の送致手続が要求されないこととの整合性がなくなり，統一的な扱いができないだけでなく，少年の迅速な保護に欠ける事態も生じかねない。このため，裁判例には，処理時を基準として，3条2項の送致手続を経ることなしに審判の対象とするものが多い（札幌家室蘭支決昭58・6・20家月35巻12号109頁等）。

送致されていない触法事実の扱い　　児童福祉機関から送致された触法少年について，送致事実以外に未送致の触法事実が発覚した場合，家庭裁判所は，未送致の事実を併せて審判することができるとされている。すでに送致された事実があるだけで，家庭裁判所の審判に付すことを適当だとする児童福祉機関の判断は示されており（児福27条1項4号），送致されていない触法事実の存在は，審判の必要性をさらに高める機能を持つにすぎないからである。

4　虞犯少年

⑴　虞犯少年の意義

虞犯少年と少年法制　　3条1項3号のイ，ロ，ハ，ニの事由のいずれかに
該当したうえで，「その性格又は環境に照して，将来，罪を犯し，又は刑罰法
令に触れる行為をする虞のある少年」を「虞犯少年」と呼ぶ。3号に規定する
事由を「虞犯事由」といい，犯罪・触法行為をする虞を「虞犯性」という。
虞犯事由と虞犯性とをあわせて，虞犯構成要件該当事実ともいう。虞犯少年
は，判断の時点では犯罪行為や触法行為を行っていないが，将来的に犯罪・
触法に結びつくような問題行動があることから，要保護性が高い少年とされ，
少年法の対象となるのである。なお，特定少年については，保護観察処分に
おける虞犯通告の場合を除いて，虞犯は少年法の介入対象にならない(65条1
項，更生68条2項)。

　虞犯少年は，少年法制の当然の対象となる犯罪・触法少年と，保護的・福
祉的措置を要する要扶助・要保護少年(環境や性格に問題はありながら犯罪性とは
無関係な少年)との間で，中間的な性格のものである。このため，虞犯少年の扱
いは，各国の少年法制で大きく異なる。虞犯少年を犯罪少年とともに一括し
て扱う法制がある(北欧諸国やスコットランド等)一方で，両者を明確に区別し
て，犯罪少年を司法システムで扱い，要扶助少年と虞犯少年をともに福祉シ
ステムで扱う法制もある(イングランドやアメリカ，ドイツ等)。日本は，旧法以
来，犯罪少年・触法少年と虞犯少年を同一の司法システムで扱っている。

少年法制で扱う意義　　虞犯少年を少年法の対象とすることに対しては，
事前予防的な運用の危険性(人権侵害のおそれ)などを根拠とする批判や，福祉
法領域での扱いこそが適切だとする廃止(削除)論・制限論も強い。1960年代
以降のアメリカの有力州を中心として，虞犯少年とほぼ同義のステイタス・
オフェンダーを少年司法システムの管轄から排除する動きが強くなった背景
にも，このような批判の存在がうかがわれる。

　他方，少年の健全育成(1条)の観点からは，できる限り早期に適切な処遇
を与えて要保護性を解消する(犯罪・触法に陥る前に少年を立ち直らせる)可能性
は否定されるべきでない。虞犯という形で要保護性が認められる以上，広義
の刑事政策的観点から，虞犯少年を少年法の審判対象とすることは正当化で

きる。もっとも，侵害原理になじまない虞犯少年の処遇は，保護的で教育的なものでなければならないから，保護・教育のために必要なもので，有効性のあるものに限られる。児童自立支援施設送致にともなう強制的措置の許可（浦和家決平13・1・17家月53巻6号130頁）や少年院送致（水戸家下妻支平13・6・26家月54巻1号87頁等）は，きわめて例外的な場合に限られるべきである（大阪高決昭47・5・23家月25巻1号105頁参照）。

　虞犯の扱い　　実務においても，虞犯少年の特性を考慮して，虞犯事由と虞犯性の認定に当たって厳格な運用がされており，補導歴や問題行動歴が多く，要保護性が特に高い少年だけを虞犯少年として扱っている。非行に占める虞犯の割合が0.5%強程度で推移している一方，保護処分に付される虞犯少年の割合が一般保護事件全体の倍以上であることも，実務の厳格な運用を反映するものと言えよう。なお，女子少年の一般保護事件に占める虞犯の割合は2.5%程度であり，男子少年の0.5%程度に比べ，女子少年が明らかに高率であるという特徴が見られる。

(2)　虞犯事由

　虞犯事由の意義　　旧法4条1項は，「刑罰法令ニ触ルル行為ヲ為ス虞ノアル少年」と規定し，虞犯性だけを虞犯少年の要件としていた。しかし，このような規定方法は，虞犯少年の認定に客観性が与えられないため，人権保障の見地から問題視されていた。そこで，現行少年法は，虞犯性を類型的に判断し，限定するために，虞犯事由（定型的な不良行状や性癖）を明示することにした（3条1項3号イ，ロ，ハ，ニ）。これらの虞犯事由は，制限的に列挙されたものであり，それぞれが，保護欠如性（イ，ロ），環境的危険性（ハ），性格的問題性（ニ）を内容とするものである。

　虞犯事由の内容　　イは，2条2項に規定する保護者（少年に対して法律上監護教育の義務ある者［親権者，親権代行者，監護者，未成年後見人，児童福祉施設の長］および少年を現に監護する者）の法律上の監督または社会通念上の正当な監督に服さない常習的な行動傾向のあることをいう。ロは，少年が家庭に戻らないことに正当な理由がない場合をいい，少年の性格や年齢，家庭環境等から総合的・具体的に判断される。親の虐待から逃避するための場合などは，正当な理由があることになる。ハは，非行を誘発するような反社会的組織や集団に

加入したり，集会に参加したり，不良仲間と交友関係を持ったり，不健全な風俗営業や遊興施設に出入りしたり，犯罪者などが関係する場所に出入りすること，などをいう。また，ニは，社会的通念や倫理に外れる行為（性的な悪癖や不純異性交遊など）を自分でしたり，他人にさせる行動傾向や習癖があることをいう。虞犯事由は，いずれかに該当すれば足りるが，実際には重畳的ないしは複合的に認められる場合が多い。

(3) 虞犯性

虞犯性の意義　虞犯性とは，虞犯事由に該当する少年が，将来的に犯罪または触法行為を行う可能性のことをいう。それは，現に犯罪や触法行為を行っていない少年に対して，犯罪少年や触法少年と共通の保護処分を認める要件であるから，単なる推測では足りず，経験則にもとづく高度の蓋然性が認められるものでなければならない（東京家決平 12・10・3 家月 53 巻 3 号 106 頁等参照）。虞犯性の判断については，「性格又は環境に照して」とされているだけであるが，実際には，明らかにしうる限りの本人の問題（知能や性格など）と環境的要因（家庭，学校，職場，交友関係など）から総合的に検討されるべきである。実務の運用も，そのようなものになっている。

虞犯の対象　将来的に予想される犯罪・触法行為の意義について，その範囲の特定に関して見解が分かれる。もっとも緩やかな立場は，「一般的な意味における犯罪」の蓋然性で足りるとするもので，虞犯性の認定が容易である一方，予測の対象を適切に限定することが期待できない（人権保障に欠ける）という難点がある。他方，「具体的な犯罪」（罪名の特定）の蓋然性を要求する立場は，虞犯性の認定が厳格になされる点に長所があり，理論的にも望ましいものであるため，この立場による裁判例も見られる（名古屋高決昭 46・10・27 家月 24 巻 6 号 66 頁）。しかし，この立場は，そうした厳格な予測判断が実際に可能なのかという疑問があり，現実的なものではない。

そこで，中間的な立場として，財産犯，風俗犯，薬物事犯といった「刑事学的な犯罪類型」としての特定で足りるとする見解が主張されている。将来予測の確実性と人権保障との調和という観点からは，中間的見解によるのが適切であり，実務も一般にそのように運用されている（前掲東京家決平 12・10・3［「窃盗等の罪」とする］，松山家西条支決平 14・5・14 家月 54 巻 10 号 72 頁［「窃盗など

の財産犯」とする〕）。

虞犯事由と虞犯性の関係　虞犯事由と虞犯性との間には，前者の存在を前提として後者が判断されるという関係が見られる。したがって，虞犯の構成要件は，虞犯事由に尽きるものではなく，虞犯事由と虞犯性の2つから構成されていると考えなければならない（昭43・2最高裁家庭局見解・家月20巻11号129頁，前掲松山家西条支決平14・5・14等）。ただ，実際には，虞犯事由の存在の認定を前提として虞犯性が判断されるため，虞犯事由は虞犯性を徴表するものと考えられ，両者の間には，事実上，形式（虞犯事由）と実質（虞犯性）の関係が見られる。それにもかかわらず，それぞれは別個のものとして考えなければならない。要保護性が処分決定時を基準に判断される（犯罪少年・触法少年の場合と同じ）のに対して，虞犯性は，虞犯事由が認められる時点を基準に判断されるものだからである。

5　非行少年と責任要件の要否

(1)　問題とその顕在化

保護処分の要件　成人の刑事事件では，構成要件該当性，違法性，責任（有責性）のすべてが充足されない限り，被告人には犯罪が成立せず，したがって被告人を処罰することができない。同じことが少年事件にも妥当するのだろうか。これは「非行少年における責任要件の要否」あるいは「少年を保護処分に付するための責任要件の要否」の問題として争われ，何らかの責任要件を必要とする立場（必要説）と責任要件を不要とする立場（不要説）とが対立している。また，この問題は，保護原理の強調の程度や，保護処分の性格に対する理解の相違などとも密接に関連していることから，必要説と不要説のそれぞれの内部においても完全な一致が見られるわけではない。特に必要説においては，議論の対象，根拠，責任要件の内容について，相当に異なった理解や主張が見られる。

問題の顕在化　旧法は，保護処分の対象として，犯罪少年と触法少年とを区別することなしに，「刑罰法令ニ触ルル行為ヲ為シ［タ少年］」（広義の触法少年）と「刑罰法令ニ触ルル行為ヲ為ス虞アル少年」（虞犯少年）の2類型だけを規定していた（旧4条）。そのような規定のもとでは，非行少年について何

らかの責任要件が必要かということは，ほとんど意識する必要がなかったと言ってよい。しかし，現行少年法が，刑法の刑事責任年齢（刑41条）である14歳を基準として犯罪少年と触法少年との概念的区別を明示したことから（3条1項1号・2号），犯罪少年として扱うためには責任要件（有責性）が必要なのではないかが，新たに問題とされることになった。

⑵　裁判例の動向

当初の裁判例と家庭局の見解　　現行少年法の制定直後の実務においては，必要説を明示する裁判例が見られる（津家決昭38・5・31家月15巻11号159頁，新潟家長岡支決昭39・8・6家月17巻3号79頁）一方で，不要説を明示する裁判例も見られ（松江家決昭39・4・21家月16巻8号138頁），必ずしも必要説の立場が確立されていたというわけではなかった。それぞれの立場を黙示的に前提とするものを含めて，必要説に立つ裁判例と不要説に立つ裁判例はほぼ拮抗した状況にあったと言ってよい。同じような状況は，当時の学説においても見られたところである。

　このような状況のもとで，最高裁家庭局は，1968年2月の少年係裁判官会同協議において，少年法が犯罪少年と触法少年とを概念的に区別して規定したこと，有責な行為こそが人格の現れと見うること，矯正教育を内容とする保護処分の基礎として責任要件を備えた行為を要求することは刑事政策的な合理性があること，を根拠として，「現行法の解釈としては犯罪少年と認めるのに責任能力など責任要件を具備することが必要［である］」との見解を明らかにした（家月20巻11号81頁）。

家庭局の見解以後の裁判例　　それ以後，家庭局の見解が公定解釈扱いされることになり，必要説を前提とする裁判例が実務を支配するようになった。多くの裁判例は，必要説を明示するもの（神戸家決昭56・10・15家月34巻7号101頁，浦和家決昭58・3・30家月35巻8号158頁，福島家郡山支決平4・9・14家月45巻7号86頁等）のほか，必要説を当然の前提とするものになっている。それらは，いずれも犯罪少年の事件について，責任能力が肯定されない限りは犯罪が成立せず，したがって少年法上の犯罪少年にも該当しない（非行事実の不存在）から，保護処分の対象になりえないとするものであった。それらによれば，審判開始前の段階で責任無能力が判明すれば，「審判に付することができず」と

して審判不開始とされ (19条1項)，審判開始後に責任無能力が判明すれば，「保護処分に付することができず」として不処分とされる (23条2項)。

　他方，不要説を前提とする裁判例は，不要説を明示するもの (岡山家決昭45・9・12家月23巻6号84頁，東京家決昭60・1・11家月37巻6号96頁，大阪家決平7・2・10家月47巻7号206頁) のほか，少数にとどまっている (最近の裁判例として，横浜家決平30・2・23家判17号138頁)。しかし，それにもかかわらず，学説においては，家庭局の見解以後も不要説の立場が依然として有力である点は注意しなければならない。

(3)　責任要件必要説の立場

　刑事責任能力必要説　　家庭局の見解の前後を問わず，実務における必要説のほとんどは，犯罪少年を念頭に置いた文理解釈を根拠としている (津家決昭38・5・31家月15巻11号159頁，静岡家決平7・12・15家月48巻6号75頁等)。それによれば，「犯罪」少年というためには責任能力が必要であり，責任無能力 (心神喪失) 状態にある少年は犯罪少年には当たらず，したがって非行少年として扱うことができないとされる (青森家八戸支決平24・9・27家月65巻2号92頁)。そこでは，犯罪少年に要求される責任要件として，成人犯罪者の場合と同じ「有責性」が想定されているのである。

　このような，犯罪少年だけを念頭に置いて展開される必要説においては，責任無能力状態 (刑事未成年) を前提とする触法少年および責任能力を問題にしえない虞犯少年は，最初から議論の射程外に置かれている。刑事責任能力そのものを要求する必要説は，犯罪少年を認定するための責任要件を問題にするものであり，非行少年一般を保護処分に付すための責任要件を検討しているわけではない。家庭局の見解も同様であり，当初の必要説もこのようなものであった。

　他方，裁判例には，こうした必要説の立場を徹底して，虞犯少年についても，将来犯すことが予想される犯罪との関係で有責性を要求するものがある (神戸家決昭56・10・15家月34巻7号101頁)。しかし，そのような理解は，実際には不可能な将来予測としての有責性判断を確実視する点で妥当でなく，虞犯少年の認定について虞犯事由の存在と虞犯性だけを要件としている少年法の態度とも調和しない。

共通的責任要件必要説　　必要説に立つ学説の一部は，保護処分の不利益的（制裁的）な性格を承認するところから，少年に不利益を科す以上は何らかの責任要件が必要であるとして，犯罪少年と触法少年に共通する責任要件としての「実質的責任能力」を要求する。刑事責任能力を具備していない触法少年についても，おおむね12歳程度になれば，自己の行為に関する「実質的な」判断能力（行為の是非弁別能力と行動制御能力）が認められ，自律的な判断が可能な責任主体として扱ってよいとされるのである。

　この立場によれば，実質的責任能力は，犯罪少年と触法少年を非行少年と認めるための責任要件であると同時に，犯罪少年・触法少年を保護処分に付すための責任要件ということになる。また，学説の中には，犯罪少年の責任要件と触法少年の責任要件を区別的に考え，前者には刑事責任能力を要求する一方で，後者には実質的責任能力を要求するものもある。ただ，いずれの必要説も，同じように不利益的性格を持つ保護処分の対象とされる虞犯少年については，最初から議論の射程外に置いており，その点での理論的な不徹底さが不要説から批判されている。

　なお，裁判例には，犯罪少年との関係で保護処分の不利益性に言及するものがあるが（甲府家決昭45・12・19家月23巻9号133頁，千葉家松戸支決平8・8・5家月49巻8号115頁等），いずれも，犯罪少年に有責性を必要とする論拠として言及するだけで，犯罪少年・触法少年に共通の責任要件を要求する根拠と考えているわけではない。

(4)　責任要件不要説の立場

責任要件不要説の前提　　以上のような必要説に対して，不要説の立場は，学説および実務のいずれにおいても，少年法における保護原理を強調し，保護処分の必要性を強調する点で一致が見られる。家庭局の見解が公表された直後の裁判例として，保護原理と保護処分の必要性をさらに具体化し，保護処分の目的は少年の責任を問うことでなく非行性の除去による社会への適応にあること，処遇なしに社会に放置することは少年保護の趣旨に沿わないこと，刑法上の責任無能力者である触法少年も保護処分の対象とされていること，国親思想の観点から虞犯少年も保護の対象とされていること，を根拠として明示するものがある（岡山家決昭45・9・12家月23巻6号84頁）。

これらの論拠に加えて，旧法から現行少年法への改正経緯における「犯罪少年」の概念は刑事責任能力を要件とするものではなかったこと，保安処分的性格に類似する保護処分は刑事責任を基礎とする刑罰とは異なること，虞犯事由などの規定ぶりが刑事責任能力を要件にしているとは解しがたいこと，医療少年院 (現在の第3種少年院) における特殊教育課程は刑事責任能力と無関係に構成されていること，医療少年院の処遇に関する法務省の一連の通達も責任要件を前提としていないこと，を指摘する裁判例もある (東京家決昭60・1・11家月37巻6号96頁)。

　責任要件不要説の内容　　このような前提に立つ不要説は，非行少年の要件と保護処分の要件を共通のものと考えたうえで，すべての非行少年を統一しうる要件を解明しようとするものである。したがって，そのような要件は，責任能力と関わるものではありえず (責任要件ではない)，「保護処分適応能力」のレベルにおいて共通するものとなる。この意味で，不要説は，非行少年の要件と保護処分の要件に共通性を見ない必要説との間で，議論が本来的に噛み合わない面を持っている。しかし，少年法がすべての非行少年を共通の保護処分の対象としている以上，非行少年の要件と保護処分の要件はすべてに共通するものでなければならない。

(5)　責任要件必要説の限界と問題性

　解釈論としての限界　　非行少年でなければ保護処分に付されない一方で，非行少年とされた以上は，その種類 (犯罪少年，触法少年，虞犯少年) を問わずに共通の保護処分の対象とされる点からすれば，非行少年の要件と保護処分の要件とを別異に考える必要説は妥当でない。ましてや，保護処分に不利益的な性格を認めるのであれば，犯罪少年に責任能力を要求する立場であれ，犯罪少年と触法少年に実質的責任能力を要求する立場であれ，およそ責任要件を問題にできない虞犯少年については，保護処分を正当化することができない。この点で，必要説は，現実的妥当性を欠いている。このような必要説が虞犯少年について主張しうる方向性は，虞犯少年を少年法の管轄から外すか，虞犯少年に保護処分と異なる不利益性を伴わない措置を創設するか，のいずれかの立法論ということになる。

　現実的問題と実務　　必要説の問題点は，これだけにとどまらず，責任要

件を欠くために少年法での処遇を否定された少年が，何らの処遇も受けることになしに社会に放置される可能性が生じる点にもある。責任要件の内容をどのようなものと考えるにしても，必要説によれば，責任要件（有責性または実質的責任要件）を具備していない以上は少年を保護処分に付すことは不可能であり，適切な処遇に欠ける少年が生じうる。そのような事態は，決して多くはないにしても，皆無でもない。

　もっとも，これまでの裁判例に見られた事案のほとんどは，精神病院への同意入院（医療保護入院）や措置入院等による対処が可能だったものであり（新潟家長岡支決昭39・8・6家月17巻3号79頁，名古屋家決平4・8・31家月44巻12号131頁），少年法よる処遇の否定がただちに少年の放置につながるものではなかった。あるいは，必要説の立場が実務の主流になっていることの背景として，このような事情の存在を指摘することができるかもしれない。

　要保護少年の放置の可能性　　しかし，裁判例のなかには，処遇なしに少年を放置する可能性を否定できないものが見られる（奈良家決昭43・3・7家月20巻10号98頁，福島家郡山支決平4・9・14家月45巻7号86頁，大阪家決平10・12・14家月52巻10号102頁）。もっとも，これと同様の不都合な事態は，2003年に「心神喪失等の状態で重大な他害行為を行った者の医療及び観察等に関する法律」が制定されるまでは，成人刑事事件の触法精神障害者についても生じえたものであり，それとの関連で少年事件でも特段に問題視されなかったのかもしれない。しかし，成人刑事事件における不都合な事態の多くは，同法の制定によってすでに解消されている。他方，同法は，保護事件における少年については適用が明確に否定されており，例外的に刑事事件として扱われる場合の少年にだけ適用がありうる構造になっている（心神喪失2条3項参照）。心神喪失者等医療観察法の制定によって，少年処遇における責任要件必要説の不適切さが一層顕著になってしまったのである。

第6章　非行の発見過程と家庭裁判所の受理，観護措置

　家庭裁判所に係属した少年事件は，少年保護事件と呼ばれる。後に検察官に送致されて刑事裁判の対象となる少年事件も，当初は少年保護事件として家裁に係属する。このため，少年法は，少年保護事件の扱いを中心に規定されている。本章から第8章にかけて，少年保護事件の手続の段階と流れに沿って説明する（処遇を含めた一連の流れについては図2参照）。少年保護事件は，非行事実の認知と非行少年の発見を契機として手続が進行する。そこで，本章では，非行（少年）の発見過程と発見活動を説明したうえで，家裁における事件受理手続と観護措置について見ておく。

1　非行の発見過程と発見活動

1　発見活動の意義

(1)　少年保護手続の起点としての発見活動

　少年法による保護の対象は，非行少年である（1条・3条）。したがって，少年法による保護のプロセス（広義の保護手続）は，非行を発見し，非行少年を認知することから始まる。この過程を「非行の発見過程」と呼び，そのための活動を「非行の発見活動」と呼ぶ。法が「家庭裁判所の審判に付すべき少年を発見した」と規定し（6条1項・7条1項），「少年の被疑事件について捜査を遂げた結果」「犯罪の嫌疑があるものと思料するとき」と規定するのは（41条前段・42条1項前段），いずれも，発見活動によって非行少年が認知されたことを意味している。発見活動によって家裁が受理する少年保護事件の数は，経年的に減少しており，道交法違反事件を除く一般保護事件で約4万5000件程度である。

　非行少年の発見活動は，非行少年を発見することに尽きるわけではない。発見活動は発見後の対応（送致，報告，通告）と結びついており，それぞれの対

図2　非行少年に対する手続の流れ図

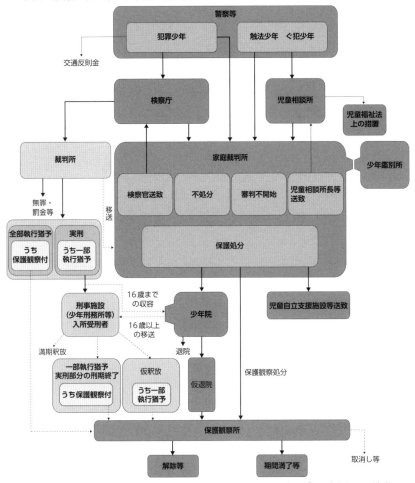

令和元年版『犯罪白書』204 頁参考

応に固有の方式と要件が定められている。少年に対する保護は，発見活動に
もとづく非行少年の認知を起点として進行する。この意味で，発見過程も広
義の少年保護手続の中で重要な位置を占め，発見活動における少年への対応
が，その後における少年の処遇全体に大きな影響を及ぼすことになる。

(2)　発見活動と保護原理

　保護原理にもとづく「少年の健全育成」の理念は，少年法全体を貫くものであるから，発見過程全体と個々の発見活動にも妥当する。警察官が犯罪捜査に当たって守るべき心構えを規定する犯罪捜査規範は（犯捜規1条），少年事件の捜査について，広く一般の例によるとしながら（同202条），「家庭裁判所における審判その他の処理に資することを念頭に置き，少年の健全な育成を期する精神をもって，これに当たらなければならない」とし（同203条），「少年の特性にかんがみ，特に他人の耳目に触れないようにし，取調べの言動に注意する等温情と理解をもって当たり，その心情を傷つけないように努めなければならない」と規定している（同204条）。これらは，犯罪少年の発見活動における少年法の理念の尊重を確認したものである。少年警察活動規則も，触法少年と虞犯少年を含めて，「少年の非行の防止及び保護を通じて少年の健全な育成を図るための警察活動」を規定している（少警1条・3条）。

　以下，誰がどのような非行少年を発見するのか（発見活動の主体と客体），非行少年を発見した場合にどのように対応するのか（発見活動後の手続と効果），何を発見するのか（発見活動の対象），どのようにして発見するのか（発見活動の実際），について具体的に見ていく（発見活動の流れについては図3参照）。

2　発見活動の主体と発見されるべき非行少年

(1)　発見活動の主体

　成人の刑事事件における犯罪（者）の発見（認知）については，専門の捜査機関（刑訴法上の捜査機関）が置かれ，それが排他的に権限を行使することになっている。これに対して，少年事件においては，非行（少年）の発見活動のための専門機関は特に想定されていない。少年法は，発見活動の主体として，刑訴法上の捜査機関以外に，都道府県知事・児童相談所長，保護観察所長，家庭裁判所調査官のほか，一般人をも規定している。したがって，発見活動の主体については，少年法上は何らの限定もないことになる。

図 3　非行少年の発見とその後の対応

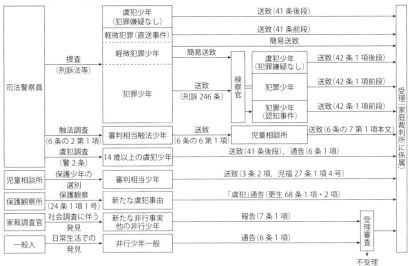

(2)　捜査機関による発見活動

犯罪少年の発見　　少年の非行（犯罪, 触法, 虞犯）のうち, 犯罪は, 非行全体の認知件数および家裁で扱う少年事件の圧倒的部分を占めている。また, 捜査機関は, 犯罪の発見活動（捜査）については唯一の専門機関である。さらに, 一般人が少年の犯罪事件を発見した場合は, 通常, 事件が警察に通報され, 捜査機関の発見活動に移行する。こうした事情から, 非行（少年）の発見過程においても,「捜査機関」による「犯罪少年」の発見活動（捜査）が中心的な役割を果たしている。このため, 少年法は, 捜査機関（司法警察員, 検察官）が「少年の被疑事件について捜査を遂げた結果」「犯罪の嫌疑があるものと思料するときは」「これを家庭裁判所に送致しなければならない」と規定し（41条前段・42条1項前段）, 少年の犯罪事件を家裁に全件送致すべきこと（全件送致主義）を明示している。

送致主体の区別　　司法警察員による送致が「罰金以下の刑に当たる犯罪」に限られるのは, そのような犯罪では少年が刑事処分に付される余地がなく

（20条1項参照），検察官の手を経る必要がないからである（刑訴246条本文に対する「直送事件」の特則［犯捜規210条1項前段］）。他方，禁錮以上の刑に当たる犯罪については，捜査を遂げた後に司法警察員が事件を検察官に送致し（刑訴246条本文，犯捜規210条1項後段），検察官が家裁に送致する（42条）。したがって，家庭裁判所への送致について検察官の手を経るかどうかを別にすれば，捜査機関による非行少年の発見過程・発見活動においては，司法警察員が中心になっている。一般保護事件における直送事件の割合は低く，5％弱程度である。なお，特定少年の被疑事件については，刑事処分相当逆送対象犯罪に限定がなくなったため（62条1項），41条の適用はない（67条1項）。

　他方，検察官による送致には，司法警察員から送致された事件のほか，検察官が独自に捜査を遂げた事件（「直告事件」または「認知事件」）や，家裁から逆送されながら起訴しなかった事件（45条5号但書）が含まれる（規8条4項）。一般保護事件における家庭裁判所の事件受理経路としては，検察官による送致の割合がもっとも高く，毎年，90％以上になっている。

　虞犯少年の発見　　捜査の結果，犯罪の嫌疑がない場合，成人であれば検察官によって不起訴処分（「嫌疑なし」または「嫌疑不十分」）となるのに対し（事件事務規程［最終改正令元・6・28法務省刑総訓6号］75条1項），少年の場合は，触法少年または虞犯少年として審判対象となる可能性が残っている（3条1項2号・3号）。「犯罪の嫌疑がない場合でも，家庭裁判所の審判に付すべき事由があると思料するときは，同様である」とする規定は（41条後段・42条1項後段），こうした少年について，捜査機関からの送致を規定したものである。なお，虞犯が介入対象にならない特定少年については，42条1項後段の適用はない。

　もっとも，触法少年および14歳未満の虞犯少年については，児童福祉法上の措置が優先することから（児福26条・27条），捜査機関がそれらの少年を直接に家裁に送致することはできず（3条2項），発見活動を継続することもできない。したがって，犯罪の嫌疑がない場合の送致の規定は，実際上，14歳以上の虞犯少年の扱いを規定したものということになる。なお，2007年改正により，一定の触法少年について，警察官が発見活動の主体となることが認められた点に注意を要する（6条の2 ⇒ 121頁）。

　少年警察部門の活用　　捜査機関は，非行の発見活動において中心的な役

割を果たす点で，成人犯罪に対する捜査活動と共通している。他方，少年法の目的や理念との関係で，成人事件における捜査機関の機能とは明らかに異なる性格を持っている。そのため，「留意事項」は，少年警察活動規則3条が規定する少年警察活動の基本（健全育成の精神，少年の特性の理解，処遇の個別化，秘密の保持，国際的動向への配慮）にもとづいて，少年事件を原則として少年警察部門（少年警察活動を所掌する部門で名称を問わない）で扱うことを明示している（留意事項第2-1，少警4条1項）。もっとも，少年事件でも，成人関連事件，原則逆送の対象事件（20条2項・62条2項・63条2項），検察官関与の可能性がある事件（22条の2第1項），複雑かつ重要な事件，交通法令違反事件，刑法上の交通関連事件等は，通常の警察部門が担当する（留意事項第4-1(1)）。しかし，通常の部門が担当する事案は少年事件としては例外的な存在であり，少年事件の実情からして，少年事件の捜査の大部分は少年警察部門が扱っている。

(3)　児童福祉機関による発見活動

発見主体としての意義　　児童福祉法は，「児童の保護者とともに，児童を心身ともに健やかに育成する責任」を国と地方公共団体に負わせ（児福2条），都道府県に設置された児童相談所（同12条）＊を中心として，児童（18歳未満）に対する福祉的措置に関する業務を規定している。したがって，少年の健全育成を目ざす少年法と児童の健全育成を目ざす児童福祉法との間，および少年の保護的措置を担う家庭裁判所と児童の福祉的措置を担う児童相談所との間には，相互に強い関連性が見られる。特に，18歳未満の要保護少年の扱いについては，両者の管轄が重なり合う場面が多く，そのことが非行少年の発見活動にも及ぶことになる。

　　＊Column　児童相談所
　　児童福祉法12条により，都道府県に設置された児童福祉の専門機関で，「児相」と略称される。都道府県に設置が義務づけられる一方，全政令指定都市に設置され，中核市も設置できる。児童（零歳から18歳未満）を対象として（児福4条），児童に関する相談，児童・家庭に関する必要な調査，医学的・心理学的・教育学的・社会学的・精神保健上の判定，調査・判定にもとづく児童・保護者に対する必要な指導，児童の一時保護，を業務内容とする。相談業務には，非行相談も含まれる。こうした業務に対応するため，児童相談所長をはじめ，児童心理士や児童福祉司の資格を有する専門職員が配置されている。ただ，一般行政職の人事異動の限界や専門職員の確保の困難

さなどから，必ずしも十分な人的資源を有しているとは言い難い面もある。

発見活動の対象　　非行少年のうち，触法少年および14歳未満の虞犯少年は，要保護児童として，一般に児童相談所への通告が義務づけられている（児福25条）。また，14歳以上18歳未満の虞犯少年は，発見者が警察官または保護者である場合，家裁と児相のいずれかを選択して通告することができる（6条2項）。児相に通告された非行少年については，都道府県知事または児童相談所長から送致を受けた場合に限って家裁が管轄できる（3条2項，児福27条1項4号）。したがって，通告を受けた児相は，児相での扱いと家裁での扱いのいずれが適切かという観点から少年を選別することになる。また，児童福祉法の適用がある少年についても，一時保護の場合と親権の代行の場合（児福33条・47条）を除いて，「たまたま，行動の自由を制限し，又はその自由を奪うような強制的措置を必要とする」場合は（「強制的措置許可申請事件（要強制事件）」という），家裁に送致して許可を求めなければならない（6条の7第2項，児福27条の3）。したがって，そのような少年に当たるかの判断も児童福祉機関が行うことになる。なお，2007年改正により，一定の触法少年については，家裁への送致を原則とする扱いが導入された（6条の7第1項本文）。

このように，児童福祉機関が主体となる非行少年の発見活動は，すでに児童福祉機関に係属している少年について，家裁への送致の要否を判断するものになる。具体的には，各児童相談所に置かれている児童福祉司（児福13条）が担当し，児童委員がそれに協力する形で行われる（同16条・17条）。ただ，実際には，一般保護事件における児童福祉機関からの送致は，強制的措置を要するものと要しないものを合わせて，毎年，0.5%程度にとどまる。

(4)　保護観察所による発見活動

少年法上の保護処分としての保護観察に付されている者（24条1項1号・64条1項1号・2号）については，その執行を担当する保護観察官および保護司が，保護観察業務の遂行中に新たな虞犯事由（3条1項3号）を発見することがある。このような場合，本人がすでに20歳に達していても，保護観察所長は家裁に通告すること（虞犯通告）ができる（更生68条1項・2項）。これが，保護観察所による非行少年の発見活動である。保護観察所長による虞犯通告は，20

歳未満の場合には一般人通告が可能である（6条1項）のに対し，20歳以上の者を「少年とみなして」通告を認める点に意義がある。この「通告」は，その効果の点で「送致」に相当する（規8条5項参照）。ただ，一般保護事件における保護観察所長からの通告は，毎年，数人程度である。

(5)　家庭裁判所調査官による発見活動

発見主体としての意義　　家庭裁判所調査官は，裁判官の調査命令を受けて少年や保護者等の調査を行うが（8条2項），その過程で，調査対象少年に共犯者の存在が判明したり，少年の交友関係のなかに非行少年を発見することがある。こうして発見された少年についても，できるだけ早期に適切な対応をすることが，健全育成の観点からも望ましい。そこで，調査官には，非行少年を発見した場合に裁判官への報告が義務づけられている（7条1項）。また，保護者その他からの相談を契機として非行少年が発見される場合もあり，保護者等の通告に代わって調査官が報告手続をとることもある。

発見活動の対象　　発見対象となる少年は，「家庭裁判所の審判に付すべき少年」と規定されており，犯罪少年，触法少年，虞犯少年のすべてが含まれる。しかし，犯罪少年については，捜査の専門家でない家裁調査官が発見活動（捜査）に当たることは適切でなく，捜査機関に通報したうえで職権活動を促すのが通常である。また，14歳未満の少年については，児童福祉機関先議主義により（3条2項），児童相談所に通告しなければならないため（児福25条），事実上，調査官の発見対象からは除かれる。

なお，2007年改正によって，一定の重大な触法事件等は，警察官から児童相談所長への送致が義務づけられ（6条の6），さらに児相から原則として家裁への送致が義務づけられた（6条の7）。そのため，家裁調査官による発見は，事実上，すでに家裁に事件係属している少年との関連で発見される虞犯少年の場合がほとんどである。一般保護事件における家裁調査官からの報告の割合は，毎年，0.2％程度にすぎない。

報告の性質　　調査官による報告は，家庭裁判所を構成する調査官に非行少年の発見活動を認める点で，旧法が認めていた少年審判所の自庁認知制度（旧31条1項）に類似している。その意味で，現行少年法が基礎とする「不告不理の原則」（⇒　125頁）との関係で問題もあるが，少年の健全育成を目的とし

て早期に適切な対応を可能にするという観点から，例外的に認められている。他方，調査対象少年について，調査対象事件とは別の非行事実を発見した場合の扱い（報告の要否）についても，不告不理の原則との関係が問題になり，実務上，改めて報告を要するという扱いが定着している。

(6)　一般人による発見活動

発見活動としての意義　6条1項は，「家庭裁判所の審判に付すべき少年を発見した者は，これを家庭裁判所に通告しなければならない」として，国民一般に家庭裁判所への通告義務を規定している。これを，「一般人通告」または「一般通告」という。本条は，公的機関による送致や報告の規定の前に置かれ，少年の健全育成が社会全体の責任であることを示すとともに，非行少年をできるだけ早期に家裁に係属させることを期待したものである。もっとも，公的機関による発見活動の場合と異なり，一般人が非行少年を発見した場合は，「見て見ぬふり」をすることもでき，こうした対応に対する制裁もないため，実際には裁量的な運用となる。その意味で，本条の性格は，義務規定の体裁をとった訓示規定と言うべきものである。

発見活動の主体　通告の主体には限定がなく，発見活動の主体も限定されない。他の条文にもとづく職務上の送致権限等を有する者（捜査機関や家裁調査官等）も，一般人の資格で本条の通告ができる。他方，捜査権限等のない一般人が非行少年を発見した場合，通告を実際に義務づけることはできないし，当該少年と無関係な一般人が直接に家裁に通告することも考えられない。一般人通告が実際に想定している発見主体は，少年の健全育成について義務を負う保護者（2条2項）を中心として，少年の保護や日常生活に関係している者（学校の教師など）に限られる。

発見活動の対象　通告の対象も，審判に付すべき少年（非行少年）とされていることから，犯罪少年，触法少年，虞犯少年のすべてが対象となる。しかし，犯罪少年が直接に一般人通告される事態は想定が困難であり，触法少年と14歳未満の虞犯少年は，児童福祉機関先議主義（3条2項）によって一般通告の対象から除外され，保護者の監護が期待できない場合（児福25条）に限って児童相談所に通告すべきものとされている。したがって，本条の想定する発見の対象は，ほぼ14歳以上の虞犯少年に限られるが，一般保護事件に

おける一般人通告の例はほとんどない。

3　発見後の対応（送致，報告，通告）とその方法，効果

⑴　送致による場合

送致の対象　　家庭裁判所への送致で処理されるのは，捜査機関（司法警察員および検察官），都道府県知事または児童相談所長によって発見された非行少年であり，発見者に送致が義務づけられている。実際には，捜査機関によって発見される犯罪少年がほとんどである。なお，少年事件においては，全件送致主義からの帰結として，成人刑事事件で認められている微罪処分（刑訴246条但書，犯捜規198条）は認められず，特に軽微な事件について簡易送致が認められるにすぎない（⇒　67頁）。送致の規定が準用される保護観察所長の「通告」も（規8条5項），送致と同様の効果を持つ。

　他方，司法警察員が発見した虞犯少年（41条後段）のうち，14歳以上18歳未満の者は，少年法上の処遇よりも児童福祉法上の措置が適当であると判断される場合，家裁に送致せずに，児相に通告できる（6条2項，少警33条）。他方，2007年改正により，一定の触法容疑少年について，警察官が主体的に発見活動（調査）に当たることが認められ（6条の2），児童相談所への送致が義務づけられることになった（6条の6第1項　⇒　123頁）。

虞犯少年の送致　　被疑事件の捜査を経ずに，警察の街頭補導や少年相談（少警7条・8条）によって発見された虞犯少年については，条文上，6条1項にもとづく一般人通告によるのが筋である。しかし，行政警察権能の明確化にともない，送致と通告のいずれでもよいとする実務が確立されている（昭35・12・13最高裁家庭局長回答・家月13巻1号201頁）。実際には，行政警察活動で発見した虞犯少年も送致によることを原則として，送致手続をとる余裕がなく，緊急やむを得ない場合に限って，例外的に通告を否定しない形での運用になっている（警察庁防犯課少年係回答要旨・家月13巻1号201頁）。このような実務は，2007年改正で規則8条1項の主体に警察官が追加され，規則上も明確にされている。

送致の方法　　家庭裁判所への送致は，「少年及び保護者の氏名，年齢，職業及び住居並びに少年の本籍」「審判に付すべき事由」「その他参考となる事

項」を記載した送致書による (規8条1項)。書類，証拠物その他参考となる資料があるときは，あわせて送付し (同2項)，少年の処遇について意見をつけることができる (同3項)。送致の場合は，非行事実と少年を特定する事項や資料だけに限らず，要保護性に関する事項や資料の提供までが求められている。刑事訴訟の起訴では，裁判官の予断を排除するため，起訴状一本主義の方式がとられ，被告人を特定する事項・公訴事実・罪名以外の事項を起訴状に記載することができず，その他の資料を添付することも禁じられる (刑訴256条)。それに対して，少年事件の送致では，調査過程での法的調査 (⇒ 153頁) を念頭に置いて，事実認定と要保護性の解明に役立つすべての資料を送付することが求められるのである。

　他方，虞犯少年の例外的な通告の場合は，送致の場合と異なり，参考資料の送付が必要とされないため，虞犯事由等の認定に役立つ参考資料を送付する取扱いについて，警察との間で運用上の申合せをしておくことが望ましいとされている (昭43・2最高裁家庭局見解・家月20巻11号132頁)。

　送致の効果　　送致は，通告や報告と異なり，形式的な受理条件 (規8条所定の方式) が具備されている限り，事件を立件するかどうかの判断を経ることなく，家庭裁判所に受理を強制する法的効果を持つ。送致は，すでに権限ある官庁に係属している事件を家裁の係属に移し，その権限行為に委ねるものだからである。したがって，送致による場合には，家裁は，事件について調査をしなければならない (8条1項後段)。

⑵　報告による場合

　報告の対象と方法　　家庭裁判所への報告で処理されるのは，家裁調査官によって発見された非行少年で，調査官には報告が義務づけられる。調査官による報告は，「少年及び保護者の氏名，年齢，職業及び住居」「審判に付すべき事由の要旨」「その他参考となる事項」を記載した報告書により (規9条の3)，口頭での報告は認められない。報告書に「少年の本籍」が要求されず，審判に付すべき事由「の要旨」で足りるとされる点，参考資料等の添付が要求されない点で，送致の場合と異なる (同8条参照)。調査官は，報告に先立って，報告の要否を判断するため，少年および保護者について事情を調査することができる (7条2項)。

報告の効果　　報告の法的効果は，権限のある官庁に係属していない事件を権限のある家庭裁判所に通知して，その職権活動（受理）を促すにとどまる。したがって，報告がなされても事件が家裁に当然に係属するわけではなく，裁判所が「審判に付すべき少年があると思料するとき」に（8条1項前段），裁判官の立件命令によって事件が係属する（福岡高決平18・3・22家月58巻9号64頁）。報告は，裁判所内部での通知行為である点で通告と異なる。

再起事件　　少年の所在不明等を理由として審判不開始決定（19条1項）で終局した事件について，少年の所在が判明するなど，審判に付すのが相当となった場合は，調査官の報告による立件手続を経て，再び事件として係属させることが認められる。実務上，この手続を「再起」と呼び，その事件を「再起事件」と呼ぶ。再起事件の場合には，審判不開始決定がなされた時点の事件記録を資料として添付する取扱いとされ，事件記録表紙や事件簿等に「再起事件」と付記するのが一般である。

⑶　通告による場合

通告の対象と方法　　家庭裁判所への通告で処理されるのは，一般人によって発見された非行少年である。通告は，書面または口頭で行い（規9条2項前段），「審判に付すべき事由」のほか，「なるべく，少年及び保護者の氏名，年齢，職業及び住居並びに少年の本籍を明らかにしなければならず」（同1項），処遇意見をつけることもできる（規9条3項による8条3項の準用）。

　書面通告の場合は，家裁の調査・審判を促す契機となり，作成者の意思を明確にする必要があるため，書類の作成年月日を記載したうえ，通告者または代書者の署名押印が必要とされる（刑訴規60条・61条の類推解釈）。他方，口頭通告の場合は，家裁調査官または裁判所書記官が，通告内容を記載した調書（調査官作成のものを「通告書」と呼び，書記官作成のものを「通告調書」と呼ぶ）を作成する（規9条2項後段）。その場合は，通告者に調書の内容を確認させ，署名押印させなければならない（規12条2項の類推解釈）。

　保護者による通告の場合，少年法の管轄と児童福祉法の管轄が競合する14歳以上18歳未満の虞犯少年については，少年法よりも児童福祉法上の措置が適当と判断される場合には，家庭裁判所への通告に代えて，児童相談所に通告することができる（6条2項）。

電話通告の可否　　通告については，緊急保護を必要とする虞犯少年に関連して，電話通告の可否が争われている。緊急保護が必要な虞犯少年について，少年保護手続では，緊急同行状 (12条) 以外には身柄確保の方法がなく (児福33条では必要に応じた一時保護が認められる)，緊急同行状の発付には家裁への事件係属が前提とされる (高松家決昭46・8・25家月24巻4号246頁) ため，電話通告によって家裁に事件を係属させたうえで，緊急同行状を発付できるかが問題となる。

　積極説は，通報者と通報内容 (虞犯事由と虞犯性) が明確に特定され (明確性と特定性)，緊急に身柄を確保する必要性があり (緊急性と必要性)，他の方法によることが期待できないこと (相当性) を条件に，口頭通告の一種 (例外) として許容できるとする (昭44・3最高裁家庭局見解・家月21巻11号82頁)。他方，消極説は，通告者と通告内容を面前で確認できない点で手続の確実性が害され (規9条2項参照)，少年の人権保障に十分でない (身柄拘束の目的で逮捕状のように用いられかねない) ことを根拠とする。警察実務では，「少年が緊急に保護しなければならない状態にあって，その補導上必要があると認められる場合においては，電話その他の方法により，直ちに家庭裁判所にその状況を通報するものとする」との規定を根拠として (留意事項第7-10)，積極説での運用が確立されている。電話通告の場合にも通告調書を作成するが (規9条2項後段)，通告者の署名押印は不要である (前掲高松家決昭46・8・25)。

　ファクシミリによる通告は，実務上，ファクシミリ利用文書から通告書等の重要文書が除かれているため，留意事項第7-10の「その他の方法」に含まない運用であるが，電話通告の補助手段として認める余地がある。

通告の効果　　通告は，報告と同様，家庭裁判所の職権発動 (受理) を促す行為にすぎない。したがって，裁判官の判断と立件命令にもとづいて事件係属の効果が生じる (8条1項前段)。通告は，家裁の外部からの通知行為である点で，内部行為としての報告と異なる。

4　発見活動の対象と内容

⑴　送致につながる発見活動

発見活動の対象　　家庭裁判所への送致で処理される発見活動の対象は，

捜査機関または児童福祉機関によって発見された非行少年，および保護観察所によって発見された非行少年である （規8条5項）。具体的には，捜査機関が発見した犯罪少年と 14 歳以上の虞犯少年，児童福祉機関に係属している触法少年，少年法上の保護処分としての保護観察中に虞犯通告された者（成人になった者を含む）である。これらの発見活動は，規則 8 条が規定する送致の方式に拘束される。もっとも，児童福祉機関と保護観察所による発見の場合は，対象者がすでに特定され，それぞれの機関に係属しているため，規則 8 条の内容を充足するのに事実上の困難はない。

　捜査機関による広範な発見活動　　規則 8 条の内容に及ぶ捜査機関の発見活動は，非行事実と少年を特定する事項や資料を対象とする点で，犯人および証拠を対象とする刑事訴訟法上の捜査活動 （刑訴189条） と共通するが，要保護性に関する事項や資料を求められる点で，対象や内容が拡大されている。ここから，犯罪捜査規範 205 条は，「少年事件の捜査を行うに当たっては，犯罪の原因及び動機並びに当該少年の性格，行状，経歴，教育程度，環境，家庭の状況，交友関係等を詳細に調査しておかなければならない」として，要保護性に関する事項の「調査」を発見活動の一環として明示している。虞犯についても，少年警察活動規則 29 条が，「事件の事実，原因」のほか，犯罪捜査規範 205 条と同一の事項を「調査するもの」としている。

　捜査機関は，犯罪少年を家裁に送致する場合，通常送致と簡易送致のいずれかを選択し，送致書に処遇意見を付すこともできる。また，警察官は，14歳以上 18 歳未満の虞犯少年について，家裁への送致と児相への通告を選択することができる （6条2項）。これらへの対応を判断するためにも，発見活動における調査の対象や内容は必然的に拡大される。他方，児童福祉機関と保護観察所については，職務遂行過程で要保護性に関する資料をすでに保有しているから，発見活動の一環としての「調査」を問題にする必要はない。

　さらに，「留意事項」は，犯罪少年について，犯罪捜査規範 205 条を受けて，「少年の非行の防止及び立直りに協力することができるボランティアの有無等について調査しておかなければならない」とする （留意事項第5-2） ほか，触法調査および虞犯調査についても同様に規定している （同第6-2・第7-2）。これらは，再社会化のための社会資源に関する事項の調査である。また，措置の

選別と処遇意見の決定に当たっては，「再非行のおそれのほか，保護者の実情，当該少年の非行の防止及び立直りに向けての保護者の方針及び意向並びに関係機関，団体，少年警察ボランティアの意見等」といったプライヴァシーに深く関わる事項が対象とされている（同第 4-4(1)）。さらに，「再非行のおそれについては，捜査・調査の結果から客観的に判断する」とし，「通常の送致と簡易送致の選別に当たっては，……再犯のおそれ等を総合的に判断する」として（同第 4-4(1)），少年の将来予測に関する事項までが対象とされている。

　他方，捜査機関による広範な調査については，プライヴァシー侵害や適正手続違反のおそれなどを理由とする批判も強く，アメリカの一部で採用されているインテイク手続＊の採用を提言する立場もある。しかし，そのような特別の選別手続を持たないわが国では，慎重な配慮のもとに，発見活動の一環として，捜査機関による調査を認めざるをえない。

　＊Column　インテイク手続
　　アメリカの一部で採用されているインテイク手続とは，ソーシャル・ケースワークの分野で発達したもので，事件を選別したうえで振り分ける手続をいう。少年事件においては，少年裁判所が事件を正式に受理する前に，プロベーション部局の職員（経験豊かなプロベーション・オフィサーなど）が予備的な審査を行い，少年裁判所の関与が必要な事件だけを選別し，それを少年裁判所が受理する。それ以外の事件は，他の福祉機関や社会機関の対応に委ねたり，プロベーション・オフィサーの非公式な監督下に置くなどの対応が取られる。こうした事件処理は，少年裁判所の機能を効率的に発揮させるだけでなく，それ自体がケースワーク機能を営むという利点を持つ。わが国には，このようなインテイク手続とは異なり，実務的に「インテイク」と呼ばれる事務分配手続がある（⇒　156頁）。

(2)　**報告につながる発見活動**

　家庭裁判所への報告で処理される発見活動の対象は，家裁調査官によって発見される非行少年である。実際には，すでに家裁に事件が係属している少年との関連で発見される 14歳以上の虞犯少年に限られる（⇒　108頁）。調査官の発見活動は，報告書に記載を要求されている「少年及び保護者の氏名，年齢，職業及び住居」「審判に付すべき事由の要旨」「その他参考となる事項」に及ぶ（規9条の3）。報告の要否を判断するため，報告の前に少年と保護者に

ついて事情を調査することができる（7条2項）。しかし、社会調査の専門機関である家裁調査官には、捜査活動類似の調査活動を期待すべきでない。そのため、調査官の発見活動は、少年と保護者に対する調査に限定され（参考人調査はできない）、「報告をするに必要な限度に止め、深入りしないように注意しなければならない」とされている（規10条）。

(3)　通告につながる発見活動

家庭裁判所への通告で処理される発見活動の対象は、一般人によって発見される非行少年である。実際には、保護者を中心に、少年の保護や日常生活に関係する者によって発見される14歳以上の虞犯少年に限られる（⇒　109頁）。一般人通告は、書面と口頭のいずれの場合も、「審判に付すべき事由」のほか、なるべく「少年及び保護者の氏名、年齢、職業及び住居並びに少年の本籍を明らかにしなければならない」とされ（規9条1項）、発見活動の対象もこれらに及びうる。他方、送致や報告の場合と異なり、通告に先立つ発見活動を認める規定は存在しない。少年と無関係な一般人にこのような発見活動を期待するのは、不可能でもあり、無意味だからである。

5　犯罪容疑少年の発見活動

(1)　捜査の基本方針

刑訴法の適用と特則　　犯罪少年の発見主体については、条文上は、特に制限がなく、一般人も含まれる規定ぶりになっている。しかし、実際には、捜査機関以外による犯罪少年の発見活動は予定されておらず、そうした事態を想定した条文もない。少年法は、家裁の受理前の捜査過程を形式的には刑事事件として扱い（実質的には保護事件として扱う）、「この法律で定めるものの外、一般の例による」としている（40条）。したがって、犯罪容疑少年の捜査は、少年法に特則が存在しない限りで、刑訴法の規定にもとづいて遂行される。ただ、捜査段階に関する少年法上の特則は必ずしも多くはなく、下位の法令等にその多くが委ねられている。

少年法の目的・理念との調和　　少年法全体の目的（指導理念）である「少年の健全な育成」（1条、規1条1項）は、犯罪容疑少年の捜査にも妥当する。したがって、少年事件の捜査は、少年法の理念・目的と刑事訴訟の目的（刑訴1

条）との調和のもとで遂行される。こうした観点から，犯罪捜査規範は，少年事件の捜査について，「家庭裁判所における審判その他の処理に資することを念頭に置き，少年の健全な育成を期する精神をもって，これに当たらなければならない」としたうえで（犯捜規 203 条），「少年の特性にかんがみ，特に他人の耳目に触れないようにし，取調べの言動に注意する等温情と理解をもって当たり，その心情を傷つけないように努めなければならない」とし（同 204条），「少年の被疑者については，なるべく身柄の拘束を避け，やむを得ず，逮捕，連行又は護送する場合には，その時期及び方法について特に慎重な注意をしなければならない」としている（同 208 条）。

　特に「留意事項」は，捜査の具体的な場面について，少年の特性に配慮した扱いの必要性を詳細に規定している。被疑少年や保護者等の呼出しについて，少年の心情等に配慮した扱いの指示（留意事項第 5-3）などが，その代表的なものである。

(2) 被疑少年の捜査，逮捕，身柄拘束

　捜査活動としての共通性　　少年事件の捜査の端緒は，成人の場合と同じく，捜査機関が行う職務質問，交通取締，防犯活動，情報収集のほか，捜査機関以外の者（犯罪被害者や第三者）による申告や届出などである。成人事件の捜査については，できる限り任意処分の方法によることが原則である（任意捜査の原則）。刑訴法 197 条 1 項但書が「強制の処分は，この法律に特別の定めのある場合でなければ，これをすることができない」としてその趣旨を明示し，犯罪捜査規範 99 条は，「捜査は，なるべく任意捜査の方法によって行わなければならない」と規定している。したがって，少年事件の捜査についても，任意捜査の原則が当然に妥当する（留意事項第 5-5）。

　他方，少年事件の捜査に当たっては，少年警察部門の活用（少警 4 条 1 項，留意事項第 2-1），健全育成の精神の尊重，少年の特性への配慮，犯罪原因等の詳細な調査，関係機関や保護者等との緊密な連絡，身柄拘束の回避の努力，同一性推知情報の公表の差控えが要請され（犯捜規 203 条〜209 条），さらに留意事項で具体的な内容が示されている（留意事項第 5）。こうした特別な配慮を別にして，少年事件の捜査の実際は，成人事件の捜査と基本的に異ならない。

　逮捕後の扱い　　警察官に逮捕された被疑少年の扱いは，ふたつに分かれ

る。ひとつは，法定刑が罰金以下の刑に当たる犯罪容疑少年で，特定少年を除いて，警察官は事件を家庭裁判所に直送する（42条1項前段・67条1項，犯捜規210条1項前段）。もうひとつは，法定刑が禁錮以上の刑に当たる犯罪容疑少年で，留置の必要がない場合（嫌疑または留置の必要性の不存在）は直ちに釈放し，留置の必要があると判断される場合には，48時間以内に書類および証拠物とともに検察官への送致手続がとられる（刑訴203条1項，犯捜規210条1項後段）。

　身柄事件を受理した検察官は，送致事実に対する嫌疑の有無と留置の要否を判断する。留置の必要がある場合，検察官は，身柄を受け取った時から24時間以内で，かつ身体を拘束した時から72時間以内に（刑訴205条1項・2項），当該検察官が所属する官公署の所在地を管轄する地方裁判所・簡易裁判所または家庭裁判所の裁判官に対し（刑訴規299条），勾留（43条3項，刑訴205条1項）または勾留に代わる観護措置を請求する（43条1項）。

　身柄拘束の回避　　人格の発達途上にある少年は，心身ともに未成熟な存在であり，その身柄を拘束することは少年に悪影響を与えるおそれが大きい。そのため，保護的・福祉的な観点から，少年の身柄拘束をできるだけ回避するとともに，やむをえず拘束する場合にも特別な処遇上の配慮をすることが要請される。そこで，少年法は，勾留の制限とともに，勾留に代わる観護措置（少年鑑別所での観護）を認める特則を置いている（43条）。勾留の制限と処遇上の配慮については，旧法でも認められていた（旧67条）。

　勾留と勾留に代わる観護措置の要件は，勾留が「やむを得ない場合」に限って認められることを別にして共通している。したがって，勾留を主な請求として勾留に代わる観護措置を予備的に請求することも可能であり，実務でもそうした運用が認められている。他方，両者を択一的に請求することは，勾留請求が「やむを得ない場合」に限られることの趣旨を逸脱するため，許されない。

　(3)　少年の勾留

　勾留の制限　　少年事件にも刑訴法の適用があるため（40条），検察官は，勾留の理由と必要性があれば，犯罪容疑少年について勾留を請求することができる（刑訴60条・204条以下）。しかし，少年法は，検察官の勾留請求と裁判官の勾留状の発布について，逆送された特定少年を除いて（67条1項・2項），そ

れぞれ「やむを得ない場合」に制限し（43条3項・48条1項），成人事件の勾留より厳格な要件を明示している。捜査の必要性に着目した43条は，もっぱら少年の被疑事件に関する規定であり，48条は，審判廷への出頭の確保と罪証隠滅の防止等といった点も重視する規定である。

やむを得ない場合　　「やむを得ない場合」とは，勾留の利益（捜査の必要性）と不利益（少年の心身に及ぼす悪影響）を総合的に考慮して判断され（横浜地決昭36・7・12家月15巻3号186頁），一般に，次のような基準が用いられる。施設上の理由として，勾留に代わる観護措置をとりうる少年鑑別所の収容定員・能力に限界があったり，少年鑑別所が遠隔地に存在するような場合である。少年の資質等の理由として，年長で非行歴の多い少年のように，成人と同様の扱いに特段の不利益が予想されない場合，少年鑑別所に収容することで他の被収容少年に悪影響が及ぶような場合などである。捜査遂行上の理由として，勾留に代わる観護措置の期間（10日間［44条3項]）では捜査終了の見込みがない場合，被疑少年の接見交通権を制限すべき場合，引当捜査を必要とする場合などがある。刑事処分の可能性が高い重大な被疑事件といった事情も，捜査遂行上の理由のひとつと考えられよう。

勾留場所の配慮　　少年を勾留する場合，勾留期間は，成人被疑者の場合と同様，最長で20日間である（刑訴208条）。勾留場所は，成人用の拘禁施設（刑事施設3条3号・15条1項本文）または留置施設（代用刑事施設）のほか，少年鑑別所に拘禁することができる（48条2項）。勾留場所の選定は，裁判官の合理的裁量によるが，実際には，少年の人権への配慮と捜査の必要性との総合的考慮にもとづいて判断される（福岡地決平2・2・16家月42巻5号122頁）。一般論として言えば，前歴のない少年や被影響性の顕著な少年については，少年鑑別所での勾留が適当である。

　少年を少年鑑別所に拘禁した場合は，対象者の情操保護の観点から，成人後も少年鑑別所での収容を継続することができ（48条3項），刑事施設に関する刑訴法および刑訴規則の規定が準用される（刑訴規282条）。他方，少年を成人用の拘禁施設に収容する場合は，逆送された特定少年を除いて，成人と分離して収容し（49条3項・67条2項），少なくとも少年房を設けて成人と区別しなければならない。

(4) 勾留に代わる観護措置

意義と要件　少年の身柄を保全する必要がありながら，勾留要件の「やむを得ない場合」に当たらない場合，検察官は「裁判官」に対して，勾留に代わる観護措置を請求できる (43条1項本文)。これは，勾留に代わる措置として認められるもので，「やむを得ない場合」の要件が不要であることを別にして，勾留の手続的要件 (刑訴204条〜207条) のほか，勾留の理由と必要性 (刑訴60条) も当然に要求される。刑事処分相当逆送 (20条1項・62条1項・63条1項) 後の捜査段階における請求も排除されない。

種類と手続　勾留に代わる観護措置としては，事件受理後にとられる通常の観護措置と同様，家庭裁判所調査官による観護 (17条1項1号〔1号観護〕) と少年鑑別所への送致 (同2号〔2号観護〕) が予定されている。その手続等は，通常の観護措置の場合と同じであり (⇒ 131頁)，仮収容も認められる (17条の4第4項参照)。ただ，「家庭裁判所裁判官」に対して請求する1号の措置は (43条1項但書)，少年の身柄確保の実効性に乏しく，実務上はほとんど使われていない。このため，2号の措置だけを「勾留に代わる観護措置」と呼び，その請求を「観護令状請求」と呼ぶのが通例である。

1号観護の取消し　請求を受けた家庭裁判所裁判官が1号の観護措置をとった後，検察官が事件を家裁に送致しない場合は，検察官は，ただちに措置の取消しを裁判官に請求しなければならない (44条1項)。検察官が「事件を家庭裁判所に送致しないとき」とは，全件送致主義との関係で (42条)，少年に犯罪の嫌疑が存在せず，虞犯要件も存在しない場合である。

2号観護措置の請求　勾留に代わる2号観護措置の請求については，刑訴規則にある勾留請求書の記載要件，資料の提供，勾留状の記載要件，書類の送付に関する各規定 (刑訴規147条〜150条) が準用される (同281条)。検察官は，刑訴規則147条所定の要件を記載した「観護措置請求書」により，当該検察官の所属する官公署を管轄する地方裁判所・簡易裁判所・家庭裁判所の裁判官 (やむを得ない事情があるときは最寄りの下級裁判所［高等裁判所を含む］の裁判官) に対して請求する。

　勾留に代わる観護措置は，勾留ではないが，捜査目的のための身体拘束という点で勾留と共通していることから，その本質に反しない限り，勾留に関

する刑訴法の各規定が準用・類推適用される。被疑事件の告知と弁解の聴取等（刑訴61条，刑訴規39条・42条・69条），勾留の通知（刑訴79条），勾留の取消し（刑訴87条）については，各規定を準用することに異論はない。他方，不服申立（刑訴429条等），勾留理由開示（刑訴83条，刑訴規82条～85条の2），接見交通権の制限（刑訴81条）については，各規定の準用の可否が争われている。

2号観護措置　　勾留に代えて2号観護措置をとる場合は，刑訴規則278条1項所定の事項を記載した令状（観護令状）による（44条2項）。請求を受けた裁判官は，家庭裁判所と同一の権限を有し（43条2項），仮収容（17条の4）もできる。実務上は，観護措置請求書に仮収容を必要とする理由とともに収容先の少年院・刑事施設の名称を記載して，仮収容を併せて請求する運用である。観護令状は勾留状に準じて（刑訴規278条2項），検察官の指揮によって検察事務官，司法警察職員，刑事施設職員が執行し（刑訴70条1項本文・2項），急速を要する場合は裁判官等が執行を指揮できる（同1項但書）。仮収容決定の指揮も検察官が行う（昭28・7・25最高裁家甲135家庭局長通達・家月5巻6号127頁）。

観護措置期間　　勾留に代わる観護措置の期間は10日間で（44条3項），起訴前勾留の場合（刑訴208条1項）と同様，請求した日が起算日となる。ただ，期間の延長が認められない点で，本来の勾留と大きく異なる。期間内に事件が家庭裁判所に送致された場合は，その保護事件について通常の観護措置がとられたものとみなされ（みなし観護），家裁が送致を受けた日から通常の観護期間が起算される（17条7項）。

　期間内に事件が20条によって検察官に送致された場合は，勾留がなされたものとみなされ，検察官が送致を受けた日から勾留期間が起算される（45条4号）。他方，期間内に，犯罪の嫌疑の不存在が判明したり，身柄拘束の必要性が消滅した場合は，調査官観護の場合（44条1項）に準じて，裁判官に取消しを請求できる。検察官自身の権限で釈放できるかについては，起訴前勾留の場合と同様に積極説が有力であり，実務もそのような運用である。

(5)　少年の取調べ

配慮の要請　　少年の取調べについても，その基本は，少年の健全育成の目的（1条，犯捜規203条）と少年の特性への配慮（犯捜規204条以下）でなければならない。しかし，少年法は，逆送された特定少年を除いて（67条2項），他の

被疑者との分離の必要性を明示するだけで（49条1項），それ以上の特則を置いていない。犯罪捜査規範も，明示的には，取調べを行うに当たって少年の保護者またはそれに代わるべき者への連絡を要求するだけにとどまる（犯捜規207条）。

　他方，犯罪捜査規範を根拠とする「留意事項」は，取調べの際に留意すべき事項を具体的に規定している。それは，適切な取調べ場所の確保，取調べの時間帯と時間の長さへの配慮，言語表現と取調べの態度・対応方法への配慮，不安の除去と信頼の獲得に向けた努力を要請するとともに（留意事項第5-4⑴），保護者その他の適切な者の立会いを要請し（同第5-4⑵），身体を拘束されていない少年からの指紋・掌紋の採取や写真撮影に対する承諾の確保，時期，場所，方法等への配慮を要請している（同第5-6）。

　精神鑑定　　捜査段階における犯罪容疑少年の鑑定については，少年法には特則がないため，刑訴法の関連規定にもとづいて運用される（40条参照）。検察官による嘱託鑑定（刑訴223条1項）が認められ，特別な配慮の要請（留意事項第5-5）のもとで鑑定留置（刑訴224条）も認められる。また，検察実務で広く行われている，被疑者の同意にもとづく精神診断（簡易精神鑑定）も排除されない。実務上も，捜査段階での精神鑑定は，少年の内心や動機が不可解な事件や精神障害が疑われる少年の事件を中心に行われるようになっている。

　鑑定の結果，責任能力が認められる場合は特に困難な問題は生じない。他方，犯罪少年の責任能力を審判条件とする立場（⇒　94頁）との関係で，責任無能力（心神喪失）と判断された場合の扱いが重大な問題を生じる。その場合，必要説からは，「犯罪の嫌疑がある」と言えないとして，不送致処分で終局させることが筋だと思われるからである。しかし，そのような不送致処分を認めることは（事件事務規程75条1項後段・2項15号），検察官先議主義の復活であり，全件送致にもとづく家庭裁判所先議を基本とする少年法の構造を根底から覆すことになる。捜査段階の鑑定で責任無能力が判明した少年も，家裁に送致したうえで，その扱いを家裁の専門的判断に委ねることが，必要説の前提でなければならない（金沢家決平12・10・18家月53巻3号100頁参照）。

　押収　　犯罪被疑少年の所持物件のうち押収（差押えと領置）の対象となるものについては，刑訴法の規定（刑訴218条〜222条）が適用される。また，押

収対象物以外の物件のうち，非行防止の観点から少年に所持させておくこと
が不適当な物件については，所有者その他の権利者に返還させ，保護者等に
預けさせ，少年に廃棄させるなど，少年が当該物件を所持しないように注意
や助言等をすることが要請されている（留意事項第5-8）。

6　触法容疑少年の発見活動

⑴　従前の発見活動の限界と問題点

捜査機関による触法容疑少年の発見活動　　触法容疑少年の発見主体につ
いては，法文上，特に限定がない。しかし，14歳未満の少年には児童福祉機
関先議主義がとられているため，触法容疑少年を発見した者は，独自に発見
活動を継続することはできず，6条1項にもとづく家庭裁判所への通告（一般
人通告）または児童福祉法25条にもとづく児童相談所への通告（要保護児童の
通告）によって対処することになる。

　このことは，捜査機関においても同様であり，警察法2条による任意調査
と少年警察活動規則8条2項による継続補導を別にして，対象者が14歳未
満であることが判明した時点で（当初から判明している場合もあるし，犯罪容疑で捜
査中に判明する場合もある），捜査機関は当該少年に対する発見活動を断念する
しかない。「犯罪」捜査を根拠づける刑事訴訟法は，有責性を欠く（犯罪が成立
しえない）刑事未成年の事件には適用がないからである（刑訴189条2項・191条
参照）。

　従前の発見活動の限界　　従前の発見活動では，行為者が14歳未満であ
る限り，いかに重大で複雑な事案であっても，少年を逮捕・勾留等すること
ができず，捜索・押収による証拠物の収集もできないし，司法解剖等による
被害者の死因解明もできなかった。警察法2条による任意調査は可能であっ
たにしても，少年法上は調査権限に関する法的根拠が存在しなかったため，
調査に対して関係者からの協力が得られない場合も多かった。その一方で，
家裁に一般人通告された少年や児相に要保護通告された少年についても，家
裁と児相の本来的な役割や機能との関係で，非行事実の有無の解明や証拠収
集能力に大きな限界が明らかに存在していた。こうした状況のもとで，事実
の解明が不十分なまま触法少年が家裁に係属する事態が多く見られ，実務上，

重大な問題として指摘されていた。

(2)　警察官による調査制度の導入

調査の主体　　以上のような問題点に対処するため，2007 年改正により，触法容疑少年に対する警察官の調査制度が導入された（6 条の 2）。警察官は，客観的な事情から合理的に判断して，触法少年であると疑うに足りる相当の理由のある者を発見した場合で，必要があるときは，事件についての調査ができることになったのである（同 1 項）。

　調査主体が警察官とされたのは，触法調査と犯罪捜査には共通の面があるだけでなく，犯罪予防という責務（警 2 条）でも密接に関連することから，警察官の専門的知識と経験を生かそうとしたことによる。従来の任意調査においても，「少年補導職員」と呼ばれる警察官以外の警察職員が，少年の心理その他の特性に関する専門的知識やカウンセリング技能等を生かして事情聴取に当たるなど，触法調査の中で重要な役割を果たしていた（少警 2 条 11 号）。こうした実態を追認し，その専門的知識・技能を一層活用するために，警察官以外でも，少年の特性に関する専門的知識を有する警察職員が，押収・捜索・検証・鑑定（6 条の 5 第 1 項）を除く任意調査を行うことができるとされた（6 条の 2 第 3 項）。少年補導職員の採用資格は都道府県警察が設定し，その職務遂行は，「少年法第 6 条の 2 第 3 項の規定に基づく警察職員の職務等に関する規則」（平 19 国家公安委規 23）で具体化されている。

　調査の目的　　触法少年は刑事責任を欠くため，調査の目的は，刑罰法令の適正かつ迅速な適用実現を目的とする犯罪捜査（刑訴 1 条）の場合と異なり，もっぱら「少年の健全な育成のための措置に資する」ことに求められる（6 条の 2 第 2 項）。健全育成のための措置とは，少年法にもとづく家庭裁判所の保護処分等（保護的措置を含む），児童相談所長等による児童福祉法上の措置および家庭裁判所送致の措置（児福 27 条 1 項 4 号）等を意味し，検察官送致決定（20 条・62 条・63 条）は含まない。「少年の健全な育成」は，少年法の基本理念（1 条）を明示したものであり（犯捜規 203 条，少警 15 条 1 項），それが「事案の真相を明らかにする」ことと関連づけて規定された点に意義がある。

　調査の対象　　調査の対象は，非行事実の存否とその内容を中心に，広く要保護性に関する事項に及ぶ。これは，警察がとるべき措置の選択や処遇意

見の決定のために，非行事実以外の事情（少年の性格，行状，経歴，環境，家庭状況，交友関係等）をも調査の対象としていた実務（犯捜規205条）を追認したものである。調査に着手するための要件は，いずれも客観的な事情から合理的に判断し，その存在が確認できなければならない。

(3) 警察官による調査

調査の内容　警察官は，触法少年の事件について，必要に応じて，少年，保護者，参考人を呼び出して，質問することができる（6条の4第1項）。また，公務所や公私の団体に照会して，必要な事項の報告を求めることができる（同3項）。これらは，事案の真相を解明するために必要不可欠であり，2007年改正前にも，任意調査の一環として行われていた。他方，少年法上の根拠規定がなかったため，相手方の協力を得られないという事態も多かった。

6条の4は，こうした状況のもとで，警察官による任意調査の権限を明確化するために設けられた。したがって，強制的な手段を行使しえないことは当然である。また，特に低年齢の少年が相手であることに配慮し，質問が強制的なものにならないよう注意的に規定されている（6条の4第2項）。さらに，任意調査の際に配慮すべき具体的な事項や内容は，下位の規定に明示されている（少警20条，留意事項第6-6・7・8）。これらの任意調査は，警察官以外の少年補導職員に行わせることができる（6条の2第3項）。

調査に伴う措置　触法少年の事件は，行為者が刑事未成年であることを別にして，犯罪少年の事件と異ならない。ここから，調査に際して必要がある場合は，押収，捜索，検証，鑑定嘱託を行うことが認められ（6条の5第1項），それらについては司法警察職員が行う押収等に関する刑訴法の規定および刑訴規則の規定が準用される（同2項，規9条の2）。

本条による強制処分は，「物」に対するものに限られる。少年の逮捕・勾留等，調査目的の身柄拘束，鑑定留置のような「身体」に対する処分は認められず，逮捕に伴う捜索・差押え・検証のほか，通信傍受も認められない。身柄を拘束する場合は，一時保護（児福33条）による（留意事項第6-14）。本条の処分は，人権の制約に関わるだけでなく，刑訴法の準用によることから，主体が警察官に限定され（6条の2第3項），裁判官の発する令状を要する（刑訴218条1項の準用，少警21条）。押収物の還付についても，刑訴法の関係規定が準用

される。

⑷　少年に対する配慮

情操の保護　　触法調査に当たっては，「少年の情操の保護に配慮」することが特に規定されている（6条の2第2項）。こうした配慮は，すべての少年事件に要請されるものであるが（規1条2項，犯捜規204条），触法少年が14歳未満であることに着目して，少年法に特に規定されたものである。具体的には，少年の年齢や成熟の程度，少年の理解力や表現能力などに配慮したうえで（少警15条2項），事案の真相解明に努めることになる。配慮すべき事項の詳細は，下位の規定に委ねられている（留意事項第6-2）。

利益の擁護　　少年の利益擁護の観点から，少年および保護者が調査に関して弁護士付添人を選任しうることが規定された（6条の3）。2007年改正前も，触法少年の事件において，警察の調査段階で弁護士を民事上の代理人として依頼することは可能であった。しかし，付添人としての選任規定が存在しなかったため，依頼された弁護士には少年法上の付添人（10条）の地位が認められず，保護者等の同意なしに少年自身が単独で弁護士を依頼することもできなかった（民5条1項参照）。

　6条の3は，警察による触法調査に法的根拠が与えられ，強制調査権限も与えられたこととの関係で，従来のような対応では不十分なものと考えられ，衆議院の修正で追加された。本条による付添人は，「調査に関し」て選任された者に限られるため（6条の3），審判段階の付添人（10条）として活動するには，改めて付添人選任届（規14条2項）を提出しなければならない。

⑸　調査後の対応

　警察官は，調査の結果，触法行為が6条の6第1項所定のものである場合，または触法少年を家庭裁判所の審判に付すことが適当であると判断される場合は，調査関係書類とともに事件を児童相談所長に送致する（6条の6第1項，少警22条）。これにより，児童福祉機関先議主義（3条2項）との関係で，従来は要保護児童としての通告（児福25条）しかできなかった触法少年の一部について，児童福祉機関の職権発動を促す「通告」（事件係属には児童福祉機関での立件を要する）にとどまらず，「送致」（児童相談所に事件が当然に係属する）が義務づけられた。送致を受けた児童福祉機関は，事件を家裁に送致すること（児福

27 条 1 項 4 号）が義務づけられ（6 条の 7 第 1 項本文），証拠物や警察での作成書
類も家裁に送付されることになった（6 条の 6 第 2 項，規 8 条 2 項）。

　他方，6 条の 6 第 1 項に当たらない事件については，これまで通りに要保
護児童として児童相談所に通告されるが，その際は，児童福祉法上の措置を
とるのに参考となる調査の概要と結果も通知される（6 条の 6 第 3 項）。

7　虞犯容疑少年の発見活動

(1)　発見活動としての限界

　虞犯容疑少年の発見活動については，少年法上，特に根拠規定がない一方
で，発見主体も限定されていない。実際には，ここでも中心的な役割を果た
す捜査機関による任意の発見活動（虞犯調査）のほか，次のような場合が想定
される。児童相談所は，要保護児童として通告された 18 歳未満の者（児福 25
条），および一般的な児童相談（児福 11 条 1 項 2 号）の対象少年のなかから，虞
犯少年を発見しうる。保護観察所は，特殊な形態として，少年法上の保護処
分としての保護観察に付されている者に新たな虞犯事由を発見した場合に虞
犯通告（更生 68 条 1 項・2 項）をしうる。また，家裁調査官は，すでに家裁に係
属している少年の調査過程で虞犯少年を発見することがありうる。さらに，
一般人は，あらゆる場面で虞犯少年を発見するイメージがあるが，実際には，
保護者等が通告する場合がほとんどである。捜査機関以外による発見の場合，
積極的な虞犯調査は許されないし，現実的な必要性もない。

(2)　捜査機関による発見

2 つの態様　　捜査機関による虞犯容疑少年の発見には，2 つの態様のも
のがある。ひとつは，犯罪容疑少年として捜査を遂げた結果，犯罪の嫌疑は
否定されるものの，虞犯少年には該当する場合であり，家裁への送致が義務
づけられる（41 条後段・42 条 1 項後段）。このような虞犯少年については，当初
の犯罪容疑の捜査によって虞犯少年としての発見活動も終了しており，それ
以上に特別な発見活動は必要でない。

　もうひとつは，2007 年改正前に触法容疑少年に行われていた発見活動と同
様，警察法 2 条を根拠として行われるものである。これについて，少年警察
活動規則は，非行少年や不良行為少年の早期発見のため，街頭補導や少年相

談を積極的に実施すべきことを明示している（少警6条・7条・8条）。この虞犯調査は任意のものに限られ、侵害原理では正当化できない虞犯少年に対する捜査機関の調査であるため、犯罪少年や触法少年に対する以上の配慮が要求される。虞犯調査の基本や主体、調査すべき事項、配慮事項等の詳細は、下位の規定に委ねられている（少警27条〜33条、留意事項第7）。

虞犯調査　捜査機関による虞犯調査の根拠は、警察法2条の一般条項に求めざるをえないため、2007年改正に当たり、一定の触法事案の調査の場合（6条の2）と同様、虞犯容疑に対する調査権限を少年法上に明示する法案が提示された。しかし、その内容が従前の任意調査の実態を変更するまでのものではなかった反面、調査権限の範囲が不明確であり、過度の拡大が懸念されるため、衆議院の審議過程で削除され、立法化は見送られた。

② 家庭裁判所による事件受理

1　不告不理の原則

⑴　不告不理の原則と受理の意義

不告不理の原則　裁判は、原告の訴えがあってはじめて開始されるもので、訴えがない場合に裁判官が職権によって独自に裁判を開始することは許されない。このような考え方を「不告不理の原則」という。これは、訴訟手続が対立抗争原理にもとづくことから生じる原則であり、刑事裁判においては適正手続の要請として機能している（刑訴247条・249条・378条3号、憲31条）。少年の保護と教育のために最善の処遇選択を目指す少年保護手続についても、手続の構造は職権主義的ではあるものの、処分を予定した手続であることから、不告不理の原則が当然に妥当する。

旧法は、行政機関である少年審判所（旧17条）が審判に付すべき少年の存在を認知したとき、職権で調査を行うべきものとし（旧31条）、不告不理の原則の例外として自庁認知制度をとっていた。これに対して、現行少年法は、事件が家庭裁判所に持ち込まれる経路（通告、報告、送致）を明示し、少年保護事件手続が不告不理の原則にもとづくことを明示している（8条1項）。

受理の意義　事件が家庭裁判所に持ち込まれたとしても、家裁がそれを

受理しない限り，事件は家裁に係属せず，保護事件手続は進行しない。受理が義務づけられる送致（みなし送致を含む）を別にして（8条1項後段），少年保護事件が家裁に係属するためには，不告不理の原則を前提として，家裁の受理が必要とされるのである（同前段）。

(2) 不告不理の原則の適用範囲

人単位の適用　　不告不理の原則が「少年」ごとに適用されることに異論はない。A少年の事件の調査・審判過程でB少年の非行事実を発見した場合，家庭裁判所は，B少年の事件の受理手続を経ることなしにB少年の保護手続を開始できない。他方，保護事件がすでに家裁に係属している少年について，その調査・審判過程で新たな非行事実（余罪としての犯罪事実，新たな触法事実や虞犯事実）が発見された場合，家裁が当該非行事実の保護手続を開始するためには，改めて当該非行事実の受理手続を要するかが争われる。これは，不告不理の原則の適用範囲を，「少年」を単位に考えるか，個々の「非行事実」を単位に考えるかという問題である。

　少年審判の対象について，少年の人格を中心に考えれば（人格重視説），不告不理の原則は「少年」ごとに考えれば足りるから，改めての受理手続は不要ということになる。人格重視説は，要保護性の解明が少年の人格と強く結びついていることを根拠とするもので，少年法の基本原理との関係で説得的な面を持っている。かつては，このような立場からの裁判例も見られた（札幌高決昭29・7・23家月6巻8号79頁）。

　事件単位の適用　　他方，少年を単位とする運用は，少年にとって「不意打ち」的なものになることを否定できない。不告不理の原則は司法機関の受動性・中立性にもとづくもので，少年保護手続においても適正手続の保障は重視されるべきものであるから（⇒　57頁），少年保護手続における不告不理の原則も，個々の非行事実を中心に考えるべきであり（非行事実重視説），その適用範囲は「少年」だけでなく個々の「非行事実」に及ぶべきである（福岡高決平18・3・22家月58巻9号64頁）。現在の実務では，非行事実重視説を前提とする運用が確立している（昭40・3最高裁家庭局見解・家月17巻12号33頁）。

2 家庭裁判所の受理

(1) 家庭裁判所に事件が持ち込まれる経路

原始的受理経路　少年事件が家庭裁判所に持ち込まれる態様（受理のための経路）は，さまざまである。新たな事件を受理する経路（原始的な受理経路）としては，一般人の通告（6条1項，児福25条但書），保護観察所長による虞犯通告（更生68条1項・2項），家裁調査官の報告（7条1項），司法警察員の送致（41条），検察官の送致（42条），都道府県知事または児童相談所長の送致（3条2項・6条の7第2項，児福27条1項4号・27条の3）がある。

承継的受理経路　原始的受理経路以外に，すでに家裁に係属したことのある少年の事件を改めて受理する経路（承継的な受理経路）として，他の家裁からの移送（5条2項・3項），高等裁判所・地方裁判所・簡易裁判所からの移送（55条），抗告審裁判所・再抗告審裁判所からの差戻しまたは移送（33条2項・35条2項），同一家裁内での回付（事務取扱），保護処分取消事件（27条の2），収容継続申請事件（院137条〜139条，規55条），戻し収容申請事件（更生71条本文），保護観察処分の遵守事項違反にもとづく収容処分申請（更生67条）がある。再起事件（⇒ 109頁）も，家裁調査官の報告（7条1項）を経由するが，承継的な受理経路のひとつである。これらのうち，他の家裁からの移送と回付の割合が相対的に高く，交通事犯を除く一般保護事件全体の10%弱程度になっている。

(2) 家庭裁判所による受理とその効果

受理手続　通告，報告，送致等の受理経路を経て家庭裁判所に持ち込まれた少年事件は，事件の受付事務を経て（「事件の受理及び分配に関する事務の取扱いについて」平4・8・21最高裁総三26事務総長通達にもとづく処理），家裁が受理することにより，はじめて少年保護事件として家裁に係属する。

受理について，少年法は，6条の通告および7条の報告の場合には「審判に付すべき少年があると思料するとき」を要件とし（8条1項前段），送致の場合には「送致を受けたとき」として（同後段），事件の受理経路の違いに応じた扱いを規定している。したがって，通告および報告による場合は，通告書等（規9条2項）または報告書（規9条の3）を受けた裁判官が，非行事実の存在について少なくとも蓋然的な心証にもとづいて「審判に付すべき少年があると思料」

した後に，事件係によって事件受理簿に登載され，件名，番号等が付されることにより，事件が受理される。

他方，送致の場合は，適法な送致である限り，事件係でただちに事件受理簿に登載され，件名，番号等が付されて，事件が受理される。送致事件の受理には，身柄付送致事件の受理（身柄事件受理）と在宅送致（書類送致）事件の受理（在宅事件受理）がある。両者は，送致記録が事件受理簿に登載され，件名，番号等が付された時点で受理される点で共通するが，後者では，身柄拘束に関する時間制限（17条2項）が身柄受理時点を基準に起算される。

公訴時効の停止　　受理経路の違いによる区別的扱いは，公訴時効の停止の効果にも及ぶ。通告または報告による場合は，家庭裁判所の事件受理後に審判開始決定（21条）があったときから公訴時効の進行が停止し，送致による場合は，家裁が送致を受けた（受理した）ときから公訴時効が停止する（47条1項）。決定後または送致後に本人が20歳に達した場合も，同様である（同2項）。

公訴時効の進行の停止は，いずれの場合も「保護処分の決定が確定するまで」とされているが（47条1項），保護処分決定が確定する場合は当該事件について公訴を提起する余地がなく（46条1項），公訴時効の停止を論じる意味もない。したがって，「保護処分の決定が確定するまで」とは，事件が家庭裁判所に係属中をいうものと解され，移送決定の場合（5条2項・3項）を除いて，「すべての終局決定が確定するまで」という意味である。

⑶　家庭裁判所の土地管轄

管轄の決定　　少年保護事件を管轄する家庭裁判所は，成人事件における土地管轄の場合と同様（刑訴2条1項），少年の行為地，住所，居所または現在地によって決定される（5条1項）。「行為地」とは，犯罪地（犯罪少年），刑罰法規に触れる行為をした土地（触法少年），虞犯事由に該当する行為がなされた土地（虞犯少年）をいう。「住所」「居所」は民法上の概念に従い，住所は生活の本拠をいい（民22条），居所は継続的に居住する場所で住所に準ずる場所をいう（民23条1項）。「現在地」は刑訴法の概念（刑訴2条1項）に従い，少年が任意または適法な強制にもとづいて現在する場所をいう（最決昭32・4・30刑集11巻4号1502頁）。身柄事件では，身柄収容場所が現在地である。

管轄の基準時と移送　　管轄の決定は家庭裁判所の事件受理時を基準とす

るため（東京高決平 16・9・8 家月 57 巻 4 号 90 頁），事件受理時に，管轄区域内に少年の住所等がなければならない（受理時基準）。他方，少年の保護の適正を期する観点から，事件受理（事件係属）後に少年の住所等が変わった場合も，「特に必要がある」ことを要件として，変更後の住所等が存在する土地にも管轄を生じさせ，変更後の住所地等を管轄する家裁に事件を移送することが認められる（5 条 2 項）。この規定は，土地管轄の判断について，受理時基準を原則としたうえで，例外的に処理時基準を認めるものである。

　　管轄違いの移送と回付　　事件を受理した裁判所に管轄がない場合，成人事件では管轄違いの判決で手続が打ち切られるが（刑訴 329 条），形式上の違法よりも少年の保護を重視する少年保護事件では，本来の管轄家庭裁判所への移送が義務づけられる（5 条 3 項）。同一少年の複数の事件が別個の家裁に係属した場合は，規則 25 条の 2（併合審判）の趣旨を尊重し，刑訴法 6 条（管轄の併合）を準用した移送が認められる（東京高決平 16・9・8 家月 57 巻 4 号 90 頁）。

　　移送とは別に，事件移転手続としての回付がある。移送が異なる家庭裁判所間での事件の移転であるのに対し，回付は，同一管轄家庭裁判所の本庁と支部の間，または支部相互間で事件を移転するものである。家裁の支部は本庁から独立した家庭裁判所ではないため，回付は，裁判所内部の事務分配として行われる。ただ，実務では，本来の管轄を有しない支部についても，本来の管轄を認めるのと同様に，5 条 3 項の趣旨を尊重した扱いが一般化している。その意味で，移送と回付には共通の面が見られる。

　　移送の手続と効果　　移送は，いずれも決定（規 2 条）による。移送決定は，事件の終局決定ではなく，家庭裁判所相互間で事件を移す中間決定にすぎないから，移送裁判所ですでに観護措置決定や審判開始決定，試験観察決定等がされていた場合，それらの効力は移送決定によっても失われない。そこで，受移送裁判所での万全の手続を確保するため，移送裁判所の審判開始決定や試験観察決定を取り消して移送を決定すべき場合もある。移送決定は，少年の保護の適正を図るものであるが，受移送裁判所を拘束する規定（民訴 22 条参照）がないため，受移送裁判所は，さらに別の管轄裁判所に移送することもできるし，移送裁判所へ逆移送することも可能である。しかし，そのような対応は，調査・審判の遅延につながり，少年の負担も大きくなることから，

できる限り避けなければならない。

3 証拠物等の扱い

(1) 概要

証拠物の扱い　少年保護事件では，家庭裁判所への事件送致の際に，記録とともに証拠物も送付されてくる（規8条2項）。また，証拠物は，事件送致後に事件関係書類追送書に添付して送付されることもあり，審判期日に少年や保護者が提出することもある。これらの証拠物は，家庭裁判所における非行事実認定の証拠資料として用いられるほか，没取の対象となる（24条の2，規37条の3）。

　そのため，家庭裁判所に証拠物を確保する押収の権限が付与され，その手続には刑訴法の関係条文が準用される（15条2項，規19条）。準用される規定は，押収目録の交付（刑訴120条，刑訴規98条），押収物の保管等（刑訴121条・122条，刑訴規98条），事件終局前の押収物の還付・仮還付（刑訴123条・124条），事件終局後の押収物の還付（刑訴346条・347条・499条）である。実際には，「押収物等取扱規程」（昭35最高裁規程2）や「押収物等取扱規程の運用について」（平7・4・28最高裁総三24事務総長依命通達）にもとづいて事務処理がなされ，各種の通達や回答などによって補完されている。

押収　押収は，物件の占有を取得ないし継続する強制処分（裁判および執行）であり，差押え，提出命令，領置の方法によって行われる（刑訴99条・101条）。これらの手続によって，刑事事件または少年保護事件について裁判所が占有を取得した物を「押収物」という。刑事手続では領置決定の後に押収物としての受入手続が行われるのに対し，少年保護事件では，検察官や司法警察員等から送付された証拠物の受入手続を行った後に領置決定がされるため，領置決定されていない物は，押収物ではなく証拠物として扱われる。

(2) 受入等の扱い

　証拠物または押収物が家庭裁判所の占有に移される経路には，①検察官等から証拠物の送付（現品送付）を受けた場合，②事件係属後に，証拠物を差押え，領置，提出命令による提出があった場合，③事件の移送等によって，他の裁判所から押収物等の送付を受けた場合，がある。それぞれに応じて，押

収物主任官または係書記官が必要書類を作成して受入手続を行い，領置手続が行われる。領置手続は，一般に，係書記官が担当する。領置の対象は，没取（24条の2）の対象物および証拠物で代替性のない物である。没取の対象物のうち，減失や破損のおそれがあったり，保管が不便な物については，その売却代金（換価代金）が保管金として扱われる。

　証拠物および押収物の保管は，保管物主任官によるのを原則として，例外的に庁外保管（所有者等への保管の委託）によることもある。領置手続がされなかった証拠物は，押収物主任官から検察官等に返還される。証拠物であっても，送致事実との関連性が弱い物や証拠価値の低い物は，領置せずに，送付者に返還すべきである。

③　観護措置

1　観護措置の意義と種類

⑴　観護措置の意義

　観護措置の性質　　17条1項は，「家庭裁判所は，審判を行う必要があるときは……観護の措置をとることができる」と規定している。これは，家裁に係属した少年事件について，適正な調査と審判を行うために少年の身柄を確保しておく必要があるとともに，少年に緊急な保護を必要とする状況が生じた場合，保護処分等の終局決定による保護がなされるまでの間，暫定的な保護を図ることが必要になるからである。このように，観護措置は，少年事件の調査過程と審判過程を通じて，少年の身柄保全としての側面（司法的性格）と少年の保護としての側面（福祉的性格）を併有している。

　また，家裁が職権で行う観護措置は，刑事手続において裁判官が主体で行う身柄拘束（勾留に代わる少年の観護措置〔43条〕，被疑者勾留〔刑訴204条以下〕，第1回公判期日前の被告人勾留〔刑訴280条〕）と異なり，刑事手続における第1回公判期日後の被告人勾留（刑訴60条）に類似している。

　観護措置は，調査過程と審判過程のいずれにおいても重要な機能を果たすが，事件受理に続いて要否が判断される措置であるため，便宜上，事件受理の段階で扱っておく。

観護措置の種類　　観護措置には，調査官の観護（17条1項1号）と少年鑑別所送致（同2号）の2種類がある。前者は「調査官観護」「在宅観護」「1号観護」とも呼ばれ，後者は「収容観護」「2号観護」とも呼ばれる。調査官観護がとられることはあまりないため，実務では，少年鑑別所送致のことを指して「観護措置」と呼んでいる。少年の身柄を拘束する観護措置は，人権保障の観点から，その手続や期間等に制限が設けられ，勾留に代わる措置との手続的調整を図るとともに，実際の運用も慎重なものとなっている。なお，2000年改正によって，観護措置期間の延長と裁定合議制が導入されたこととの関係で，観護措置の内容が大きく改められた。

(2)　**調査官観護**

調査官観護の意義と内容　　調査官観護は，調査官の人格的な力（影響力）によって観護の目的の実現を図るもので，施設収容等による身柄拘束を伴わずに（家庭等に置いたまま），少年との接触や種々の条件などを通じて，心理的な強制や拘束を加える方法で行われる。調査官観護の決定がなされると，調査官に観護権限が生じ，少年はそれに従う義務が生じる。

調査官観護決定は，調査官を指定して行い（規20条1項），少年の面前で裁判官が告知する（規3条2項1号・3項）。調査官観護に期間の定めはない。内容としては，観護の目的に沿った保護のための働きかけは認められるが，非行事実が認定されていないため，非行の存在を前提とする人格的改良に向けた積極的な補導調整まではできない。少年および保護者の同意があれば，適当な施設や団体等に少年を委託することもできるが，その費用を家庭裁判所が支給することはできない（25条・29条参照）。

調査官観護は，取消しができる（17条8項）一方，観護の必要がなくなった場合は速やかに取り消さなければならない（規21条）。観護の効力は，取消決定または終局決定によって失われるが（刑訴規280条），検察官送致決定（20条）の場合は，一定期間の継続が認められる（45条1号・2号・3号・45条の2）。内容の変更が可能であり（17条8項），指定した調査官の変更（規20条3項），調査官観護から収容観護（少年鑑別所送致）への変更もできる（17条8項）。変更決定も少年の面前で告知する。

勾留に代わる調査官観護　　少年の被疑事件については，検察官は，家庭

裁判所裁判官に，勾留の請求に代えて調査官観護を請求することができる（43条1項，刑訴規281条）。勾留に代わる調査官観護がとられた事件では，事件が家裁送致された場合はそれが本来の調査官観護措置（17条1項1号）とみなされるが（同6項），事件送致しない場合は検察官が取消しを請求しなければならない（44条1項）。

調査官観護の限界　　調査官観護は，少年の身柄保全の実効性に乏しいことや，手続が進行した段階では在宅試験観察（25条1項）との間に実質的な差がなくなってしまうことから，実際にはほとんど利用されていない。「観護措置」の文言が一般に「少年鑑別所送致」の意味で使われているのも，このような事情による。

（3）　観護措置（少年鑑別所送致）

観護措置の意義　　観護措置とは，少年を少年鑑別所に送致する決定とその執行をいう。それは，少年自身または少年を取り巻く環境に問題が多い場合に，少年の身柄を少年鑑別所に収容することによって，調査・審判への少年の出頭を確保するとともに，収容期間中に非行性の深化等を防止しながら，調査官調査（9条）と行動観察（法務教官）・心身鑑別（法務技官）を行い，適正な審判の実施を図ることを目的とする。さらに，意図的行動観察や育成的処遇も行っている。2014年に少年鑑別所法が制定され，在所者の人権保障に向けた対応と，業務の拡充が図られた＊。ただ，鑑別業務そのものに大きな変更はない。

＊Column　少年鑑別所法の制定
　広島少年院事件（⇒　285頁）を契機として，少年収容施設のあり方が社会問題となり，有識者会議の提言にもとづいて，新少年法とともに少年鑑別所法が制定された。これにより，それまでは少年鑑別所処遇規則（昭24法務庁令58号）にもとづいていた少年鑑別所の業務に法律上の根拠が与えられた。その柱は，①対象者の適切な鑑別，②その者に応じた観護処遇の実施，③地域社会における非行および犯罪の防止に関する援助，である。少年鑑別所の中心的業務である①②については，対象者の適切な鑑別（審判鑑別［鑑16条］，処遇鑑別［同17条］，指定鑑別［同18条］）を前提として，「在所者の人権を尊重し，その者の状況に応じた適切な観護処遇」を目的として（同1条），従来からの各種指導の充実が具体化されている（同19条〜108条）。また，規律秩序維持のための規定を整備する（同72条〜79条）一方，人権尊重の観点から，救済申出制度の充実を図る（同109条〜122条）とともに，実地監査，意見聴取，少年鑑別

図4　少年鑑別所における収容審判鑑別の流れ図

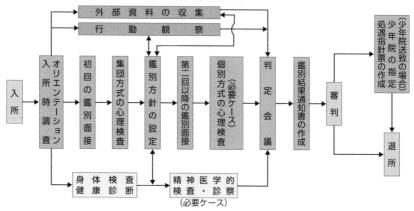

令和元年版『犯罪白書』215頁

所視察委員会，裁判官・検察官の巡視，参観が導入された（同5条～12条）。③については，従来は行政サービスの一環として実施していた相談活動等を「法務少年支援センター」の名称のもとで本来的な業務とすることによって（同131条，平27・5・27法務省矯少訓14），積極的な活動が期待されている。

　交通事犯を除く一般保護事件で観護措置がとられる割合は，12%程度である。ただ，非行別で見ると顕著な特徴が見られ，殺人，強盗，放火，強制性交等の凶悪事件と薬物事犯，虞犯などが70%から90%程度ある一方，非行の中核をなす窃盗は必ずしも高率にはなっていない。鑑別所に収容された少年については，全件，弁護士が当番付添人として関与する。なお，少年鑑別所での収容鑑別の一般的な流れについては**図4**参照。

　観護措置の法的性質　　身柄拘束に対する被疑者・被告人の権利（憲34条）との関係で，観護措置の性質（拘禁性）が争われている。もっとも，拘禁と解する立場も，刑訴法の勾留関係の規定（公開法廷における勾留理由の開示［刑訴61条］など）の準用までを要求するわけではなく，少年保護手続の特性に応じた適正手続（憲31条）の要請を主張するにとどまる。他方，拘禁でないと解する立場も，運用に際して，拘禁の場合と同様の配慮の必要性は認める。また，観護措置決定手続にも，刑事訴訟に準じる一定の手続的要件は要求されてい

る（規 19 条の 3）。したがって，両者の立場に実質的な違いはない。執行停止規定（刑訴 95 条）の準用については，否定説が有力であるが，観護令状による場合（勾留に代わる観護措置［43 条 1 項］の事案）に停止を認めた裁判例がある（静岡家決昭 35・5・6 家月 13 巻 4 号 145 頁）。

観護措置の司法的性格（身柄拘束）と福祉的性格（保護）という 2 面性との関係で，観護措置中の少年について，刑法の逃走に関する罪（刑 97 条～100 条）が成立しうるかが争われる。逃走罪（みずから逃走する罪）の成立を否定する一方，奪取罪や逃走援助罪（逃走させる罪）の成立を肯定する立場が多数である。

以下，17 条 1 項 2 号の観護措置について具体的に見ていく。

2　観護措置の要件

17 条 1 項は，観護措置の要件について，「審判を行うため必要があるときは」と概括的・抽象的に規定するだけで，詳細に言及するところがない。そのため，観護措置の前提となる一般的要件の内容とともに，観護措置の目的（少年の身柄保全と保護）との関係で，それを適正に運用していくための個別的要件（観護措置の必要性）が明らかにされなければならない。

（1）　一般的要件

観護措置は，家庭裁判所が行う決定であるから，事件が家庭裁判所に受理されて，裁判所に係属していることが前提である（⇒　125 頁）。また，調査・審判を適法に遂行する前提として，審判条件（⇒　154 頁）が具備されている必要がある。審判条件のうち，土地管轄の違背は，移送（5 条 3 項）によって受移送裁判所が適法な調査・審判を行うことができるから，観護措置をとる妨げにはならない。

少年の身柄拘束を認める前提として，審判に付すべき事由（非行事実）が存在していなければならない。その心証の程度は，勾留（刑訴 60 条 1 項）の場合と同程度のものであれば足りよう。審判開始が見込まれない事件（審判不開始相当事案）は「審判を行うため」に当たらないから，審判開始決定を行う蓋然性が存在しなければならない。この蓋然性は観護措置を決定する時点で認められれば足り，調査の結果，審判不開始決定で事件が終結しても，観護措置そのものが違法であったとされることにはならない。

⑵ 実質的要件（観護措置の必要性）

3つの要件 観護措置は，少年の身柄の確保と保護，行動観察・心身鑑別を目的としているから（鑑3条参照），①調査・審判および保護処分の執行を円滑に遂行するために少年の身柄を確保する必要があること，②緊急保護のために少年の身柄を暫定的に確保する必要があること，③収容したうえで心身鑑別を行う必要があること，が実質的な要件となる。これらのいずれかに該当すれば，実質的な要件は充足される。ただ，具体的な事案との関係では，複数の要件に該当することが必要な場合もありえよう。

実質的要件の内容 身柄の確保の必要性（①）は，住居不定または逃亡の虞がある場合や証拠隠滅の虞がある場合など，成人事件における勾留理由と共通する要件で（刑訴60条参照），そこでの議論が基本的に妥当する。ただ，①を満たす場合でも，調査官観護や同行状（11条2項）によって出頭が確保できる場合，他の手段によって証拠隠滅を防止しうる場合は，身柄拘束を手段とする観護措置はとるべきでない。保護の必要性（②）は，自殺や自傷の虞がある場合，家族から虐待を受けている場合，暴力団等の反社会的集団の悪影響から保護する必要がある場合など，教育・治療，再非行の防止などを目的とする。こうした事態は非行事実認定前にも生じうるため，②の要件で安易に身柄拘束を認めることは，人権上の問題を生じかねない。したがって，特に一般的要件との関連性の強さを要求すべきである。

他方，心身鑑別の必要性は（③），少年鑑別所の設置の趣旨（旧院16条），調査について少年鑑別所の鑑別結果を活用することの要請（9条，規11条3項）から，在宅鑑別では十分でない場合に限って認められる。また，短期の教育・治療だけを目的として観護措置をとることは許されない。

心身鑑別だけを目的とする観護措置の可否 ①の身柄保全の必要性が認められない場合，③の心身鑑別だけを目的として観護措置をとれるかが争われる。在宅鑑別や鑑定留置の方法があることや，家庭裁判所医務室や科学調査室の活用も可能であることから，消極に解する立場も有力である。しかし，例外的ではあるにしても，観護措置による心身鑑別こそが必要な場合も否定できないから，身柄保全の必要性がない場合に，心身鑑別だけを目的とした観護措置を一律に否定することは妥当でない。一般的要件との関連のもとに，

③の要件だけにもとづく観護を肯定することもありうる。

3 観護措置の手続

(1) 観護措置がとられる事件

観護措置がとられる事件の大部分は，家庭裁判所が身柄事件（逮捕または勾留された状態で少年が送致されてきた事件）を受理した場合である。また，同行状や緊急同行状により少年が同行された場合（11条・12条）もあるし，虞犯通告とともに少年が任意に裁判所に出頭した場合もある。さらには，調査官調査の結果として観護措置の必要性が判明する場合（身柄引上げ）や審判の進行中に観護措置の必要性が判明する場合もある。これらについては，いずれも，観護措置の要否を実質的に判断したうえで観護措置がとられる。

他方，勾留に代わる観護措置（43条1項）がとられた事件が家裁に送致された場合は，そのまま観護措置に切り替わり，本来の観護措置（17条1項1号・2号）がとられたものとされる（同7項前段）。この場合は，改めて観護措置決定手続を行うことなく，少年保護事件の観護措置として収容が継続する。

(2) 観護措置の単位

人単位的運用　何を単位として観護措置をとるかについて，人（少年）単位説と事件単位説が対立している。前者は，少年の要保護性（人格）を重視する立場から，観護措置は少年の資質鑑別と環境調査のためのものであることを根拠とする。後者は，要保護性とともに非行事実をも重視する立場から，審判の対象は非行事実と要保護性であるとし，観護措置の対象となる事件は少年と非行事実によって特定されることを根拠とする。観護措置をとる段階で複数の事件が受理されている場合，保護事件においては刑事裁判よりも併合審理の要請が強いため，かつての実務では，同時係属していた事件との関係で人単位的な運用がされていた。この点からすれば，同一少年には1回の観護措置しかとれないとする人単位説は説得的である。

事件単位的運用　しかし，観護措置期間満了直前に重要な事件が追送致された場合，人単位説では適切に対応できない。また，観護措置は，資質鑑別・環境調査の側面だけでなく，調査・審判への出頭確保と罪証隠滅を防止するための身柄保全という側面もあるし，要保護性の調査も非行事実と密接

に関連している。こうしたことから，観護措置決定後に新たに係属した事件（追送事件）に関しては，事件単位説的な運用が行われている（名古屋高決昭32・1・22家月8巻12号95頁）。裁判例には，観護措置がとられた事件で在宅試験観察（25条）中に少年が再非行を行った場合に，再非行事件に新たな観護措置をとった例もある（東京家決平10・6・3家月50巻11号98頁）。

(3)　観護措置決定手続

手続の概要　　家庭裁判所が事件を受理した少年（身柄付きの場合が多い）については，観護措置の要否（観護措置要件の充足の有無）を実質的に判断するため，家裁調査官が受理面接（インテイク面接）を行い，観護措置の要否に関する意見を具申した後，裁判官の審問を経て判断される（観護措置決定手続）。調査官の面接結果と意見は「身柄事件連絡票」に記載し，その後の調査に利用したり，観護措置に対する異議の申立て（17条の2）の場合に備えられる。

　他方，身柄引上げの場合と少年が同行状によって同行された場合は，事件がすでに家裁に係属しているから，調査官によるインテイク面接は不要であり，裁判官の審問（運用は身柄事件受理の場合に準じる）だけで観護措置の要否が判断される。

手続の運用　　観護措置決定手続については，最高裁判所事務総局の「少年事件処理要領モデル試案」（1984年）が提示されて以降，①人定質問，②黙秘権および付添人選任権の告知，③非行事実の告知および少年の弁解の聴取，④決定の告知，という手順の運用が定着していた。その後，④については少年審判規則3条に明文化され，さらに2000年改正によって，②③に相当する内容の規定が規則19条の3に明示された。

　実際の運用も，少年保護手続の内容や観護措置の趣旨を説明し（説明文を交付する運用もある），書記官立会いのもとで，勾留質問調書（刑訴規39条）に準じて少年の陳述録取調書（規12条1項）を作成（平18・9・14最高裁家二949家庭・総務局長送付・家月58巻12号186頁）するなど，適正手続に配慮している。審判（22条）でない観護措置決定手続には保護者・付添人の出席権は認められないが，調査官のインテイク面接において，少年に対する短時間の面接や在庁の保護者等への面接を行う運用になっている。なお，裁定合議決定（裁31条の4第2項）された事件について，急速を要するときは，裁判長は，みずからが観護措

置またはその取消・変更の処分をするか，合議体の構成員にさせることができる（17条10項）。

観護措置決定　観護措置を決定する場合は，観護措置決定書を作成し（規2条），内容を裁判官が少年の面前で告知する（同3条2項・3項）。観護措置は事件単位でとられるのが実務であるから，その効力が及ぶ範囲を明確にするため，決定書には事件番号と事件名が記載される。観護措置決定は，少年鑑別所を指定して（具体的な施設名を明示する）行うが（同20条1項），指定を変更することも認められる（同3項）。

決定の方式は規則2条によるが，2000年改正で観護措置決定と更新決定に対する異議申立制度（17条の2）が導入されたため，「審判を行うため必要がある」（17条1項の決定），「特に継続の必要がある」（同3項但書の決定），「少年を収容しなければ審判に著しい支障が生じるおそれがあると認めるに足りる相当な理由がある」（同4項但書の決定）ことのほか，観護措置の実質的要件（必要性）を基礎づける事由（住居不定，罪証隠滅の虞，逃亡の虞，保護を要する状態，心身鑑別の必要）を明記する必要性が現実的なものとなった。

決定の通知　観護措置をとった場合，家庭裁判所は，保護者および付添人のうちそれぞれ適当と認める者（各1名）に通知する（規22条）。これは，勾留通知（刑訴79条）と同趣旨のもので，少年の権利保護を目的とした規定であり，「保護者通知」と呼ばれる*。保護者通知は，一般に，通知書を普通郵便で送付する方法で行われ，少年鑑別所の案内図や面会要領等も同封する。

外国籍を有する少年に観護措置をとる場合は，「領事関係に関するウィーン条約」（昭58条14）等を根拠として，少年の要請により，その者の属する国の領事機関に通報を要することがある。これは身柄拘束一般に関する通報制度であるから，観護措置が逮捕・勾留に引き続く場合で，逮捕・勾留時点ですでに通報されている少年については，改めて通報する必要はない（昭61・10・22最高裁刑二170事務総長通達・家月38巻12号168頁，昭62・12・10最高裁刑二245民事・刑事・家庭局長通知・家月40巻1号237頁以下参照）。

　＊Column　観護措置に関わる通知義務
　少年の身柄を拘束する観護措置は，人権と密接に関わることから，手続を明確にす

るために通知義務が規定されている。いわゆる保護者通知として，観護措置決定の場合のほか，観護措置取消決定または観護措置変更決定の場合に取消・変更の旨を通知しなければならず，観護措置がとられている事件について検察官送致決定をした場合は（19条2項・20条），観護措置が勾留とみなされる旨を通知しなければならない（規22条）。勾留に代わる観護措置のとられている事件が家裁送致された場合，または検察官送致決定をした場合には，少年を収容している少年鑑別所，仮収容している少年院または刑事施設に通知しなければならない（規21条の2前段）。

⑷　観護措置をとる時期をめぐる問題

観護措置の時期　　観護措置をとる時期については特段の定めがなく，家庭裁判所に事件が係属している間（事件の受理時から終局決定時までの間）は，いつでもとることができる。ただ，同行状（11条2項・12条）によって同行された少年（任意同行の少年を除く），逮捕・勾留中の少年の送致を受けた場合には，観護措置の要否の判断に時間的制限が設けられており，到着の時から24時間以内に判断しなければならず（17条2項），時間内に観護措置がとられない（観護措置決定がされない）場合，少年は釈放される。24時間以内に観護措置決定がされていれば，執行は24時間を超える時点からでもよい。

　他方，少年が任意同行された場合や任意出頭した場合，調査・審判中に観護措置の必要が生じた少年（24時間以内に観護措置決定がされずに釈放された少年の場合もある）には，24時間の拘束は認められず，ただちに観護措置の要否を判断しなければならない。このことは，逮捕・勾留（勾留に代わる観護措置）された少年に犯罪の嫌疑がなく，虞犯として身柄付で送致する場合（41条後段・42条1項後段，昭32・6・10法務省矯正甲498矯正局長通牒）にも妥当する。

24時間の起算点　　24時間の起算点については，同行状による同行（17条2項前段）の場合は，少年の「身柄が到着した時」とすることに異論はなく，同行状に記載される「同行された年月日時」（規18条5項）が基準となる。他方，勾留または逮捕された少年が送致された場合（17条2項後段）については，身柄到着時説，記録受理時説，記録および身柄の到着時説が主張されている。少年の人権保障および同行状の場合との整合性という観点から，身柄到着時説が妥当である。実務は，記録と身柄が同時に到着する形で運用されており，遅くとも記録到着の時点から24時間を超えない範囲で観護措置決定手続が

行われている。

　身柄拘束の性質と根拠　　24時間の身柄拘束の性質と根拠について，同行状による場合は，少年が同行すべき場所（規17条1項）に到着すれば同行状の執行は終了し，それ以後は，17条2項に定める「特別の効力」によって24時間の拘束が導かれる。他方，勾留または逮捕された少年については，同行状の場合と同様に解する特別効力説のほか，被疑者の勾留請求（刑訴207条4項）および逮捕中の起訴（刑訴280条2項）に伴う勾留判断までの身柄拘束の場合と同様に解する逮捕・勾留の効力延長説が主張されている。観護措置の性質からは，同行状の場合と統一的に解する前者が妥当であり，捜査機関の運用もそのようなものである。

　他方，家庭裁判所の実務の大勢は後者によると思われるため（昭37・11最高裁家庭局見解），家裁と検察庁・警察との間の緊密な連携が必要となる。勾留中または逮捕中の少年の事件送致に当たっては，検察官は，事件事務規程87条1項にもとづき，同行指揮書（甲）を発して，家裁への連行を指揮している。

　手続違反の扱い　　17条2項は，適法に身柄を拘束されている少年が送致されたことを前提とする。時間制限（刑訴203条・204条・205条）を超過した送致の場合は，そもそも24時間の拘束は許されず，ただちに観護措置の要否を判断しなければならない。ただ，遅延にやむを得ない事情がある場合は，刑訴法206条の準用を認めてもよいと思われる。観護措置の前提となる同行・逮捕・勾留が違法な場合も，24時間の拘束は認められない。

　送致手続に違法や瑕疵がある場合，観護措置そのものが否定されるかが争われ，瑕疵は引き継がれないとする裁判例もある（高松家決昭46・8・25家月24巻4号246頁）。しかし，刑事手続における将来の違法抑止の観点（最判昭53・9・7刑集32巻6号1672頁参照）だけでなく，少年の保護・教育という観点からも，総合的見地から具体的に判断されなければならない。

4　観護措置の執行

(1)　観護措置の執行

　執行指揮と観護措置の執行　　観護措置は，観護措置決定をした家庭裁判所の裁判官の指揮により執行する（規4条1項）。執行指揮は，決定書の原本ま

たは謄本の執行指揮印欄に裁判官が押印して行うが（同2項本文），急速を要する場合は，少年の氏名・年齢，決定主文，告知年月日，裁判所・裁判官名を記載した書面に押印して行えば足りる（同但書）。観護措置そのものの執行は，少年鑑別所で（法設8条1項・11条），鑑別所法にもとづいて行われる。

決定の執行　指定された少年鑑別所に少年を押送する執行担当者（決定の執行）について，26条1項＊は，調査官，裁判所書記官，法務事務官，法務教官，警察官，保護観察官，児童福祉司のなかから，裁判官が指名しうるとしている。執行担当者の選定は，本来的には，決定の種類・性質，対象少年の年齢・性別・性格・態度等の諸事情を考慮して，少年の情操保護，逃走等の事故の防止，決定内容の的確な実現という観点から，最適な者を選択するのが筋である。ただ，実務においては，家庭裁判所の内規や申合せ，家裁と警察等との申合せ等によって執行担当者が決定されている。裁判所事務官には執行の補助をさせることができると解される。

決定の執行に当たっても少年の情操保護に心がけなければならないが（規1条2項），身柄拘束を伴う決定の執行という性質から，逃走等の事故防止のため止むをえない場合などには，例外的に手錠等の使用も許されよう（鑑76条4項参照）。

　　＊Column　少年法26条
　　26条は，裁判所の決定を執行機関が執行（広義の「決定の執行」）するまでの身柄の処理に関する「決定の執行」（狭義の「決定の執行」）を規定している。同条1項は，観護措置決定の執行以外にも，観護措置に伴う仮収容決定（17条の4第1項），児童相談所長等への送致決定（18条），検察官送致決定（20条），保護処分決定（24条1項）の執行を規定している。それらの執行指揮も，観護措置決定の執行指揮の場合と同様である（規4条参照）。ただ，1項の決定のうち，保護観察決定（24条1項1号），児童相談所長等への送致決定，検察官送致決定は，身柄の移動を伴わないため，狭義の「決定の執行」を観念できない。これらは，実務上も執行指揮は行われず，26条1項には立法の過誤が指摘されている。26条の決定を執行するための呼出状および同行状の記載要件と，同行状の執行については，規則41条・42条に規定されている。

(2)　観護措置に伴う仮収容

仮収容の意義　観護措置決定により，少年は，ただちに指定された少年

鑑別所に押送される。しかし，鑑別所は各家庭裁判所の本庁所在地に1施設が原則であり（⇒ 63頁），その所在地から離れた家裁支部が扱った事件など，観護措置決定の即日に収容すること（本収容）が困難な場合もある。そうした事態に対処するために仮収容の制度を設け，「直ちに少年鑑別所に収容することが著しく困難であると認める事情があるときは…少年を仮に最寄りの少年院又は刑事施設の特に区別した場所に収容することができる」ものとした（17条の4第1項本文）。少年の情操の保護とともに不良性や犯罪性の感染を防止する観点から，警察の留置施設が収容場所から除かれる（刑事施設15条1項3号）とともに，「特に区別した場所」（区画や部屋）に収容することで成人との接触を避けている。

仮収容の要件 本収容が「著しく困難」な事情としては，①支部事件で少年鑑別所が遠隔地にあり交通事情が悪い場合，②支部事件で事件受理時刻が遅い場合，③押送の人員や予算が不足している場合，④少年の状況から危険が予想される場合，⑤事件の性質上，少年鑑別所収容が困難な場合，⑥少年鑑別所が収容過剰状態にある場合，などが一般に指摘されているが，個別的かつ具体的に判断される必要がある。

仮収容決定 仮収容決定は，観護措置決定の付随決定として，仮収容すべき少年院・刑事施設を指定したうえで（規20条2項），観護措置決定の主文とともに仮収容決定の主文を併記する扱いである。仮収容決定は，裁判官による少年の面前告知を必要とし（同3条2項・3項），決定をした裁判官の執行指揮を必要とする（同4条）。2000年改正に伴って，裁定合議決定事件への対応が規定された（17条の4第2項）。

仮収容の期間 仮収容の期間は72時間に限られ（17条の4第1項但書），少年が実際に収容された時点から起算されるため（昭28・7・25最高裁家甲135家庭局長通達・家月5巻6号132頁），決定の効力は，72時間または本収容指揮の執行に着手するまでである。仮収容は観護措置ではないが，少年の利益の観点から，仮収容場所に収容された日が観護措置期間（17条2項）の起算日とされ，仮収容期間も観護措置期間に算入される（17条の4第3項）。

仮収容は，72時間の期間満了または終局決定によって失効（終了）する。観護措置の付随決定であるから，本収容の執行着手または観護措置そのものの

取消決定（17 条 8 項，規 21 条）によっても当然に失効する。

勾留に代わる観護措置の場合　　勾留に代わる観護措置（43 条 1 項）に伴って仮収容した場合，事件が家庭裁判所に送致されると，勾留に代わる観護措置が観護措置（みなし観護措置）に切り替わるため（17 条 7 項前段），仮収容も観護措置に伴う仮収容と見なされる（17 条の 4 第 4 項）。この場合，観護措置に伴う仮収容に切り替わった時点が 72 時間の起算点となるため（前掲昭 28・7・25家庭局長通達），収容先の少年院・刑事施設に事件を受理した旨を通知する（規21 条の 2 前段）際には，事件の受理時刻もあわせて通知する運用である。

(3)　観護措置中の接見・余罪捜査

観護措置中の接見　　観護措置中の少年については，一定の範囲内で接見交通すること（近親者・保護者・付添人その他の者との面会，信書の発受，電話等の通信）ができる（鑑 80 条〜108 条）。少年鑑別所法の制定により，かつての処遇規則よりも詳細な規定になっている。他方，家庭裁判所は，観護に内在する家裁の監督権にもとづいて，付添人以外の者との接見および物の授受を禁止することができる（刑訴 81 条参照，昭 44・3 最高裁家庭局見解・家月 21 巻 11 号 46 頁）。接見等の禁止については，少年の情操保護（規 1 条 2 項）の観点に十分に配慮しなければならない。

余罪の取調べの可否　　余罪の取調べに関しては特段の規定がない。実務では，裁判所の許可と少年鑑別所の了解を前提として，取調べを認める運用になっている。少年の要保護性を正確に理解するためには，少年の犯した非行の全体像を知ることが望ましいからである。同様の観点から，犯行現場の引当や実況見分等のために少年を連れ出すことも認められる（昭 28・2・28 最高裁家庭局長回答・家月 5 巻 3 号 159 頁）。

　送致事件について補充捜査が必要な場合や，共犯者等に対する捜査に関して少年の供述が必要とされるような場合，送致事件に関連する取調べの可否が問題になる。前者は，送致事件そのものの捜査であり，捜査機関に補充捜査の権限は認められるが，保護手続過程としての調査・審判等の円滑な運用を阻害することになるから，許容すべきではない。他方，後者は，実質的には別事件であることから，調査・審判に支障がない限り，裁判所の許可と少年鑑別所の了解を前提として許容することができる（大阪高判昭 42・9・28 家月

20 巻 6 号 97 頁参照）。

　余罪による逮捕・勾留の可否　　余罪による逮捕・勾留の可否については，かつては否定的な見解もあったが，現在では一定の範囲で認める運用である。ただ，観護中の少年を逮捕すると観護措置と逮捕状の執行が競合して不都合が生じるため，逮捕状を執行する捜査機関が家庭裁判所に観護措置取消を求め，観護措置の取消決定（17 条 8 項）を待って逮捕状を執行することになる。取消しを求められた家裁は，観護措置の必要性と逮捕の必要性とを比較考量して，後者が優越する場合に取消しを認める。取り消された観護措置は逮捕・勾留が終了しても当然には復活しないから，再度の観護措置が必要となる場合に備えて，期間を残して取消決定を行うような配慮が必要である。

5　観護措置の期間
(1)　期間の原則
　原則と例外の関係　　観護措置決定にもとづいて少年鑑別所に収容する期間は，2 週間を超えることができず（17 条 3 項本文），特に継続の必要がある場合，1 回（2 週間）に限り更新決定ができる（同但書・4 項本文）。こうした点からすれば，観護措置がとられて少年審判（21 条）が開始される事件について，少年法は，観護措置決定（事件受理後 72 時間以内）から 2 週間以内に終局決定に至ることを前提としていることになる。しかし，実務では，行動観察や心身鑑別を経て鑑別結果通知書を作成するのに 3 週間近くを要することや，調査官の社会調査にも一定の日時が必要であることから，但書にもとづいて更新をする運用例が多く，審判期日も観護措置決定から 3 週間後を目途として指定される。このため，法文上の原則と異なり，実務上は 4 週間の収容が原則化している。1 回の更新がありうることは，入所時に少年に予告される。

　他方，検察官送致（20 条）した事件を検察官が再送致（45 条 5 号但書）してきた場合で，検察官送致決定までに，観護措置（勾留に代わる観護措置の場合を含む）がとられていたり，勾留状が発せられていた（刑訴 207 条）場合は，収容期間の更新は認められない（17 条 5 項）。そのような場合は，すでに調査・鑑別がなされているため，観護措置の必要性が類型的に消滅または減少していると考えられるからである。

収容期間の計算方法　収容期間の計算方法についても特に規定がないが，勾留期間などと同様，初日は実際の身柄拘束時点と無関係に1日として算入し，末日が日曜日や一般の休日に当たる場合も期間に算入される（刑訴55条1項但書・3項但書参照）。収容期間の起算日については，①決定の日（刑23条1項・24条の準用），②決定の執行に着手された日，③少年鑑別所に収容された日，を基準とする見解があるが，仮収容の起算日（17条の4第3項）や在宅被告人を勾留した場合の勾留期間（刑訴60条）との整合性などを根拠に，③が通説とされ，実務も③によっている（昭24・8・5法務省矯保丙659矯正保護局長通牒）。勾留に代わる観護措置をとった事件が家裁に送致された場合は，観護措置とみなされ，送致を受けた日が収容期間の起算日となる（17条7項）。

(2)　特別更新

特別更新の導入の経緯　収容期間の特別更新は，2000年改正によって，更新を1回に限っていた改正前17条3項に伴う実務上の不都合に対応するべく導入された。改正前17条3項のもとでは，少年が非行事実を否認している身柄事件で証人尋問等の証拠調べが必要な場合など，効率的な審理計画を立てるなど迅速な審判運営を工夫しても，最長4週間の観護措置期間内に審理を遂げられない場合があり，立法的な手当てが強く求められていた。

　廃案となった当初の内閣提出法案は，観護措置がとられた証拠調べ実施事件の平均審理期間等にもとづく法制審議会での検討結果をうけて，合計で5回の更新（最長12週間）を可能とするものであった。それが，国会審議の結果，3回の更新に制限された。それは，少年の身柄を長期にわたって拘束することが問題視されたことによる。こうした配慮は，少年の情操保護の観点から（規1条2項）は望ましいものと言えよう。

特別更新の内容　犯罪少年の死刑，懲役または禁錮に当たる事件で，非行事実の認定に関して証人尋問や鑑定，検証を行うことを決定したもの，または証人尋問等を行ったものについて，少年を収容しなければ審判に著しい支障が生じるおそれがあると認めるに足りる相当な理由がある場合には，1回の更新後も，さらに2回を限度として更新決定すること（特別更新）ができる（17条4項但書・9項但書）。したがって，観護措置による収容期間の最長は8週間ということになる（同9項本文）。

その後の実態調査において，8 週間でも終結させられない事件の存在が明らかになる一方で，事実認定の困難な重大事件では，検察官送致の積極的な活用につながりかねないとの懸念も表明されている。情操保護との調和を前提としながら，今後のさらなる慎重な検討が必要である。

6　観護措置に対する不服申立て

(1)　不服申立ての意義と方法

不服申立ての意義　　観護措置の特別更新が新設されたことに伴い，観護措置決定と観護措置更新決定に対する異議申立制度が導入された（17 条の 2）。従前は，観護措置決定に対する不服申立は認められなかったが（大阪高決昭 44・10・30 家月 22 巻 10 号 114 頁），少年の人権保障や児童の権利条約 37 条（d）との整合性などから，立法論として，不服申立制度の整備が主張されていた。こうした事情もあり，2000 年改正は，観護措置期間の延長（特別更新）とともに不服申立制度を整備し，観護措置決定をも申立ての対象とした。

不服申立ての方法　　不服申立ての方法は，高等裁判所への「抗告」ではなく，保護事件の係属する家庭裁判所への「異議の申立て」とされた。これは，観護措置の要否の判断は，法律的な観点だけでなく，少年の保護を図る後見的・福祉的な観点も重視する必要があるとともに，少年事件における早期処理・早期保護の要請によるものである。したがって，異議裁判所（異議審）として配点された家裁は，教育的・福祉的機能の発揮と早期の処理に努めなければならない。

(2)　異議の申立て

申立ての対象　　異議申立ての対象は，観護措置決定（17 条 1 項 2 号）と観護措置更新決定（同 3 項但書）である（17 条の 2 第 1 項本文）。勾留に代わる観護措置（43 条）は，保護事件が家裁に係属する前の段階のものであるため，申立ての対象から除外されている。他方，勾留に代わる観護措置が送致された場合のみなし観護措置（17 条 7 項）については，文言上は明確でないが，少年の保護の観点から，申立ての対象になると解される（札幌家決平 15・8・28 家月 56 巻 1 号 143 頁，那覇家決平 16・7・14 家月 57 巻 6 号 204 頁）。

審判に付すべき事由がないことは，異議申立ての理由とすることができな

い（17条の2第2項）。審判に付すべき事由の有無は，本案の判断事項そのものだからである（刑訴420条3項参照）。

　申立権者　異議を申立てることのできる者は，少年，少年の法定代理人または付添人であり，保護事件の係属する家庭裁判所に申立てる（17条の2第1項本文）。保護者（2条2項）であっても，法定代理権のない者は，異議申立てができない。また，付添人は，付添人を選任した保護者の明示的な意思に反して異議申立てをすることができない（17条の2第1項但書）。

　申立手続　異議申立ては，異議の趣旨を明示した異議申立書を差出して行い（規22条の2第4項による規43条の準用），事件が異議裁判所に配点される。少年鑑別所に収容中の少年が申立てる場合は，鑑別所長（代理者）に異議申立書を差出せば足りる（規22条の2第4項による規44条の準用）。保護事件の記録および証拠物は，保護事件担当裁判所が必要と認める場合に異議裁判所に送付すれば足り（規22条の2第1項），異議裁判所が送付を要求することもできる（同2項）。保護事件担当裁判所は，異議審の参考に資するため，意見書を付すことができる（規22条の2第4項による規45条2項の準用）。

　異議申立てには，期間や回数の制限はない。異議申立ての利益がある限り，申立てができる。他方，異議申立権者の対応の仕方によっては（申立ての濫用），少年の健全育成（1条）や情操保護（規1条2項）をないがしろにする危険性も否定できない点に注意を要する。

　申立ての効果　異議申立てそのものは，観護措置決定等の執行を停止する効力を有しない（17条の2第4項による34条本文の準用）。他方，異議裁判所または保護事件担当裁判所のうち記録のある裁判所は，観護措置決定等の執行停止を決定することができる（17条の2第4項による34条但書の準用，規22条の2第4項による規47条の準用）。

(3)　異議申立ての審理

　審理手続　異議申立てについては合議体で決定しなければならず，原決定に関与した裁判官は関与することができない（17条の2第3項）。したがって，本案の保護事件について裁定合議決定がなされ（裁31条の4），観護措置決定または更新決定が合議体でなされた場合は，その構成員以外の3人の裁判官が異議裁判所を構成することになる。

　異議審は，刑事事件の準抗告審と同じく，事後審であると同時に事実審でもあるから，異議申立事件の記録に限らず，本案の保護事件の記録も検討しなければならない。このため，必要な記録や証拠物の送付と取寄せが認められている（規22条の2第1項・2項）。必要に応じて，異議審みずからが事実の取調べができ，合議体の構成員を受命裁判官として，または家庭裁判所の裁判官を受託裁判官として，取調べさせることができる（17条の2第4項による32条の3の準用）。異議審では，観護措置期間の制限や保護事件の迅速処理の要請から，刑事事件の勾留に関する裁判以上に迅速な対応が求められる。

　異議審の決定　　異議の手続が規定に違反していたり，異議の理由がない場合は，決定で異議を棄却する（17条の2第4項による33条1項の準用）。原裁判に理由がない場合でも，原裁判と異なる理由で観護措置の必要性が認められる場合は，申立ての理由がないものとされる（理由差替）。異議に理由がある場合は，原決定を取消し，必要がある場合はさらに裁判をすることになる（17条の2第4項による33条2項の準用と読替）。

　異議審の決定は，本案の保護事件手続の進行に重大な影響を及ぼすので，本案の保護事件が係属している裁判所に通知する（規22条の2第3項）。

(4) 特別抗告

　特別抗告の内容　　2000年改正によって，異議の申立てとともに，特別抗告制度が導入された。異議申立てについてなされた異議審の決定について，35条1項所定の理由（憲法違反等）があると考えられる場合は，最高裁判所に特別抗告ができるとするものである（17条の3第1項）。抗告の申立期間は，刑訴法の特別抗告の提起期間にならって（刑訴433条2項）5日とされた。

　準用　　17条の2第4項と32条の2（抗告裁判所の調査の範囲）が準用されるため，最高裁は，抗告申立書に包含される事項について原決定の当否を義務的に審査するだけでなく，申立書に包含されない事項についても職権で調査ができる。特別抗告審の決定は，審判への影響を配慮した通知の趣旨にもとづいて，異議裁判所ではなしに保護事件担当裁判所に通知する（規22条の3による規22条の2第3項の準用）。

7 観護措置の終了等

(1) 観護措置の変更と終了

変更と終了 観護措置は，必要に応じて，いつでも調査官観護に変更する（切替える）ことができ，逆の変更も可能である（17条8項）。また，観護措置は，取消決定，期間の満了，終局決定によって終了（失効）する。

取消決定はいつでもできる（17条8項）一方，必要がなくなった場合には，速やかな取消しが義務づけられる（規21条）。法定の期間が満了すれば観護措置は当然に終了する（鑑124条1号）。他方，終局決定があれば審判が終了するため，目的の達成によって観護措置の効力が消滅する。終局決定とは，①審判不開始決定（19条1項），②不処分決定（23条2項），③保護処分決定（24条），④検察官送致決定（19条2項, 20条），⑤児童相談所長等送致決定（18条），のいずれかである。

終局決定がなされた場合，家庭裁判所は，少年鑑別所に「審判結果通知書」または「出所指揮書」を交付する。取消決定と変更決定，および以後の身柄拘束が勾留とみなされる④については，保護者・付添人への通知義務が明示されている（規22条）。

試験観察決定と観護措置の関係 終局決定が観護措置を終了させる効果を持つのに対し，中間決定である試験観察決定は観護措置と矛盾しないため，試験観察決定によっても観護措置は終了しない。試験観察決定にもとづいて少年の身柄を釈放するには，同時に観護措置の取消決定をしなければならない。また，少年が20歳に達したり，20歳以上と判明した場合も，観護措置は当然には失効せず，観護措置取消決定または検察官送致決定（19条2項・23条3項）を経たうえで終了する（19条2項・45条の2参照）。

(2) 終了の効果

身柄の扱い ①の場合と③の保護観察処分決定（24条1項1号）の場合は，観護措置の終了とともに少年は釈放される。身柄拘束の継続が必要とされる③の少年院送致決定（24条1項3号）の場合は，決定の告知に引き続いて決定を執行する必要があり，③の児童自立支援施設送致決定（同2号）の場合は，さらに都道府県の入所措置（児福27条の2）も必要となる。

他方，中間決定の実質をもつ④については，この段階では被疑者の勾留（刑

訴 207 条）も起訴後の勾留（刑訴 60 条）もできないため，決定によっても観護措置は終了しないと解する余地があることから，少年の身柄拘束を確実にするため，観護措置を勾留と見なすことが明示されている（45 条 4 号・45 条の 2）。したがって，身柄の継続的確保が前提となる④では，少年の身柄を釈放する必要がある場合は，④の決定を告知する前に観護措置を取消しておく必要がある。児童福祉手続に事件を移す⑤については，通常，身柄拘束は問題になりえず，少年は釈放される。

　収容の一時継続　　①から⑤までのいずれの場合においても，少年を終局決定の措置に移すための時間が必要な場合など，必要に応じて，7 日以内の相当期間を家庭裁判所が決定で定めて，少年を引き続き少年鑑別所に収容すること（収容の一時継続）ができる（26 条の 2）。決定は，終局決定の告知と同時に少年の面前で告知し（規 3 条 2 項），決定書を作成して執行指揮を行う（同 2条・4 条）。刑事施設に仮収容されている者（17 条の 4 第 1 項）に終局決定がされた場合は，観護措置決定の執行がないことから，26 条の 2 の準用は認められない（昭 44・3 最高裁家庭局見解・家月 21 巻 11 号 58 頁）。

第7章　調査過程

　受理手続を経て家庭裁判所に係属した少年事件は，家裁での保護手続が進行していく。家裁の事件受理から調査・審判を経て終局決定までの手続全体を「少年審判」と呼ぶこともある（広義の審判）が，一般には，調査過程までを除いた審判開始決定以降の手続を「審判」と呼ぶ（狭義の審判）。ただ，少年事件の場合には，成人犯罪に対する扱い（起訴された事件のすべてが公開裁判に付される）と異なり，少年審判が開始される以前に，当該少年について審判を開始すべきか否かを判断するための調査が行われる。実際には，審判段階まで進むことなく，調査段階で保護手続から離脱する事件も多い。本章では，審判前に行われる調査の意義や目的などを明らかにしたうえで，その具体的な内容や方法などを明らかにする。

1　調査の意義

1　調査前置主義

(1)　調査前置主義の趣旨

　事件受理によって家庭裁判所に係属した事件について，8条1項は，「家庭裁判所は，……審判に付すべき少年があると思料するときは，事件について調査しなければならない。……少年事件の送致を受けたときも，同様とする」として，審判に先立って調査を行わなければならないという原則を明示している。少年法は，審判の準備手続として調査を位置づけており，この原則を「調査前置主義（審判前調査制度）」という。また，8条にいう「審判に付すべき少年」とは，少年審判手続に進む可能性のある少年を意味し，家裁に事件係属した少年のすべてが調査の対象となる（全件調査主義）。

　審判に先立つ調査過程は，裁判官による「法的調査」と家庭裁判所調査官による「社会調査」から構成され，両方が並行して行われる。法文上は，行動科学の専門家としての家裁調査官が行う調査（社会調査）だけが特に明示さ

れており（8条2項），実務的にもその意義がきわめて大きい。

(2) 調査前置主義の意義

少年司法システムは刑事司法システムの一部であり，侵害原理にもとづく法的介入の面を強調すれば，非行事実を認定していない段階で少年等のプライヴァシーにまで踏み込んだ社会調査は，人権侵害の可能性を否定できず，正当化できないとも言える。また，結果的に非行事実が認定できない事案では，社会調査が無駄であったと評価することもできる。

他方，保護原理からすれば，審判前調査にもとづいて，いつまでも家庭裁判所に係属させておく必要のない少年（非行事実の不存在，審判条件の不存在，要保護性の不存在または軽微性，調査による要保護性の解消または低下の招来）を早期に手続から離脱させることは，少年と社会のいずれにとっても利益である。少年法は，このような形で侵害原理と保護原理の調和を図り，審判前調査制度に積極的な意義を与えている。しかし，そうであるとしても，関係者の人権侵害の可能性を無視することはできないから，特に社会調査の運用については，適正手続保障の観点からの検証が必要である（⇒　175頁）。

2　法的調査と社会調査

(1) 法的調査

法的調査の方法と内容　　家庭裁判所が事件を受理した場合，調査官による社会調査が行われる前に，主として事件記録（法律記録）にもとづいて，非行事実の存在および審判条件＊の具備について，法律的な側面からの調査が行われる。これを「法的調査」と呼ぶ。

法的調査は，本来は裁判官みずからの職責とされるが，実務上は，担当書記官が裁判官を補佐する形で運用されている（裁60条3項）。まず，担当書記官が，事件記録を点検することによって，非行事実認定上の問題点（管轄権の有無，年齢，審判条件の存否，非行事実の存否や非行事実に対する少年の認否など）の有無等を検討し，その結果を裁判官に報告する。次に，裁判官が事件記録を精査し，非行事実の存在と審判条件の具備が確認されれば，インテイク手続を経て，社会調査のための調査命令が調査官に発せられる。こうした法的調査の目的は，審判開始の可否を判断することにあるから，非行事実の存在につ

いても,「合理的な疑いを超える」程度の心証形成までは必要がなく,蓋然的な心証があれば足りる。

少年事件では家庭裁判所への送致の際に一件記録も送付されてくるから（規8条2項）,法的調査の多くは,事件記録の確認や精査で済ますことができるため,任意調査として行われるのが一般である。他方,少年が非行事実を否認しているような場合は,必要に応じて,援助依頼（16条）や参考人の陳述を求めることができ,さらには証人尋問や鑑定,検証や押収などの強制力を伴う調査を行うこともできる。そのような場合には,刑訴法の関連規定が準用される（14条・15条,規19条）。

＊Column　審判条件

家庭裁判所に係属した事件について,実体的裁判（審判）を行うために具備するべき手続的要件であり,刑事訴訟における訴訟条件に類似した機能を持つ。少年法には明文の規定が存在しないため明確な定義はないが,解釈論として,一般に,①わが国に裁判権があること（刑訴338条1号参照）,②少年が生存していること（刑訴339条1項4号参照）,③受理のための手続（送致,通告,報告）が有効であること（刑訴338条4号参照）,④当該事件について,一事不再理効またはそれと類似の効力が生じていないこと（刑訴337条1号参照）,⑤対象少年が20歳未満であること,⑥道路交通反則通告制度の対象事件では,適法な通告後に10日を経過し,反則金が未納であること（道交128条2項・130条本文）,が認められている。他方,刑罰による非難が被害者の意思に委ねられる親告罪については,成人事件では告訴の存在が訴訟条件として機能するが,処遇の要否を被害者が左右しえない少年事件では審判条件とはならない（東京家決平12・6・20家月52巻12号78頁）。2重係属している事件の扱いでは見解が分かれるが,2重処分の危険性や矛盾した結論となる可能性を重視する刑事訴訟（刑訴338条3号）と異なり,少年事件の実務では,併合審判による単一決定で実質的な問題は解消されるため,審判条件と無関係に処理するのが通常である。

法的調査の限界　　非行事実の存否そのものの審理は,厳格な事実認定（「合理的な疑いを超える」程度の証明）が必要であり,少年の人権保障という観点からも,審判前調査として行うのは適切でなく,審判期日を開いて行わなければならない。事実認定手続の一部に検察官関与を認めた2000年改正も,このような運用を前提としたものである。

非行事実の存在について蓋然的心証が得られない場合,法的調査の過程で,裁判官が捜査機関に補充捜査（補充取調）を依頼できるかが争われる。最高裁

は，16条を根拠に補充捜査の依頼を認めるが（最決平2・10・24刑集44巻7号639頁），実務上は必ずしも決着がついていない。しかし，「被疑事件について捜査を遂げた結果」として「犯罪の嫌疑があると思料するとき」に事件送致を認める41条・42条の趣旨は，捜査機関に犯罪の証拠固めを十分にさせたうえで，事件係属後ただちに社会調査に入ることを家裁に期待するものである。したがって，法的調査過程での補充捜査は許容すべきでない。2000年改正で検察官関与の必要性が強調されたのは，この問題を解決するためのものであった。

(2)　社会調査

社会調査の意義　　社会調査とは，裁判官による法的調査の結果にもとづき，裁判官の調査命令によって，家庭裁判所調査官が少年の要保護性に関して行う調査で，「通常調査」とも呼ばれる。「家庭裁判所は，……必要な調査を行わせることができる」と規定する8条2項は，社会調査が例外的なものであるかのような印象を与えるが，調査の根拠となる8条1項が「調査しなければならない」とすることから，全件調査主義を前提としたうえで具体的な調査の対象と範囲を示したものと解さなければならない。実務でも，インテイク手続において通常調査が不要と判断される事件は多くなく，全件調査を原則とする運用になっている。

　非行事実の存在を認定するために社会調査を利用することの可否については，積極に解する立場と消極に解する立場が見られる。しかし，調査が関係者との信頼関係を基盤とするもので，適正手続の保障が十分でないことからも，消極に解すべきである。

社会調査の主体　　8条2項が「家庭裁判所は，家庭裁判所調査官に命じて」とする点は，調査の主体が裁判所であるかのような体裁になっているが，調査権限の法的帰属関係を規定しているに過ぎず，調査担当機関の主体について規定したものではない。調査官制度の創設の趣旨や専門家による科学的調査の方針（9条）からして，調査官こそが社会調査の実質的な担当者であり，実務でもそのような運用が確立されている。社会調査の結果は，意見をつけた書面によって家裁に報告される（規13条）。

⑶ インテイク

インテイクの意義　家庭裁判所に係属した事件は，裁判所内部で分配され，具体的な手続が進行していく。家庭裁判所内部における事件分配に関する事務は，各家裁が，最高裁判所事務総局の「少年事件処理要領モデル試案」（1984年）にもとづいて処理要領を作成し，それに従って処理している。モデル試案は，「事件の適正かつ迅速な処理」と「同質事件の同質処理」を基本原則とし，家裁の手続全般にわたって，処理手続の通則，軽微事件等の選別・処理手続，交通事件の選別・処理手続について，標準的な処理を定めている。このうち，社会調査の開始に際して行われる予備的調査と選別手続を，特にインテイク手続と呼ぶ。それは，アメリカの一部における，受理前の事件選別機能を持つインテイク手続（⇒ 112頁）とは異なり，わが国の実務に特有のものである。

インテイク手続　インテイク手続は，裁判官による調査命令の要否の判断に先立って，分類担当の主任調査官（または主席調査官，次席調査官，総括主任調査官）が，当該事件について，「同質事件の同質処理」の観点から調査官調査の要否と方法を選別し，裁判官に意見を述べるものである。こうした選別にもとづいて，それぞれの事件は，①法律記録と証拠物の調査だけでただちに要保護性の判断をするのが相当で，調査官調査を要しない事件（記録調査事件），②少年および保護者に対する書面照会による調査官調査で足りる事件（書面照会事件），③少年および保護者に対する短時間の面接による調査官調査で足りる事件（簡易面接事件），④ただちに移送または回付するのが相当で，調査官調査を要しない事件（移送・回付事件），⑤すでに係属している一般事件と併合し，調査官の通常調査（社会調査）を必要とする事件（通常調査事件），⑥以上のいずれにも該当しないもので，調査官の通常調査を必要とする事件（通常調査事件），に分類される。

　選別の基準は，本来的には，非行事実および要保護性の程度（軽重）や内容に求めるべきである。しかし，調査官調査が開始される前の段階では確実な要保護性判断を期待することはできないから，インテイク段階では，主として非行事実の程度に着目した選別とならざるをえない。

通常調査事件の扱い　インテイク手続によって通常調査が必要とされた

事件については，裁判官による調査命令が発せられ，社会調査段階へと移行する。この場合，事件が身柄事件である場合は，観護措置によって少年の身柄を保全したうえで調査を実施することが多い。そこで，身柄事件については，家庭裁判所調査官が，少年および保護者等に対する面接を実施したうえで，観護措置の要否に関する意見を裁判官に述べる手続がとられる。これを「インテイク面接」と呼ぶ（⇒　138頁）。

②　家庭裁判所調査官による調査

1　家庭裁判所調査官制度

⑴　調査官制度の意義

　世界の先進諸国の少年法制は，ドイツの少年審判補助者やフランスの教育保護技官，アメリカのプロベーション・オフィサーやソーシャル・ワーカー等のように，少年問題の専門家を広く少年事件手続に関与させることによって，少年の保護と教育のために最適な処遇の実現を図る点で共通している。わが国の家庭裁判所調査官制度も，同様の発想から導入された（⇒　62頁）。

　このような専門家は，審判機関に所属する場合もあり，それ以外の機関に所属する場合もあるが，わが国の家裁調査官は審判機関である家庭裁判所に所属している。旧法では，現在の家裁調査官の前身として，少年の保護・教育に経験のある少年保護司が少年審判所（行政機関）に置かれ，少年審判官を補佐して，審判の資料を提供したり，観察事務に従事する制度がとられていた（旧18条・23条等）。現行少年法が発足した当初は，調査に従事する職員を少年保護司の名称で呼んでいたが，1950年5月に少年調査官（補）に改称し，さらに1951年4月に置かれた家事調査官（補）と統合して（1954年6月），現在の家庭裁判所調査官制度として一本化された（裁61条の2）。

⑵　調査官の役割と機能

　少年保護事件における処遇は，非行事実と要保護性に応じた最適のものが選択されるべきであり，その具体的な判断に当たっては，要保護性の有無や程度，内容が特に重要な意味を持つ。そのため，家庭裁判所調査官の調査結果は，要保護性判断の最も重要な資料になる。8条2項は「少年，保護者又は

参考人の取調その他の必要な調査」と規定するにとどまるが，調査官の調査
は，非行の人格的要因と環境的要因を含めた少年の要保護性の解明を目的と
するもので，調査対象には限定がない。要保護性に関する資料は，9条の社会
調査のほか，少年鑑別所による心身鑑別（資質鑑別［鑑16条］）および行動観察，
家裁調査官による試験観察（25条），家裁の科学調査室による資質鑑別（資質調
査），家裁の医務室の医師による診断によっても収集され，それらの結果は調
査官の処遇意見に集約される（規13条2項）。

　調査官は，家庭裁判所におけるケースワーク的機能と福祉的機能を担う存
在として，わが国の少年法制を象徴する大きな特徴になっている。その専門
性と実務能力は，わが国にとどまらず，諸外国からも高い評価を得ている。
家庭裁判所調査官制度こそは，わが国の少年処遇を支える柱である。

2　社会調査

(1)　人格調査と科学主義

人格調査　　家裁調査官による調査は，少年の要保護性を解明したうえで，
最適な処遇を選択するための資料を収集し，裁判官に判断素材を提供するた
めに行われる。要保護性を解明するためには，何よりも，少年の行った非行
の動機や背景などを正確に把握し，理解しなければならない。しかし，それ
だけでは十分でなく，少年自身の人格（知能，性格，行動傾向等）および過去を
含めた環境（家庭，学校，交友関係，職場などの生活環境および生育環境）に内在する
問題点を正確に抽出して，少年の累非行性（再犯可能性）を予測するとともに，
教育可能性と改善更生の可能性（可塑性の程度）を検討する必要がある。その
ようにして解明された要保護性を前提として，処遇の有効性の有無や適応性
（保護処分相当性）を検討し，要保護性を解消するために最適な処遇が選択され
ることになる。

　調査の対象および内容として，少年法が「少年，保護者又は関係人の行状，
経歴，素質，環境等」を規定する（9条）のに加え，規則は，少年の「家庭及
び保護者の関係，境遇，経歴，教育の程度及び状況，不良化の経過，性行，
事件の関係，境遇の状況等審判及び処遇上必要な事項」を規定し（規11条1
項），「家族及び関係人の経歴，教育の程度，性行及び遺伝関係等についても，

できる限り，調査を行う」ことを要請している（同2項）。このような内容から構成される調査は，少年の人格と環境に密接な関わりを持つものであることから，「人格調査」と呼ばれている。

科学主義　人格調査を効果的に行うために，多くの少年法制のもとで，科学的な方法による調査制度が採用されている。わが国も，調査における科学主義を採用しており，少年法と少年審判規則に趣旨と指針が明示されている。少年法は，「医学，心理学，教育学，社会学その他の専門的智識特に少年鑑別所の鑑別の結果を活用して」調査すべきことを規定し（9条），特に心身の状況については，規則が「なるべく，少年鑑別所をして科学的鑑別の方法により検査させなければならない」ことを要請している（規11条3項）。

少年の刑事事件（逆送事件）についても，家庭裁判所に少年保護事件として係属した後に刑事処分相当の判断がなされることから，調査における科学主義の趣旨が当然に及ぶ。なお，「前条の調査は」とする9条は，法的調査をも包含するような規定ぶりであるが，社会調査に限定する趣旨のものである。

(2) 調査の方法・方式

調査手続　家裁調査官による社会調査は，裁判官の調査命令＊にもとづいて（8条2項），在宅事件と身柄事件のいずれについても共通の手続で進められる。ただ，身柄事件で少年が鑑別所に送致されている（2号観護［17条1項2号］措置がとられている）場合は，鑑別との関係で面接に工夫が必要になったり，調査に時間的制約が生じるといった違いが生じる。

社会調査は，少年，保護者，その他の関係者の承諾にもとづいて，家庭裁判所への信頼を基礎とする協力関係のもとで実施される。この趣旨は，「調査……に際しては，常に懇切にして誠意ある態度をもって少年の情操の保護に心がけ，おのずから少年及び保護者等の信頼を受けるように努めなければならない」とする規定に明示されている（規1条2項）。社会調査は，任意のものとして行われ，強制力をともなう調査（14条・15条，規19条）が許容されない点で，法的調査と異なる。

＊**Column　調査命令**
裁判官の調査命令は，実務上，記録表紙の調査命令欄に裁判官が押印して行われる。

　調査命令は，原則として，単独の調査官に対して出される。ただ，社会の関心事となった重大事件や，共犯事件のような調査対象の多い事件，少年の資質や環境に複雑な問題がある事件など，調査の遂行や処遇選択に困難が予想される場合は，事件を適正に処理することを目的として，複数（原則として2名）の調査官に共同調査命令が出されることもある。共同調査は，例外的な形態ではあるが，多角的な視点でケースを検討することで理解や分析の精度が高まり，業務の効率化といった利点もあることから，積極的な活用を提言する立場も見られる。

　調査の方法　　調査命令とともに法律記録を受理した担当調査官は，法律記録を精読したうえで調査計画を立て，本籍照会書，学校照会書，職業照会書など，必要な照会書を発送するとともに，少年や保護者，関係人等の呼出しなど必要な対応をとる。調査は，9条および規則11条に規定する調査方針を実現する形で行われる。調査内容は，およそ少年の要保護性に関する事項である以上は特段の制限はないが，調査結果の報告が定式化された書式によることから，実際には定式を充足する事項が中心となる。

　社会調査の主な方法としては，①記録調査（事件記録や調査記録，日記など），②照会調査（各種の照会書），③面接調査（少年・保護者，事件関係者等），④環境調査（家庭や学校等への訪問，地域環境調査等），⑤各種の検査（心理テスト，医学的検査等），⑥観察調査（少年の行動観察）があり，事件の具体的な状況に応じて，これらが併用されたり，複合的に活用される。

　通常は，面接調査を中心とした調査活動が行われている。面接調査は，調査官自身が少年等と向き合って対応することにより，専門的判断を導くための「なま」の情報や資料を直接的に収集できるだけでなく，教育的な働きかけが，少年の自己理解を深化させるなどの保護的措置として機能する。在宅少年の面接は，90分程度のものを1回行うのが通常である。他方，観護措置をとられている少年の面接は，3回が通常であり，各回90分程度の面接を行った後，法務技官・教官と60分ないし90分程度の意見交換が行われる。

　科学調査室と医務室　　科学調査を実効的に行うため，比較的大規模な家庭裁判所に，家裁調査官で組織する「科学調査室」が設置されている。具体的な構成や運用は各家裁で異なるが，一般には，特に在宅事件の少年に対する心理テストや面接を中心とした資質検査（資質鑑別）を行うとともに，調査

技術向上に関する資料や情報の収集および提供を行っている。

　科学調査における医学的側面を充実させるため，裁判所技官（裁61条）である医師（全国の医務室の過半数は精神科医）と看護師で組織される「医務室」が，全国の家庭裁判所本庁および大規模な支部に設置されている。それは，医師や看護師に関する職務の運用方針にもとづいて（平9・3・28最高裁人給B4人事・家庭局長通達・家月49巻8号257頁，平9・4・30最高裁家三165家庭局長通知・家月49巻8号263頁），家裁調査官や少年鑑別所では担えない場面（専門医学的な理論・知識と技術の提供）で大きな貢献が見られ，高く評価されている。

(3)　調査の専門性と独立性

社会調査の主体　裁判官の調査命令にもとづく社会調査は，その実施に関する最終的な権限と責任は裁判官にある。「家庭裁判所は，家庭裁判所調査官に命じて…調査を行わせることができる」とする8条2項は，調査主体について，家庭裁判所（裁判官）を原則として，調査官を例外とする趣旨のようにも読める。しかし，社会調査が科学主義にもとづくことから，調査の主体は家裁調査官に限られるべきであり，実務の運用もそうなっている。調査の主体が調査官に限られることとの関係で，調査の専門性が重視されるだけでは十分でなく，調査の独立性が尊重されなければならない。

　インテイクにおいて，調査官の通常調査（社会調査）を必要とする事件（通常調査事件）に分類されたものは，一般に，包括的な調査命令が出される。他方，簡易送致事件以外の軽微事件で，書面照会事件や簡易面接事件に分類されたものについては，それぞれの実施方法を個別的に指示する調査命令が出される。ただ，個別的な指示による調査命令も，分類担当の主任調査官等の意見が前提になるため，調査の専門性や独立性を阻害するものではない。

裁判官の役割　調査官が主体となる社会調査においては，裁判官の役割は制限される。裁判官は，調査命令に際して調査の範囲や方法に不適切な制限を設けることはできず，調査の進行を無視したり妨げになるような指示を出すこともできない。他方，調査方法や内容に行き過ぎがあるような場合は，調査対象者に対する人権侵害のおそれにつながることから，調査について最終的な権限と責任を有する裁判官が，適切な指示や抑制措置を命じる必要がある。この意味で，裁判官は，調査段階における適正手続を保障する役割を

担っているのである。

⑷ 被害者調査

被害者調査の意義　8条2項の「その他の必要な調査」を根拠に，社会調査の一環として，被害者等（被害関係者）に対する調査（被害者調査）が行われている。被害者調査については，調査官が少年と被害者等との対立関係に巻き込まれて中立性を失ったり，客観的な調査に支障が生じる虞があるなどの問題性が指摘され，あまり積極的に行われない時期もあった。

　しかし，最近では，各家庭裁判所において積極的に取り組む姿勢が見られる。その理由は，①少年側からの情報だけでなく，被害者側からの情報を得ることで，非行の背景や被害の実態を正確に把握し，的確な非行理解に役立つこと，②少年の謝罪や被害弁償の有無等の確認により，正確な要保護性の判断に資すること，③被害者の実態や「なま」の声を少年に伝えることで，少年が非行の責任を自覚し，少年の保護的措置に役立つこと，④被害者の不安の軽減や被害感情の緩和に役立つこと，が指摘されている。他方，被害者等に不必要な負担を与えたり，2次被害を及ぼす可能性もあるから，相手の心情に十分配慮した調査であるべきことが前提となる。

被害者調査の方法　被害者調査は，被害者等の申出による意見聴取（9条の2）と異なり，社会調査の一環として行われる。その方法には，面接調査と書面照会があり，事案の内容・性質や被害者調査の目的を勘案したうえで，適切な方法が選択される。多くの家庭裁判所では，一定の事件の被害者等に対して，被害者配慮制度の案内書面とともに被害者調査の書面照会を送付し，回答への協力を依頼する方法がとられている。

⑸ 調査の嘱託，援助依頼・協力依頼

調査の嘱託　社会調査を進めるに当たり，他の家庭裁判所の管轄内に居住する保護者や参考人等の陳述を聴取すべき場合がある。この場合には，調査を実施している家裁が，他の家裁または簡易裁判所に事実の調査を嘱託し，結果を回答してもらうことができる（規19条の2）。これは，証拠調べの嘱託（14条2項・15条2項により，刑訴125条・142条・163条・171条・178条等が準用される）と同様，裁判所相互間における補助（裁79条）のひとつで，「調査の嘱託」と呼ばれる。

嘱託できるのは,「事実の調査」に限られ,それ以外の事項（少年の同行や試験観察等）は嘱託することができない（昭27・4・2最高裁家甲58家裁局長回答・家月4巻4号84頁）。嘱託は,家裁の権限であるから,調査官名で行うことはできず,嘱託すべき事項（調査すべき対象者と事項・内容）を明記した家庭裁判所（裁判官）名の嘱託書を送付して行われる。

援助依頼　家庭裁判所は,その職務を遂行していく過程で,関係諸機関による援助が必要になる場合がある。そこで,少年法は,特に調査と観察について,警察官,保護観察官,保護司,児童福祉司,児童委員に対して,家裁が必要な援助をさせることができるとしている（16条1項）。これが「援助依頼」であり,「援助指示」ともいう。「調査」とは,法的調査と社会調査（17条1項1号の調査官観護を含む）であり,「観察」とは,調査官の行う試験観察（25条）を意味し,保護処分としての保護観察は含まれない。「必要な援助」には限定がなく,個々の事件の調査または観察を適切に進めるのに必要な行為のすべてに及ぶ。具体的には,警察署長に対する少年の所在調査,保護観察官に対する少年の家庭・職場環境の調査,少年の交友関係等に関する情報の保護観察官からの提供,などである。

援助依頼は,法律にもとづく家裁の権限の行使であり,相手方はこれに応じる義務を負う。他方,16条1項は,調査官が任意調査の一環として,公的機関等に対して援助・協力を求めること（任意嘱託）を禁じるものではない。実際,実務では任意嘱託の方法が活用されている。なお,保護司または児童委員に調査または観察の援助をさせた場合は,「少年法による調査及び観察のための援助費用に関する規則」（昭25最高裁規36）にもとづいて,その費用の一部または全部を支払うことができる（30条の2）。

協力依頼　また,家庭裁判所は,「職務を行うについて」,諸機関に必要な協力を求めることができ（16条2項）,これを「協力依頼」と呼ぶ。援助依頼と異なり,調査・観察の場合に限らず,家裁の職務全般に対する協力にまで及ぶ。協力を求める相手方にも制限がなく（公務所,公私の団体,学校,病院は例示である）,協力行為の種類や内容も限定されない。実務上,公務所に対する本籍照会や学校長に対する学校照会（成績や素行に関する照会）などに利用されている。

3　呼出しと同行

⑴　意義

　適正な調査・審判を行うには，少年および保護者，さらには関係者の出頭を確保する必要がある（8条2項参照）。特に，観護措置による身柄拘束がとられていない少年の出頭は，少年の権利を保障するためにも必要である。こうした観点から，少年法は，少年および保護者への呼出しを規定するとともに，呼出しに応じない場合の同行について規定している（11条）。少年の保護が特に必要な場合は，緊急同行も認められる（12条）。

　呼出しと同行は，調査段階と審判段階に共通するものであるが，時間的に先行する調査段階で扱っておく。ただ，その実際上の意義は，調査段階における以上に，審判段階の方が大きいことに注意しなければならない（規25条2項・28条3項参照　⇒　198頁）。

⑵　呼出し

簡易の呼出しの活用　　呼出しには，呼出状を送達する「正式の呼出」（11条1項，規15条・16条）と，それ以外の「相当の方法」（規16条の2）による「簡易の呼出」がある。11条は，少年と保護者に対象を限定したうえで，正式の呼出しを念頭に置いた規定になっている。ただ，実務では，任意的な出頭を求める簡易の呼出しによることも多い。簡易の呼出しは，「呼出状の送達以外の相当と認める方法」による（規16条の2）。

　相当な方法としては，郵便・電報・電話・伝言等が考えられる。裁判例としても，通知依頼にもとづく警察からの伝言による呼出しを認めたものや（東京高決昭30・9・3家月8巻7号74頁），付添人に対する電話連絡による呼出しを認めたものがある（大阪高決昭39・9・18家月17巻5号90頁）。一般的な実務としては，調査官名による「呼出状」の封書郵送（調査のための呼出の場合），書記官名による「審判期日通知書」の封書郵送（審判期日への呼出の場合）の方法が，相当な方法として用いられている。

　他方，参考人の調査（8条2項）や保護観察官・法務技官などからの意見聴取については，呼出しの方法に関する規定がないため，適宜の方法によれば足りる。前者については，「参考人呼出状」を送付するのが通例であり，後者については，所属機関に対する通知の方法によっている（規26条）。

正式の呼出し　　出頭を義務づける正式の呼出しは，少年や保護者が簡易の呼出しに応じないことが予想される場合など，強制力を用いて出頭させる必要が見込まれる場合に用いられる。呼出状は，事件の調査または審判について必要がある場合に，事件が係属している家庭裁判所の裁判官（合議体の場合は裁判長）が，所定の事項を記載し，記名押印したうえで発付する（規15条）。その性質は，刑事手続の召喚状（刑訴57条）に相当する。

　「送達」は訴訟書類の内容を知らせる裁判所の行為であり，関係者の権利保障のために一定の方式が要求される。少年・保護者の出頭や同行に関する呼出状も，強制力を有する同行の前提となるため，送達によることが要求されている（規16条1項）。送達には，民訴法98条以下と刑訴法65条2項・3項が準用されるが，秘密保持や少年の情操保護（規1条2項）などの観点から，就業場所への送達や送達場所等の届出，公示送達の準用は除かれる（規16条2項）。少年鑑別所や少年院に収容中の少年に対する送達は，施設の長に対して行う（昭56・7・15最高裁総三26総務局長通知・家月33巻10号149頁）。

(3) 同行状

同行状の意義と運用　　正式の呼出しに応じない（おそれのある）少年または保護者を出頭させるため，刑事手続における勾引状（刑訴58条・64条）に相当する令状として，同行状が規定されている（11条2項）。同行状発付の要件は，「相当の理由がなく」「正式の呼出しに応じないとき，又は応じないおそれのあるとき」である。少年に限らず，保護者も対象となる点で，少年だけを対象とする緊急同行状と異なる。同行状は，家裁の裁判官（合議体の場合は裁判長）が，所定の事項を記載し，記名押印したうえで発付する（規17条1項）。同行状の有効期間は，発付の日から7日間であり，相当と認められる理由があれば7日を超えることができる（同4項）。

　同行状については，連戻状（規57条4項）や勾引状（刑訴規73条）と異なり，数通発付に関する規定はないが，数通発付を認めるのが通説である。数通の一部で執行した場合は，他の同行状を，ただちに発付した家庭裁判所に返還しなければならない（規18条4項）。同行とは，強制力を用いて対象者を指定場所に連行することであるから，指定場所に同行された以上は，同行状を根拠にそれ以上の拘束はできない。同行された少年については，24時間以内に

観護措置の要否が判断される（⇒ 140 頁）。

緊急同行状 特定少年を除いて（65 条 2 項），少年が緊急の保護を要する状態にあり，少年の福祉上必要な場合は，通常の同行状ではなく，緊急同行状の発付が認められる（12 条 1 項）。家族等から虐待を受けている場合，自殺・自傷の虞がある場合，試験観察中に逃走した場合など，通常の同行状では対応できないような保護の必要性があり，かつ身柄確保の緊急性が認められる場合である。緊急同行状は，通常の同行状の記載要件のほか，特に発付を必要とする理由を具体的に記載し（規 17 条 2 項），家庭裁判所裁判官が記名押印して発付する（同 1 項）。合議体の場合は裁判長が発付するが，緊急性の観点から合議体の構成員による発付も認められ，その旨を明記する（12 条 2 項，規 17 条 3 項）。

捜査過程での緊急保護 少年の緊急保護を要する事態は事件受理前の段階でも想定されるが，家庭裁判所の受動的な性格と令状主義の要請（憲 33 条）から，緊急同行状の発付も，事件が家裁に係属していることが前提となる（高松家決昭 46・8・25 家月 24 巻 4 号 246 頁）。実務では，警察の捜査・補導過程での緊急事態に対応するために，家裁が，電話で虞犯の口頭通告を受けて事件を係属させたうえで（6 条 1 項）緊急同行状を発付し，その緊急執行（規 18 条 2 項）によって少年の身柄を確保する運用になっている。ただ，このような運用に対しては，人権保障の観点からの批判も多い。

⑷ 同行状の執行

執行指揮と執行担当者 同行状および緊急同行状は，それらを発付した家庭裁判所の裁判官の指揮によって（規 4 条），家裁調査官が執行し（13 条 1 項），警察官，保護観察官，裁判所書記官に執行させることもできる（同 2 項）。合議体の事件で急速を要する場合は，裁判長または合議体の構成員が，警察官等に執行を指揮することができる（同 3 項）。実務では，調査官ではなく，令状の執行に慣れている警察官に執行させる場合が多い。

執行担当者となる警察官は，同行状を発付した家裁の管轄区域にある警察署の警察官には限られないが，所属官署との連絡などによる円滑な運用が要請される（昭 27・4・2 最高裁家甲 58 家庭局長回答・家月 4 巻 4 号 84 頁）。他方，「警察官」とされているため，警察官以外の特別司法警察職員（刑訴 190 条参照）

は，執行担当者になれない。また，文言上の限定はないが，調査官と書記官
は，同行状を発付した家裁の調査官または書記官に限ると解される（規19条
の2の反対解釈，前掲昭27・4・2家庭局長回答）。書記官が執行を担当する場合は，
事務官に執行の補助をさせることができる。

　執行　　同行状の執行は，本人（少年または保護者）に同行状を示し，できる
限り速やかに指定された場所に同行する（規18条1項）。執行に際して，人の
住居・邸宅等に立ち入ることができるかが争われている。勾引状の執行のよ
うな明文規定（刑訴126条）を欠くことを根拠とする否定説も強いが（昭36・11
最高裁家庭局見解），暴力団事務所内の少年を保護する場合などを想定して，少
年の保護の観点から肯定する立場も有力である。

　即時押送ができない場合（夜間にわたる場合など）は，少年を最寄りの警察署
の保護室（少年房）に留置くことが認められる（昭24・1・20最高裁事務総長通達・
家月1巻1号73頁）。少年鑑別所での仮収容は，法的根拠を欠くために許容さ
れず，刑事施設や代用刑事施設（留置施設）での留置も認められないと解され
る。保護者は，警察署に留置くことができないため，旅館等の宿泊施設に任
意で宿泊させることになる（昭25・10最高裁家庭局見解）。

　執行後の対応　　同行状を執行したときは，執行の場所・年月日時を記載
し，執行できなかったときは，その事由を記載のうえで記名押印し，それぞ
れ指揮した裁判官に差し出す（規18条3項・4項）。執行できなかった場合を除
いて，裁判官は，同行された年月日時の同行状への記載を書記官にさせる（同
5項）。そこに記載された年月日時が，観護措置の要否を判断するための身柄
拘束期間（17条2項）の起算点となる。

　緊急執行　　少年に対しては，同行状の緊急執行（刑訴73条3項参照）の手
続が認められる。緊急の保護を要する場合や逃走の虞がある場合のように，
急速を要する場合は，同行状を所持していない場合でも，審判に付すべき事
由（具体的な非行事実を含む）と同行状が発付されていることを告げて，執行す
ることができる（規18条2項本文）。緊急執行した場合は，できるだけ速やかに
同行状を少年に示さなければならない（同但書）。

4　被害者の申出による意見陳述

(1)　意義と要件

意見陳述の意義　　少年事件の被害者に対する配慮の観点から，2000年改正によって，被害者等の申出による意見の聴取に関する条文が新設され（9条の2），調査過程と審判過程に適用されることになった。被害者等から被害に関する心情をはじめ，事件に関する意見の陳述の申出があった場合，それを裁判所が聴取することで，少年審判が被害者等の心情や意見に配慮してなされることを明確にし，少年審判に対する国民の信頼を確保するとともに，少年に被害者等の心情や意見を認識させることによって，少年の反省を深めて更生に役立たせることを目的とする。刑事訴訟における被害者等の意見陳述に関する規定（刑訴292条の2）と同趣旨である。

　審判過程での意見陳述も重要であるが，時間的に先行する調査過程でまとめて言及しておく。

対象事件と申出権者　　申出の対象となる事件は，犯罪少年または触法少年に係る事件（3条1項1号・2号）である。虞犯少年に係る事件（同3号）は，被害者の存在を想定できないため対象とはなりえない。申出をなし得る「被害者等」とは，犯罪・触法行為によって直接の被害を被った者（刑訴230条参照）のほか，その法定代理人，被害者が死亡した場合等における被害者の配偶者・直系の親族・兄弟姉妹等をいう（5条の2第1項参照）。弁護士は，これらの者による申出の代理人となることができる（規13条の2第2項）。

申出手続　　申出に当たっては，申出人と被害者等との同一性を確認し，事件を特定するため，申出人の氏名・住所等の必要事項を明らかにしなければならない（規13条の2第1項）。申出があった場合，家庭裁判所は，原則として意見を聴取するが，事件の性質，調査または審判の状況，その他の事情を考慮して，相当でないと認めるときは，意見聴取しないこともできる（9条の2但書）。いずれの場合も，家裁の決定は要しない。

陳述内容　　陳述させる内容は，「被害に関する心情その他の事件に関する意見」である（9条の2本文）。被害感情は当然に含まれるし，少年の処分に関する意見も排除されない。他方，捜査機関や付添人に対する批判，家裁に対する不満のようなものは，一般に，事件に関する意見には含まれない。

(2)　意見聴取の時期，方法

　意見聴取の時期　　意見聴取の時期は，特に定めがなく，家庭裁判所が，事案の性質，手続の進行状況，被害者側の事情等を考慮したうえで，適宜の時期を選択し，申出人に日時と場所を通知する（規13条の3）。この制度は審判のための手続であるから，調査過程と審判過程を問わずに（広義の審判）意見聴取が可能であるが，終局決定後の意見聴取は予定されていない。

　意見聴取の方法　　意見聴取の方法には，①審判期日における裁判所の聴取，②審判期日外における裁判所の聴取，③裁判所が調査官に命じて行わせる聴取，がある。具体的な方法の選択は，被害者に配慮した制度という立法趣旨にもとづき，できる限り被害者等の意向を尊重して判断される。

　調査過程では，③の方法で意見聴取がなされ，その際は社会調査命令（8条2項）とは別個の意見聴取命令が発せられる。聴取に当たっては，被害者等（申出人）の心身の状態に配慮しなければならない（規13条の4）。具体的な聴取方法については，刑事手続におけるような明文規定は存在しないが，口頭による意見陳述を原則として，意見を記載した書面によることも例外的に許されよう（刑訴292条の2第7項参照）。

(3)　意見聴取の効果

　聴取した意見は，要保護性を解明する資料として利用することができる。他方，少年および検察官のいずれの反対尋問も保障されていないため，非行事実の認定に使用することはできず（刑訴292条の2第9項参照），非行事実認定の端緒となりうるにすぎない。このような性質から，審判期日外で意見聴取が行われた場合（②③の方法）は，意見の要旨を記載した意見聴取書の作成が義務づけられ（規13条の6第1項・2項），付添人等の閲覧等も可能である。付添人に対して，意見聴取した旨の通知をすべきことが義務づけられている（規13条の5）。さらに，実務では，意見聴取書の写しを社会記録（少年調査記録）に編綴し，それを処遇機関に引き継ぐことによって，家裁と処遇機関との連携が図られている。

　少年が在席しない場で意見聴取が行われた場合は，調査や審判の進行状況および少年の情操・感情等に配慮したうえで，聴取した意見の要旨を，裁判官または調査官が少年に告げることが要請される。

5　少年鑑別所の資質鑑別

⑴　資質鑑別

資質鑑別の意義　　観護措置（17条1項2号）によって送致された少年の収容施設である少年鑑別所は，少年の身柄を確保するだけでなく，少年の資質鑑別を行う専門機関として重要な役割を担っている（鑑3条・16条）。鑑別所による資質鑑別は，その「専門的智識」に高い信頼が寄せられており，調査官調査は「特に少年鑑別所の結果を活用して，これを行うように努めなければならない」とされている（9条）。実務上，観護措置がとられた事件（身柄事件）については，少年鑑別所の資質鑑別が行われる場合がほとんどであり，さらに在宅事件についても，鑑別所に通所させるなどの方法による簡易な鑑別（在宅鑑別）が活用されている。

　なお，少年鑑別所から在院者が逃走した場合は，少年院からの逃走の場合（院89条　⇒　296頁）と同様に，連戻す（強制力にもとづいて再収容する）ことになる（鑑78条）。

家庭裁判所との連携　　心身鑑別のためには家裁からの鑑別請求が必要であるが，実務では，あらかじめ家庭裁判所と少年鑑別所との間で，観護措置決定があれば当然に心身鑑別を求める趣旨であることを内容とする申合わせをしておき，特に鑑別請求手続をとらずに心身鑑別を行う運用が多い。この場合にも，少年鑑別所に対して「観護鑑別上の注意その他参考となる事項を示さなければならない」ことから（規11条4項），非行事実の要旨を送付するほか，電話での連絡等（情報提供）が必要となる。

資質鑑別の運用　　鑑別所における資質鑑別は，鑑別技官が担当し，少年鑑別所法にもとづいて行われる。鑑別は，「対象者について，その非行又は犯罪に影響を及ぼした資質上及び環境上問題となる事情を明らかにした上，その事情の改善に寄与するため，その者の処遇に資する指針を示す」ことを目的として，医学，心理学，教育学，社会学その他の専門知識と技術にもとづいて，調査と判定が行われる（鑑16条1項）。具体的には，知能検査や性格検査等の各種心理テスト，面接，身柄事件の場合の行動観察などを通じて，近親者および保護者，生育歴，教育歴および職業歴，身体状況および精神状況，不良行為歴および本事件の行為，入所後の動静，その他参考事項についての

調査が行われている（同2項）。参考事項の調査に際しては，家庭裁判所から資料を得るとともに，必要に応じて，市町村役場，警察官署，学校等に協力を求めることが要請されている（鑑14条）。

　これらの調査結果を総合したうえで，保護処分の資料となるべき事項，観護処遇の方針に関する事項，少年院での処遇・指導および訓練に関する勧告事項，その他将来の保護方針に関する勧告事項について判定が行われる。鑑別結果は，処遇意見を付して家庭裁判所に書面（鑑別結果通知書）で通知され（鑑17条2項），少年簿に記載される。

(2)　社会調査との関係

社会調査と資質鑑別　　少年鑑別所の鑑別は，資質鑑別を中心とするものであると同時に，家庭裁判所からの資料等の入手のような，社会調査結果の活用が義務づけられている。他方，調査官の社会調査においても，科学調査室や医務室での調査（心理テストや科学的診断等）に見られるように，少年の資質上の問題性の検討も対象とされる。その意味で，社会調査と資質鑑別とは競合し，重複する面が見られる。一般には，少年鑑別所の資質鑑別は，少年の性格の矯正を目的として，主に心身の状況と行動観察を中心とする資質面の調査に重点が置かれる（鑑16条1項）のに対し，調査官の社会調査は，少年の性格の矯正とともに，環境の調整をも目指した幅広い調査に及ぶものになっている（9条）。このような形で，資質鑑別と社会調査は，少年の健全育成の手段である「性格の矯正及び環境の調整」（1条）を実現するための役割を分担しているのである。

実務における連携　　少年鑑別所は，必要な限りで調査官の社会調査の結果や資料を利用して少年の心身鑑別を行い，その結果を家庭裁判所に報告する一方，家裁調査官は，自らが行った社会調査の結果と鑑別所の資質鑑別の結果を総合して，処遇意見を付して裁判官に報告する。裁判官は，調査官の調査報告書と少年鑑別所の鑑別結果通知書のそれぞれを総合的に判断したうえで審判を行い，具体的な処遇を選択する。家裁の実務では，このようなサイクルが定着している。その運用をさらに充実していくには，調査官と鑑別技官等との積極的な人事交流をはじめ，調査・鑑別の共働体制の確立に向けた努力が必要となる。

6 調査結果の報告と記録の作成・保管

(1) 調査報告の方式等

社会調査の重要性 社会調査の結果は，調査官の処遇意見（要保護性に関する判断と処遇方法の提示）を付した書面で家庭裁判所に報告される（規13条1項・2項）。調査官は，書面報告の前後を問わず，調査と審判のあらゆる段階で，裁判官との緊密な連携のもとに，調査担当者として，少年の処遇について適切な意見を述べることが義務づけられている（同3項）。これは，法律専門家としての裁判官と少年関係諸科学の専門家としての調査官（9条参照）との協調・共働によって少年に最適な処遇を実現するための規定であり，少年審判の理念を具現化したものである。実務では，その趣旨に沿った配慮や運用が必要とされる。また，調査の専門性・独立性を尊重すれば，原則として，調査官の処遇意見にもとづく処分形式を採るべきことが要請される。

調査報告書 調査報告書には，実務上，「少年調査票」と呼ばれる定型の様式が使用される（平4・8・21最高裁家二249家庭局長・総務局長通達・家月44巻11号175頁，平12・6・30最高裁家二281家庭局長通達）。少年調査票には，A票，B票，C票の3種類があり，事案に応じて使い分けられる。A票は，基本的で詳細な様式で，保護処分相当の事案または重大事件で検察官送致決定相当の事案に用いられる。B票，C票は，事案の軽重や処遇意見等を考慮して，A票を使用するまでもない事案に使用される。これらのほか，軽微事件や交通関係事件のための少年調査票が，各庁において用いられている。少年調査票は，審判の基礎資料として調査報告に用いられるだけでなく，少年調査記録の一部として保護処分の執行機関に送付され（規37条の2第1項），処遇上の参考資料としても重要な機能を果たしている。

陳述録取調書と意見聴取書 少年や保護者または参考人の陳述が事件の審判上必要な場合は，調査過程で調査官が陳述録取調書を作成することができる（規6条1項但書・12条1項）。調書には陳述者の署名押印が必要とされるが（同12条2項），署名押印を求めることが適当でない場合（陳述者との信頼関係を損ないかねない場合など）は，調査官が陳述の要旨を記載した書面（調査報告書）を作成し，調書に代えることができる（同3項）。実務においては，陳述録取調書が作成されることは稀なようである。

被害者等からの意見陳述の申出（9条の2）にもとづいて意見聴取をした場合は，その要旨を記載した書面（意見聴取書）を作成しなければならない（規13条の6第2項）。

(2)　少年調査記録と少年保護事件記録

少年調査記録　　少年の処遇に関する意見書および少年調査票，その他少年の処遇にとって参考となる書類は，少年事件送致書およびその添付書類等から編成される少年保護事件記録（法律記録）と分離して，別個に編綴し，少年調査記録（社会記録）が作成される（平4・8・21最高裁家二249家庭・総務局長通達・家月44巻11号175頁）。事件に関する記録とは別に少年に関する記録を編成する理由は，少年調査記録は，保護処分の執行機関に送付されるだけでなく，少年の要保護性が出生から調査時までの全生活事実にもとづいて判断されるべきものであり，同一少年の要保護性に関する資料として，個々の事件とは無関係に累加的にまとめておくのが有用であることに求められる。

少年調査記録として編綴される主な書類は，経過一覧（事件受理時に作成され，逐次，調査官と書記官が処理経過を記載していく），身上調査表，本籍照会回答書・戸籍謄本等，学校照会回答書，援助・協力依頼回答書，調査嘱託回答書，その他の照会回答書で，これら以外にも，調査官が調査過程で作成・収集した書類，保護観察状況等報告書，鑑別結果通知書，少年調査票，試験観察経過報告書，意見書，終局決定謄本，処遇勧告書謄本，処遇意見謄本など，多岐にわたる。少年調査記録の処遇執行機関への送付については，早期の送付が要請されるため，実務では，特段の事情がない限り，遅くとも保護処分決定後1週間以内に送付されるようである。保護処分の執行が終了した場合は，原則として，最後に係属した事件の終局決定をした家庭裁判所に返還され，保管（保存）される。保管裁判所については，具体的な事案に応じて例外的な扱いがあるため，その所在を明確にしておく必要がある。

少年保護事件記録　　非行事実の存否を認定するための資料から編成される少年保護事件記録に編綴される主な書類は，検察官・司法警察員・知事（児童相談所長）の送致書とそれへの添付資料，一般人からの通告書および調査官からの報告書，陳述録取調書および少年等の陳述書，付添人選任届，同行状，観護措置等の身柄に関する決定書および送致前の各種令状，援助依頼・協力

依頼等の回答書，調査嘱託回答書，審判調書および審判期日外における証人尋問調書，中間決定書，終局決定書，である。これらを家裁が作成する場合は，特別の定めがある場合を除いて，書記官が作成する (規6条1項本文)。

7 社会調査と適正手続

(1) 社会調査の要件

社会調査の開始要件　社会調査は，少年の要保護性を解明するための資料 (少年の性格的な問題点と環境上の問題点) を収集するという積極的な意義を持つため，少年や保護者の私的領域に深く立ち入ることが必要不可欠で，関係者のプライヴァシーを侵害する危険性も高い。また，非行事実の認定手続 (審判) 以前に広範な社会調査が行われることも (調査前置主義)，関係者の人権侵害の可能性につながる。さらに，調査官の調査活動に積極的なケースワーク機能を期待する場合には (⇒ 70頁)，人権侵害の可能性はより大きい。

こうした問題点は，社会調査が「任意」調査であることによって回避されるわけでもなければ，正当化されるわけでもない。こうしたことから，実務では，法的調査を社会調査に先行させたうえで，審判条件の具備と非行事実の存在について蓋然的心証が得られたことを要件として，裁判官の調査命令によって社会調査を開始するという方法をとっている。学説も，一般に，このような実務を支持するものが多い。

社会調査の継続要件　社会調査開始の要件は，同時に，社会調査継続の要件でもある。この点との関係で，捜査段階で自白していた少年が，家庭裁判所に事件係属した後に，調査官の社会調査の面接で非行事実の否認に転じた場合，社会調査の続行の可否が問題になる。

少年の弁解が単に事実の法的評価の誤認 (確定的故意がないとして故意犯を否認する場合など) にもとづくもので，非行事実そのものの蓋然的心証に影響がない場合は，社会調査を続行することに支障はない。他方，少年の否認によって非行事実の蓋然的心証が揺らぐような場合は，社会調査の続行の要件が欠けるから，社会調査を中断したうえで審判を開始し，非行事実を認定する手続を先行させなければならない。この場合には，調査前置主義を徹底することはできないが，実務ではこのような運用が一般的である。2000年改正で事

実認定手続に検察官関与が認められたのも（22条の2），このような事案に対処するためであった。

(2)　社会調査における適正手続のあり方

黙秘権の扱い　　社会調査と適正手続の関係では，調査段階で少年に黙秘権（供述を強いられないこと）を告知（教示）することの要否が特に問題であり，消極説と積極説とが対立している。消極説は，黙秘権を告知することによって，調査対象者との信頼・協力関係を基礎とする面接の雰囲気が損なわれかねないとして，社会調査の円滑な実施と目的の達成が阻害されることを危惧する。他方，積極説は，社会調査段階でも非行事実の調査がなされ，その内容によっては刑事被告人となる可能性があること（20条），黙秘権の告知が対象者との信頼・協力関係の崩壊には直結しない一方，審判において自己に不利益な供述を強制されないこと（規29条の2）の趣旨は調査段階でも尊重されるべきこと，を根拠としている。

　かつては消極説も有力であったが，最近の実務では，黙秘権という言葉は使わないにしても，供述を強要するものでないことを告げたうえで社会調査の意義と目的を説明し，協力を求める扱いが一般化している。また，より直截的に，黙秘権を実質的に告知する扱いもされているようである。

社会記録の扱い　　黙秘権の問題とともに困難な問題は，社会記録を開示することの是非とその範囲である。要保護性判断の基礎となる社会記録は，少年や家族の生活に関わる一切の事実を含むため，少年にそれを開示して争わせることになると，本人に批判的なものや不利なものを含めた資料に少年が直接に接する結果，審判が攻撃防御・対立抗争の場と化し，少年保護手続の本質と矛盾することになりかねない。

　こうした点に配慮して，実務では，審判過程において，裁判官が，少年の情操保護（規1条2項），秘密保持の観点，供述者・資料提供者との将来的な関わり等を総合的に判断したうえで，必要と認める内容について，少年または保護者に個々の事実を確認しながら弁解の機会を与える運用がなされている。他方，要保護性に関する専門的な資料については，保護観察官・保護司，少年鑑別所の法務技官・法務教官からの処遇意見聴取が審判外で行えることからも（規26条参照），その内容を少年に示す必要はないと解される。

8　記録・証拠物の閲覧・謄写

(1)　記録等の閲覧等の意義

対照的な2つの利益　　家裁に係属した少年保護事件については，裁判所の許可を条件として，事件記録または証拠物を閲覧することができ，謄写も認められる（規7条1項）。このような記録等の閲覧・謄写は，被害者等の申出による記録の閲覧・謄写（5条の2⇒　200頁）と異なり，刑事手続における弁護人による書類等の閲覧・謄写権と同じく（刑訴40条参照），少年の権利保護のためのものである。他方，少年事件の場合は，少年の情操保護や実効的な社会復帰，調査における信頼性の確保などの観点から，非公開（秘密保持）の要請が強く働く（1条・22条2項・61条，規1条）。情操の保護と信頼性の確保にもとづく秘密保持の要請こそは，少年事件の大きな特徴である。

利益の調整　　このような特徴を前提としながら，少年の権利保護との調整を図るため，36条の委任にもとづいて，記録等の閲覧・謄写に関する総則的な性格をもつ規則7条が設けられている。規則7条は，審判開始決定後の被害者等による記録等の閲覧・謄写（5条の2）と審判開始決定後の付添人による記録等の閲覧（規7条2項），検察官関与決定事件における検察官の閲覧（規30条の5）の各場合を除いて，少年保護事件の記録等の閲覧・謄写を原則的に禁止したうえで，裁判所の許可によって認めるという態度をとっている（規7条1項）。こうした対応は，少年事件の非公開の要請を重視する形で利益の調和を図ったものである。

(2)　閲覧・謄写の対象

閲覧・謄写の対象となる「保護事件の記録」について，少年保護事件記録（法律記録）が含まれることには異論はない。他方，少年調査記録（社会記録）が閲覧・謄写の対象となるかは，記載の内容および情報の取得方法の特殊性との関係で争われる。少年調査記録に記載される内容は，非行の動機や原因，共犯関係をはじめ，少年や保護者その他の関係人の素質，行状，経歴，遺伝関係等，少年を中心とした過去から現在までの人間関係と生活関係に関する広範な事項にわたり，それらの大部分は個人的な秘密に属するものだからである。また，それらの取得方法も，家庭裁判所に対する少年・保護者等の信頼関係と秘密保持を基礎とする任意調査によるという特殊性がある。

　こうした少年調査記録の性質から，それを閲覧・謄写の対象から除くべき
だとの見解も有力である。ただ，一般には，規則7条の文言と適正手続の要
請を根拠として，少年調査記録も閲覧・謄写の対象になると解されている。
しかし，そのように解する場合には，情操の保護，信頼性の確保，秘密保持
の要請に配慮して，特に慎重な運用が必要となる。

⑶　許可申請手続

　閲覧・謄写の許可申請は，家庭裁判所の事件受理後であれば，審判開始決
定の前後を問わないし，事件が終局した後も可能である。実際には，一定程
度の調査が進行した段階で申請されることになろう。申請者（許可対象者）に
は限定がなく，少年と保護者を中心に，付添人，検察官，司法警察員，被害
者やその代理人弁護士なども対象者となる。これらのうち，審判開始決定後
の被害者等，審判開始決定後の付添人，検察官関与決定事件における検察官
については，他の条項が優先する場合があるため（5条の2，規7条2項・30条の
5)，規則7条1項は一般法ということになる。

　許可の判断に当たっては，閲覧・謄写の申請者，申請の理由と目的，開示
対象となる記録の性質などから，閲覧・謄写の必要性と少年保護事件の秘密
保持の観点から総合的な考慮が必要とされる。これらに関する事務は，取扱
要領（平9・8・20最高裁総三97総務局長通達）にもとづいて処理される。なお，規
則7条にもとづく閲覧・謄写に関しては，手数料は不要である。

③　調査を経た少年事件の扱い

1　調査後の少年事件の行方

⑴　3つの方向性

　少年保護事件として家庭裁判所に係属し，調査段階を経た少年事件の扱い
は，3種類のものに大別される（**図5**参照）。第1は，審判不開始決定によって
少年保護事件として終局するだけでなく，他の法システムに移送されること
もない場合で，したがって，少年は，法的扱いの対象から完全に離脱する。
第2は，審判開始決定によって審判段階へと移行するものであり，家裁で少
年保護事件としての扱いが継続する。

　これらに対し，第3に，少年保護事件として家庭裁判所が扱うことが相当でないと判断される少年事件は，少年法以外の法システムに移送（送致）される。これには，児童福祉法上の措置が相当とされる場合と，刑事処分が相当とされる場合がある。調査段階で家裁内部での管轄違背が判明した場合は，管轄家庭裁判所に事件が移送され（5条3項）＊，その後の手続が進行する。

　　＊Column　移送決定とその効果
　　　家裁内部での移送決定は，管轄違背がある場合に限らず，保護の適正を期すために特に必要な場合にも認められる（5条2項）。それは，調査段階だけでなく，審判開始決定後にもなしうる。移送決定は，事件の終局決定ではなく，家裁内部で事件を移す中間決定であるため，移送裁判所でなされた観護措置決定，審判開始決定，試験観察決定等は，移送によっても効力を失わない。このため，受移送裁判所による新たな調査・審判・試験観察に支障を生じさせないために，審判開始決定等を取消したうえで移送するのが一般的な扱いである。観護措置についても，最長4週間という期間の原則（17条4項・9項）は移送されても変わらないから，受移送裁判所の調査・審判に支障がないよう，早期の移送決定と速やかな記録送付が要請される。

⑵　保護事件の終局と保護事件の継続

　審判不開始決定および他の法システムへの移送は，家庭裁判所における少

図5　調査段階における少年保護事件の流れ

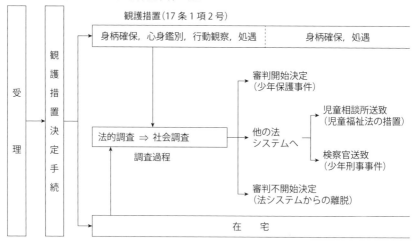

年保護事件としての扱いを終わらせるもので，終局決定として行われる。他方，審判開始決定および家裁内部での事件の移動（移送・回付・併合）は，中間決定として行われ，家裁における少年保護事件としての扱いが継続する。終局決定された事件が送致（保護観察所長からの通告を含む）によるものの場合は，事件の送致者に対して決定内容を通知しなければならない（規5条1項）。

2　審判不開始決定

(1)　審判不開始の意義

調査の結果，少年を審判に付することができない場合，または審判に付することが相当でない場合，家庭裁判所は，審判を開始しない旨の決定（不開始決定）をしなければならない（19条）。前者は，形式的不開始および年超検送（年齢超過を理由とする刑事手続への移送）と呼ばれ，後者は，実体的不開始と呼ばれる。いずれも，調査段階における事件終結を認めるもので，実務上，後者を中心として，不開始決定で終結する事件の比率は極めて高くなっている（一般少年保護事件全体の40％弱を占める）。

審判不開始のうち，実体的審判不開始が大部分を占め，調査段階の保護的措置を活用することによって，保護の必要のない非行少年を早い段階で手続から離脱させる役割を果たしている。それは，同時に，限られた人的・物的資源によって大量の少年事件を扱わなければならない家庭裁判所において，保護の必要な少年に重点的かつ効率的に人的・物的資源を投入するという機能を果たすものでもある。

(2)　審判に付することができない場合（手続的審判不開始）

審判に付することができない場合には，審判条件の不存在，非行事実の不存在，審判の事実上の不能がある。これらを一般に「形式的審判不開始」と呼ぶが，非行事実の不存在は実体的判断にもとづくから，それを含める場合には「手続的審判不開始」と呼ぶのが適切である。

審判条件の不存在　　審判条件（⇒　154頁）は少年審判をするために具備していなければならない手続的要件であり，それが欠ける場合は，審判を開始することができない。もっとも，管轄権の欠如は移送決定で解決できるし（5条3項），年齢超過の犯罪事件は検察官に送致される（19条2項）ことから，

それらは，審判不開始決定に直結する審判条件と考える必要はない。また，刑事手続上の免訴事由（刑の廃止，公訴時効，大赦［刑訴 337 条］）については，それを審判条件とする裁判例もあるが（福岡家決昭 61・5・15 家月 38 巻 12 号 111 頁［公訴時効］），虞犯としての審判条件は存在することから，実務上も学説上も消極説が多数である。事件の 2 重係属の場合の対応については見解が分かれ，審判条件としない扱いが強いと言われるが，2 重係属を理由に審判不開始とした裁判例も見られる（岡山家決昭 48・4・24 家月 25 巻 12 号 119 頁）。

　　非行事実の不存在　　非行事実の不存在を理由とする審判不開始は，非行事実の存在について蓋然的な心証が形成できない場合である。「蓋然性」とは，現在の資料だけを基礎にすれば非行事実を証明できる一方で，反証によってそれが覆る可能性を否定できない程度の心証をいう。これには，送致等の事実は認められながらも 3 条 1 項に該当しない場合が含まれる。この関係では，特に「犯罪」少年について，責任能力の要否が争われる（⇒　92 頁）。

　　事実上の審判不能　　審判の事実上の不能にもとづく不開始のひとつに，少年が審判能力を欠く場合がある。審判能力とは，少年保護手続の意味を了解しうる状態にあることをいう。少年法も，少年が一定の行為（付添人の選任や抗告の申立など）を行うことを予定しているので，その前提として審判能力が必要とされる（大阪家決昭 47・1・31 家月 24 巻 8 号 105 頁）。それは刑事手続における訴訟能力（刑訴 314 条 1 項，最決昭 29・7・30 刑集 8 巻 7 号 1231 頁参照）に類似するが，それが欠けることの判断は，刑訴法にいう「心神喪失」ほどに限定的（厳格）である必要はないと思われる。

　　もうひとつは，少年の所在不明等の場合で，長期にわたる所在不明，長期の海外在住，長期の疾病などである。これらの場合は，少年を審判期日に呼び出すことができないため（規 25 条 2 項参照），事実上，審判を開始することができない。少年の死亡の場合と異なり，論理的には審判開始も可能であるが，家庭裁判所に係属させたまま長期にわたって事件を放置することは適切でないため，手続的な不開始事由として扱われる。後に審判が可能になった場合は，再起事件（⇒　109 頁）として扱われる。

　（3）　**審判に付すのが相当でない場合**（実体的審判不開始）

　　これは，審判を行うための障害はないが，保護処分（24 条 1 項），児童福祉法

上の措置（18条1項），刑事処分（20条）のいずれもが相当でなく，かつ家庭裁判所裁判官による直接審理（審判）すら必要でない場合を意味する。保護的措置で十分な場合，別件による保護処分等で十分な場合，事案が極めて軽微な場合（簡易送致事件等）が考えられる。

保護的措置での対応　保護的措置（近時は，「教育的措置」と言うことも多い）で十分な場合とは，調査段階で調査官による各種の保護的措置を活用することによって，少年の要保護性が解消または著しく低減した場合をいう（仙台家決昭60・10・22家月38巻9号117頁）。保護的措置は，審判不開始に伴う事実上の教育的措置ないしは福祉的措置をいい，調査段階での不開始の場合だけでなく，審判段階で活用して不処分で終局する場合も多く見られる。

旧法では，審判前の条件付保護者引渡が保護的措置として規定され（旧37条），保護処分の一部に現在の保護的措置に相当するものが規定されていた（訓誡，学校長訓誡，書面制約等［旧4条］）。現行法には保護的措置を直接に明示する規定は置かれなかったが，その有効性とラベリング回避の観点から積極的に活用されてきた。2000年改正が少年・保護者への働きかけを規定して（25条の2），保護的措置の一部について条文上の根拠が与えられた。

保護的措置は，少年・保護者の同意にもとづく非強制的なものとして，短期間で非継続的に行われる。その実質は，少年に社会規範を体験させ，現実的な問題認識を持たせることによって，処遇的な働きかけを行うものである。具体的内容としては，対象少年に応じて，少年との面接，保護者との面接，親子合同面談，反省文の提出，作文指導，就学・進路指導，社会奉仕指導，交通事犯やシンナー事犯に対する集団的指導・個人講習など，きわめて多岐にわたりうる。この活動は，家裁調査官のケースワーク機能（⇒ 63頁）を発揮する場面として，積極的に評価されている。

別件の保護処分での対応　別件による保護処分等で十分な場合とは，実務上，「別件保護中」とされるものである。別件について実施されている保護処分や，児童福祉法上の措置，または刑事処分がなされることによって，少年法上の措置が不必要ないしは不相当になる場合をいう。

事案が軽微な場合　事案が極めて軽微な場合とは，簡易送致事件（⇒ 67頁）のように，事案が軽微で要保護性がない（明らかに低い）少年について，記

録調査だけで審判不開始とするものをいう。他方，事案が軽微で要保護性も低いと思われる事案でも，少年が非行事実を争っている場合には，裁判官による事実審理が必要であるから，審判開始決定をすべきである。

⑷　決定の方式と効果

不開始決定の方式　　少年保護事件の終局決定としての不開始決定については，決定書を作成し，少年の人定事項（氏名，年齢，職業，住居，本籍）のほか，主文と理由を記載し，裁判官が署名（記名）押印する（規2条1項・2項・4項）。理由の記載は，原則として省略することができる（同5項）。

　実務では，法律記録の表紙裏面等に定型的な理由（保護的措置，別件保護中，事案軽微，非行なし，所在不明等，その他）を記載した決定書が用意されており，その理由欄をチェックする運用である。もっとも，非行なし（非行事実不存在）を理由とする場合は，定型の決定書によらないで，理由の要点を記載した決定書が作成されることが多い。

不開始決定の効果　　不開始決定がされれば，その少年（事件）は，年超検送（19条2項）されない限り，法のシステムから離脱する。そのこととの関係で，刑事手続上の一事不再理効＊と類似の効力（同一事件に対する再審判および刑事訴追を遮断する効力）が審判不開始決定に認められるかが争われる。学説には肯定説も多いが，非行なしを理由とする不開始決定および実体的審判不開始決定について，最高裁は一貫して否定説を明示しており（最大判昭40・4・28刑集19巻3号240頁，最決平3・3・29刑集45巻3号158頁［不処分決定について同旨］），実務は消極説で完全に一致している。

　　＊Column　一事不再理
　刑事裁判では，実体判決（当該事件の内容に立ち入って事実の有無を判断した結果としての有罪判決または無罪判決）があれば，同一事件を再起訴することは許されない。これを一事不再理の原則といい，憲法39条は，「何人も……同一の犯罪について，重ねて刑事上の責任を問はれない」としている。一事不再理の原則は，ローマ法に起源を有し，中世ヨーロッパのアンシャン・レジーム期を経て，近代市民革命の成果として近代刑事法に定着した。英米法では，被告人の手続的な負担に着目して，1度手続の苦痛を受けた者は2度と同じ苦痛を受けないという，「2重の危険」の原則の形をとっている。これが憲法39条に受け継がれ，被告人が「裁判をむしかえされない権利」として理解されている（最大判昭25・9・27刑集4巻9号1805頁）。

3　他のシステムへの移送

(1)　児童福祉機関への送致

意義　少年保護事件として家庭裁判所に係属した18歳未満の少年事件は（児福4条1項参照），調査または審判を経たうえで，不開始・不処分を前提とする保護的措置，保護処分，検察官送致よりも児童福祉機関による措置が適切と認められる場合，事件が児童福祉機関に送致される（18条1項・23条1項，規23条）。一般には，少年の非行性が強くないにもかかわらず，環境面での保護に欠けるため，継続的な指導が必要な場合が考えられる（水戸家土浦支決平11・4・28家月51巻9号83頁，新潟家高田支決平13・3・21家月53巻7号142頁等）。この扱いは，審判後のものも合わせて，一般事件全体の0.5%程度である。

児童福祉法上の措置　児童福祉法上の措置とは，訓戒・誓約書提出，児童福祉司等の指導，里親委託，児童福祉施設（児童養護施設および児童自立支援施設を含む）入所をいう（児福25条の7・25条の8・26条・27条）。施設入所は，親権者・後見人による監護が著しく少年の福祉を害する場合を除いて（児福27条1項3号・28条1項1号），親権者・後見人の意思に反して行うことができない（児福27条4項）。児童福祉法上の措置は，任意的で開放的な処遇を原則とするからである。この点，収容が強制される少年法上の保護処分としての児童養護施設・児童自立支援施設送致（24条1項2号）と大きく異なる。

送致決定　18条1項は，「調査の結果」としているが，審判を経た場合も排除していない（23条1項）。送致先として，少年法は都道府県知事も規定しているが，児童福祉法は児童相談所長に限定している（児福26条1項・27条1項。少年法と児童福祉法の間に不整合がある）。「事件の権限を有する」のは，対象少年の住所・居所または現在地を管轄する児童相談所長である（児福規2条・4条）。本決定は事件決定であるから，決定後は，速やかに法律記録（事件記録）が児童相談所長に送付される。他方，社会記録（調査記録）は，送付せずに貸与するのが実務の扱いである（昭30・11・4最高裁家庭局長回答・家月7巻11号195頁）。

強制的措置の許可　以上に対して，強制的措置の許可を求めて児童福祉機関から家庭裁判所に送致された少年保護事件（6条の7第2項，児福27条の3）についても，家裁は，児童福祉法上の強制措置をとるべく児童福祉機関に送致することができる（18条2項）。これは，少年法上の保護処分としての児童

自立支援施設送致（24条1項2号）と同等の強制力を伴う措置であるから，審判を開いて判断すべきである（⇒ 240頁）。

(2) 検察官送致

年超検送　調査または審判の結果，本人が20歳以上であることが判明した場合は，審判条件が欠けるため，審判を開始することができない。その意味で，年超検送も，19条1項と同様の手続的審判不開始事由（審判条件の欠如）である。20歳以上の者については，家庭裁判所では処遇の要否の実質的判断ができないことを根拠として審判不開始決定がされ，管轄地方裁判所に対応する検察庁の検察官に事件を送致し，刑事裁判手続に係属させなければならない（19条2項，23条3項）。この扱いは，審判後のものも合わせて，一般事件全体の2％程度の割合である。

成人直前に送致されて調査中に成人となった場合も，19条2項の適用を認めるのが実務の扱いである。他方，裁判例には，成人直前に19条2項によって検送したものが見られる（静岡家決昭41・9・6家月19巻7号127頁，浦和家決昭44・9・18家月22巻3号144頁等）。なお，少年を成人と誤認して年超検送した場合は違法であり，公訴提起も違法となるから，刑事裁判所は公訴を棄却しなければならない（福岡高判昭27・6・17高刑集5巻6号965頁）。

身柄事件の扱い　19条2項の決定は審判条件の欠如によるから，送致に当たって，犯罪の存否の認定は不要である。ただ，検送によって観護措置が勾留とみなされることになるから（45条4号・45条の2），身柄事件においては「罪を犯したことを疑うに足りる相当な理由」（刑訴60条1項）の有無は判断しなければならず，それが認められない場合は，観護措置を取消したうえで送致決定をすべきである。

刑事処分相当による検送　以上の年超検送に対して，一定の事件について，調査または審判の結果，刑事処分が相当と認められる場合は，事件が検察官に送致され，少年の刑事事件として刑事裁判手続で扱われることになる（20条・23条1項）。一般事件全体の0.5％程度を占めている。なお，少年の刑事事件については，第10章で個別に扱う。

4　審判開始決定

⑴　審判開始の意義と要件

審判開始の意義　調査の結果，審判を開始するのが相当である場合は，審判を開始する旨の決定（審判開始決定）をしなければならない（21条）。「審判」とは，家庭裁判所が，審判期日に少年・保護者等を直接に面接して行う審理・裁判の手続（狭義の審判）をいう。審判開始決定は，このような審判を開始するという裁判所の意思表示である。一般事件全体の60％程度を占める。

　「調査の結果」という要件は，すべての調査を終了した後の決定を建前とするが，実務上は，審判開始の相当性が判断できる程度の調査がされていれば足りるとする扱いである。特に，観護措置の期間が限られている身柄事件の場合は，調査の終了を待ってから審判準備を行う時間的余裕に乏しいため，調査開始とほぼ同時に審判開始決定を行い，審判の準備と調査を並行して行うことも多い。

　審判開始の要件　審判を開始するには，少年に審判条件と審判能力が認められるだけでなく，非行事実（虞犯事由）の存在について蓋然的心証のあることが必要とされる。審判の結果によっては，不処分（23条2項）や保護処分（24条1項）のほか，児童福祉機関送致（18条）または検察官送致（20条）の決定がなされる可能性があるため（23条），裁判所の直接審理によって判断することも要件とされる。

　他方，不処分を想定して審判を開始し，審判自体を教育の場としてだけ利用することには，消極説も見られるが，積極説が通説であり，実務上も積極説での扱いが一般的なようである。2000年改正において，少年に内省を促す規定が新設され（22条1項），保護者に対する措置が規定された（25条の2）ことも，このような実務を追認したものと言えよう。

　また，要保護性の観点からは不処分以外の処遇が考えられない場合であっても，非行事実の存在について，少年の否認などから合理的な疑いが残る場合には，審判開始決定をすべきであると思われる。非行事実の存否の判断を曖昧にすることは，適正手続の要請との関係で問題があるばかりでなく，少年に対する教育的配慮を欠くことになるからである。

(2) 審判開始決定の方式と効果

審判開始決定の方式　審判開始決定は，終局決定ではなく，少年保護手続内部における中間決定にすぎない。したがって，実務においては，特に決定書を作成せず，記録表紙等に印刷されている決定欄を利用して行う扱いが一般的である。他方，少年に対しては，相当と認める方法で決定を告知しなければならない（規3条4項）。実務上は，審判期日に呼出したり，審判期日通知書を送付することや審判期日呼出状（通知書）に審判開始決定があった旨を付記することによって，少年に告知する扱いになっている。

審判開始決定のあった甲事件に乙事件を併合する場合は，乙事件について審判開始決定をするまでの必要はない（東京高決昭45・6・1家月23巻4号93頁）。甲事件の審判が開始されれば，甲事件の審判廷で，併合された乙事件についても少年の弁解を聴くのが通常であり，そのことが少年に特段の不利益をもたらすことにはならないからである。

審判開始決定の効果　審判開始決定があれば，通告または報告にもとづく事件（6条・7条）では，保護処分の決定が確定するまで公訴時効の進行が停止する（47条1項）。付添人は，触法調査における付添人（6条の3）を除いて，裁判所の許可を要件とせずに，保護事件の記録または証拠物を閲覧でき（規7条2項），被害者等は，保護事件の記録の閲覧または謄写を申し出ることができる（5条の2）。審判開始決定された場合は，審判の準備として，審判期日を指定し，少年・保護者を審判期日に呼び出さなければならない（規25条）。

審判開始決定は，審判開始の要件が欠けた場合にはいつでも取り消すことができ（規24条の4），その効力は将来に向かって生じる。調査の開始直後に審判開始決定がされながら，調査の結果，特に審判を要しないことが判明した場合や，審判期日までに少年の所在が不明になった場合などが考えられる。こうした場合，実務では，審判開始決定を取り消したうえで，告知を要しない審判不開始決定（規3条5項）をする扱いになっている。

5　被害者等への通知

(1) 被害者通知制度の趣旨

少年保護事件は，審判手続が非公開とされ（22条2項），少年の同一性推知

情報の開示が禁じられることから(61条)，現行法の制定から長きにわたって，少年の処分等について被害者等が十分な情報を得られないことが問題視されてきた。こうした中，1999年4月からは，検察庁において，少年事件の被害者や関係者に対して，事件を家庭裁判所に送致したことを中心とする通知を行う運用が始まっていた。

　その後，2000年改正によって，刑事司法全般における被害者への配慮の一環として，被害者等による記録の閲覧・謄写（5条の2），被害者等の申出による意見の聴取（9条の2）とともに，被害者等に対する通知制度が新設された（31条の2）。これは，少年の健全育成の目的（1条）を前提としながら，事件の内容や処分結果を知りたいという被害者等の要求に対応するため，家庭裁判所による事件処理の結果の要旨を通知するものである。2007年12月からは，保護観察所や少年院等においても，加害少年の処遇状況に関する通知等の運用が始まっている。

(2)　被害者通知制度の概要

　通知の対象，申出の主体等　　通知の対象となる事件，申出の主体となる被害者等，申出の時期，申出の方法（規42条の2第1項），通知が不相当な場合など，基本的な部分は，被害者等による記録の閲覧・謄写の場合（5条の2）と共通であり（⇒　200頁），不当な影響の防止についても5条の2第3項が準用される（31条の2第3項）。

　他方，申出の始期には特段の定めがなく，審判開始決定後に限定されていないため，家庭裁判所が事件受理した時点から申出ができる。また，審判不開始決定（終局決定）の事件も，記録の閲覧・謄写の対象から除外される（5条の2）のとは異なり，通知の対象事件である（規7条1項参照）。通知を受ける利益は被害者等の一身専属的なものであるが，職務上の守秘義務を負っていること（弁23条）を根拠に，弁護士による代理が認められる（規42条の2第2項）。

　通知の内容等　　通知すべき内容については，明文規定はないが，被害者等からの申出があった場合，裁判所は，事件の終局決定後に，決定内容の要旨（少年およびその法定代理人の氏名および住居，決定の年月日，主文および理由の要旨）を通知している。理由の要旨には，家裁が認定した非行（犯罪・触法）事実と処遇選択の理由の要旨を含む。非行事実が争われた事件では，非行事実認定の

理由の要旨も通知するのが望ましく，非行事実なし不処分や縮小認定の場合は，送致事実が認定できなかった理由の要旨も通知するのが望ましい。

　複数の被害者に対する複数の非行事実が認定された事件については，一般には申出のあった被害者に関する部分を通知すれば足りるが，処遇選択に影響のある場合は，他の認定事実の部分についても通知すべきである。被害者通知制度は，審判そのものに関するものではないから，抗告審への準用はないと解される（32条の6参照）。ただ，被害者への配慮の充実という趣旨から，運用にもとづいて通知する可能性を排除するまでの必要はない。

第8章　審判過程

　審判開始決定がされた少年保護事件は，家庭裁判所裁判官が主宰する審判手続段階（狭義の審判）に進み，最終的な扱いが決められる。少年保護事件手続は，審判段階においても，調査段階と同様，少年法（少年司法）の理念や特性を根拠として，刑事裁判手続とは異なる多くの特徴が見られる。本章では，審判の意義や審判の関係者をはじめとする審判手続の内容を中心に，終局決定および事後手続をも視野に入れ，少年保護事件の扱いを明らかにする。また，中間処分でありながら，処遇効果の高さが指摘され，積極的に活用されている試験観察についても，本章で扱っておく。さらに，審判の具体的な方式について，通常の審判手続（一般的な運用）を確認したうえで，特殊な審判形態として，裁定合議事件と検察官関与事件，被害者傍聴事件，軽微事件と交通関係事件について言及する。

1　審判の意義と特徴，関係者

1　審判の意義と特徴

⑴　審判の目的と機能

　審判の目的　裁判官の主宰する少年審判の目的は，審判期日に，裁判官が少年に対して直接に面接することによって（直接審理），非行事実と要保護性の存否を認定する資料を収集し，最適な処遇を選択することにある。その点で，審判は，調査と共通の目的と性質を持つ。審判においては，少年法の司法的機能がより強く発揮される一方で，それ自体が「教育の場」であると言われるように，福祉的機能の発揮が否定されるわけではない。審判の方式について，2000年改正が少年の内省を促す文言を挿入したことも（22条1項），教育の場としての審判の機能を明らかにしたものである。

　審判の機能　審判のもっとも重要な機能は，裁判官の直接審理によって，裁判官が非行事実と要保護性について正確な心証を形成することにある。す

でに見たように，調査段階における法的調査（法律記録）と社会調査（社会記録）を通じて，裁判官は，審判を開始するまでの段階で，非行事実と要保護性について一定の蓋然的心証を形成している（⇒　153頁）。

　しかし，調査段階で収集された資料やそれによって形成された心証は，家庭裁判所側の一方的なものにすぎないから，少年や保護者の弁解，反論等を経て，より正確なものにしなければならない。また，最善の処遇を選択するには，少年自身の立ち直りに向けた意欲の存否や程度，保護者の保護能力の状況等についても，少年や保護者から直接的に聴取することが不可欠である。さらに，少年の健全育成を確保する（1条）ためには，少年と保護者，その他の関係者に対して，処遇の方針を理解させるとともに，処遇のための努力と協力を促すことも求められる（規35条1項参照）。

(2) 審判手続の諸原則の概要

　少年法を基礎づける特有の理念と目的は，少年法全体の運用においても大きな特徴をもたらす（⇒　53頁）。そうした特徴は，少年審判の場面でも，職権主義的な構造と運用を前提としながら，いくつかの原則として具体化されている。その典型は，審判の非公開（22条2項）と同一性推知情報の公表禁止（61条）であり，人格的に未成熟で傷つきやすい少年の情操を保護するとともに，将来にわたる少年の不利益の回避を根拠としている。また，パレンス・パトリエ（⇒　4頁）にもとづく少年司法システムを基本的に継受した少年審判は，刑事裁判手続のような画一的な形式や方式を採用せず，非方式に運用することを特徴とする。さらに，少年処遇は個々の少年に応じて個別的であるべきとの要請（処遇の個別化）から，審理も少年ごとに行うべきとの原則（個別審理の原則）が妥当する一方，同一少年の複数の事件は併合して扱う運用（併合審理の原則）が導かれる（規25条の2）。審判の教育的効果の観点（教育主義）からは，裁判官が少年に対面して審理する直接審理の原則が当然のものとされる。

(3) 審判の対象

　少年保護手続は，非行事実の存在を契機として，少年の要保護性を解明し，要保護性を解消するための最善（最適）の処遇（保護処分）の選択を目指している。審判にこのような機能を認め，保護処分を審判の法律効果と見る点については，特に異論はない。他方，審判過程における「審判の対象」を何に見

るかについては見解が分かれ，非行事実に限定する見解，要保護性に限定する見解，非行事実と要保護性の両方とする見解が見られる。この問題は，保護手続の本質の理解（行為主義的理解と行為者主義的理解，侵害原理と保護原理との関係など）という根本的な問題に関わるだけでなく，不告不理の原則や一事不再理の効力などの手続法的な論点とも関連して，理論的に深刻なものになりうる。

　ただ，非行事実の認定を前提として要保護性が確認される少年審判手続の構造からすれば，非行事実と要保護性の両方を審判の対象と見るべきであり，通説もそのように理解している。さらに，犯罪事実の認定と法律効果（刑罰による社会的非難）が直結する刑事裁判手続と異なり，要保護性の解明が法律効果（保護処分）を導くのに重要な役割を果たす少年審判手続においては，要保護性の認定に重点が置かれることも一般に認められている。

(4)　審判対象としての要保護性の内容

　要保護性の限定　　要保護性を審判対象とする場合，その内容をどのように理解すべきであろうか。要保護性は，一般的には，何らかの保護が必要な状態にあること（保護の必要性）を意味する。ただ，それが論じられる場面や状況に応じて，極めて多義的に用いられるし，その範囲も決して明確なわけではない。民法上の後見制度や児童福祉法等が問題にする要保護性は，保護を欠く状態にある未成年者に対する国家的関与を正当化するためのもので，かなり広義であると同時に，価値中立的なものである。少年法制が誕生した当初は，その管轄対象が広かったこともあり（⇒ 27頁），純粋な保護原理を前提として，このような要保護性が問題にされる場面も多かった。その後，一般的で広範な少年保護法制から少年司法システムへと整備が進んでいくなかで，要保護性の内容も限定的なものへと変化してきた。

　非行少年の要保護性　　少年法による保護は，「非行のある少年」に対するもので，一定の強制力を前提としている。少年法は，犯罪少年，触法少年，虞犯少年を併せて「非行少年」とするところから（3条），要保護性の内容として，一定の犯罪的危険性や犯罪傾向を重視していることになる。そのような要保護性は，価値中立的なものではないから，純粋な保護原理から導くことはできず，保護原理と侵害原理との調和のもとで導かれることになる。

　保護処分を中心とした措置によって要保護性の解消を目指すことから（1
条），要保護性の内容には矯正可能性が含まれる。少年審判においては，非行
事実の認定を前提として，少年の犯罪的危険性や犯罪傾向を認定したうえで，
その解消のためにどのような措置が最適なのかが明らかにされなければなら
ない。少年法上の措置では適切でなかったり，十分でない場合には，福祉的
措置や刑事処分をはじめとする他の法システムへの移送を考えてよいし，事
案によっては精神医療システムでの扱いが適切な場合などもある。

　要保護性の判断要素　　要保護性の内容をこのように考えるにしても，そ
の判断要素に何を取り込むかによって，結論が異なることを否定できない。
このことは，特に，刑事処分相当を理由とする逆送(20条1項)の判断に当たっ
て，非行事実の軽重や社会的影響を考慮してよいかという問題に如実に現れ
る。それを肯定すれば，「少年法による保護相当性」が要保護性の内容に取り
込まれる。2000年改正が，少年の年齢と非行内容・程度に着目した原則逆送
制度（同2項）を導入したことは，保護相当性を要保護性の内容とする趣旨を
認めたものと言えるかもしれない。

2　審判の関係者

(1)　少年

　審判には，少年が必ず出席しなければならない。少年が審判期日に出頭し
ないときは審判を開くことができず（規28条3項），必要な場合には同行状を
発して出席を強制することができる（11条2項）。この点は，被告人の出頭が
必要でない場合を例外的に認める刑事裁判手続（刑訴284条・285条）と決定的
に異なる。直接審理の原則が妥当し，かつ審判が教育の場であるとされるこ
とからも，少年の出席が当然の前提とされるのである。

(2)　保護者

　保護者の地位　　「少年に対して法律上監護教育の義務ある者」または「少
年を現に監護する者」としての保護者は（2条2項），少年保護事件全体の中で
きわめて重要な役割を担っている。それは，①少年の権利や利益を代弁ない
しは擁護する立場（保護手続を監視する機能）と，②少年の健全育成という目的
達成のために国家に協力する立場（協力者としての機能）を持つ一方，③国家の

介入によって少年に対する保護の権利や利益を奪われる者としての立場と，④保護義務を果たさなかったことにより，少年の非行に対して責任がある者としての立場，である。保護者の立場がこのような多面的なものであるため，少年法は，保護者に各種の権利と義務を規定している。

保護者の権利と義務　　保護者の権利として，児童相談所への通告権（6条2項），付添人選任権と付添人就任権（10条1項・2項），抗告権（32条），再抗告権（35条），観護措置に関して通知を受ける権利（規22条），審判出席権（規25条2項），審判における意見陳述権（規30条），保護処分について説明を受け，抗告権の告知を受ける権利（規35条），がそれぞれ規定されている。

他方，義務として，家裁調査官の報告に先立つ調査に応じる義務（7条2項），社会調査に応じる義務（8条2項），家裁の呼出し・同行に応じる義務（11条），試験観察にともなう義務（25条2項2号），費用の徴収に応じる義務（31条）＊，が規定されている。これらのうち，①②との関係で重要なのは，審判出席権と意見陳述権である。特に，審判出席は，同行状による出頭が担保されているように（11条2項・13条），保護者の権利であると同時に義務でもある。

＊Column　費用の徴収
少年事件に関与した証人，鑑定人，翻訳人，通訳人，参考人，国選付添人（22条の3）については，旅費・日当・宿泊費等の費用が支払われ（同4項，30条），その費用を少年または少年の扶養義務者から徴収できる（31条1項）。補導委託の受託者に支給した費用，少年鑑別所および少年院において生じた費用の全部または一部も徴収できる（同項）。なお，費用の徴収については，非訟事件手続法が準用される（非訟121条2項）。

保護者の責任　　④の非行に対する保護者の責任として，監督下の少年の非行について保護者の刑事責任を追及する法制度もあったが，現在は，代位処罰的な責任追及は姿を消している。そのため，わが国をはじめ多くの国で，保護者にどのような責任追及が可能で，適切であるかが問題になっている。2000年改正において，家庭裁判所が保護者に対して訓戒・指導などの措置をとりうることを明示したのは（25条の2，犯捜規200条・214条2項参照），ひとつの方向性を示したものである。

⑶ 家庭裁判所裁判官

裁判官の役割　少年審判は家庭裁判所裁判官（⇒　60頁）が主宰し（規28条1項），裁判官は，審判廷の秩序維持のために，「法廷等の秩序維持に関する法律」（昭27法286）にもとづく権限を行使する（福岡家決平14・10・8家月55巻3号103頁）。少年法は，単独の裁判官が審判を行うことを原則とするだけでなく，20条1項の検察官送致決定以外の裁判については，判事補（未特例判事補を含む）が1人で行うことを認めている（4条）。4条の規定は，重大な決定については，経験が豊かな裁判官（判事）に判断させようとする趣旨である一方，一般の少年保護事件については，経験が豊かでない裁判官でも十分に対応できるとの判断が背後にあることを推測させる。

　しかし，対審構造のもとで厳格な手続に従って事実認定を行う刑事裁判と異なり，少年審判は，非方式性のもとで事実認定を行うだけでなく，要保護性の解明という非法律的な判断を的確に行うことが要請されている。このような少年審判の特性と役割を重視すれば，むしろ少年審判においてこそ，人生経験が豊かで人権感覚に優れた人材が必要であるように思われる。なお，2000年改正によって，裁定合議制が取り入れられた（裁31条の4）。

　裁判官の回避　少年法は，少年審判手続に裁判官の除斥や忌避（刑訴20条・21条）を認めず，回避義務を認めるにすぎない（規32条　⇒　203頁）。このこともあり，少年保護事件は刑事事件ではなく，少年審判は裁判でないとの理解から，少年には公平な裁判を受ける権利（憲37条1項）がないと解されがちな傾向がある。そのような理解は，少年保護事件を刑事「非訟事件」とみなして軽視する傾向につながりかねない。また，全国の家庭裁判所50庁のうち，独立庁は17であり，併設庁や支部の多くでは，地方裁判所と兼務の裁判官が少年保護事件を担当している。このような状況を踏まえると，少年審判への裁判官関与のあり方については，検討すべき課題が多い。

⑷ 家庭裁判所調査官

　現行少年法の最大の特徴は，家庭裁判所に，調査専門家としての家庭裁判調査官（⇒　62頁）を置いたこと（裁61条の2）にある。家裁の司法機能とケースワーク機能は，前者を裁判官が担い，後者を調査官が担う形で，両者の有機的な連携が図られている。調査官のもっとも重要な機能は少年の要保護性

に関する社会調査であるが (8 条 2 項・9 条)，その具体的な活動内容は，広範な
ソーシャル・ケースワーク活動に及び，少年保護事件の解決の適否を左右す
ると言ってよい。もっとも，調査官の職務活動は，調査官の独立裁量による
ものでなく，家裁を構成する裁判官の権限に属する (裁 61 条の 2 第 4 項)。

　審判との関係で重要な調査官の役割は，審判期日における原則的な列席で
あり，裁判長の許可がない限り調査官は審判に出席しなければならない (規
28 条 2 項)。また，裁判長の許可を得たうえで，審判の席で意見を述べること
ができる (同 30 条)。

(5)　付添人

　付添人は，一般刑事司法における弁護人と類似の立場で審判に関与する。
その権限は多岐にわたり，①身柄拘束中の少年との立会人なしの面会 (鑑 81
条 2 項)，②観護措置決定・更新決定に対する異議申立・特別抗告 (17 条の 2・
17 条の 3)，③記録・証拠物の閲覧 (規 7 条 2 項)，④証拠調手続における立会・
尋問・証拠調べの申出等 (14 条・15 条，規 19 条・29 条の 3)，⑤審判への出席と審
判での意見陳述 (規 28 条 4 項・29 条の 2 後段・30 条)，⑥審判での少年に対する発
問 (規 29 条の 4)，⑦保護処分決定に対する抗告・再抗告 (32 条・35 条 1 項) のほ
か，審判書謄本請求も認められる (昭 29・1・28 最高裁家甲 21 家庭局長回答・家月
6 巻 1 号 147 頁)。これらの権限行使を円滑にするため，2000 年改正で各種の通
知義務が明示された。

　以上の権限のうち，⑤は保護者にも認められ，②⑦は法定代理人である保
護者にも認められるが，それ以外は付添人にのみ認められる。③の記録には，
事件記録 (法律記録) だけでなく，少年調査記録 (社会記録) も含まれる (東京高
決昭 58・7・11 家月 36 巻 3 号 177 頁，大阪高決平元・12・26 家月 42 巻 10 号 74 頁)。付添
人の重要な権限の侵害は，決定に影響を及ぼす法令違背として，抗告理由 (32
条) に該当する (高松高決昭 34・7・2 家月 11 巻 8 号 145 頁，札幌高決昭 53・12・15 家
月 31 巻 9 号 59 頁)。

(6)　検察官

検察官の不関与　　全件送致主義を前提として家庭裁判所先議主義に立脚
する現行少年法は，制定当初から，家裁に係属した少年保護事件手続に検察
官が関与することを一切認めてこなかった (⇒ 66 頁)。検察官は，刑事裁判

手続において被告人の社会的非難を求める役割（原告官）を担っていることから，少年の健全育成を目的とする少年保護事件に関与させるのは適切でないと考えられたからである。この点については，少年法改正が取り沙汰されるたびに，刑事政策の担い手である検察庁を中心に，検察官関与を求める声が強かった。それにもかかわらず，少年保護事件への検察官の関与は長いこと実現されずに推移してきた。

　　審問主義的運用の限界　　しかし，「山形マット死事件」＊などのように，非行事実の認定が困難な事案の出現を契機として，非行事実認定手続の改善を求める声が高まり，その一環として検察官関与の必要性が主張された。特に，被害者が死亡しているような重大事件でありながら，目撃者がなかったり，少年が被疑事実を強硬に否認したり，共犯関係にある少年同士の言い分が大きく異なったり，捜査段階での自白を覆して無実を主張するような，複雑な内容の事案においては，従来の最長4週間という限定された観護措置期間中に裁判官が1人で少年の処分を決定することに対して，大きな限界や無理のあることが指摘されていた。

　　＊Column　山形マット死事件
　　1993年1月，山形県新庄市立明倫中学校の体育館用具室内で，同校1年の生徒が，体育用マットの中で逆さになって，窒息死しているのが発見された。警察は，傷害・監禁致死容疑で，死亡した生徒をいじめていた14歳（事件当時）の上級生3人を逮捕，13歳の3人と12歳の1人を補導した。警察の事情聴取段階では，7人が全員，犯行を認めていた。その後，児童相談所に送致された12歳を除く6人は，警察での自供を撤回し，犯行を否認したり，アリバイを主張するようになった。山形家裁は，14歳の3人を不処分（非行事実なし）とする一方，13歳の2人を初等少年院（現在の第1種少年院）送致，1人を教護院（現在の児童自立支援施設）送致とした。保護処分決定を受けた3人が抗告したが，仙台高裁は，抗告棄却に際し，不処分決定（確定）を受けた3人の少年についても非行事実に関与していた疑いを指摘した。1994年，最高裁が再抗告を棄却し，少年保護事件としては終結したが，こうした一連の状況が，少年審判における事実認定のあり方に大きな疑問を投げかけた。その後，死亡少年の遺族が7人の元少年らに対して損害賠償請求訴訟を提起し，山形地裁は，全員の事件への関与を否定して，請求を棄却（2002年）した。しかし，仙台高裁は，全員の事件関与を認めて請求を容認し（2004年），その後の最高裁で確定している（2005年）。

　　検察官関与とその役割　　こうした事情のもとで，2000年改正は，裁定合

議制（裁31条の4第2項）を導入する一方，一定の要件のもとに，観護措置期間の特別延長を認める（17条4項）とともに，事実認定手続への検察官関与（審判への出席）を認めた（22条の2，規30条の6第1項）。ただ，この検察官関与は，もっぱら厳格な事実認定を目的とするもので，刑事裁判手続のような社会的非難を求める役割が検察官に期待されているわけではない。それにもかかわらず，検察官関与については，社会的非難を求めるイメージと結びついて，弁護士を中心とする実務家，少年法研究者の多くが，批判的である。

(7)　その他の関係者

　以上の関係者のほか，家庭裁判所側からは，裁判所書記官が審判に列席し（規28条1項），審判期日手続について審判調書を作成する（規6条1項本文・33条・34条）。少年側では，少年の親族，教員，その他家裁が相当と認める者について，審判への在席を許可することができる（規29条）。さらに，保護機関・矯正機関の関係者として，保護観察官・保護司，少年鑑別所に勤務する法務技官・法務教官は，審判に出席するとともに，裁判官の許可を得たうえで意見を述べることができる（規30条）。なお，家庭裁判所は，調査段階の場合と同様（⇒　162頁），必要に応じて，公務所や学校，団体等に協力を求めることができる（16条2項）。

②　審判開始決定の効果

1　審判の準備

(1)　審判期日の指定

　審判開始の決定があると，家庭裁判所は，審判期日を指定し，少年および保護者を呼び出す（規25条）。審判期日の指定は，裁判官の指示にもとづき，書記官が行う運用である。指定に際して，事案の具体的な事情（年齢切迫事件，身柄事件，事件関係者の職業，呼出しに要する時間など）を考慮して，関係者（付添人，検察官関与決定事件の検察官，関係機関の職員など）との事前折衝が必要となる。身柄事件では，通常で最長4週間の期間制限があるため，審判期日を特に迅速に指定する必要がある。ただ，少年側の準備に配慮して，呼出状の到達と審判期日との間に相当の期間があることが望ましい。

審判期日の指定は，実務上，事件記録表紙に印刷された期日指定欄に，年月日時を記載し，裁判長が押印する扱いである。指定された審判期日は，審判期日変更決定をすれば変更できる。この場合は，変更通知をすれば足り，改めて呼出しのための手続をとる必要はない。

⑵　少年と保護者の呼出し

少年の呼出し　少年保護事件手続における直接審理の原則，教育主義の要請から，審判には少年を必ず出頭させなければならず，少年が欠席したままで審判や決定をすることはできない（規25条2項・28条3項）。ただ，少年の情操を害するような状況が生じた場合は（少年の出生の秘密が明かされる場合など），その状況の継続中，少年を退席させることができる（同31条2項）。

保護者の呼出し　保護者は，少年の権利や利益を擁護する立場と，少年の健全育成という目的達成のために国家に協力する立場から，審判への呼出しが必要的なものとされている（規25条2項）。少年と保護者の呼出しについては，実務上，少年保護手続を簡略に説明する「少年と保護者の皆さんへ」という書面を交付して行っている。正当な理由なしに呼出しに応じない場合には，同行状が発せられる（11条）。呼出しの手続と方式，同行については，調査段階と同様である（⇒　164頁）。

複数の保護者が存在する場合には（法律上の保護者と事実上の保護者が併存する場合），全員を呼出す必要はなく，家庭裁判所が適当と認める者を呼出せば足りる（東京高決昭32・11・24家月9巻11号119頁，東京高決平8・11・22家月49巻4号70頁）。実務では，父母の双方が保護者である場合は，別居等の特別な事情がない限り，原則として双方を呼出している。法律上の監護教育の義務がある者と現に監護する者とがある場合は，双方を呼出すのが望ましいが，保護処分に対する抗告権が法定代理人に限られていることから（32条），少なくとも，法律上の監護教育の義務のある保護者は呼出さなければならない。

民法上の成年年齢の引下げにより，特定少年については，親権者としての保護者は存在しないことになった。

⑶　その他の関係者への対応

付添人は，少年の権利保護の観点から，審判への出席権と意見陳述権・発問権が認められているが（規28条4項・29条の4・30条），審判への呼出しまで

は必要とはされず，審判期日を通知することで足りる（同28条5項）。検察官
関与決定をした場合は，非行事実認定手続を行う審判期日および当該事件の
終局決定を告知する審判期日を検察官に通知しなければならない（同30条の
6第2項）。

　少年の処遇に関して保護観察官や保護司，少年鑑別所の法務技官・法務教
官の意見を聴く必要がある場合は，保護観察所または少年鑑別所に対して，
意見を聴取する旨と聴取の日時等を通知する（規26条）。審判に出席させて意
見を聴くこともできる（同29条・30条）。ただ，審判における少年の面前での
意見聴取が不適切な場合には，審判期日外に審判準備として行ってもよい。

(4)　呼出し等が欠如した場合の扱い

　少年・保護者の呼出しと付添人への通知は強行規定で，それらを欠いたま
までの審判手続は違法である。そのことが抗告理由になるかは，「決定に影響
を及ぼす法令の違反」（32条）の解釈による。裁判例としては，違法を認めて
原決定を取り消したものがある（名古屋高決昭25・3・24家月2巻6号236頁，札幌
高決昭53・12・15家月31巻9号59頁等）一方，手続違反は認めながらも抗告を棄
却したものがあり（東京高決昭31・7・24家月8巻8号40頁等），違法としなかった
ものもある（東京高決昭38・11・6家月16巻2号112頁等）。この点は，具体的な事
案との関係で個別的に判断せざるをえない。

2　記録・証拠物の閲覧・謄写
(1)　記録・証拠物の閲覧・謄写と押収物の扱い

　記録の閲覧等　家庭裁判所に係属した少年保護事件については，審判開
始決定の有無と関係なく，裁判所の許可によって，事件の記録や証拠物の閲
覧・謄写が認められる（規7条1項　⇒　176頁）。

　審判開始決定後の被害者等には，原則として記録等の閲覧・謄写が認めら
れ（5条の2），審判開始決定後の付添人には，権利として（大阪高決平元・12・26
家月42巻10号74頁）記録等の閲覧が認められ（規7条2項），検察官関与決定事
件の検察官には，非行事実認定に必要な限りで記録等の閲覧（同30条の5）が
認められる。これらは，規則7条1項の一般規定（一般法）に対して，特別規
定（特別法）の関係にある。

押収物の扱い　　押収物は，非行事実認定のための証拠資料または没取（24条の2）の対象として押収（領置）される（⇒　130頁）。したがって，それは，審判期日に少年等に示して，非行の供用・組成物件等であることの確認や，その所有関係を確認するため，審判期日に示すことができなければならない。また，それは，証拠物としての性格を持つから，閲覧・謄写の対象になるだけでなく，審判開始決定前の段階では決定書や調書の作成などにも利用される。このような場合は，係書記官が保管物主任官の保管する押収物を仮出すこと（押収物の仮出し）が行われる。

(2)　被害者等による記録の閲覧・謄写

被害者への配慮の拡充　　一般刑事事件と同様，少年保護事件においても，損害賠償請求等の権利行使のために，被害者等から事件記録について閲覧・謄写を求められることがある。この点について，従前の実務では，規則7条1項の許可によって対応していた。しかし，被害者への配慮等の観点から，2000年改正によって，被害者等の申出による意見の聴取（9条の2），被害者等に対する通知（31条の2）とともに，被害者等による記録の閲覧・謄写に関する規定（5条の2）が新設された。その後の2008年改正によって，記録の対象範囲が拡充される一方で，閲覧等の要件が緩和されている。これらの規定は，いずれも被害者側からの申出を手続要件としているが，実際には，裁判所がリーフレット等を準備して，制度の存在の周知を図るとともに，重大事件の被害者等には個別の案内を行う扱いになっている。

対象事件と申出主体　　対象となる事件は，犯罪少年（3条1項1号）および触法少年（同2号）の保護事件で，虞犯少年（同3号）の事件は除かれる。申出の主体となる被害者とは，「犯罪により害を被った者」（刑訴230条）と同義であり，少年の犯罪（触法）行為によって直接の被害を受けた者をいう。法人も含まれる（規7条の2第1号参照）。被害者本人が死亡した場合や心身に重大な故障がある場合は，その配偶者，直系親族もしくは兄弟姉妹による申出が認められる（5条の2第1項）。

対象記録の範囲　　対象となる記録の範囲については，2008年改正前は「非行事実に係る部分」に限定されていたが，被害者等からの要望や犯罪被害者等基本法の趣旨を尊重して，2008年改正により，家庭裁判所の保管する保

護事件の記録全体が対象とされた。この改正により，少年の身上経歴に関する供述調書や審判調書，少年の生活状況に関する保護者等の供述調書等も，閲覧・謄写の対象に含まれることになった。

他方，「家庭裁判所が専ら当該少年の保護の必要性判断のため収集したもの及び調査官がその判断に資するよう作成または収集した」社会記録は，要保護性に関する調査記録であり，少年等のプライヴァシーに密接するものであるため，対象から除外される。

申出の時期　申出の時期は，審判開始決定 (21条) がされた後で，終局決定が確定した後に3年が経過するまでである (5条の2第1項・2項)。本条の終局決定は，調査段階では，児童福祉機関送致決定 (18条)，検察官送致決定 (19条2項・20条) があり，審判段階では，児童福祉機関送致決定・検察官送致決定 (23条1項・3項)，不処分決定 (23条2項)，保護処分決定 (24条) がある。審判不開始決定は，終局決定ではあるが，本条の申出の対象にはならないため，規則7条1項 (一般条項) による申請をすることになる。

申出手続　閲覧・謄写は，被害者等の申出にもとづいて許可される。申出に際しては，①申出人の氏名・名称，住所，②対象となる記録を特定する事項，③申出人が申出をすることができる者であることの基礎となる事実，④閲覧・謄写を求める理由，をすべて明らかにしなければならない (規7条の2)。閲覧・謄写のための手数料については，「民事訴訟費用等に関する法律」(昭46法40) の関連規定が準用される (5条の3)。

申出の要件　閲覧・謄写を認める要件として，2008年改正前には「正当な理由」の存在が要求されていたため，単に事件の内容を知りたいという理由での申出は認められなかった。しかし，犯罪被害者保護法の改正 (2007年) をうけ，2008年改正は，原則として対象記録の閲覧・謄写を認めたうえで，例外的な事情のある場合 (正当性または相当性が積極的に否定される場合) に限って許可しないこととした (5条の2第1項)。「理由が正当でないと認める場合」としては，被害者等が，加害者や関係者に報復する目的で申出るような場合が想定される。「相当でないと認める場合」としては，関係者間の対立抗争を生じかねない場合や，証言等への悪影響が予想されるような場合である。

少年保護事件としての特性から (職権主義的審問構造)，裁判所の判断は職権

による。検察官関与事件や付添人がいる事件であっても，判断に際して検察官や付添人の意見を聴く必要はない (犯罪被害保護3条1項参照)。閲覧や謄写が許可されなかった場合も，申出をした被害者等が不服申立 (抗告等) をすることはできない。

不当利用の禁止　　記録の閲覧・謄写をした者は，知り得た情報 (少年の氏名や身上に関する事項) を正当な理由なしに漏らしたり，知り得た事項をみだりに用いて関係人の名誉や生活の平穏を害したり，調査や審判に支障を生じさせる行為を禁じられる (5条の2第3項)。閲覧・謄写から得られた情報を用いた不当な影響を防止するためである。犯罪被害者保護法3条3項と同趣旨であるが，少年保護事件の特性から，より慎重な配慮が必要とされる。

　これに反した行為は，その態様に応じて，不法行為による損害賠償の対象になり (民709条)，名誉毀損罪 (刑230条) の成立もありうるし，代理人弁護士の場合は懲戒事由になりうる。また，「少年の育成を妨げるおそれがあり相当でないと認められる場合」に当たるとして，被害者等の申出による通知 (31条の2第1項) が制限されることもありうる。

③　審判の方式

1　審判廷の構成

⑴　審判の場所と出席者

　審判は，家庭裁判所 (本庁・支部) の審判廷で行うのを原則とするが (裁69条1項)，裁判所外で行うこともできる (規27条)。審判廷については，真実発見の場であると同時に教育の場としての雰囲気を確保する観点から，広さや採光，色彩，備品，机，椅子の配置などに配慮され，逃走等の事故防止の面でさまざまな配慮がされている。

　裁判所外での開廷の要件は明示されていないが，裁判所外で開廷することの合理的な理由のほか，少年保護の必要性とともに，審判に適切な場所であることが必要である。実務では，少年が置かれている状況に応じて，補導委託先，少年院，少年鑑別所などが利用されている。裁判所外での開廷は，あくまでも例外的なものであり，安易な利用は慎まなければならない。

　審判の出席者については，その権利・義務関係を含めて，「審判の関係者」として言及したことが妥当する（⇒ 192頁）。

⑵ 裁判官の回避

　回避の意義　少年審判における裁判官は，刑事裁判とは異なり，保護的・教育的な手続の主宰者として，広範な裁量権とともに積極的な役割が期待されている。それだけに，裁判官の公正・公平を確保することが重要であり，審判の公平について疑いを生じるような事由があると判断される場合には，職務執行を回避すべきことが規定されている（規32条）。回避は，書面や口頭等，適宜な方式による。

　書記官や調査官の回避についての規定はないが，裁判官の回避の趣旨から，審判の公平に疑いを生じるような事由がある場合には適宜に交代することが認められよう。

　除斥と忌避の扱い　刑事裁判手続と異なり（刑訴20条以下参照），少年法は，裁判官の除斥や忌避に関する規定を置いておらず，これらを認めない趣旨と解されている。しかし，最近は，非行事実を争う事件で忌避申立がなされ，その申立権を認める裁判例が見られるとともに（東京高決平元・7・18家月41巻10号166頁，東京家八王子支決平5・10・8家月45巻12号116頁等），積極説に立つ学説も見られるようになってきた。解釈論としての困難はあるものの，少年に公平な裁判を受ける「実質的な」権利（憲37条1項参照）を保障するための方策として，積極的に運用してもよいと思われる。

2　審判の原則

⑴ 非公開の原則

　刑事手続における公開主義の原則　裁判の公開主義（公開裁判）は，刑事手続における被告人の重要な権利であり，憲法上も保障が明示されている（憲82条1項）。刑事裁判の公開が被告人の権利であるのは，恣意的で政治的な運用につながる非公開裁判（密室裁判，秘密裁判）によって国民の自由が不当に侵害されてきたという歴史的教訓から，裁判は，国民一般が自由に傍聴できる（社会による裁判の監視）状態で行うべきだと考えられているからである。このような基本的な発想との関係では，刑事裁判と少年審判とで異なるところが

ない。

非公開の根拠　　他方，多くの少年法制では，審判の非公開（非公開原則）が，少年司法の特徴のひとつになっている。わが国の少年法も，旧法（旧45条本文）と現行法（22条2項）を通じて，非公開主義を一貫している。その根拠は，裁判の公開が，その不可避的な反射的効果として，被告人の同一性を社会に広く知らしめる（被告人が衆目に晒される）という不利益な側面を持つことに求められる。少年法は，審判を公開することの利益と不利益とを比較衡量したうえで，事実上の不利益を排除することの必要性を重視し，審判非公開の原則を採用しているのである。

　2008年改正によって，被害者等による審判傍聴制度が導入され（22条の4），非公開原則に一定の例外が認められることになった（⇒　225頁）。

権利の2面性　　審判の公開と非公開の利益衡量にもとづく非公開原則は，裁判の公開を相対的な権利と捉え，少年司法の特性を強調することによって，非公開が憲法上の権利である公開裁判の保障に抵触しないとする（高松高決昭29・8・5家月6巻8号84頁）。他方，裁判の公開を刑事被告人すべてに共通する絶対的権利と考え，司法システムの中に少年法を位置づけるならば，少年審判（裁判）においても公開主義は憲法上の要請とされる。2003年施行のカナダ少年刑事裁判法などは，裁判の公開を憲法上の絶対的権利と捉えて，少年裁判の公開を当然視するものになっている。

手続の秘密性　　発達途上の少年の健全育成を目的とする少年法においては（1条），審判手続も，少年を衆目に晒さずに，その情操を保護したうえで（規1条），効果的な社会復帰（再社会化）を実現するため，少年の非行の存在そのものを秘密とすることが望まれる。また，少年の要保護性を解明して最適な処遇を選択するためには，少年の性格や生育歴・生活環境だけでなく，少年の家族のプライヴァシーに関わる事項等もできる限り明らかにする必要があり，関係者の率直で協力的な関わりを保障するためにも手続の秘密性が強く要請される。こうした観点から，少年法は，審判そのものを非公開とするだけでなく，少年の同一性を推知させる情報の公表を禁止し（61条），記録の閲覧制限（規7条）を規定している。

⑵　**直接審理の原則**

　少年審判では，少年の健全育成と権利保護の見地から，審判期日に少年から直接に弁解を聴くことが重要である。ここから，直接審理の原則が導かれ，少年が不出頭の場合は審判を行えない（規28条3項）。他方，情操保護のために少年を一時的に退席させたり（同31条2項），少年が欠席したままで次回の審判期日を指定することは，直接審理の原則に抵触しない。証人尋問については，少年が欠席していても，弁護士付添人が出席している場合は，審判運営の効率性および証人の負担軽減といった観点から，少年の防御権の実質的保障が確保されることを条件として，審判期日を証人尋問期日に切り替えることもありえよう。

⑶　**要保護性の機能と審判のあり方**

　要保護性の機能　　少年審判は，非行事実の認定を前提として，要保護性（少年の具体的な問題）を解明したうえで（要保護性の認定），最適な処遇選択を判断するためのものである。したがって，少年審判においては，非行事実（行為）の存在が要保護性解明の契機として機能する一方で，少年の健全育成を実現するためには，要保護性の解明こそが重要である。非行事実認定が個々の行為を対象とするのに対し，要保護性は，当該少年の性格や生活環境全体に関わっている。

　審判のあり方　　こうした事情から，少年法の運用は，行為主義的傾向が顕著な刑法と異なり，事実上，行為者主義的な傾向が強いものになる。このため，少年保護事件の審判においては，同一少年の複数の事件はなるべく併合して審判すべきものとされる（併合審判の原則）。その一方で，行為主義的な観点との調和のもとで，併合審判の例外として，異なる少年の事件は原則として併合しない扱い（個別審理の原則）が確立している。

⑷　**併合審判の原則**

　併合審判　　併合審判の原則は，規則に明示されている（規25条の2）。この原則によれば，同一少年の複数の事件が同一家庭裁判所に係属している場合はもちろん，本庁と支部のそれぞれに係属した事件は回付により，他庁にそれぞれ係属した事件は移送によって（5条2項），複数の事件を併合したうえで審判することになる。また，少年保護事件と準少年保護事件（保護処分取消事件

［27 条の 2］や収容継続申請事件［院 137 条〜139 条］，戻し収容申請事件［更生 71 条］）との併合も認められる。

　他方，事件の性質や内容，非行時期の違い等，個別に処理した方が適切な複数事件の場合は，併合しなくてもよい。実務上は，自庁講習や交通（短期）保護観察等の特殊な処理がなされる交通関係事件では，併合しない扱いが多いようである。また，一部の事件についてだけ検察官送致（20 条）が相当な場合も，併合しない扱いが適切であると言えよう。

　併合審判の手続　　併合決定によって審判手続は併合され，ひとつの手続において審判がなされる。他方，審判を併合した場合であっても，終局決定がひとつであることまでは必要でない。併合審判した結果，当該少年に最適な処遇選択として検察官送致と保護処分とが必要な場合には，それぞれに分離して終局決定を行う扱いも認められる。

(5)　個別審理の原則

　個別審理　　明文の根拠を持つ併合審判の原則に対して，個別審理の原則については明文の根拠規定が存在しない。また，複数の少年による同一事件を併合審判しても，それぞれの少年の要保護性の解明に特段の支障が生じるわけでもない。その一方で，複数の少年の事件を併合審判すれば，それぞれの事件の少年や関係者の秘密が広く共有されてしまうなどの不利益が生じる。そこで，少年および関係者の秘密保持の要請を主な根拠として，例外的に個別審理の方式が認められている。

　個別審理の例外　　事実の合一的画定や事件の迅速処理の必要性，審判の効率的運用などの観点から，併合の必要性や合理性が秘密の保持の利益に優越する場合には，原則形態である併合審理が認められる。たとえば，共犯少年に共通する証人を尋問する場合などが考えられる（福岡家久留米支決平 6・3・23 家月 47 巻 1 号 150 頁）。実務では，併合に問題がある少年は，インテイクや面接等の段階で選別がされるだけでなく，後に問題性が発見された時点で分離する扱いになっている。

　決定書も少年ごとに作成されるが，全員が非行なし不処分の場合（大阪家決昭 54・3・30 家月 31 巻 12 号 108 頁）や全員が検察官送致の場合（前橋家決昭 35・8・16 家月 12 巻 10 号 187 頁）など，秘密性に問題がない場合には，決定書を個別に

作成するまでの必要はない。

(6)　非方式性と保護的配慮・教育的配慮の要請

非方式性の意義　　少年審判は，懇切を旨として，和やかに行うとされている（22条1項）。このように，わが国の少年法は，審判の方式について具体的な規定を置かず，その運用の大部分を裁判官の裁量に委ねる構造になっている。審判の非方式性・非形式性は，わが国の少年法の大きな特徴である。このような態度は，一般に，少年手続の保護的・教育的な本質と性格を明らかにしたものとされている。2000年改正によって，22条1項に「非行のある少年に対し自己の非行について内省を促すものとしなければならない」との文言が付加されたが，これまでの基本的な態度が変更されたわけではない。

非方式による運用　　具体的な運用は，非方式を前提として，少年の年齢や性格等に応じて，用語や語調等にも配慮するなど，少年・保護者をはじめとする関係者の納得や信頼を得られる雰囲気と人間関係のもとで手続を行うことが要請される。懇切を旨とする和やかな審判は，文言的には，「少年法は甘い」とする社会の誤った印象に結びつきかねず，そのような評価が声高に主張されることさえある。しかし，少年の健全育成（1条）を実現するための審判は，処遇を納得させるための教育の場でもあるから，単なる和やかさを念頭に運営されるものではない。必要に応じて，裁判官は，少年に対して毅然とした態度で臨むことも必要である。

保護的・教育的配慮　　少年審判に要請される保護的・教育的な配慮は，少年に，自己の非行事実の社会的意味（反社会性や反道徳性，非難の大きさなど）を自覚させたうえで，自己の具体的な問題点を認識させて反省を促し，更生の意欲を喚起させるとともに，自立に向けた取り組みを実現するものでなければならない。保護者や関係者にも，少年とその生活環境上の問題点を認識させるとともに，少年に対する監護意欲を喚起させ，少年の健全育成に向けた努力を促進するものでなければならない。2000年改正による内省促進の文言は，こうした実務の取り組みを明文で再確認したものである。

3 審判の進行

(1) 審判の意義と順序

審判の意義　少年保護事件手続における裁判官は，調査過程での調査(法的調査と社会調査)にもとづいて，非行事実と要保護性の存在について蓋然的な心証を形成したうえで，保護処分に付す蓋然性があると判断した場合，審判開始決定を行う (21条)。したがって，少年審判は，一定の手続にしたがって，このような蓋然的心証と蓋然的判断を確認する機能を果たしている。非方式性が少年審判の特徴であり，その運用が広く裁判官の裁量に委ねられているにしても，審判の進行には一定の共通した順序が見られる。

審判の順序　審判は，一般に，①少年・保護者等の人定質問，②供述を強いられないこと (黙秘権) の告知 (教示)，③審判に付すべき事由の要旨 (非行事実) の告知と少年の弁解の聴取，④非行事実の審理，⑤要保護性に関する事実の審理，⑥調査官および付添人からの処遇意見の聴取，⑦終局決定の告知，⑧決定の趣旨の説明および抗告権の告知，の順序で進められる。

　実際には，少年が非行事実を認め，非行事実認定の証拠も整っている事件が大部分であり，④と⑤の区別が明確でない場合も多い。そのような事件は，③に続いて，法律記録と社会記録にもとづいて形成された裁判官の心証を前提に，少年や保護者，関係者等から事情を聴き，意見を述べさせたうえで，裁判官が問題点等を指摘した後に，⑥以降の手続に移ることで足りる。⑥についても，少年の情操保護等の観点から，事前の打ち合わせを十分に行ったうえで，審判廷では具体的に聴取しない扱いも多い。こうしたことから，実際の少年審判は，60分ないし90分程度の1回限りで終了することも多い。

非行事実認定の留保の可否　④⑤との関係で，要保護性のないことが確実に見込まれる事件について，非行事実の認定 (④) を留保したままで要保護性について審理し (⑤)，終局決定をしてよいかが問題となる。少年側が非行事実の解明に拘泥しない場合は，非行事実認定の利益に優越する少年の利益 (早期の終局による少年の心情の安定など) があるから，④を留保して⑤に移行してよいと考えることもできる。実際，裁判例には，そのような扱いを認めるものも散見される (仙台家決昭60・10・22家月38巻9号117頁等)。

　しかし，非行事実の意義 (その存在を前提として要保護性が認定される) や適正手

続への配慮といった家庭裁判所の司法的機能との関係では，こうした扱いは少年の利益に必ずしも直結するわけではないから，限定的な例外として扱うべきものと考える。なお，少年の身柄が拘束された事件については，少年補償との関係で，非行事実の存否の確定が前提とされること（少補2条1項）に注意しなければならない。

⑵　黙秘権の告知

2000年改正とその意義　　第1回審判期日の冒頭で，裁判官は，少年に，供述を強いられないことを分かりやすく説明しなければならない（規29条の2前段）。これは，2000年改正で新たに設けられた規定で，刑事手続における黙秘権（刑訴311条1項）の告知と実質的に同趣旨のものである（福岡高決平17・3・10家月57巻9号62頁参照）。2000年改正前には，黙秘権に関する規定がなかったため，少年保護手続に黙秘権を保障すべきかという議論があった。2000年改正は，そうした議論との関係で，立法的手当てをしたものである。

従前の議論　　2000年改正の前は，憲法38条1項は黙秘権の告知までを保障したものではないこと（最判昭25・11・21刑集4巻11号2359頁），少年保護手続には刑訴法291条3項の準用がないこと，保護手続の教育的側面からは黙秘権の一律告知には不適切な場合があること，を主な理由として，告知の要否や時期，方法等は裁判官の裁量に委ねられるとされていた（名古屋高決昭32・3・6家月9巻3号56頁）。特に，憲法38条1項の規定は実質的な刑事責任追及手続だけに及ぶとする理解からは（最判昭59・3・27刑集38巻5号2037頁参照），刑事責任を問えない触法少年と虞犯少年には黙秘権の告知は不要とされることになる。他方，審判に付された少年と刑事被告人との法的地位の共通性を根拠に，黙秘権告知に積極的な見解も有力であった。

実務の追認　　こうした状況のもとで，警察・検察による捜査段階では犯罪少年に対して黙秘権が告知されていること，少年は未成熟で判断力が未熟なために，不任意の自白をする可能性が大きいこと等から，実務上，犯罪少年（特に否認事件）に対しては黙秘権を告知する運用が行われていた。2000年改正は，そのような運用を追認するとともに，審判開始決定のあったすべての事件について，供述を強いられないことの説明を義務づけ，実質的に黙秘権を保障する態度を明らかにしたものである。

(3)　非行事実の告知と聴聞

2000 年改正とその意義　2000 年改正は，黙秘権を実質的に保障するとともに，審判に付すべき事由（非行事実）の要旨を告知して，陳述の機会を与える義務を明示した（規29条の2前段）。陳述の機会は，付添人にも与えられる（同後段）。告知と聴聞は適正手続の基本的な要請であり，従来の実務においても行われていたところが確認されたものである。

具体的な運用　告知の際は，少年の年齢や性格等を考慮し，少年がその内容を正確に理解したうえで弁解ができるよう配慮しなければならない。特に虞犯事件は，非行事実の特定が困難であるだけに，虞犯事由となる問題行動を具体的に示して告知する必要性が高い。非行事実の告知は，家裁が事件受理をした後，できるだけ早い時期に行うべきであるとの観点から，実務上，身柄付きで送致された事件では観護措置をとる際に裁判官が告知し（規19条の3），在宅事件では調査段階で調査官が告知するのが通例である。いずれも，審判が開始されることを前提として告知している。

弁解については，告知に際しても聴取されるが，審判期日に改めて行うのが適正手続の要請である。

4　非行事実の審理（事実認定）

(1)　事実認定の意義

刑事訴訟関連規定の準用と裁量性　少年審判も裁判であるから，事実の認定は証拠にもとづかなければならない。証拠裁判主義は，少年審判についても当然に妥当する（刑訴317条参照）。他方，事実認定手続に関しては，法の14条，15条，16条，規則の12条，同19条，同19条の2，同29条の3～29条の5があるだけで，それら以外の事項については裁判所の裁量に委ねられている。しかし，それも，少年の健全育成（1条）および権利保護との関係で全くの自由裁量ではありえず，適正手続の趣旨を実現する合理的なものでなければならない（東京高決昭40・4・17家月17巻12号134頁，最決昭58・10・26刑集37巻8号1260頁）。

証拠の収集　審判過程では，調査過程までに収集された証拠を引き継いで，裁判官の直接審理によって証拠を補充したうえで判断が行われる。証拠

の収集方法には，任意的方法と強制的方法がある。

　強制的方法は，裁判官だけに許されるから，主に審判過程で行われるが，例外的に非行事実の調査として用いられることもある。強制調査には，対人的強制処分として，証人尋問，鑑定，通訳，翻訳があり（14条1項），対物的強制処分として，検証，押収，捜索がある（15条1項）。これらについては，保護事件の性質に反しない限りで，刑訴法および刑事訴訟規則の関連条文（刑訴99条～178条，刑訴規93条～136条）が準用される（14条2項・15条2項）。保護事件の性質に反しないかは，準用される関連条文ごとに具体的に判断される。

　少年審判の特殊性　　非行のない少年は，できるだけ早期に（早い段階で）家庭裁判所の手続から解放することが望ましい。他方，非行のある少年には，その要保護性に応じた適切な処遇がなされる必要がある。こうしたことから，少年審判は，刑事裁判以上に適正で迅速な審理が要請され，それを確実なものとするために職権主義的審問構造がとられている（⇒　73頁）。

　このため，裁判所の裁量権は広範なものであり，その職責もきわめて重要なものとなる。特に，原則として検察官の関与がなく，国選付添人がきわめて例外的でしかない少年審判においては，対審構造で行われる刑事裁判と異なり，裁判官は，刑事裁判における検察官と弁護人の役割をも期待されており，単なる判断者としての立場にとどまることができない。

　2000年改正　　少年審判手続は，基本的に処遇決定（要保護性の認定とそれに応じた処遇の選択）を中心に構成されているため，非行事実認定手続として十分とは言い難い面のあることを否定できず，複雑で困難な否認事件などについては，運用上の限界が指摘されていた。こうした問題点を改善するため，2000年改正によって，裁定合議制，検察官関与決定と国選付添人，観護措置期間の伸長，検察官の抗告受理申立てなどが導入され，規則において審判関与者の権限が明確化された。ただ，これらには，批判的な立場も依然として強いものがあり，今後の運用状況を慎重に検証していく必要がある。

(2)　職権証拠調義務

　裁判所による職権証拠調義務　　職権主義的審問構造をとる少年審判手続には，原告官としての検察官は関与せず，少年の権利を擁護する付添人の存在も不可欠とはされないため，真実を解明する職責は総じて裁判所に期待せ

ざるをえない。このため，裁判所は，真実発見に努める職責があり，それを実現するために職権証拠調義務があると考えられている。

　非行事実認定にとって重要な供述証拠の信用性を少年が争う場合は，他の証拠だけで十分に非行事実が認定できない限り，原供述について証拠調べをしなければならない。保護処分が不利益処分としての性格（自由の拘束など）を持つ以上，その根拠となる証拠を弾劾する機会と方法は排除されてはならないからである。その際は，少年に立会権・尋問権が保障されない参考人尋問の手段（8条2項参照）によるのは妥当でなく，原供述者の証人尋問（14条）の方法によるべきである。また，少年側が新たな証拠調べを申出た場合は（規29条の3），その証拠の取調によって非行事実の存在に合理的な疑いが生じる可能性がある以上，その証拠を取調べなければならない。

　職権証拠調義務の範囲　　少年側に有利に作用する証拠調べについては，裁判所に職権証拠調義務があるとする点に争いはない。他方，少年側に不利に作用する証拠調べについては，職権証拠調義務を否定する見解が見られる。しかし，中立的な司法機関としての家庭裁判所は，一方当事者である少年の有利にも不利にも偏ることなく，また非行事実の存在と不存在のいずれに対しても，ありのままの事実を明らかにする必要がある。少年審判が職権主義的審問構造になっている以上，裁判所は，司法機関としての中立性・公正さを前提として，少年の有利・不利を問わずに，職権で必要な証拠を調べる義務を負うと解される（大阪家決昭46・4・22家月24巻1号102頁）。

(3)　証拠調請求権と証人尋問権

　証拠調請求権　　実務上，少年側から証拠の取調べを求められることは少なくないし，それにもとづいて裁判所が証拠調べをすることも稀でない。こうした事情のもとで，2000年改正は，少年側が証拠調べの申出をしうることを明示的に確認した（規29条の3）。それを根拠として，また改正以前からも，学説では，少年側に権利としての証拠調請求を認める見解が主張されている。少年事件の事実認定手続と刑事事件のそれとの実質的な共通性を強調すれば，そうした主張にも十分な根拠がある。しかし，少年審判手続については，証拠調請求権を明示する根拠規定（刑訴298条1項参照）は存在しないし，請求権の存在を前提にするような規定も存在しない。職権主義的審問構造をとっ

ていることからも，消極に解すべきである。

　もっとも，証拠調請求権は認められないにしても，裁判所は職権証拠調義務があるから，重要な証拠を取調べないことは法令違反として抗告の対象となる（32条）。その意味で，証拠調べについて，少年側の権利として構成するか，裁判所の義務として構成するかは，実質的な違いはない。

　証人尋問　　証人喚問についても，証拠調べの場合と同様，請求権までは認められない。他方，証人尋問については，裁判所が職権で採用した証人に少年側が尋問することは，自己に不利益な証拠を争う手段として，適正手続の基本的な要請に合致する。ここから，14条2項にもとづいて，刑事手続における当事者の尋問権の規定（刑訴157条3項）を準用することが認められてよい。2000年改正が証人尋問権等の規定を設けなかったのは，このような解釈と運用で足りるとする趣旨によるものとされている。

(4)　証拠法則

　証拠裁判主義の意義　　少年審判における証拠法則に関する規定は，法の14条と15条，規則19条があるにすぎない。そのため，少年審判の事実認定について，憲法と刑訴法の証拠法則に関する規定の準用の有無・可否と程度が問題になる。少年審判にも証拠裁判主義（刑訴317条）と自由心証主義（同318条）が妥当するから，事実認定は，証拠にもとづいて，論理法則と経験法則に従った裁判官の自由な判断に委ねられる。ただ，証拠能力の制限については，自白と補強証拠，伝聞証拠，違法収集証拠に関して相当の修正がされるため，刑事手続におけるような厳格な証明（最判昭38・10・17刑集17巻10号1795頁参照）までは要求されない。

　自白の証拠能力　　刑事手続では，憲法38条2項を受け，任意性に疑いのある自白の証拠能力が否定される（刑訴319条1項）。他方，少年手続には，自白の証拠能力に関する規定は存在しない。しかし，非行事実の存否に関する捜査過程と犯罪捜査手続の間に実質的な違いがないこと，非行事実の認定が保護処分等の前提となることから，任意性のない自白の排除，虚偽自白の排除，自白強要の防止，違法な取調べによる自白取得の防止，自白偏重の防止という刑事手続上の趣旨は（刑訴319条），少年審判にも妥当すべきである。

　少年審判手続においても，任意性に疑いのある自白の証拠能力を否定し，

補強証拠を要求するのが，通説であり実務の運用でもある（福島家決昭39・7・13家月17巻1号170頁，仙台家決昭41・2・8家月18巻11号97頁，大阪家決昭46・4・22家月24巻1号102頁等）。その際は，14条2項にもとづいて，刑訴法319条が準用される。触法少年と虞犯少年については，刑事手続の「自白」はありえないが，「非行事実を認める供述」は自白と同視できるから，犯罪少年の場合と同様のことが妥当すべきである。

　伝聞法則の排斥　　刑事手続では，憲法37条2項を受け，一定の場合を除いて，反対尋問権を行使できない伝聞証拠（供述調書，伝聞供述）を排斥する原則（伝聞法則）が採用されている（刑訴320条1項）。他方，少年審判における伝聞証拠の扱いには，特段の規定がなく，解釈（刑訴の関連規定の準用の可否と範囲）に委ねられる。学説では，刑事事実認定手続との基本的な共通性に着目して，すべての少年事件に伝聞法則を認める見解や，少なくとも否認事件には認めるべきだとする見解もある。

　一般には否定する立場が通説であり，実務の運用でもある（仙台高決昭63・12・5家月41巻6号69頁等）。その根拠は，刑訴法320条に相当する規定が存在しないこと，少年は刑事被告人（憲37条2項）に当たらないこと，伝聞法則は対審構造を前提としていることにある。何よりも，少年保護事件においては，審判の開始・不開始の判断に際しても，審判開始後の審判運営に当たっても，いずれも裁判官が記録を熟読して臨むことが要求されているから，伝聞法則を適用するまでの必要性はない。

　違法収集証拠の扱い　　違法収集証拠の証拠能力については，刑訴法にも明文の規定は存在しないが，証拠の収集手続に令状主義を没却するような重大な違法があり，それを証拠として許容することが将来的な違法捜査抑制の見地から相当でない場合は，証拠能力が否定される（最判昭53・9・7刑集32巻6号1672頁）。司法の廉潔性の観点は，少年手続であることを理由に否定されるわけではないし，教育的効果を重視する少年審判にはより強く妥当する。違法収集証拠の証拠能力は，他の証拠法則と異なり，刑事手続と同様に扱われるべきである（名古屋家決昭49・3・20家月26巻12号99頁）。

　事実認定における調査記録の扱い　　調査官の社会調査報告書（規13条1項）に記載された事実は，要保護性認定の資料となる一方，非行事実認定の資

料とすることには議論がある。旧法の少年保護司 (現在の調査官に相当) の調査は広く「事件ノ関係」に及んでいたことから (旧31条1項・32条)、現行法についても積極に解する立場もある (名古屋高決昭50・3・27家月27巻10号91頁)。

　しかし、現在の多数説と実務の大勢は消極に解している (高松高決昭50・8・8家月28巻4号143頁)。社会調査は、要保護性の認定に資することを目的に調査対象者との信頼関係にもとづいて行われ、調査の際に黙秘権の告知もされないからである (東京高判昭47・11・21家月25巻5号89頁参照)。他方、虞犯事由と虞犯性は、要保護性と密接に関連しているため、要保護性に準じて、その認定の際に社会調査の結果を使用することも許されよう。

(5)　証拠の取調方法と心証の程度

　証拠の取調方法　　証拠の取調方法については、非行事実に争いがあるかどうかで扱いが異なる。少年や保護者、付添人が非行事実を認めて、非行事実の存在に争いがない場合は、特段の証拠調べは不要であり、非行事実を裏づける証拠を特に示す必要もない。このような扱いは、終局決定の決定書に証拠の標目の記載が要求されていないこと (規2条4項) からも明らかである。他方、非行事実に争いがある場合は、少年が納得できる審判のあり方と適正手続保障の観点からも、刑事訴訟手続に準じた証拠調べを行わなければならない。必要に応じて、書証の朗読や要旨の告知 (刑訴305条、刑訴規203条の2) を行い、証拠物の展示 (刑訴306条) がなされるべきである。

　権利擁護と適正手続　　証拠法則については、職権主義的審問構造にもとづく制限はあるが、少年の権利擁護と適正手続の観点から、慎重な運用が必要とされる。また、証人尋問は、原則として裁判所が行うが、少年側が申し出た証人などは、付添人が尋問する方が適切なこともある。審判開始後に捜査機関や児童福祉機関等から追送付された資料がある場合は、付添人にそれを通知するが (規29条の5)、付添人が選任されていない場合は、内容の要点を少年に告知するなど、少年に実質的な防御の機会を与える配慮が望まれる (最決平10・4・21刑集52巻3号209頁参照)。

　心証の程度　　審判に臨む裁判官は、調査過程を通じて、すでに、非行事実の存在に蓋然的な心証を形成している。審判では、その心証がより正確 (高度) なものとされる。審判に要求される心証の程度は、非行事実の存在が処遇

の前提であることから，刑事手続の場合と同様，合理的な疑いを入れる余地
のない程度の確信を必要とする点で一致が見られる。

　他方，虞犯については，証拠の優越で足りるとする見解がある。しかし，
虞犯事由についても，合理的な疑いを入れる余地のない程度の確信を要求し
たうえで，刑事学的な犯罪類型として特定される犯罪（触法）を行う蓋然性（虞
犯性）との結びつきを必要とすべきである（⇒　91頁）。

　検察官送致の利用の可否　　犯罪少年について，審判を通じて確信の心証
に達しえなかった場合は，対審構造によって非行事実（犯罪）を確定（厳密な認
定）する目的で検察官送致（20条1項）を利用することは認められるべきでな
い。非行事実の確定は少年処遇の前提であり，非行事実について確信を持て
ない場合は，「罪質及び情状に照らして刑事処分を相当と認めるとき」に当た
りえないからである。

(6)　非行事実の認定替え

　認定替えの可否　　職権主義的審問構造をとる少年保護手続には，刑事手
続の訴因制度（刑訴256条・312条参照）のようなものが存在しないため，送致事
実と同一性のある限りで非行事実を認定替えすることができる。特に，認定
替えによって認定できる事実（認定替事実）が処遇内容を左右する場合は，家
庭裁判所に認定替えが義務づけられると言えよう。

　他方，送致事実との同一性がない事実については，認定替えが許されず（不
告不理の原則），改めて別途の送致と立件手続を経なければならない。同一性が
ある（認定替えできる）場合も，縮小認定の場合以外は，少年側の防御権を実質
的に保障するため，認定替えする事実を告知したうえで弁解を聴取し，反論
や反証の機会を与えなければならない（名古屋家決昭49・12・11家月27巻8号104
頁参照）。不意打的に不利益な事実に認定替えすることは許されないからであ
る（仙台高秋田支決平16・4・9家月58巻5号125頁）。

　同一性の判断　　認定替えにおける同一性の有無の判断は，犯罪・触法事
実の場合には，刑事手続における公訴事実の同一性判断（刑訴312条）と同様
のものとなる。虞犯については，その性質上，同一時期にはひとつの虞犯し
か認められないから，同一時期の虞犯には常に同一性が認められる。虞犯事
由を基礎づける事実と犯罪・触法事実との間に公訴事実の同一性と同様の関

係がある場合は，虞犯と犯罪・触法事実の相互の間でも認定替えができる。

5　要保護性に関する事実の審理

(1)　要保護性の審理

非行事実と要保護性の関係　　合理的な疑いを入れる余地のない程度に非行事実が認定できる場合は，引き続いて要保護性の審理に移る。非行事実の存在に争いがなく，特段の問題がない事件では，非行事実の告知と弁解を聴取した後に，非行事実の認定と要保護性の審理が並行して行われる。他方，否認事件のように，非行事実の存在に争いや疑問がある場合は，事実認定を先行させなければならない。身柄事件では，身柄拘束に明確な期間制限があることから（17条3項・4項・9項），非行事実認定の審判と要保護性認定のための調査が並行すること（並行調査・審判）が認められよう。

要保護性の審理　　要保護性の審理は，調査官の調査報告書と少年鑑別所の心身鑑別の結果を中心に行われる。それ以外に，少年の親族や教員，保護司等を在席させて，要保護性に関する意見を聴取することができる（規29条・30条）。調査官は，調査報告書記載の処遇意見（規13条2項）に限らず，必要に応じて処遇意見を述べなければならない（同3項）。また，犯罪少年と触法少年の事件については，被害者等からの申出にもとづいて，意見を聴取することができる（9条の2）。

　要保護性審理の結果は，その後の処遇内容を左右するものであるから，要保護性判断の基礎となる事実については，審判廷で少年と保護者に対してその内容を告知したうえで，確認するのが適切である（大阪高決平6・3・18家月46巻5号81頁）。

審理の運用　　審判は保護的・教育的な手続の場でもあるから，非行に対する少年の内省を促す（22条1項）配慮が求められ，保護者に対して適当な措置（25条の2）を講じる必要もある。出席者の発言が審判の適正を害したり，少年の情操を害するものであっても，要保護性を基礎づける事実として審理対象になることもありうる。そのような状況が認められる場合は，発言の制止や少年以外の者の退席などの相当な措置をとることが認められ（規31条1項），必要に応じて少年の退席も認められる（同2項）。

⑵ 証拠法則と心証の程度

要保護性を基礎づける事実の審理については，非行事実の認定と異なり，証拠法則としての厳格な制限は妥当しないと解されている（広島高決昭59・12・27家月37巻8号102頁参照）。要保護性判断に要求される心証の程度には，合理的な疑いを入れる余地のない程度を要求する立場もあるが，一般には，証拠の優越の程度で足りると解されている。それは，要保護性の判断が，少年の性格や非行歴等をはじめとして，保護環境や生活環境等の全般にわたる総合的なものであり，しかも展望的判断と将来の行動予測を内容とするものだからである。このような判断について合理的な疑いを入れる余地のない程度の心証を要求するのは，非現実的なものと言わざるをえない。

⑶ 余罪の扱い

審判段階における余罪の扱い　　家庭裁判所に事件係属した少年の余罪の扱いについては，事件係属後に判明した余罪の捜査を調査過程で行うことができるか（補充捜査の可否）という問題がある（⇒　154頁）。他方，審判段階では，それとは別に，送致（通告，報告）されていない余罪（触法事実，虞犯事実）を要保護性の判断資料として考慮したり，利用してよいかが問題となる。要保護性判断は全人格的なもので，家裁が探知していない事実や事項も，少年の行状全体を把握するために重要な判断資料としての意味を持つからである。

余罪の考慮の可否　　要保護性の徹底的な解明という点からは，余罪も考慮できるとするのが筋である。こうした観点から，送致されていない虞犯事実について，別途に立件するまでもなく考慮してよいとする立場がある。他方，不告不理の原則（⇒　125頁）を徹底し，少年の防御権等を重視する立場からは，余罪をすべて立件したうえで，併合審判すべきだとする。通説および実務の運用は，余罪等を考慮してよいとする積極的立場を一応の前提とし（東京高決平4・8・17家月45巻1号146頁，高知家決平10・2・10家月50巻9号226頁等），具体的事情によって別途の立件の要否を具体的に判断している。

別途の立件の要否については，余罪の内容，処遇決定に及ぼす影響の程度，少年・保護者の納得の有無，一事不再理効付与の必要性の程度等が考慮される。審判対象の事実よりも余罪の方が重大な場合，余罪の考慮によって処遇内容が大きく変わる可能性がある場合などは，ただちに余罪を考慮すること

は許されず，別途の送致等による受理手続を経るべきことになる。

余罪の扱いの手続　余罪の扱いの手続は，審判対象になっている事実の認定手続と異ならない。余罪に当たる事実を審判廷で少年に告知して，弁解を聴取し（大阪高決平6・3・18家月46巻5号81頁参照），合理的な疑いを入れる余地のない程度の心証で，余罪事実の存在が認定される。余罪を考慮して要保護性を審理した場合は，決定書にその旨を記載すべきである。他方，非行なしとされた事実が要保護性判断に影響を与えうる場合は，それを余罪等として考慮することは許されない（東京高決昭52・2・4家月29巻9号127頁）。

6　被害者の申出による意見の聴取

⑴　審判段階における意見聴取

被害者等の申出による意見の聴取は（9条の2），調査段階と審判段階のいずれでも認められ，調査段階でのものと基本的に同じであるが（⇒　168頁），若干の違いが見られる。審判期日に裁判所みずからが意見聴取する場合は，被害者等の陳述の趣旨を明確にするため，裁判所が被害者等に質問することができ，付添人や検察官関与事件の検察官にも質問（反対尋問的な質問は除く）を許すことができる。意見陳述が不相当な場合などには（規31条1項参照），裁判所は，審判指揮権にもとづいて，その陳述を制限できる。

意見聴取の方法には特段の定めがないが，被害者保護の観点から，刑事手続における被害者への付添（刑訴157条の2）や遮蔽措置（刑訴157条の4第1項）に準じた扱いを考えることもできよう。

⑵　審判期日における意見聴取の扱い

審判期日に意見を聴取した場合は，意見の要旨を審判調書に記載する（規33条2項4号の2）。それは被害者等の証人尋問の申出の端緒となりうるから，意見聴取したことを付添人に通知し（規13条の5），検察官関与決定事件では検察官にも通知しなければならない（規30条の9第2項）。

7　審判調書

⑴　審判調書の性質

審判期日における手続については，その内容を公に証明する（公証）ために，

裁判所書記官によって審判調書が作成され，書記官が署名押印し，裁判長が認印するのが原則である（規6条1項・33条・34条）。審判調書の性質は公判調書（刑訴48条，刑訴規44条）と共通するため，作成の方式については刑訴規則58条・59条等に準じ，証明力についても刑訴法52条が準用される（大阪高決昭54・1・11家月31巻10号115頁）。

(2) 審判調書の記載事項

審判調書の記載事項は，条文に掲げられている事項（審判をした裁判所・年月日・場所，少年の氏名，少年の陳述の要旨など多数）のほか，「審判に関する重要な事項」である（規33条2項）。審判に関する重要な事項は，少年の出頭の有無，非行事実・黙秘権の告知，証拠調べに関する意見，付添人選任許可・取消，事件の併合・分離，陳述の制限，関係人の入廷・退廷，証拠決定，試験観察決定，終局決定宣告など，多岐にわたる。これによって，審判調書を読めば，審判の具体的な手続と内容の詳細が把握できるようになっている。審判調書の記載は，抗告審での審査にとって重要な資料となるが，抗告（32条）または抗告受理申立（32条の4第1項）がない場合には，裁判長の許可により，その作成または記載事項の一部を省略することが認められる（規33条3項）。

4　裁定合議事件と検察官関与決定事件

1　裁定合議事件

(1) 裁定合議制の導入

導入の経緯　少年審判は，未特例判事補を含めて，1人の裁判官が主宰する単独制（一人制）である（4条）。これに対しては，少年に対する保護的・教育的な見地から，人間諸科学の知見の豊富な裁判官の活用に向けた提言とともに，複雑で困難な事件を念頭に，刑事裁判実務の経験豊かな裁判官の活用が提言されるなど，一定範囲での見直しの議論がされていた。同様の議論は，家事審判についても見られた。こうした議論や改正提案をうけ，2000年改正に伴う裁判所法改正によって，家庭裁判所で行われる審判と裁判の全体について見直しがされ，少年事件と家事事件のそれぞれに，単独制を原則としながらも裁定合議制を認める条文が新設された（裁31条の4）。

　内容　　同法にいう「審判」とは，家事事件の審判（裁31条の3第1項1号）と少年保護事件の審判（同3号）等をいい，「裁判」とは，執行文付与や請求異議等の訴訟（同2号）の第1審の裁判等をいう。裁定合議制の導入にともない，審判期日の指定をはじめ，事実の調査，決定の告知等について，裁判長および受命裁判官の権限に関する規定が整備された（規25条1項・28条2項・29条・29条の2・30条・31条・34条）。

　裁定合議決定された事件は，それが事実認定の困難を回避するためであったとしても，事実認定手続だけでなく，処遇選択も合議体で行うのが通常である。裁定合議決定がされた審判の指揮は，裁判長が行う（22条3項）。

(2)　合議体での審理

　合議体での審理は，合議体で審理する旨の決定（裁定合議決定）にもとづいて行われる。裁定合議決定の基準は明示されていないため，合議による判断が望ましいと考えられる以上，合議体の裁量で決定される。少年保護事件で裁定合議決定されるのは，検察官関与決定が必要なほどに非行事実に争いのある事件（東京家決平13・6・19家月54巻2号144号等），否認事件のように事実認定が困難な事件（東京家決平14・1・29家月54巻6号121頁等），処遇選択に困難のある事件（京都家決平13・10・31家月54巻4号110頁等）が多い。これら以外に，重大事件等で世間の注目を集めたり，処分決定の社会的影響が大きい事件等では，手続の公正さや社会の信頼性を確保する目的で合議制を活用することも認められよう。

2　検察官関与決定事件
(1)　検察官関与の意義と趣旨

　2000年改正の意義　　現行少年法は，少年保護事件への検察官の関与について，制定以来，全件送致主義と家庭裁判所先議・専議主義を前提として，審判への検察官関与を完全に排除してきた。しかし，共犯事件や否認事件を中心に，非行事実認定に大きな困難をともなう事案が見られるようになり，裁判官による職権主義的審問構造のもとでの運用に限界が感じられるようになった。こうした事態に対処するため，検察官を少年審判に関与させるべきだとの提案が，少年事件を担当する裁判官からもされていた。このような要

請にもとづき，2000 年改正は，対象事件を限定したうえで，非行事実認定手続の場面に限って，検察官関与を認める規定を新設した (22 条の 2)。検察官関与を認めることで，事実認定手続の一層の適正化を図ったのである。

　検察官の役割　　関与を認められる検察官の役割は，職権主義的審問構造のもとで，家庭裁判所の協力者として審判に関与するものにとどまるため，刑事裁判で被告人の処罰 (非難) を求める原告官としての性格は完全に否定されており，処遇選択過程への関与は認められない。したがって，それは，全件送致主義と家庭裁判所先議・専義主義に抵触するわけでもないし，それらの例外というわけでもない。

(2)　検察官関与の要件

　対象となる事件は，3 条 1 項 1 号の少年 (犯罪少年) に係る事件で，死刑または無期もしくは長期 3 年を超える懲役・禁錮に当たる罪，に限られる (22 条の 2 第 1 項)。触法事件と虞犯事件は，対象となりえない。また，実質的な要件として，「非行事実を認定するための審判の手続に検察官が関与する必要がある」ことが要求されており (同項)，個々の事案において具体的に判断される。検察官関与には，家庭裁判所みずからが必要性を判断する場合と検察官の申出にもとづいて必要性を判断する場合がある。

　検察官関与が決定された事件について，少年に弁護士付添人がいない場合は，職権で弁護士付添人 (国選付添) ＊を付さなければならない (22 条の 3 第 1 項，規 30 条の 3)。検察官関与決定は，審級による限定はないから，要件を充足する限り，抗告審，再抗告審，受差戻審のいずれにおいても可能である (32 条の 6・35 条 2 項前段・22 条の 2)。

　　＊Column　国選付添人
　　国選付添人は，検察官関与決定事件のほか，被害者等傍聴事件 (22 条の 5 第 2 項)，抗告受理申立を受理した事件 (32 条の 5) で，必要的なものとされる。22 条の 2 第 1 項に掲げる事件の犯罪少年・触法少年に観護措置がとられている場合は，必要に応じて国選付添人を付すことができる (22 条の 3 第 2 項)。国選付添人は，旅費・日当・宿泊費・報酬を請求できる (同 4 項)。選任手続は，最高裁判所規則に委ねられている (同 3 項・22 条の 5 第 4 項)。国選付添人は，原則として，当該家庭裁判所の管轄区域内の弁護士会に所属する弁護士から選任され (規 30 条の 3 第 3 項)，少年と保護者，検察官関与決定事件の検察官に通知される (同 4 項前段)。国選付添人の選任については，

少年や保護者の資力要件がないため，資力に関わりなく国選付添人が選任される。国選付添人は，総合法律支援法にいう国選付添人に当たり（支援5条），国選付添人の選任に関する業務は日本司法支援センターの国選弁護人等の選任業務に含まれ（同30条1項3号），関連規定の適用を受ける（同34条・36条〜39条の3等参照）。このため，日本司法支援センターにも選任通知がされる（規30条の3第4項後段）。

(3) 検察官関与の手続

決定手続　審判手続への関与の要否が判断対象であるから，審判開始決定（21条）が先行するのが通常で，遅くとも審判開始決定と同時に検察官関与決定を行わなければならない。検察官からの申出の場合を除いて，決定をするには，あらかじめ検察官の意見を聴かなければならない（22条の2第2項）。関与決定は事件単位で行われるので，事件が特定される必要がある（規30条の2）。関与検察官の人数は，付添人の場合（規14条1項）と異なり，明文規定はないが，少年の情操保護等の観点から，1名を原則とすべきである。

　関与の可否を決定した場合，相当な方法で結果が少年に告知される（規3条4項）。決定は家裁の裁量であるから，検察官の申出を認めなかった場合も，検察官は不服申立ができない。検察官の申出を認める決定については，少年側に不服申立は認められないが，裁量権の逸脱が終局決定に影響を及ぼす場合は抗告理由になる（32条）。決定の取消しについては特に規定がないが，取消しは手続の安定性に重大な影響を与えるものであるため，認めるべきでないと思われる。

事前打合せ　検察官関与に関する規定の制定にともない，審判準備のために事前打合せの規定が設けられた（規30条の4）。刑事手続における事前打合せ（刑訴規178条の10）と同趣旨であり，必要に応じて，検察官と弁護士付添人を出頭させて行う。少年および保護者の出頭は予定されていない。打合せでは，具体的な審理計画（争点の整理，証人の採否，尋問所要時間の見込み，審判期日の内定等）が協議される。少年審判の特性（審判協力者としての検察官の存在，予断排除が規制されない）から，裁判官が中心になって協議する場面が多くなろう。協議によって審判期日を調整した場合は，指定した期日が付添人と検察官に通知される（規28条5項・30条の6第2項）。

⑷　検察官の権限

検察官の権限　　検察官関与決定がされた事件における検察官の権限は，①事件の記録および証拠物の閲覧と謄写（規30条の5），②審判手続への出席および証拠調手続への立会（同30条の6），③少年・証人その他の関係人への尋問等（同30条の8），④証拠調の申出（同30条の7），⑤意見陳述（同30条の10），である（22条の2第3項）。これらは，付添人の権限と基本的に共通するが，検察官については，非行事実の認定に必要な限度で認められる。これらの権限行使を担保するため，裁判所には，検察官に対して，審判期日の通知のほか，付添人等から提出された書類等に関する通知と被害者等に対する意見聴取の通知が義務づけられている（規30条の9）。

記録の閲覧権等　　①の閲覧の対象となるのは，法律記録一般であり，貸出も認められるが，非行事実認定に無関係な部分は対象とならない。謄写については，付添人と同様，許可を要する（規7条1項）。社会記録は一般に閲覧・謄写対象から除外されるべきであるが，立証の端緒となる場合や抗告受理申立（32条の4第1項）の検討に必要な場合などは，閲覧対象となりうる。この場合も，貸出は認められない。

審判出席権等　　検察官関与決定は検察官に審判出席義務を課すものではないから，検察官の欠席は手続の障害とならない。ただ，制度自体としては，検察官が出席しないことは想定していない。検察官の関与は非行事実認定のために必要な場合に限られるから，非行事実認定手続が終了した時点で，検察官は退席し，退席しない場合は退席が命じられる（規31条1項）。

②③については，刑訴法と刑訴規則の関連条文の準用が認められるが，起訴状朗読や検察官の冒頭陳述，異議申立に関する規定等は（刑訴296条・309条等），当事者主義制度のもとでの規定であり，準用の余地がない。尋問の対象である証人，鑑定人，通訳人，翻訳人は限定列挙と解される。尋問の順序や尋問事項等については，事前打合せで詰めておく必要がある。

証拠調申出権・意見陳述権　　④の申出は，原則として書面によるべきで，時期に制限はないが，事前打合せまでに行うのが望ましい。証拠調申出の採否は，適宜の方法で判断を示せば足り，抗告理由や抗告受理申立の理由がない限り不服申立はできない。

　⑤の意見陳述は，証拠調べの終了後に認められるが，非行事実の認定と法律の適用に関する意見に限られ，処遇に関するものは認められない。ただ，送致書に検察官の処遇意見を付しうること（規8条3項）との関係で，送致事実の認定に変更のあることが判明した場合は，処遇意見の変更は認められるものと考える。意見陳述は原則として書面により，その要旨が審判調書に記載される（規33条2項4号）。

5　被害者等の傍聴と被害者等への説明

1　被害者等の申出による審判傍聴
⑴　被害者傍聴制度導入の背景と趣旨
　制度導入の背景　　審判の非公開原則に対する例外として，2008年改正は，被害者等の申出による少年審判の傍聴制度を導入した（22条の4）。少年審判の非公開や情報の秘匿は，少年の健全育成（1条）や情操保護（規1条2項）に資する一方で，被害者さえもが少年保護事件の情報から完全に遮断される結果となることが問題視されていた。2004年に犯罪被害者等基本法が成立し，少年事件における被害者の扱いに関する議論が加速することになった。
　被害者傍聴制度については，導入を推進する論拠として，①被害者等の立直りに資すること，②少年審判に対する国民の信頼の確保につながること，③少年自身が非行の重大性を認識し，反省を深める契機になりうること，などが指摘されていた。他方，導入に反対する論拠としては，①少年が萎縮して十分な弁解ができなくなること，②少年等のプライヴァシーに関する事項を取り上げにくくなること，③審判のケースワーク機能が減退すること，④保安上の問題が生じかねないこと，⑤要保護性の解明が充分でなくなり，最適な処遇選択が保障されにくくなること，⑥被害者等がさらに傷つく可能性があること，などが指摘されていた。
　制度の趣旨　　こうした議論のもとで，2008年改正は，対象事件を限定し，種々の配慮規定（22条の4第2項以下・22条の5・22条の6）を設けるなどしたうえで，被害者等による審判の直接傍聴を認めることにした。この改正は，非公開原則の利点（信頼にもとづく適正な調査・審判と最適な処遇選択の実現）と被害

者等の心情と要望の尊重という，対立的な（矛盾すらしかねない）要請の調整を
家庭裁判所の裁量的運用に委ねる形で成立した。その点で，家裁は，困難な
課題に直面する一方，その能力の十分な発揮を期待されている。

(2) **被害者傍聴の内容** (1 項)

対象事件 犯罪少年および触法少年（12 歳未満の者を除く）に係る事件の
うち，故意の犯罪行為により被害者を死傷させた罪（傷害にとどまる場合は生命
に重大な危険を生じさせた場合に限る），および業務上過失致死傷等の罪（刑 211
条），自動車事故によって死傷結果を発生させた一定の罪について，被害者等
からの申出がある場合，家庭裁判所は，一定の要件のもとに，審判期日におけ
る審判の傍聴を許すことができる。対象事件が限定されている理由は，犯
罪被害者等基本法の基本理念（犯罪被害基 3 条 1 項）との整合性と，審判非公開
原則が保護教育主義の根幹であることが重視されたことによる。

申出権者 被害者等とは，記録の閲覧・謄写の申出権者の被害者等と同
義であるが（⇒ 199 頁），被害者自身による傍聴は，被害者が傍聴可能な状態
に回復した場合に限られる。「被害者等から委託を受けた弁護士」は，記録の
閲覧・謄写の申出権者にはなれるが，被害者等による直接傍聴の趣旨に合わ
ないため，傍聴の申出権者からは除外されている。

傍聴の対象 傍聴の対象は，要保護性の審理を含めた審判期日の審判に
限られ，期日外の手続は含まれない。審判期日で行われない抗告審および再
抗告審は，傍聴の対象にならない。傍聴対象とならない事件が対象事件と併
合審理される場合は，両者の審理の区分ができない限り，傍聴は非対象事件
の審判にも及ぶことになる。

準少年保護事件は，その性質に反しない限りで保護事件の例によるから（26
条の 4 第 3 項・27 条の 2 第 6 項，規 55 条，更生 72 条 5 項），22 条の 4 の準用によって
傍聴を認める余地がある。ただ，準用の可否は個々の規定の性質によるから，
準用を否定する解釈も可能であり，実務の今後の運用が注目される。

申出手続と許否の判断 申出は，事件が家庭裁判所に送致された以降に
可能であり，裁判所に対して，①申出人の氏名・名称および住所，②当該申
出に係る事件を特定するに足りる事項，③申出人が申出をすることができる
者であることの基礎となるべき事実，を明らかにして行い（規 30 条の 11 第 1

項)，弁護士に限って申出の代理人となることができる (同2項)。

　傍聴の許否の判断は，「少年の年齢及び心身の状態，事件の性質，審判の状況その他の事情を考慮して」(22条の4第1項)，相互に対立的な利害を調整する観点から総合的に行われる。判断に際して，事前に弁護士付添人の意見を聴取するとともに，付添人がいない少年には国選付添人が選任される (22条の5)。傍聴の許否の結果は，申出人，検察官関与決定事件の検察官，弁護士付添人に対して通知される (規30条の12)。

　傍聴の許可　　傍聴は，「少年の健全な育成を妨げるおそれがなく相当と認める」場合に許可される。相当性の判断は，審判期日ごとに行い，一部に限った許可もできる。許可の方式は，法文上の規定はないが，被害者等に不服申立を認めていないこと，円滑な審判運営を確保するなどの理由から，決定による必要はないと解される。

　審判傍聴の許可は，家庭裁判所の裁量によるから，許可の取消・変更が可能であり，審判指揮権 (規31条1項) にもとづいて被害者等を一時退室させることも認められよう。審判の運用上，傍聴者と被害者との間に遮へい措置 (刑訴157条の3参照) をすることも可能であろう。これらについては，一義的に判断することはできず，少年審判の非公開原則と被害者等の心情や要望の尊重との調整の観点から，総合的に判断される。

(3)　配慮規定 (2項，3項，4項，5項)

　被害者等側の利益と少年側の利益との調和が困難な審判傍聴制度については，双方に対して慎重な配慮が必要であり，配慮規定が設けられている。

　少年に対する配慮　　低年齢の少年には特段の配慮が必要であるため，触法少年の事件について，精神的に未成熟であることへの配慮が特に明記されている (22条の4第2項)。非公開原則の実質を確保するために，傍聴者および付添者に対して，守秘義務を課し，知り得た情報を濫用しないよう注意義務を課している (同5項による5条の2第3項の準用)。また，裁判所に対しては，審判廷の狭さに起因する少年の心身への影響を考慮して，付添者の座席の位置や裁判所職員の配置等への配慮が要請されている (同4項)。

　被害者に対する配慮　　傍聴する被害者等の不安感や緊張感を緩和し，被害者の2次被害を防止するため，適切な者を傍聴者に付き添わせることが認

められる（22条の4第3項）。付添は，傍聴者の年齢，心身の状態その他の事情を考慮して，「その者が著しく不安又は緊張を覚えるおそれがあると認めるとき」に許可される。付添者は，傍聴者の不安や緊張を緩和するのに適当な者で，審判妨害や不当な影響を与える虞のない者に限られる。

⑷　弁護士付添人からの意見聴取

少年の権利保護　　傍聴の許否の判断は，さまざまな事情を考慮して総合的に行われる必要があり，少年の権利保護の役割を担う弁護士付添人から意見聴取することが望ましいため，あらかじめ弁護士付添人から意見聴取すべきことが明示されている（22条の5第1項）。ただ，弁護士付添人の意見に拘束力はないし，傍聴を許さない場合には意見聴取の必要もない。

国選付添人　　傍聴を許す場合で，少年に弁護士付添人がいない場合は，原則として国選付添人（⇒ 222頁）を付さなければならない（22条の5第2項）。少年および保護者が弁護士付添人を必要としない旨の意思を明示した場合は，国選付添人を付す必要性がないから，国選付添人選任と意見聴取の規定は適用されない（同3項）。弁護士付添人を不要とする意思の明示に関する手続は，家庭裁判所に書面を差出して行う（規30条の3第5項）。

2　被害者等に対する説明

⑴　2008年改正の趣旨

審判状況に関して被害者等へ十分な情報を提供することは，被害者等への配慮として，また犯罪被害者等基本法の趣旨からも，重要なものである。そこで，2008年改正によって，犯罪少年および触法少年に係る事件について，被害者等からの申出にもとづいて，家庭裁判所が審判期日における審判の状況について適時に説明を行うことが規定された（22条の6第1項）。

その趣旨や構造ないし要件，不服申立の否定など，基本的には，被害者等の申出による傍聴の場合と同様である。申出の方式および申出と説明を受けることの代理人に関する規定の内容も，傍聴制度と共通している（規30条の13）。他方，犯罪事件・触法事件である限り対象事件には限定がなく，「被害者」に法人を含むと解される点で，被害者傍聴とは異なる。

⑵　**制度の概要**

　説明の対象　　家庭裁判所は，みずからが説明するほか，裁判所書記官または家庭裁判所調査官に説明させることができる（規30条の14）。説明の対象は，審判期日に行われた審判の手続的事項に限らず，審判の内容に関わる事項（少年の供述状況等）に及びうる。説明が相当でない場合としては，被害者等が説明内容をみだりに公表する危険性が高い場合や，プライヴァシーに深く関わる内容の供述等が対象となる場合，裁判所の心証を説明せざるを得ない場合，などが想定されている。

　審判期日を想定できない抗告審や再抗告審の状況は，説明の対象とならない。他方，準少年保護事件に関する説明の可否については，22条の6の準用の可否との関係で見解が異なりうる。

　手続等　　申出ができる期間は，終局決定が確定した後の3年に限られる（22条の6第2項）。被害者等の要望，説明の必要性，少年の情操保護，関係者のプライヴァシー保護等の総合的な観点から，被害者等による記録の閲覧・謄写や審判結果通知の申出期間（5条の2第2項・31条の2第2項）に合わせている。説明を受けた者の守秘義務と注意義務については，審判の傍聴者・傍聴付添者の場合と同様，5条の2第3項が準用される（22条の6第3項）。

⑥　軽微事件・交通関係事件の扱い

1　軽微事件の処理

⑴　簡易処理の意義

　全件送致主義の結果として家裁に送致される少年事件の中には，簡易送致事件（⇒ 67頁）をはじめ，軽微な事件が多く含まれている。このような軽微事件については，一般の少年保護手続で扱うこともできるが，むしろ簡易で迅速な処理（調査の簡略化と早期の対応）が望ましいことから，各家庭裁判所の定める事件処理要領の処理手続に従って扱うのが実務である。

⑵　簡易処理の手続

　軽微事件については，事件受理後のインテイク手続にもとづいて選別が行われる（⇒ 156頁）。選別は，非行事実の程度（罪種や被害の程度等）や少年の前

歴（家裁への係属歴，保護処分歴等），送致機関の処遇意見にもとづいて行い，①記録調査事件，②書面照会事件，③簡易面接事件に分類される。①は，社会調査過程に移行することなく，ただちに審判不開始で終局する。②③も，少年・保護者への書面照会と短時間面接の後に，原則として審判不開始決定で終局する。他方，さらに詳細な調査が必要な場合には，調査命令によって調査過程に移行し，一般の保護事件と同様に扱われる。

2　交通関係事件の扱い

⑴　交通関係事件の特殊性とその扱い

交通関係事件の特殊性　　家庭裁判所が受理する少年保護事件のほとんどは犯罪少年であり，その40％程度を道路交通関連事件（危険運転致死傷罪等を含む）の少年が占める。そこで，統計上，少年保護事件のうち道交違反事件以外のものを一般保護事件（虞犯を含む）と呼んで，道交違反事件と区別する扱いになっている。また，少年保護事件全体のうち業務上（重）過失致死傷事件等の割合が20％程度であり，そのほとんどが車両による交通事犯（危険運転致死傷罪等を含む交通関係業過）である。

特別な扱いの意義　　こうした事情から，道交違反事件と交通関係業過事件をまとめて「交通関係事件」と呼び，その共通性と特殊性とに着目して，一般保護事件と区別して扱う事件処理と処遇が行われている。交通関係事件に特別な処理を必要とする理由は，①事件の大量性から，事件処理の合理化と迅速な対応が必要なこと，②非行性に共通性があること，③共通性に着目した処遇（特に交通教育措置）が適切なこと，に求められる。

⑵　交通関係事件の処理

交通反則不納付事件　　交通関係事件の特殊性に応じて，送致段階では，1963年から実施された交通切符制度において，制度の導入（1967年）当初は成人だけに適用されていた交通反則通告制度が，1970年以降は少年にも適用されることになった。

　交通反則通告制度の適用により，少年が反則金を納付すると，その事件は，家裁の審判に付されないことになる（道交128条2項）。他方，反則金を納付しない場合は，審判を開始し，期限を定めて反則金の納付を指示することがで

きる（道交130条・130条の2第1項）。納付指示は，一般に納付指示書を少年に送付するが，審判期日を開いて指示する場合もある。納付指示に従って反則金が納付された場合で，審判期日を開いて指示した場合は不処分決定を行い（後発的な審判条件の欠如），郵送で納付を指示した場合は，審判開始決定を取り消したうえで改めて審判不開始決定が行われる。

　一般交通関係事件の扱い　　反則金不納付事件以外の交通関係事件が家裁に係属した場合は，一般の少年保護事件と同様の手続が進行する。インテイクについては，一般に，各家裁での独自の基準による。調査の結果，審判開始の必要がない場合は，審判不開始決定が行われ，保護的措置として集団講習（自庁講習，関係機関委託講習［試験観察の付随措置としての補導委託］）を実施することもある。

　審判開始決定があると，審判期日の指定，少年・保護者の呼出し，付添人への通知までは，通常の保護事件と同様である（規25条・28条5項）。しかし，交通関係事件は，効率的処理の観点から調査即日審判とする扱いが多い。また，非行内容の同種性や交通要保護性の共通性を根拠に，個別審理の原則の例外として，集団審判が行われることも多い。略式手続による罰金刑を念頭に置いた検察官送致が多用される傾向がある（⇒　313頁）。

　従来は，不処分決定をしたうえで保護的措置（自庁講習，関係機関委託講習，合宿講習）を行うことが多かったが，交通保護観察・交通短期保護観察の充実にともない，保護観察処分（24条1項1号）に付す扱いが多くなった。また，交通非行少年を中心とする少年院の旧特修短期処遇（かつての交通短期処遇）の整備によって，一般保護事件と比べて少年院送致処分（24条1項3号）も多くなっている。これらによって，交通関係事件における試験観察の割合が，1980年以降は減少傾向がもたらされ，さらに減少する状況がうかがわれる。

⑦　試験観察

1　試験観察の意義と機能

⑴　試験観察の意義

25条は，保護処分を決定するために必要がある場合に，終局処分を一定期

間留保したうえで，少年の行動等を観察するため，家裁調査官の観察に付すことを規定している（25条1項）。これが，「試験観察」と呼ばれる中間処分である。旧法では，仮保護処分としての少年保護司観察（旧37条1項4号）が規定されていたが，試験観察制度としては確立していなかった。

　現行法が試験観察制度を導入した理由は，①現行法が保護処分の決定機関（家庭裁判所）と執行機関（行政）を厳格に分離し，保護処分決定後の取消・変更を原則として認めないため，保護処分の選択について慎重な判断が必要となること，②少年の健全育成と将来の非行防止のためには，要保護性に関する十分な資料を収集するだけでなく，行動等の観察によって少年の予後にできる限りの見通しをつける必要があること，に集約される。交通関係事件を除く一般保護事件で試験観察が利用される割合は，近年は上昇傾向にあり，毎年，ほぼ5%程度である。

(2)　試験観察の機能

本来的機能　　試験観察の本来の機能は，制度導入の趣旨からも明らかなように，保護処分を決定するため（最善の処遇選択）の調査を行う点にある。それは，調査過程で実施された調査（社会調査）を補強したり，内容を修正することによって，要保護性の判断をより的確なものにするという役割を果たすことに求められる。その意味で，試験観察中の調査官の活動は，すべて調査の延長上にあると言ってよい。

事実上の処遇効果　　他方，付随措置による積極的な関わりが可能であることから（25条2項），試験観察の現実的な機能として，欧米先進諸国のプロベーション（⇒ 11頁）との共通性や類似性が指摘されている。試験観察は，終局決定を一定期間留保し，付随措置による心理的強制を加えながら指導や支援を行う点で，プロベーションと共通の教育的処遇機能を果たしうるからである。この点で，試験観察における調査官の関わりは，調査過程における社会調査と比べて，より以上に能動的なものとなり，積極的な補導や援助の可能性も否定されない。

調査過程における試験観察の可否　　学説の中には，こうした教育的処遇機能の実効性の高さに着目して，審判過程での実施を原則としながらも，必要に応じて調査過程での実施を例外的に認めようとする立場がある。しかし，

審判開始決定（21条）の後に根拠条文が置かれていることや，「保護処分を決定するため」が要件とされることから，試験観察は審判開始を要件とするものであり，それ以前の調査過程で実施することは認めるべきでない。終局決定のための中間処分にすぎない試験観察について，事実上の処遇機能を過度に強調して調査過程での実施を認めることは，三権分立の観点からも疑問である。

　また，いかに処遇効果が高いとしても，暫定的な中間処分としての介入には限度があり，調査官の関わりの方法や程度，観察期間にはおのずと限界がある。調査過程での事実上の処遇については，調査官観護（17条1項1号）の適切な活用を考えるのが筋である。

2　試験観察の決定と要件等

⑴　試験観察の対象事件と決定手続

　対象事件　　試験観察の対象となる事件は，通常，家庭裁判所に係属した少年保護事件が想定されている。しかし，それ以外にも，強制的措置許可申請事件（6条の7）や戻し収容申請事件（更生71条・72条），施設送致申請事件（26条の4，更生67条）は，保護処分を決定するための観察が必要な場合があるから，その限りで試験観察の対象になる。他方，収容継続申請事件（院137条～139条）は，少年院での処遇を継続することの可否が問題であり，処分決定のための観察は必要でないことから，対象にはなりえない。

　決定手続　　試験観察は家庭裁判所が中間決定として行うが，決定の時期を制限する明文規定は存在しない。調査過程における試験観察の実施を認める立場は，実際的な処遇効果の高さだけでなく，決定時期に関する制限規定の不存在をも論拠としている。しかし，すでに言及したように，審判開始を時期的要件と解さなければならない。

　決定の告知は，少年の面前で言渡すのを原則とするが（規3条2項1号），相当と認める方法で告知することもできる（同4項）。決定書が作成されることもある（水戸家決平8・6・26家月49巻1号146頁）。試験観察は，終局処分である保護処分と異なり，中間処分にすぎないから，抗告の対象にならず，一事不再理効（46条1項）も認められない（最判昭27・7・22集刑66号345頁）。

⑵　試験観察の期間と終了

試験観察の期間　　試験観察の期間は，「相当の期間」とされ（25条1項），「期間を定めることができる」とされているにすぎない（規40条1項後段）。このため，観察の必要があり，相当と考えられる限り，長短は問題にならないこともありうる。しかし，試験観察が暫定的な中間処分である一方，少年の自由に事実上の制約が伴うこと（特に身柄付補導委託）から，少年院の短期間処遇および特別短期間処遇の長さ（6か月以内と4か月以内）を考慮して，最長でも4か月を目途にすべきであると思われる。他方，実務では，4か月を超える試験観察も少なくないようである。

試験観察の終了　　試験観察の期間は，試験観察決定の際に定めることができるが（規40条1項後段），実務上は，期間を定めないで行われるのが通常である。試験観察決定は，いつでも取消しができ，事後的な変更（調査官の交替，期間の延長，付随措置の追加や取消等）もできる（規40条6項）。試験観察は，中間処分としての性質上，終局決定によって終了する。保護処分の見通しが明らかになった場合は，速やかに試験観察を終了し，保護処分決定を行う。

⑶　試験観察の要件

要件の具体化　　試験観察の要件は，「保護処分を決定するため必要があると認めるとき」という一般的規定があるだけで（25条1項），それ以上は特に明示されていない。ただ，試験観察の意義と本来の機能から，具体的要件として，①保護処分に付す蓋然性があること，②ただちに保護処分に付すことができないか，ただちに付すことが相当でない事情があること，③調査官の観察活動の結果として，適切な終局決定ができる見込みがあること，④相当の期間内で観察の目的を達成する見込みがあること，が必要とされよう。

保護処分の蓋然性　　②③④の要件については，争いや異論はない。他方，①は，審判を開始して，非行事実と要保護性の存在を確認しなければならない。非行事実の存在についての心証の程度は，調査過程での試験観察を認める立場からは蓋然的心証で足りることになるが，心理的強制と一定の自由拘束を伴う中間処分であることから，合理的な疑いを超える程度の心証を要求すべきである。保護処分に付す蓋然性は，保護処分の種類が未定の場合を想定しているが，保護処分の必要性の有無自体を決定する場合も含まれる。実

務でも，試験観察の結果として要保護性が低減し，保護処分に付す必要がなくなれば，不処分決定で終局する事例が多く見られる。

(4)　試験観察の方法

観察方法の具体化　　試験観察決定の際は，担当の調査官を指定する（規40条1項前段）。一般には，当該事件の調査（8条2項）を命じられた調査官が指定される。観察の方法には特段の規定がなく，個別的事案に応じて柔軟に運用される。一般には，①担当調査官が直接的に観察を行う方法（少年・保護者の定期的な出頭による継続的な面接，通信や家庭訪問など），②職場の雇主や学校の教師，少年友の会をはじめとするボランティアの協力や援助を得て行う方法，③グループワークによる方法（薬物乱用事件におけるグループカウンセリングや集団講習など），④付随措置としての補導委託による方法，がある。

これらと併せて，観察の補助的手段として，担当調査官と少年・保護者との間で具体的な約束事項を定める運用も行われている。社会調査の場合と同様，保護観察官や保護司等に援助させたり，学校等の協力を求めることもできる（16条　⇒　162頁）。裁判所によっては，諸外国の社会内処遇にならって，社会奉仕活動や短期合宿活動等を行っているところもある。

観察結果の扱い　　観察による調査の結果は，意見を付して，書面（報告書）で裁判官に報告しなければならない（規40条5項による規13条の準用）。裁判所は，試験観察に関与する施設や団体，個人に対して，少年に関する報告または意見を求めることができる（28条）。試験観察は，調査官のケースワーク機能の発揮が期待される重要な場面のひとつであり（⇒　70頁），今後における観察方法の拡充に期待が寄せられている。

(5)　付随措置

付随措置の種類　　家庭裁判所は，試験観察とあわせて，付随措置をとることができる（25条2項）。とりうる付随措置は，①遵守事項の履行（同2項1号），②条件付保護者引渡（同2号），③補導委託（同3号），の3種類であり，それぞれを単独または組み合わせることができる。必要に応じて，追加や変更も可能である（規40条6項）。

遵守事項　　①については，少年に対して遵守事項を具体的かつ明瞭に指示し，少年が自発的に遵守しようとする心構えを持たせるように努めなけれ

ばならない（規40条2項）。遵守事項の具体的内容としては，保護観察における一般遵守事項（更生50条参照）が参考となる。遵守事項に違反した場合については，特段の規定がなく，運用に委ねられているため，試験観察全体の中で当該違反事実の意味が評価される。違反の態様や程度，内容等によって，試験観察決定の取消しや変更，終局処分決定がとられる。

保護者引渡し　②の条件を付けて保護者に引渡す措置は，旧法でも保護処分のひとつとして認められていた（旧4条1項4号）。付随措置をとる場合は，保護者に対して，少年の保護監督について必要な条件を具体的に指示しなければならない（規40条3項）。条件の内容は，保護者に対するものが中心となるが，少年本人に対するものを指示することもできる。条件違反の効果は，①の場合と同様に考えられる。

補導委託　③の補導委託は，適当な施設，団体または個人に補導を委託する措置の一般的名称である。旧法にも，保護処分および仮保護処分として，同様の規定が存在していた（旧4条1項5号・37条1項2号）。補導委託には，少年の身柄を住居から委託先に移して宿泊・居住させる形態のもの（身柄付補導委託）と，身柄の移動なしに在宅のままで補導だけを委託する形態のもの（在宅補導委託）がある。

　一般事件においては，従来，身柄付補導委託が通常であった。しかし，近時は，社会福祉施設等に通所して短期間のボランティア活動を行うものや，交通関係事件における短期間の委託講習（自動車学校や教習所への委託）のように，在宅補導委託の拡充傾向も見られる。

3　身柄付補導委託

(1)　補導委託制度の趣旨と法的性質

補導委託の趣旨　補導委託は，民間の篤志家に少年の補導を委託し，民間の社会資源による家庭的な処遇を行う中で，少年の行動等を観察するものである。旧法は，保護処分および仮保護処分として，寺院や教会，保護団体等への委託を規定していた（旧4条1項5号・37条1項2号）。現行法のもとでも，適切な処遇選択のために重要な機能を果たしており，事実上の処遇効果の高さが積極的に評価されている。

補導委託の法的性質　　委託中の少年が委託先や第三者に損害を与えた場合との関係で，補導委託の法的性格が問題となる。学説として，裁判行為説（補導委託は，家庭裁判所の手続に属する特別の公法関係であり，補導委託決定は，少年に対する裁判であると同時に，委託先に少年を補導する義務を負わせる），民法656条にもとづく準委任契約説（補導委託決定とは別に，家裁と委託先との間で少年補導事務の委託に関する法律関係が生じる），公法上の契約説（行政庁としての家裁と委託先との間で公法上の契約が締結される），が主張されている。しかし，現実には，委託先が少年から損害を受けた場合に準委任契約説が国に対する損害賠償請求を認める（民650条3項）ことを別にして，いずれの見解（解釈）によっても，受託者が安心して委託に応じられる状況にはない。

　裁判例には，委託先での集団暴行による少年の受傷事故について，受託者に指導監督上の過失を認定したうえで，裁判行為説の立場（多数説）から，受託者の補導行為を国家賠償法1条1項の「公務員」による「公権力の行使」に当たるとして，国に対する損害賠償を容認したものがある（浦和地判平8・2・21家月48巻5号96頁）。しかし，そのような目的論的解釈による解決は，理論的には相当な無理がある。補導委託を積極的かつ効果的に活用し，その事実上の処遇効果をさらに高めるためには，補導委託先の開拓だけでなく，受託先が安心して補導に専念できる立法的手当てが急務である。

少年の地位　　補導委託においては，少年が労働に従事する場合も多く，就労の形態に応じて労働者としての少年の地位が異なる。委託先施設以外の一般民間作業場で就労する場合は（外勤），労基法9条の要件を満たす限りで，労基法上の労働者として扱われる。他方，もっぱら生活指導や職業補導の一環として，委託先の施設内で労働する場合は，労基法の適用はないと解される（昭40・5・20労働省労働基準局長回答）。

(2)　補導委託の運用

運用の具体化　　補導委託の具体的な運用（対象少年の選別，委託先の選定，補導の期間，補導の方法など）については特段の規定が存在せず，家裁の裁量に委ねられている。そのため，事案に応じた弾力的な運用が可能になるという利点がある一方，裁判所によって運用に差が生じることが懸念される。こうした事情から，通達によって（平9・3・31最高裁家二99家庭局長通達・家月49巻8号

205頁)，補導委託制度の適正で効果的な運営が図られている。また，運営の基本指針を明示する「補導委託運営要領」（昭61・12・1最高裁家二360家庭局長通達・家月38巻12号128頁）によって，各家裁は，①補導委託先の適格性の基準の設定，②補導委託先の登録，③補導委託先に対する一般的指導，④補導委託先における事故等に対する措置，⑤共同利用庁間の連絡調整の各事項に関して処理態勢の整備を図ること，が求められている。

委託対象少年　補導委託の対象少年は，試験観察の一般的要件を充足したうえで，在宅試験観察では十分に対応できない者に限られる。家庭環境の問題から帰宅させられない場合，共犯者・不良仲間との交友関係を断絶する必要のある場合，などが想定される。さらに，委託先での共同生活に適し，委託先や他の委託少年に損害・悪影響を与える虞が少なく，逃走等の事故を起こす虞のない少年であることが必要である。

委託先の適格性と適合性　補導委託先は，「適当な施設，団体又は個人」とされており（25条2項3号），家裁が適当である（委託先としての適格性と適合性が認められる）と判断するものであればよい。

委託先の適格性は，補導委託運営要領にもとづいて，各家裁において，あらかじめ補導委託先としての審査が行われ，家裁に登録されている。他方，適合性は，委託される少年の資質等との関係で具体的に判断される。病院への補導委託を認めた裁判例があるが（岐阜家決昭36・12・19家月14巻4号246頁），もっぱら治療目的で補導委託を利用することには疑問がある。

観察期間等　試験観察の期間は規定がないため，補導委託の期間にも特段の制限がないことになる。実務では，期間を定めずに決定を行い，経過観察にもとづいて適当な時期に委託を終了し，終局処分決定をする扱いである。補導委託を行う場合には，少年の補導上の参考となる事項を受託者に指示しなければならない（規40条4項）。

補導委託先への同行については，試験観察制度の趣旨から，物理的強制力を加えることは認められない。実務では，審判期日に出席した補導受託者が少年を連れ帰り，補導受託者が審判期日に出席しなかった場合には，担当の調査官が委託先まで任意同行する扱いである。

実費の補償　補導委託の受託者は，種々の支出を余儀なくされるため，

その実費（謝礼や報酬を含まない）が補償される（29条）。補償の具体的な範囲や内容については，「費用の全部又は一部を支給することができる」とされ，裁判所の裁量に委ねられている。実務では，予算の範囲内で公平かつ迅速な支給等を実現するため，通達を根拠に（平16・4・1最高裁家一112家庭局長・経理局長通達），1日を単位とする支給基準にもとづいて運用している。

　身柄付補導委託の場合は，事務費（人件費や旅費，通信運搬費等）と事業費（事務費以外で少年に直接必要な諸経費）に区別され，1か月ごとの合計額の請求にもとづいて，家裁の審査を経て支給される。少年が委託先に与えた損害の補償は含まれない。在宅補導委託の場合は，事業費は不要であり，事務費だけが支給される。保護司と児童委員についても，試験観察への援助が規定されていることから（16条1項），その費用が補償される（30条の2）。これらの費用は，家裁が，少年または扶養義務者から徴収することができる（31条）。

⑧　審判を経た少年保護事件の扱い

1　審判を経た少年保護事件の扱いの概要

⑴　保護事件の審判後の行方

3つの可能性　　審判手続段階（狭義の審判）を経た少年保護事件の扱いは，3種類に大別される（図6参照）。第1は，不処分決定によって少年保護事件として終結し，他の法システムにも移送されることのない場合で，これによって少年は法システムから完全に離脱する。第2は，保護処分決定によって少年法にもとづく処遇段階に移行するものである。これらに対して，少年司法システムで扱うことが相当でない少年事件は，児童福祉法上の措置または刑事処分を求めて，それぞれの法システムに移送される。

終局決定による扱い　　これらの扱いは，すべて終局決定として行われる。送致事件（保護観察所長からの通告を含む）に対して終局決定がされた場合は，事件の送致者に対しても決定内容が通知される（規5条1項）。また，犯罪事件と触法事件については，被害者等への配慮の一環として，調査過程における終局決定の場合と同様（⇒　187頁），被害者等からの申出にもとづいて決定内容の要旨が通知される（31条の2）。

図6　審判段階での少年保護事件の扱い

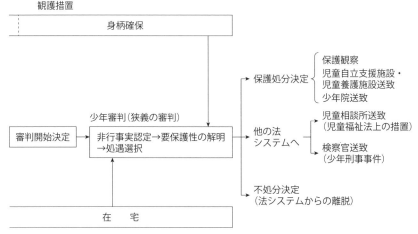

(2)　強制的措置の場合の扱い

　他の法システムへの移送は，調査を経た少年保護事件が他の法システムに移送される場合と基本的に同じである（23条1項・3項　⇒　183頁）。ただ，児童福祉機関送致のうち，強制的措置の許可を求めて児童福祉機関から家裁に送致されていた少年保護事件（6条の7第2項，児福27条の3）を児童福祉機関に送致する場合は，児童福祉機関において児童福祉法上の強制的措置がとられるため（18条2項），審判を経て決定しなければならない。

　児童福祉法上の強制的措置の内容は，法律に具体的な規定がないため，家裁が，期限を付して，保護の方法その他の措置を指示する（18条2項）。通常は，自由に外出できない場所（閉鎖の施設・区画・部屋）に少年を収容して行動の自由を制限する措置がとられ，親権者・後見人の意思に反した児童自立支援施設への入所も認められる。実際に強制的措置を実施しているのは，国立武蔵野学院（男子）と国立きぬ川学院（女子）の児童自立支援施設である。

　次に，訴訟費用の負担＊の問題を除いて不処分決定と保護処分決定について，個別的に見ていく。

＊Column　訴訟費用の負担

　2004 年の改正刑訴法によって被疑者（少年を含む）に対する国選弁護人制度が創設された（刑訴 37 条の 2 等）ことから，国選弁護人が付された少年被疑事件が検察官から家裁に送致された場合，国選弁護人費用（訴訟費用の一部）の負担の問題が生じることになった。そこで，45 条の 3 を規定し，そのような事件で不処分決定または保護処分決定があった場合，刑訴法の規定の準用によって，少年にその費用の負担を命ずることができるとした（45 条の 3 第 1 項）。訴訟費用の負担を命ずる裁判を執行するため，検察官に，必要な限度で保護事件の記録（社会記録を除く）と証拠物を閲覧・謄写することが認められる（同 2 項，規 42 条の 3）。

2　不処分決定

(1)　不処分決定の意義

　審判の結果，少年を保護処分に付さない場合として，児童福祉機関送致（23条 1 項・18 条），刑事処分相当を理由とする検送（23 条 1 項・20 条），年超検送（23条 3 項・19 条 2 項）のほか，不処分が規定されている（23 条 2 項）。不処分は，審判を経たうえで判断されるが，調査を経たうえでの審判不開始と内容的に類似している（⇒　179 頁）。審判の結果，保護処分に付することができないか，保護処分に付する必要がない場合，家庭裁判所は，「その旨の決定をしなければならない」（23 条 2 項）。「その旨の決定」を不処分決定といい，実務上は，「この事件については，少年を保護処分に付さない」という主文で処理される。不処分決定で終結するのは，少年保護事件全体の 25％程度である。

(2)　不処分決定の要件

　保護処分に付することができない場合　　保護処分に付することができない場合とは，法律上または事実上，保護処分に付すことができない場合をいう。実務上は，①非行なし，②少年の所在不明等，③その他，に区別されており，審判不開始の要件と共通する。ただ，①との関係で，非行事実の存在について合理的な疑いを超える程度の心証が要求される点が，蓋然的な心証で足りる審判不開始の場合と異なる。実務上は，非行なしや審判条件の欠如を理由とする不処分（保護処分に付すことができない）は多くない。②③は，それらの事情が調査段階で判明した場合は審判不開始事由となる。

　保護処分に付す必要がない場合　　保護処分に付す必要がない場合とは，保護処分に付すまでの要保護性が認められない場合をいう。実務上は，①保

護的措置で足りる場合，②別件保護中，③事案軽微，に区別されているが，審判不開始の要件と共通するところが多い（⇒ 180頁）。

①は，保護的措置で終局させることを意図した調査官の積極的な働きかけ，裁判官の働きかけ（指示，説諭等），審判手続における事実上の感化的機能，観護措置による少年鑑別所の処遇，試験観察（特に補導委託）における処遇的効果など，要保護性が解消または著しく低減する場合があることから，相当に強力な働きかけが行われている。この点で，調査段階での処遇的な働きかけと異なる。実務上は，ほとんどの場合，保護的措置の活用による要保護性の解消・低減を理由とする不処分（保護処分に付す必要がない）である。

(3) 決定の方式と効果

決定の方式　決定の方式は，審判不開始決定の場合と同様，通常，記録表紙等に印刷された決定欄を利用する扱いである。理由の記載は原則として省略できるが（規2条5項），実務上は，不開始決定の場合と同様，類型化された理由を付す扱いになっている。

こうした扱いに対して，非行なしを理由とする不処分の場合は，被害者や社会の信頼を確保するため，独立した決定書を作成して事実認定の理由も明記する扱いが確立している。身柄拘束事件については，補償との関係で，理由中に非行なしを明示しなければならない（少補2条1項参照）。また，2000年改正によって，検察官関与決定事件（22条の2）については，不処分決定に対する抗告受理申立て（32条の4）が規定されたことから，不処分の理由の記載が義務づけられている（規2条5項5号）。

決定の告知　不処分決定は，検察官関与決定事件については，審判期日における言渡しが必要とされる（規3条1項2号）。それ以外の事件でも，面前告知が原則とされ（同2項1号），面前告知ができない（相当でない）場合は，相当と認める方法による告知が認められる（同4項後段）。

決定の効果　不処分決定によって事件は終局する。観護措置決定や試験観察決定等の中間決定は，不処分決定によって効力が消滅する（鑑124条参照）。少年鑑別所からの退所処分については，少年鑑別所長に対して，出所指揮書または審判結果通知書が交付される。不処分決定は，抗告対象にならない（最決昭60・5・14刑集39巻4号205頁）。一事不再理効（⇒ 182頁）については，従

来から議論があり，積極説も有力であったが，判例は明確に否定していた（最決平3・3・29刑集45巻3号158頁）。しかし，2000年改正で，検察官関与決定事件における不処分決定について一事不再理効が明示された（46条2項）。

3　保護処分決定

(1)　保護処分の意義

　家庭裁判所は，審判を経た少年保護事件について，少年を保護処分に付さない場合（23条）を除いて，保護観察所の保護観察，児童自立支援施設（教護院から改称）送致・児童養護施設（養護施設から改称）送致，少年院送致，のいずれかの保護処分を決定（保護処分決定）しなければならない（24条1項本文）。保護処分は，非行のある少年の健全な育成を期して，性格の矯正と環境の調整のために行われるもので，少年処遇の中核をなしている（1条参照）。保護処分決定がされるのは，少年保護事件全体の35%弱程度である。

　旧法は9種類の保護処分を規定していたが（旧4条），現行法は3種類のものに整理した。ただ，現行法の保護処分から除外された旧法上の措置も，実際には，審判不開始（19条1項）や試験観察（25条），不処分（23条2項）の際の保護的措置として活用されており，処遇上の重要な機能を果たしている。

(2)　保護処分の要件

　保護処分決定の要件は，審判を経たうえで，非行事実の存在が確認されることと，要保護性が認められることである。審判を経た少年保護事件は，処分に付さない場合（他の法システムへの移送および不処分）を除いて保護処分に付されることから，どの種類の保護処分を選択するかを別にして，保護処分そのものの必要性や相当性については積極的な判断を要求されない。その意味では，審判開始決定によって，保護処分の必要性と相当性は推定されている。もちろん，保護処分の種類をはじめ，具体的な処遇内容の選択に当たって，さまざまな観点からの個別的判断は必要である。

(3)　保護処分決定の告知

　告知の意義　少年の健全育成を目的とする保護処分は，少年・保護者をはじめとする関係者の理解と協力があって，はじめてその効果が期待できる。そのため，保護処分決定の告知は，審判期日に言い渡さなければならない（規

3条1項1号）。それだけにとどまらず，少年の情操を保護し，少年・保護者等の信頼を得るためにも（規1条2項），少年と保護者に保護処分の趣旨を懇切に説明したうえで，十分な理解を得るようにしなければならない（規35条1項）。規則35条1項は訓示規定ではあるが（東京高決昭38・9・5家月16巻4号181頁），その趣旨を十分に尊重した対応が必要とされる。

言渡しの方法　言渡しは，決定原本による必要はない（東京高決昭40・9・30家月18巻7号78頁）。通常は1回の審判で即決されるため，詳細な決定書を作成する必要や，審判の結果を十分に反映させる必要など，事前に決定書を作成しておくことが困難な場合も多いからである。保護処分決定に対しては抗告が認められるから（32条），決定の言渡しに際して，抗告権を告知しなければならない（規35条2項）。これは，刑訴規則220条と同趣旨である。

(4)　保護処分の決定書

決定書の方式　決定書の方式は定式化されていないが，最低限の記載事項として，主文，理由，少年の氏名，年齢，職業，住居，本籍が要求されている（規2条4項）。特に，犯罪少年については，非行事実と適用すべき法令を示さなければならない（規36条）。

主文　保護観察処分決定の場合は，主文において保護観察所を指定し，少年院送致決定の場合は，少年院の種類を指定する（規37条1項）。少年院での短期処遇（短期間，特別短期間）を勧告する場合は（⇒ 292頁），主文に明記する例もあるが，決定書の名宛人が少年であることと，短期処遇課程が運用上のものであることを理由に，表示しない扱いが多い。他方，交通短期保護観察については，主文に明記する例が多いとされている。

非行事実等の記載　非行事実の記載は，刑事判決書の方式に準じ（刑訴335条1項），日時，場所，方法等を具体的に摘示して事実を特定すべきである（刑訴256条3項）。概括的記載や事件送致書の不十分な引用は，不適切とされる（大阪高決昭36・9・25家月13巻11号121頁等）。虞犯少年についても，虞犯性の基礎となる事実の概要を具体的に記載しなければならない（大阪高決昭50・10・7家月28巻6号133頁）。法令の適用は，犯罪少年の場合だけが明示されているが（規36条），触法少年と虞犯少年の場合にも準用すべきである。

数個の非行事実の一部について，認定できない場合や審判条件が欠ける場

合，実務での対応は分かれる。一部を不処分としたうえで，主文において保護処分と併記し，理由中に判断を示す裁判例がある（横浜家決平 4・9・18 家月 45 巻 1 号 166 頁等）一方，理由中で明記するものが（長崎家決平 2・10・18 家月 43 巻 5 号 48 頁）多数を占める。学説も後者が多数であるが，特に検察官関与決定事件については，抗告受理申立てとの関係で前者によるべきである。

　送致等がされていない非行事実が調査・審判中に判明した場合は，不告不理の原則により，捜査機関の追送致や報告立件がない限りは非行事実として摘示することができない（福岡高決平 12・11・8 家月 53 巻 4 号 72 頁）。非行事実の不特定，一部脱落，超過等は，その重大さの程度に応じて，抗告理由になりうる（東京高決昭 43・11・28 家月 21 巻 7 号 120 頁等）。

　理由　　理由について，裁判例には，保護処分決定の理由を示せば足り，特定の保護処分を選択する理由は摘示する必要がないとするものもある（東京高決昭 41・2・3 家月 19 巻 3 号 98 頁）。しかし，少なくとも，要保護性判断の基礎となる事実や問題点を明示したうえで，その評価や処遇選択の判断を示すべきであろう。それは，少年や保護者の納得を得るだけにとどまらず，抗告審の審査，処遇執行機関の処遇方針にとっても重要な役割を果たすものだからである。ただ，決定書は少年・保護者等が閲読する可能性があるため，情操保護に対する慎重な配慮は必要である。証拠説明については，一般には摘示が要求されていないと解されるが，少年側が事実認定を争うような場合には，事実認定の理由の要旨を示すべきであろう。

　決定書の更正　　決定書の更正については関連規定が存在しないが，明白な誤りの場合に限って更正できると解される（民訴 257 条 1 項参照）。裁判例には，少年の生年月日の更正を認めたものがある（名古屋家決昭 37・6・15 判時 306 号 40 頁）。他方，保護処分の決定主文の更正は認められない（東京高決平 13・8・17 家月 54 巻 1 号 86 頁）。

⑸　保護処分決定の通知

　保護処分を効果的に行うためには，処遇執行機関が，非行事実や要保護性に関する問題点をはじめとする家裁の決定の趣旨を正確に把握する必要がある。少年が可塑性に富む存在である一方，決定後の処遇変更を原則として認めない現行法のもとでは，家裁と処遇執行機関との連携が特に重要になる。

こうした観点から，両者の緊密な連携を確保するために，決定の通知と参考資料の送付について詳細な規定が置かれている（規37条2項・37条の2）。また，決定の通知は，遅くとも事件終局後の1週間以内に到達するよう要請されている（昭27・3・24最高裁甲68家庭局長・訟廷課長通達）。

　特に取扱いが重要である少年調査記録については，「少年調査規程」（昭29最高裁規程5）をはじめ，運用のための詳細な方針等が定められている（昭52・6・3最高裁家三190家庭局長通知・家月29巻8号142頁，昭57・4・12最高裁家二133家庭局長通知・家月34巻7号155頁，平3・9・30法務省矯正局長・保護局長通達等）。なお，交通短期保護観察決定に伴う参考資料等の送付については，別途の運用がされる（昭52・3・30最高裁家三109家庭局長通達・家月29巻6号121頁）。

4　没取および費用徴収

（1）　没取

没取の意義　　終局決定の付随処分として，犯罪（触法）事実と関連のある物の所有権を家庭裁判所が剥奪し，国庫に帰属させるため，没取が規定されている（24条の2）。一種の保安処分的性質（社会的に危険な物および非行による不当な利益の剥奪）を有する点で，刑法の没収（刑19条）と類似している。他方，付加刑（刑罰）ではないという法的性質から，追徴（換刑処分），法定刑にもとづく対象の制限，時効の適用（刑19条の2・20条・32条）は排除される。

没取の対象　　没取の対象少年は，犯罪少年と触法少年（3条1項1号・2号）で，虞犯少年（同3号）は除かれる。没取の前提となる終局決定は，①児童福祉機関送致決定（18条），②審判不開始決定（19条），③不処分決定（23条2項），④保護処分決定（24条1項），である。「刑罰法令に触れる行為」の認定が前提となるため，①の強制的措置許可決定（18条2項），②③の審判条件欠如または非行事実が認定できない場合は，対象から除かれる。対象物については刑法19条の解釈が妥当する。他方，「本人以外の者に属しない」とする消極的要件は（24条の2第2項本文），「犯人以外」とする刑法19条と異なり，共犯者の所有物および共有物を没取の対象から除外する趣旨である。

第三者没取　　知情のある第三者所有物は，刑法の第三者没収と同様，没取を認める規定ぶりである（24条の2第2項但書）。この点，刑法では，第三者

に告知，弁解，防御の機会を与えるために（最大判昭37・11・28刑集16巻11号1577頁参照），「刑事事件における第三者所有物の没収手続に関する応急措置法」（昭38法138）による立法的手当てがされている。他方，非公開の少年審判には第三者を参加させられないから，没収の裁判には応急措置法の適用または準用は認められず，結果的に，知情のある第三者所有物の没取は不可能ということになる（大阪高決平8・12・2家月49巻5号98頁）。

没取決定の効果　没取決定は，終局決定に付随するものであるから，終局決定と同時に行う。所定の事項を記載した決定書が作成され（規2条4項），裁判官が署名（記名）押印する（同3項）。告知は，終局決定とともに言渡す扱いであるが，相当と認める方法によることもできる（規3条4項）。告知がなければ，没取の効力は生じない。没取の効力が生じると，国家は，その物の所有権を原始的に取得する。家庭裁判所が押収している物については，没取決定の確定で執行の効力が生じるが，押収していない物については，決定の執行が必要である（規37条の3）。

没取決定の執行および没取物の処分は，刑訴法の規定に準じるが，実務上は，「押収物等取扱規程」（昭35最高裁規程2）や「押収物等取扱規程の運用について」（平7・4・28最高裁総三24事務総長通達）にもとづき，各種の通達や回答などで補完されている。没取決定は，付随決定であるから，独立して抗告ができないし，保護処分決定が取消された場合は（27条の2）失効する。

(2)　費用徴収

費用徴収の意義　少年法は，少年保護事件に関連して発生した一定範囲の費用について，少年またはその扶養義務者から徴収しうることを認めている（31条）。これは，旧法の61条を引き継いだ規定であり，刑事訴訟費用の負担（刑訴181条以下）および児童自立支援施設の処遇費用の徴収（児福56条）に相当するものである。

徴収の要件　徴収の要件については特段の定めがないが，無関係な費用は負担させられないから，出費に一定の誘因を与えたことが必要である。少年では，非行を犯したことによる費用が中心であり，扶養義務者は，非行と因果関係のある監護義務の懈怠が中心となる。非行なし不開始・不処分の場合や年超検送の場合は，費用を徴収できない。扶養義務者の範囲は，民法に

より，親権者，配偶者，一定の親族等である（民820条・752条・877条以下）。

　費用の範囲である「その他の費用」とは，鑑定料，通訳料，翻訳料，補導委託費等であり，国選付添人の報酬も含まれる。調査および観察の援助をさせた保護司または児童委員等については，文理に含まれないので，それらに支給した費用は徴収できない。少年鑑別所および少年院において生じた費用とは，事務費（施設の維持費や職員の給与等）以外の費用をいう。

　決定と徴収手続　　費用の徴収は決定により，終局決定と同時か，それ以降に行う。決定の告知は，相当な方法による（規3条4項）。徴収については，少年と扶養義務者は排他的関係になく，双方から一部ずつの徴収，または連帯して負担させることができる。徴収手続は，過料の裁判の執行と同様の手続により（31条2項による非訟121条の準用），「法廷等の秩序維持に関する法律等に基づく過料の徴収について」（平7・3・31最高裁民二154事務総長通達）の例による（昭47・8・12最高裁家三180家庭局長通知・家月25巻3号165頁）。費用徴収決定については，独立して抗告することができない。

5　一事不再理の効力

(1)　46条の趣旨と適用範囲

　46条1項の趣旨　　46条1項は，保護処分決定がされた犯罪少年について，刑事訴追および再度の少年審判が遮断されることを明示している。これは，保護処分決定について，刑事訴訟における一事不再理効と同じ効果を認めるものである。他方，保護処分決定以外の実体審理を経た終局決定については言及がなく，それらの扱いが問題になる。2000年改正によって，検察官関与決定事件（22条の2）については必要な整備がされた。

　46条の法的性格については議論があるが，保護処分と刑事処分との同質性と類似性に着目することから，一般に，一事不再理効を認めた規定と理解されている。そうであれば，保護処分決定以外の実体的終局決定についても，46条を準用するのが筋である。しかし，実務の運用はそのようなものになっていない。問題は，一事不再理効を認める46条を保護処分決定に関する特別規定と解するか，その趣旨の一般化を認めるべきかにある。

　争いのない事案　　審判条件の欠如を理由とする審判不開始決定および不

処分決定は，欠けていた条件が整えば審判は可能であるから，一事不再理効は認められず，46 条の準用も当然に否定される（東京高決昭 46・6・29 家月 24 巻 2 号 143 頁）。また，46 条 1 項は，犯罪少年に対する保護処分決定だけを明示しているが，触法少年および虞犯少年の保護処分決定にも準用を認める点は，実務上も争われていない（仙台家決昭 59・7・11 家月 37 巻 4 号 68 頁等）。

　　実務の確立　　他方，実体的な判断による終局決定について，最高裁は，非行なしを理由に審判不開始決定をした事案において，少年審判と刑事裁判の目的や手続の違い，保護処分と刑罰の性質の類似性等を理由として，46 条は保護処分決定に限って一事不再理効を認めた「特別規定」であるとし，審判不開始決定への準用を否定した（最大判昭 40・4・28 刑集 19 巻 3 号 240 頁）。ただ，本判決には詳細な反対意見が付され，反対意見と同趣旨の見解も有力に主張されていた。しかし，最高裁は，非行なしを理由とする不処分決定の事案について，一事不再理効を否定する立場を改めて明確にしている（最決平 3・3・29 刑集 45 巻 3 号 158 頁）。

　これらの最高裁判例によって，実務上，46 条は保護処分決定に限って一事不再理効を明示した「特別規定」であるとの立場は動かしがたいものになった。児童福祉法上の措置にも，当然のことながら，一事不再理効と類似の効果は認められない（東京高決平 14・4・3 家月 54 巻 8 号 54 頁）。

⑵　一事不再理の範囲（審判を経た事件）と効果

　一事不再理の及ぶ範囲　　「審判を経た事件」は，保護処分の対象となった決定書記載の犯罪事実（規 36 条）をいう（最決昭 36・9・20 刑集 15 巻 8 号 1501 頁）。そのため，保護処分の決定書には，審判対象とされた非行事実のうち，認定できるものすべてを明記しなければならない（東京高決昭 43・8・3 家月 21 巻 3 号 92 頁等）。刑事訴訟の一事不再理効の範囲と同様（最判昭 33・5・6 刑集 12 巻 7 号 1297 頁参照），包括一罪や科刑上一罪のような，決定書記載の犯罪事実と同一性がある事件も含まれる（高知家決昭 59・7・4 家月 37 巻 3 号 101 頁等）。46 条 2 項との関係では，検察官関与決定事件と事実の同一性がある事件にも及ぶ。

　他方，単なる行状の一部として決定書に記載された余罪や，要保護性の一資料として評価された余罪は，審判を経た事件に当たらず（名古屋高決昭 50・3・27 家月 27 巻 10 号 91 頁等），一事不再理効は及ばない。事件の同一性の判断に

関しては，刑訴法での議論が基本的に妥当し，基本的な事実の重なり合い（刑事訴訟でいう「公訴事実の同一性」）が基準とされる。

一事不再理の効果　すでに刑事処分がされた事件については，刑事訴訟上の一事不再理の原則から，再度の刑事訴追が遮断される。刑事事件として立件されただけでは，遮断効は生じない（東京高決平7・7・25家月48巻9号68頁参照）。新たな審判の可否については明文の規定がないが，46条の趣旨からは遮断されると解すべきである。

すでに保護処分がされた事件について，再度の公訴が提起された場合は，刑訴法337条1号の準用によって免訴判決となり（札幌高判昭37・8・21家月15巻7号133頁），再度の送致がされた場合は，審判条件の欠如を理由として，審判不開始決定または不処分決定をすることになる（福岡家決昭45・4・3家月22巻10号120頁等）。

(3)　2項および3項の新設

2000年改正の趣旨　2000年改正前の46条1項但書は，27条の2によって保護処分が取り消された場合に，一事不再理効を認めないことを明示していた。しかも，その場合の取消しは，年齢詐称によって成人が保護処分を受けた場合のような，形式的な審判条件欠如による取消しを前提にするものであった。しかし，その後の実務は，形式的な審判条件の欠如の場合だけでなく，非行事実不存在の場合にも取消しを認めるようになったことから（最決昭58・9・5刑集37巻7号901頁），保護処分の取消しを理由に一律に一事不再理効を否定することの不都合が顕在化した。こうした事情のもとで，2000年改正は，検察官関与決定事件について検察官の抗告受理申立てが認められたこととの関係で（32条の4），46条の内容を大きく改正し，不処分決定および非行事実不存在を理由とする保護処分取消決定にも一事不再理効を認めることを明示した。

改正の内容とその限界　新設の46条2項は，検察官関与決定事件で不処分決定が確定した場合の一事不再理効を明示した。また，従来の1項但書から移された3項本文が，通常の保護処分取消決定に一事不再理効を否定する一方，新設の3項但書は，保護処分取消事件に検察官関与決定がされて（27条の2第6項による22条の2の準用）非行事実不存在を理由とする保護処分取消

決定があった場合に，例外的に一事不再理効を認めることを明示した。3項但書の趣旨は，2項の内容と同様である。

　しかし，2項と3項の新設による一事不再理効の範囲の拡張は，いずれも検察官関与決定事件に限定されたため，それ以外の事件（少年保護事件のほとんど）については，依然として問題が残されたままになっている。46条の解釈による解決は困難であり，立法による決着が望まれる。

⑨　事後手続（抗告）

1　抗告

⑴　抗告の意義

　32条は，少年保護事件における不服申立制度として，抗告を規定している。旧法は，少年の保護と教育を目的とする保護処分を少年に利益な処分と考え，少年審判所の決定に対する不服申立を認めていなかった。現行法は，保護処分の性質と無関係に，少年の権利保護（少年の利益）の観点から，抗告制度を採用した。ただ，抗告の対象を保護処分に限定し，少年側の抗告だけを認め，抗告審（高等裁判所）による自判制度がない点で，刑事訴訟の不服申立制度と異なる。抗告には執行を停止する効力はなく，原裁判所または抗告裁判所による裁量的執行停止が認められるにすぎない（34条，規47条）。

⑵　抗告の対象

　対象となる決定　　抗告の対象は，保護処分（24条1項各号）の決定である（32条1項本文）。保護観察と少年院送致に限らず，児童自立支援施設送致・児童養護施設送致も，児童福祉法上の施設への送致ではあるが，少年法上の保護処分として決定されている以上は抗告の対象となる（東京高決平14・4・3家月54巻8号54頁）。26条の4による措置も対象に含まれる。

　戻し収容決定（更生71条）および収容継続決定（院137条～139条）も，新たな保護処分決定の実質を持つことから（規55条），抗告対象となる（広島高決昭38・10・16家月16巻2号102頁等）。前者は，2007年改正で更生保護法72条5項が，抗告対象として明示した。さらに，保護処分取消申立（27条の2第1項・2項）に対する不取消決定については，32条の準用によって抗告できるものと解さ

れる。

対象とならない決定　他方，保護処分決定でない決定は抗告対象とならない。中間決定である調査官観護決定 (17 条 1 項 1 号) や試験観察決定 (25 条)，審判開始決定 (21 条) はもちろん (名古屋高決昭 46・10・27 家月 24 巻 6 号 66 号)，許可の性質を有する強制的措置許可申請に対する決定 (6 条の 7 第 2 項) も対象とならない。児童福祉機関送致 (18 条 1 項) および検察官送致決定 (20 条) も，保護処分決定ではないから対象にならない (東京高決昭 45・8・4 家月 23 巻 5 号 108 頁)。また，審判不開始決定 (19 条 1 項) および不処分決定 (23 条 2 項) も，非行事実を認定したうえでの決定であっても，保護処分決定でないことを理由に抗告が否定されている (最決昭 60・5・14 刑集 39 巻 4 号 205 頁)。

被害者還付 (15 条 2 項による刑訴 347 条 1 項の準用)，環境調整命令 (24 条 2 項)，没取 (24 条の 2)，費用徴収 (31 条) 等，保護処分決定に付随する決定については，独立の抗告としては否定されるが，保護処分決定に対する抗告の効力が付随決定にも及ぶと解される。

(3)　抗告の理由

抗告理由の制限　抗告理由となるのは，「決定に影響を及ぼす法令の違反」，「重大な事実の誤認」，「処分の著しい不当」である (32 条 1 項本文)。それぞれに「決定に影響を及ぼす」「重大な」「著しい」という限定がある点に，抗告を例外的に認めようとする姿勢が見られる。これは，抗告審による自判を認めないこと (33 条 2 項) に示されているように，少年法の特性を前提として，専門機関である家庭裁判所の判断を可能な限り尊重するとともに，少年の心情や地位を早期に安定させようとする趣旨による。

決定に影響を及ぼす法令違反　「法令の違反」は，審判手続および決定手続の法令違反のほか，適用法令の誤りを含む (規 36 条参照)。前者は，少年審判手続の違反をいい (福岡高決平 6・11・14 家月 47 巻 4 号 80 頁参照)，刑事訴訟手続の違法 (刑訴 379 条) に対応する。後者は，認定事実に対する実体法の適用の誤りをいい，刑事訴訟における法令適用の誤り (刑訴 380 条) に相当する。

「決定に影響を及ぼす」とは，法令違反と原決定の主文に示された保護処分との間に因果関係があり，法令違反が主文に影響を及ぼす場合をいう (大阪高決昭 50・10・7 家月 28 巻 6 号 133 頁等)。一部の事実の判断遺脱 (大阪高決昭 42・8・

4 家月 20 巻 4 号 63 頁等），非行事実の摘示の不特定（大阪高決昭 36・9・25 家月 13 巻 11 号 121 頁等），審判後の決定書の不作成（福岡高決平 6・11・14 家月 47 巻 4 号 80 頁），などである。主文に示された保護処分の当否に関わらない程度の誤り等は，決定に影響を及ぼさない（大阪高決平 8・12・2 家月 49 巻 5 号 98 頁参照）。

重大な事実誤認　「事実の誤認」とは，取調べられた証拠から認定される非行事実が，原決定が認定した事実と食い違う場合をいう。単なる誤記は含まない。要保護性を基礎づける事実は，非行事実ではないから，「事実」に当たらない（東京高決昭 57・5・18 家月 34 巻 10 号 105 頁，大阪高決平 6・3・18 家月 46 巻 5 号 81 頁等）。「重大」かどうかは，法令違反の場合と同様，主文に影響を及ぼすかという観点から判断される（東京高決昭 60・5・8 家月 37 巻 11 号 117 頁等）。

「処分の著しい不当」とは，少年の要保護性の程度に応じて選択されるべき保護処分が，合理的な裁量の範囲を著しく逸脱した場合をいう。保護処分の必要がない少年を保護処分に付すような場合，保護処分の種類の選択を誤った場合，少年院送致決定について少年院の種類の選択を誤った場合（大阪高決昭 52・6・9 家月 29 巻 12 号 98 頁），などである。

(4)　抗告権者

抗告権者の制限　抗告権者は，少年および少年の法定代理人または付添人である（32 条本文）。抗告期間中に成人になった場合（26 条の 4・27 条の 2）や，収容継続決定等のように，成人になってからの決定に抗告が認められる場合（院 137 条〜139 条，更生 68 条・71 条）には，保護処分決定時に少年であれば足りる。2000 年改正で事実認定手続への検察官関与が認められたが，検察官には抗告は認められず，抗告受理申立をなしうるにとどまる（32 条の 4）。

法定代理人　法定代理人は，親権者・後見人・親権代行者（民 820 条・833 条・857 条・867 条）および児童福祉施設の長（児福 47 条）である。少年が 18 歳に達した場合は，親権に服さなくなるため，親権者であった者は抗告権を失う（広島高決昭 38・10・16 家月 16 巻 2 号 102 頁，大阪高決昭 52・3・31 家月 29 巻 11 号 114 頁）。実父母であっても，離婚によって親権を失った者は抗告権も失う（広島高決昭 41・1・6 家月 18 巻 10 号 95 頁）。他方，共同親権者の場合（民 818 条 3 項）の規定はないが，抗告の趣旨（少年の権利保護の観点）から，各自が抗告できると解される（東京高決昭 53・9・16 家月 31 巻 6 号 75 頁等）。

　法定代理人の抗告権の性質は，固有の権利とする見解（固有権説）もあるが（東京高決昭 43・3・21 家月 21 巻 2 号 195 頁），思慮の未熟な少年を補佐する立場から少年の抗告権を代理行使するもの（独立代理権）と解される。

　付添人　　付添人は，選任者である保護者の明示した意思に反して抗告することができない（32 条但書）。他方，法定代理人および付添人は，少年の意思に反しても抗告ができる（32 条但書の反対解釈）。その理由は，未熟な少年の権利保護に求めることができよう。この点との関係で，保護処分決定に対して刑事処分を求める抗告の可否が問題になる。実務では実質的な判断をしたうえで否定しているが（東京高決昭 45・4・8 家月 22 巻 11＝12 号 101 頁等），保護処分との比較における刑事処分の不利益性からすれば，このような抗告には利益を認めがたい（少年の権利保護の趣旨に反する）から，一般的・形式的に否定すべきである（広島高決昭 55・10・20 家月 33 巻 6 号 60 頁参照）。

　原決定後に選任された付添人は，抗告権者としての「付添人」には当たらず，その選任者が抗告権者である場合に，選任者の任意代理人として抗告が認められるにすぎない（大阪高決昭 54・10・3 家月 32 巻 8 号 112 頁）。

⑸　抗告の期間と手続

　抗告期間　　抗告の期間は 2 週間以内であり（32 条本文），抗告対象となる決定の告知があった日の翌日から起算する。期間の末日が一般の休日に当たる場合は期間に算入しない（刑訴 55 条参照）。

　抗告の手続　　抗告は，原決定をした家庭裁判所（原裁判所）に対して，抗告の趣意を簡潔に示した申立書を差出して行う（規 43 条）。少年院等の施設に収容中の少年が抗告する場合は，当該施設の長（代理者）を経由して申立書を差出すことができ，抗告の期間内に施設の長等に申立書が差出されれば，期間内に抗告したものとみなされる（規 44 条）。抗告期間内に限り，抗告趣意の追完が認められる（最決昭 49・6・14 家月 27 巻 2 号 113 頁参照）。

　抗告申立があった場合，原裁判所は，速やかに記録とともに抗告申立書（意見をつけることができる）を抗告裁判所に送付する（規 45 条）。原裁判所は必要に応じて証拠物を送付し（規 45 条の 2 第 1 項），抗告裁判所が送付を求めることもできる（同 2 項）。施設収容処遇の決定に対する抗告の場合は，少年が収容されている施設を遅滞なく抗告裁判所に通知（記録送付書に施設名を記載する扱い

が一般である）する（規 46 条）。検察官関与決定事件に対する抗告については，抗告申立書の趣意を検察官に通知する（規 46 条の 2）。

抗告の効果　刑事事件の抗告では，原裁判所が抗告に理由があると認める場合，決定を更正することができ（刑訴 423 条 2 項前段），「再度の考案」と呼ばれる。しかし，少年保護事件には同種の規定がないため，再度の考案は認められないとされる（東京高決平元・12・22 家月 42 巻 5 号 82 頁［家事事件］参照）。他方，抗告の取下げについては，規定はないものの，抗告申立権者の意思を尊重する観点から，書面によることを条件に認められると解される（東京高決昭 43・3・21 家月 21 巻 2 号 195 頁参照）。

⑹　抗告裁判所の調査と事実の取調べ

調査　従前，抗告審の審理手続は，主として規則に定められていた。しかし，2000 年改正による検察官の抗告受理申立制度の導入に際し，抗告審での調査と事実の取調べに関する規則の旧 48 条・49 条と同趣旨の規定が少年法に新設された。抗告裁判所は，抗告の趣意に含まれている事項に限って調査義務を負うのが原則であるが（32 条の 2 第 1 項），抗告の趣意に含まれていない事項でも，抗告の理由となる事項に関しては，職権で調査することができる（同 2 項）。抗告審の調査は，原裁判所から送付された記録によるのを基本としながら，補完的に証拠資料を収集することも認められる。

事実の取調べ　抗告裁判所は，決定をするために必要がある場合，事実の取調べをすることができる（32 条の 3 第 1 項）。抗告に関する判断の基準時は，原裁判時ではなく抗告審の判断時点とするのが実務であるから（大阪高決昭 54・8・1 家月 32 巻 7 号 69 頁等），原決定後の証拠資料についても事実の取調べができる。抗告はもっぱら少年側の利益であることから，新たな事実の主張による抗告申立があった場合は，補充捜査もできると解される。取調べの方法に具体的な規定はないが，少年保護手続の非行事実の審理手続（⇒ 208 頁）に準じるものとされる。事実の取調べは，合議体の構成員または家庭裁判所の裁判官にさせることができる（32 条の 3 第 2 項）。

2　抗告受理の申立て

⑴　抗告受理申立の意義

従前の扱い　従前の少年保護事件では，保護処分決定に対する少年側の抗告権だけが認められていた。それは，検察官関与を排除した職権主義的審問構造のもとで，対立的な当事者の存在を想定していなかったことによる。その結果，抗告は少年側の利益にのみ機能し，少年審判の結果を上級審が少年に不利益な方向で見直す機会は存在しなかった。こうした実情には批判が強く，家裁における事実誤認の是正の必要性，事実認定手続の適正化の確保，被害者等からの理解や少年審判制度に対する社会の信頼の確保，などを根拠に，検察官に抗告権を付与すべきであるとの立法提案も見られた。

抗告受理申立の趣旨と意義　そうした状況のもとで，2000 年改正は，一定の少年犯罪事件における事実認定手続に検察官の関与を認め（⇒ 221 頁），検察官関与決定事件に検察官の抗告受理申立制度を導入した（32 条の 4）。ただ，これは，検察官の「抗告権」を認めたものではない。抗告受理の申立ては，抗告の場合と異なり，抗告審として事件を受理するのを相当と認めるかどうかを，高等裁判所の裁量判断に委ねるものである。また，不受理決定および受理後の抗告棄却の裁判に対しては，再抗告の余地がない。

⑵　抗告受理申立の対象，理由，手続

申立ての対象と理由　申立ての対象は，検察官関与決定事件の不処分決定または保護処分決定である。申立ての理由は，申立対象となる決定がされた事件の非行事実認定に関して，「決定に影響を及ぼす法令の違反又は重大な事実の誤認があること」である（32 条の 4 第 1 項）。事実認定手続の適正化の観点から導入された制度であるため，少年側の抗告理由として認められる処分不当（32 条）は除外されている。もっとも，非行事実には犯行の動機や態様，結果等も含まれるから（17 条 4 項参照），事実誤認と処分不当との区別は必ずしも明確ではないし，画一的でもない。

申立ての手続　申立ては，対象となる決定の告知があった日の翌日から起算して 2 週間以内に，原裁判所に対して，抗告受理申立の理由を具体的に記載した申立書を差出して行う（32 条の 4 第 1 項，規 46 条の 3 第 1 項）。申立書を受け取った原裁判所は，少年・保護者に申立てがあったことと申立ての理由

を通知し（規46条の3第3項），速やかに申立書を一見記録とともに高等裁判所に送付する（32条の4第2項，規46条の3第2項）。意見書，証拠物の送付，少年が収容されている施設の通知については，抗告の場合の関連規定（規45条2項・45条の2・46条）が準用される（同46条の3第9項）。

(3) 高等裁判所の手続

不受理決定　原裁判所から抗告受理申立書の送付を受けた高等裁判所は，送付を受けた日から2週間以内に，抗告審として事件を受理するか否かを決定する（32条の4第5項）。受理しない場合は，その旨の決定（不受理決定）をする（規46条の3第7項）。不受理決定には理由を示す必要はないが，重要な争点については判断を示すのが望ましいとされる。不受理決定は，少年・保護者に通知しなければならない（同8項）。

抗告受理決定　抗告審として事件を受理するのを相当と認める場合は，抗告受理決定をすることができる（32条の4第3項）。その際，理由として重要でないものは排除して判断できる（同4項，規46条の3第4項）。抗告受理決定がされれば，理由から排除されたもの以外の記載内容を抗告の趣意とみなし，抗告があったものとみなして（32条の4第6項），通常の抗告事件として扱う。決定の告知は，相当の方法で足りる（規3条4項）。少年に弁護士付添人がいない場合は，国選付添人が選任される（32条の5，規46条の4 ⇒ 222頁）。

抗告受理決定は，少年・保護者に内容が通知され（規46条の3第5項），保護処分決定に対する抗告受理決定の場合は，少年を収容している施設の長（代理人）に通知される（同6項）。保護観察中の少年についての規定はないが，収容施設の長等に対する趣旨からして，保護観察所長にも通知すべきである。

3　抗告審の裁判

(1) 抗告審の裁判

抗告審である高等裁判所は（裁16条2号），審査の結果，抗告の手続が規定に違反している場合，抗告に理由がない場合は，決定（抗告棄却決定）をもって抗告を棄却する（33条1項）。抗告に理由がある場合は，決定をもって，原決定を取り消して，原裁判所に差戻し，または他の家庭裁判所に移送する（同2項）。移送は，原裁判所に管轄権がない場合のほか，少年の保護の適正を期すため

に (5条2項)，他の管轄裁判所に移送することも認められる (仙台高決昭46・12・8家月24巻11号86頁)。刑事事件の抗告と異なり，抗告審が自判することは認められない。検察官関与決定事件については，抗告審の判断 (33条の決定) を検察官に通知する (規48条)。

　抗告審の審理については，事後審としての性質に反しない限りで，家庭裁判所の審判に関する規定が準用される (規46条の5)。

⑵　決定の効力

少年の身柄の扱い　　保護処分が決定と同時に執行力を生じる一方，抗告には執行停止の効力がないため (34条本文)，自由拘束をともなう保護処分執行中の少年に対する原決定を取り消した場合も，少年の身柄は当然には解放されない。そこで，施設にいる少年に対する原決定の取消決定が確定した場合，抗告裁判所は，ただちに当該施設の長に対して，事件の差戻・移送を受けた家庭裁判所に少年を送致すべきことを命じなければならない (規51条1項)。また，施設の長は，ただちに所属職員に少年を家裁に送致させなければならない (同2項)。なお，身柄送致を受けた家裁は，さらに審判の必要性があることを理由として，改めて観護措置をとることができる (最決平5・11・24刑集47巻9号217頁)。

受差戻審の審判　　事件の差戻・移送を受けた家庭裁判所 (受差戻審) は，その事件をさらに審判するが，原決定をした裁判官はその審判に関与することができない (規52条2項)。刑事訴訟の前審関与の規定 (刑訴20条7号本文) と同趣旨である。受差戻審は，抗告裁判所の示した判断に拘束される (裁4条)。これは，上訴制度の本質的な要請であるとともに，少年の地位を早期に確定する必要にもとづいている。要保護性についても，拘束力を要請するのが実務の扱いである (前橋家決平9・2・26家月49巻9号135頁等)。もっとも，理論的には，抗告審と異なる心証を形成することが禁じられるわけではない。

不利益変更の可否　　刑事訴訟では，被告人側だけが上訴した場合，原裁判より不利益な刑を科されることはない (刑訴402条)。その関係で，少年側だけからの上訴を原則とする少年保護事件について，不利益変更の可否が問題になる。不利益変更を禁止する明文がないことや，最適な処遇選択を保障するという観点からの消極説も見られる。しかし，刑訴法402条の準用または

少年審判制度の内在的制約を根拠として積極に解する立場が有力である（東京高判平 8・7・5 家月 48 巻 9 号 86 頁等）。特に，保護処分から検察官送致（20 条）への変更は，保護処分優先主義，刑事処分の一般的・類型的な不利益性などの観点から，否定すべきである（最判平 9・9・18 刑集 51 巻 8 号 571 頁参照）。

4　再抗告
⑴　再抗告の申立て

再抗告の意義　　抗告裁判所の判断（33 条の決定）に対しては，憲法違反，憲法解釈の誤り，最高裁判所または控訴裁判所である高等裁判所の判例と反する判断をしたことを理由として，最高裁判所への抗告（再抗告）が認められる（35 条 1 項）。従前は抗告棄却決定に限って再抗告が認められていたが，2000 年改正で検察官の抗告受理申立てが導入されたことから，抗告受理を認める決定（原裁判取消）に対する再抗告も認められることになった。再抗告の理由が認められない場合も，抗告理由に当たる事由があり，原判決を取り消さなければ著しく正義に反すると認められる場合は，職権で原決定を取り消すことができる（最決昭 58・9・5 刑集 37 巻 7 号 901 頁等）。

再抗告手続　　再抗告の申立権者と申立期間については，抗告の場合と同様である。検察官には，抗告受理申立は認められるものの，再抗告に関する申立ては認められない。また，抗告審の関連規定として，調査の範囲（32 条の 2），事実の取調べ（32 条の 3），国選付添人（32 条の 5 第 2 項），裁判（33 条），執行停止（34 条），家庭裁判所の審判に関する規定（32 条の 6），がそれぞれ準用されるとともに（35 条 2 項），必要な読替をしたうえで，関係規則（規 43 条～46 条の 2・46 条の 4～48 条・51 条・52 条）も準用される（規 54 条）。

⑵　再抗告審の裁判

最高裁判所は，再抗告手続が規定に違反している場合または再抗告に理由がない場合は，再抗告を棄却する（35 条 2 項による 33 条 1 項の準用）。再抗告に理由がある場合，または職権調査により原決定の取消事由が判明した場合は，原決定を取り消して，事件を家庭裁判所に差戻し，または移送することができる（35 条 2 項による 33 条 2 項の準用と読替）。

10 抗告以外の事後手続

1 保護処分の取消し (27条)

(1) 保護処分の事後的変更の意義

家庭裁判所の決定による保護処分は，その確定後には，任意に変更されるべきでない。個々の保護処分は，当該少年に対する最適な処遇として選択されたもののはずだからである。その一方で，少年保護手続は，可塑性に富む少年を対象として，その状況に応じた最適な処遇によって健全育成を図るものであるから，臨機応変に処遇内容を変更することが望ましい面もある。事実，旧法は，保護処分の事後的な取消・変更を認めていた（旧5条）。

ただ，あまりに自由で広範な変更を認めることは，少年の地位を不安定なものとし，人権侵害にもつながる。そのため，現行法は，保護処分の決定機関と執行機関とを分離して，司法機関（家庭裁判所）の決定による変更だけを認めることとし，さらに保護処分の取消・変更の範囲を制限して，競合する処分の調整（27条）と違法な保護処分の取消し（27条の2）だけを認めることにした。27条の2による違法な保護処分の取消しは，準少年保護事件とされる（⇒ 297頁）。

(2) 27条による取消し

27条の意義 27条は，保護処分中の少年に有罪判決（刑事処分）がされる場合（27条1項）と他の家裁で保護処分決定がされる場合（同2項）を想定して，競合する処分の調整を図るために，保護処分の取消しを規定している。本条による取消しは，処分が競合することによって，保護処分の執行が不可能または困難になった場合，保護処分執行の実益がなくなった場合，保護処分の執行による弊害が生じた場合，などに行われる。

取消しの性質 本条の取消しは，家庭裁判所が職権にもとづいて裁量的に行うものである。競合する処分の存在は，有罪判決をした刑事裁判所から検察官送致決定をした家裁に対する裁判結果の通知（平12・7・14最高裁家二362家庭局長・刑事局長通達），または保護処分の執行機関からの事件競合通知（昭26・11・9法務省矯正保護局長通牒）によって家裁に知らされ，職権発動が促され

る。本条の取消しは，保護処分の相当性の変化にもとづくため，撤回の性質を持つ。27条の2の取消しと異なり，一事不再理効は否定されず，保護処分を取り消された事件については刑事訴追または再度の審判が遮断される。

(3)　有罪判決が確定した場合の扱い

保護処分を取り消す場合　　保護処分継続中の少年に有罪判決が確定した場合，保護処分をした家裁は，保護処分の取消しを相当と認めるとき，保護処分取消決定ができる（27条1項）。保護処分と刑罰とが競合する場合も，刑の執行が猶予されている場合や罰金刑の場合のように，保護処分の取消しの必要がない場合があるため，裁量によるとされる。ただ，一般には刑の執行が優先されるから（57条），死刑および執行猶予のない自由刑（懲役，禁錮，拘留）の言渡しが確定した場合は，事実上，保護処分が取り消される。

取消さない場合　　保護処分を取り消さない場合，保護処分は失効しないから，刑の執行終了後または仮釈放（58条）後における法定期間内の保護処分の執行の可否が問題となる。一般論としては，少年院への収容などの拘束性の強い保護処分は適当でない場合が多いと言えよう。ただ，保護処分と刑罰との競合にはさまざまな形態がありうるから，保護処分執行の実益と弊害等を考慮したうえで，実質的観点からの調整を図らざるをえない。

(4)　新たな保護処分の場合の扱い

保護処分の取り消し　　保護処分継続中の少年に新たな保護処分がなされた場合，新たな保護処分をした家庭裁判所は，前の保護処分をした裁判所の意見を聞いたうえで，前後いずれかの保護処分の取消決定をすることができる（27条2項）。前の保護処分を取り消す場合が通常であるが，新たな保護処分を取消すこともできる。新たな保護処分を取り消す場合は，前の保護処分をした裁判所の意見聴取は不要であろう。

取り消さない場合　　他方，交通短期保護観察と一般保護観察や，少年院仮退院中の保護観察と保護処分としての保護観察のように，保護処分の目的や方法，期間が異なる場合には，いずれも取り消さずにそれぞれを併存させることも認められる。さらに，後に事件受理した家庭裁判所は，継続中の保護処分を尊重して，「別件保護中」を理由に審判不開始または不処分で後の事件を終局させることもある。

2 少年保護事件の補償

(1) 補償の意義

従前の扱い 刑事事件では，未決の身柄拘束（抑留・拘禁）を受けた後に被告人が無罪判決を受けた場合，刑事補償法にもとづく補償を国に求めることができる（憲40条）。他方，少年保護事件には，1992年より前にはこの種の法律もなく，補償の可否が問題とされ，立法的解決が望まれていた。そうした中，最高裁は，非行なしを理由とする不処分決定を受けた少年からの刑事補償請求に対して，少年審判手続と刑事訴訟手続とは性質が異なること，不処分決定には再審判の遮断効（一事不再理効）がないことを主たる理由として，請求を明確に否定していた（最決平3・3・29刑集45巻3号158頁）。

立法的解決 しかし，この理由づけには批判が多く，従前の立法論をも背景として，1992年に「少年の保護事件に係る補償に関する法律」が制定されるに至った。本法は，少年保護事件手続において，非行少年に該当する事由（審判事由）の存在が認められなかった少年等に対し，その身体の自由の拘束等による補償を規定するものである（少補1条）。本法の制定によって，刑事補償と同様の少年補償が可能になった。

(2) 補償の要件

積極的要件 少年補償を認めるための要件（積極的要件）は，①保護事件の終局決定として，非行事実の全部または一部について，非行なしを理由とする審判不開始決定または不処分決定がなされ，確定したこと，②非行なしとされた事実に関連して（最大決昭30・12・24刑集10巻12号1692頁参照），同行（11条2項・12条），収容観護（17条1項2号［17条の4第1項または26条の2による措置を含む］），少年院送致（24条1項3号［院137条～139条または更生72条による措置を含む］），更生保護法による引致・留置，刑訴法による逮捕・勾留・勾引，刑訴法167条1項・224条2項による留置，外国がした抑留・拘禁（刑補26条）によって少年が身体の自由の拘束を受けていたこと，である（少補2条1項）。非行なしを理由とする保護処分取消決定（27条の2第1項・2項）が確定した少年は，身体の自由の拘束（②と同じ）を受けた場合だけでなく，没取（24条の2）を受けた場合も補償対象となる（少補2条2項）。

消極的要件 ①少年が，調査・審判・捜査を誤らせる目的で虚偽の自白

等をして，身体の自由の拘束等を受けた場合，②一部の審判事由の存在が認められない場合で，存在を認められた他の審判事由との関連で当該身柄拘束が正当化される場合，③本人が補償を辞退している場合，など補償の必要性を失わせたり，減殺する特別の事情がある場合は，補償をしないことができる。(少補3条)。これらの事情は，その不存在によって補償が認められることから，少年補償のための消極的要件である。

⑶　**補償の内容**

補償の内容には，身体の自由の拘束による場合は，拘束の日数に応じて，刑事補償法4条1項に定める1日当たりの割合の範囲内で相当と認められる額である（少補4条1項）。没取の場合は，没取物の返付を原則とし，返付ができない場合には，没取物の時価に等しい額の補償金を交付する（同2項）。補償を受ける前に本人が死亡した場合は，特別関係者（配偶者や子など，本人と一定の関係にある者）からの申出（本人の死亡後60日以内）により，本人に対するのと同一の補償ができる（少補6条）。

⑷　**少年補償事件手続の概要**

手続の概要　補償の要否と内容の判断は，非行なしを理由とする終局決定をした家庭裁判所が決定によって行い，終局決定の確定から30日以内の決定が要請される（少補5条2項）。決定に当たっては，家裁みずからが調査を行い，調査官に命じて調査を行わせることもできる（同7条）。調査については，社会調査に適用される証人尋問や援助・協力等の関連規定（14条・16条・30条・30条の2）が準用される（少補7条）。

運用　補償金の払渡しおよび没取物の返付は，補償決定をした家裁が行う（少補8条）。関連する場面については，刑事補償法と刑訴法の関連条文が準用される（同9条）。なお，補償決定の告知や補償金の払渡しをはじめ，少年補償の具体的な運用等は，「少年の保護事件に係る補償に関する規則」（平4最高裁規8）にもとづいて行われる（少補10条）。

3　少年保護事件の再審

⑴　**少年再審制度の不存在**

刑事訴訟に再審手続が存在する（刑訴435条以下）のに対して，少年保護事件

には，再審に関する直接的な規定は存在しない。ただ，後に見るように（⇒ 300頁），2000年改正前には，審判権の不存在と14歳未満の少年に対する送致手続違反を理由とする保護処分の取消しを認める限りで（27条の2第1項），再審に類似した機能が認められていた。

　少年保護事件に再審手続がない最大の理由は，刑事事件が過去の犯罪行為に対する社会的非難を問題とする（侵害原理）のに対して，少年保護事件は少年の健全育成を目的とし，その意味で保護処分は利益処分的性質を有すると考えられていたこと（保護原理）にある。しかし，こうした相違を認めるにしても，保護処分に事実上の不利益処分の側面があることは否定できないし，誤った保護処分について名誉回復すらできないというのは正義に反する。

(2)　実務の対応と立法的解決

　こうした中で，実務においては，非行事実不存在をも審判権の不存在に含むとの解釈（27条の2第1項の拡張解釈）を前提として，それを理由とする保護処分の取消しを求める抗告・再抗告（32条・35条）を容認することで，再審類似機能の事実上の拡張が図られていた（最決昭58・9・5刑集37巻7号901頁等）。しかし，こうした拡張解釈も，保護処分終了後の取消しには及びえないものであった（最決平3・5・8家月43巻9号68頁参照）。

　そこで，2000年改正は，保護処分終了後にも及ぶ取消しを認める条文を新設して（27条の2第2項本文），問題の立法的解決を図った。しかし，そこでも，本人死亡後の取消しは明示的に否定されており（同但書），死後再審による名誉回復をも認める刑事事件（刑訴439条1項4号）との乖離は依然として大きい。さらなる積極的な立法的解決が望まれる。

第9章　処遇（保護処分）過程

　保護処分決定を受けた少年については，処遇執行機関において，具体的な保護処分が行われる。本章では，具体的な処遇を選択する際の考慮事情等を確認したうえで，少年法上の保護処分（保護観察，児童自立支援施設送致・児童養護施設送致，少年院送致）の概要について見ることにする。また，準少年保護事件（保護処分取消事件，収容継続申請事件，戻し収容申請事件）も，保護処分過程において問題になるものであるから，便宜上，本章で扱う。

1　保護処分とその選択

1　処遇選択における考慮事情

(1)　処遇選択の意義

　処遇の選択肢　　審判の結果，非行事実が認められた場合，家庭裁判所は，少年に対して終局処分を決定しなければならない。これを処遇選択と呼ぶ。選択しうる処遇の種類（選択肢）は，要保護性の有無と程度，年齢（特に特定少年）等を判断要素として，不処分（23条），児童福祉機関送致（18条），検察官送致（20条），保護観察や少年院送致等の保護処分（24条）である。また，調査段階での働きかけにもとづく審判不開始（19条1項）も，処遇選択肢のひとつに数えてよい。

　選択されるべき処遇は，要保護性との関係で最も高い処遇効果が期待されるものでなければならない。したがって，収容処遇の種別の指定や期間の選択等については，段階的に徐々に厳しくしていくような方法によるべきではない。最善の処遇効果が期待できる以上，初犯の少年に対して少年院送致を選択することもありえてよい（広島家決平11・11・10家月52巻5号153頁，東京高決平19・8・24家月60巻1号133頁参照）。

　処遇選択の柔軟性　　処遇選択について，少年法は，処遇選択上の考慮事情を調査の方針として例示するだけで（9条，規11条），統一的な基準を規定し

ていない。それは，少年保護手続が，個々の少年の資質・環境・非行内容等
を総合的に検討したうえで要保護性を具体的に解明し，最適な処遇を個別的
に与えることによって，健全育成を図るためのものとして構成されているか
らにほかならない（1条参照）。このような態度は，個々の少年に対する個別処
遇を可能にするという利点がある一方，具体的な処遇選択に当たって非行事
実を重視することの是非や程度，さらには刑事政策的考慮の可否などについ
て，見解の相違を生じる原因にもなっている。

　処遇選択の判断資料　　適正な処遇を選択するには，非行事実の全貌を明
らかにするだけでなく，少年の要保護性に関する事実（性格，行状，環境など）
を詳細かつ正確に把握することが必要である。そのためには，事件記録の検
討をはじめ，調査官の調査結果（8条, 規13条）や少年鑑別所の鑑別結果（9条），
さらには審判結果の十分な検討が前提となる。また，保護者からの意見聴取
のほか，保護観察官，保護司，法務技官，法務教官，付添人からの意見聴取
（規25条・30条）や補導受託者からの報告・意見聴取（28条），さらには少年や
保護者に関わる人々（雇主や学校関係者など）からの聴取を積極的に活用するこ
とが望まれる。他方，いかに個別処遇とは言っても，処遇に対して少年に不
公平感を与えることは適切でないから，他庁での処遇選択の実情等にも相応
の配慮をする必要がある。

(2)　非行事実と要保護性の関係

　要保護性の有無と程度に応じて処遇が選択されるべき点は，争われていな
い。また，非行事実の存在が要保護性認定の前提であることも一般に認めら
れている。しかし，こうした共通認識に立ちながら，要保護性とは別に，非
行事実の内容や程度を処遇選択の際に考慮してよいかが争われる。

　ふたつの方向　　少年法の行為者主義的性格を徹底し，処遇選択は要保護
性の内容と関連する限りで正当化されるとする立場によれば，非行事実とそ
の内容は，要保護性認定の契機としての意味しか持ちえず，処遇選択の際に
は考慮すべきでないことになる（要保護性重視説）。こうした理解は，1条の規
定ぶりと整合的であり，学説においても有力である。他方，少年法において
も行為主義的な観点を完全には捨象できず，非行事実の程度や内容を処遇選
択の際に考慮することは当然だと考えることもできる（非行事実重視説）。

　少年法が刑事司法システムの一部であることや，少年の健全育成も社会の安全や公共の保護と無関係ではないことから，処遇選択の際に非行事実を全く考慮すべきでないとするのは，非現実的な態度と言わざるをえない。1条も，処遇選択における非行事実の考慮を完全に排除してはいない。問題は，非行事実をどの程度に考慮し，どのように処遇に反映させるかにある。

　非行事実と要保護性の対応関係　　多くの少年事件では，非行事実の内容や程度は要保護性と対応し，相関していると言ってよい。軽微な非行には一過性のものが多く，特段の保護を加える必要のない場合が多いのに対し，重大な非行を犯す少年については，要保護性の程度が高く，手厚い保護が必要な場合が通常だからである。しかし，非行事実と要保護性の程度が必ずしも相関していない場合もありうる。

　ひとつは，非行事実は軽微でありながら，動機等から判断して，要保護性の程度が高い場合である。そのなかには，結果の軽重だけでなく，動機等を含めた事案の全体的判断から，軽微な非行として扱うべきでない場合もありえよう（新潟家決平17・6・30家月57巻11号140頁参照）。他方，結果が重大でありながら，本人の非行性との相関が低いために，要保護性の程度が低いと判断される場合もある。このようなものには，軽微な過失で惹起した死亡事故や過剰防衛と評価される傷害致死のように，重大な非行として扱うのが不適当な場合がありうる。これらに対して，実際に困難なのは，特別な事情がない事案で，非行事実と要保護性が相関していない場合の扱いである。

(3)　非行事実と要保護性が相関しない場合の扱い

　要保護性が大きい場合　　非行事実と釣り合わない程度に要保護性が大きいと判断される場合は，余罪や虞犯を伴っていることが多く，実務上，余罪や虞犯を立件して総合的に検討すれば，ほとんどの場合に実質的な問題は生じないとされる（浦和家決平9・3・13家月49巻12号120頁参照）。軽微な非行事実で少年院送致を認めた事例も（山形家決昭58・11・2家月36巻5号131頁，東京高決昭58・12・5家月36巻7号103頁等），このような実質を伴うものであった。

　これに対して，家庭環境や生育環境が極めて劣悪でありながら（要保護性が高い），余罪や虞犯といった付加的な事情がない事案については，非行事実の内容と程度に応じた処遇が選択されるべきである。行為者主義的な運用を重

視する立場からは，要保護性の内容に応じた処遇でなければならないとする
余地もあるが，非行事実が要保護性認定の前提であることからすれば，非行
事実の内容や程度を前提としない処遇選択は人権侵害につながるおそれがあ
る。この意味で，行為者主義的な運用を原則としながらも，行為主義的な観
点を軽視することはできない。

非行事実が重大な場合　　実務において最も困難なのは，非行事実が重大
でありながら再非行の可能性が極めて低い場合のように，要保護性だけが特
に低い少年の扱いである。このような場合，要保護性の低さだけに着目すれ
ば不処分としうる一方，非行事実の重大さに着目すれば刑事処分を求めて検
察官に送致することも考えられる。特に，刑事処分相当性判断における保護
不能説の立場によれば（⇒　313頁），このような少年は，要保護性の低さから
処分不要なものと評価されることにもなりかねない。

　しかし，いかに要保護性が低いとしても，非行事実が重大な場合に不処分
とすることは，とうてい社会の納得を得られない。このような事案に，保護
不能説を一貫することは，検察官送致で対応する範囲を拡張するだけでなく，
不適切な厳罰化論（刑事処分化の主張）を招くおそれすらある。ただ，刑事処分
を例外とする以上，少年法上の保護処分の可能性が認められる限りは，社会
的非難の性格が顕著な刑事処分ではなく，教育的な処遇としての保護処分の
選択が重視されなければならない。

　このように，非行事実が重大で要保護性が低い少年についても，非行事実
との均衡を考慮しながら，収容処遇を含めた最適な処遇選択が行われる必要
があり，行為主義的な観点を軽視することはできないのである。

(4)　その他の考慮事情

　以上のように，具体的な処遇選択は，要保護性の内容との対応関係を中心
としながら，非行事実の内容や程度を含めて判断される。しかし，これら以
外の事情を考慮することが許されないわけではない。特に，非行少年の多く
は，基本的な社会規範を身に付けていないことが多いため，処遇選択に当たっ
て，社会規範の習得の必要性を考慮することは当然である。

被害者に対する配慮　　被害者に対する配慮の観点も考慮されてよい。被
害者に与えた損害や痛みなどを実感し，それに共感することは，少年の内省

を深め，再社会化に役立つからである。特に，調査官による被害者調査や
2000 年改正で導入された被害者に対する意見聴取（9 条の2）は，被害者への
配慮が処遇選択に反映しうることを認めたものである。被害者への謝罪や弁
償も，それが処遇として相当かつ有効な場合には認めることができる。もっ
とも，被害者への配慮は，一般に，保護処分選択の際の考慮事情としてでは
なく，審判不開始や不処分に伴う保護的措置として利用され，処遇としての
実質を持つ試験観察で活用されるのが適切であろう。

　少年・保護者の納得　　処遇の効果を確実にするには，少年の自発性や改
善への意欲を喚起し，保護者の協力を得ることが必要であるから，処遇選択
の際は少年や保護者の納得も重視される。22 条 1 項や規則 1 条 2 項・35 条 1
項の規定に，その趣旨をうかがうことができる。非行事実が同程度の共犯少
年の間における処遇の均衡に言及する裁判例も（東京高決昭 61・3・24 家月 39 巻
1 号 162 頁参照），処遇に対する少年・保護者の納得を重視している。

　しかし，少年・保護者の納得は，その獲得が望ましいという性質のもので
あり，それに向けた働きかけが家庭裁判所に要請されるとしても，少年や保
護者の納得が得られない処遇が正当化されないというわけではない。責任を
転嫁するような保護者や改善意欲の低い少年などには，たとえ納得が得られ
ない場合でも，要保護性に応じた強制的な働きかけ（家裁が最適と判断した処遇）
は可能であり，必要なものでもある。

　社会防衛的観点の是非　　以上に対して，社会防衛的な観点の考慮の是非
や可否は争われている。検察官に送致されて刑事処分を受ける場合は，刑罰
による一般予防は当然に考慮される。他方，保護処分の選択については，当
然に考慮してよいとする立場から全く考慮すべきでないとする立場を両極と
して，さまざまな見解がありうる。もっとも，保護処分によって少年が再社
会化すれば，再犯の防止は実現されるから，保護処分に特別予防としての社
会防衛的効果のあることは事実として否定できない。

　問題は，もっぱら一般予防的な考慮にもとづいて処遇を選択することが許
されるかに集約される。一般予防的考慮を完全に否定する立場は，刑事処分
相当性判断における保護不能説と親和的で，きわめて明快であり，保護主義
的運用に資するように見える。しかし，それによれば，一般予防的効果を追

求するには刑事処分を選択する以外になく，かえって検察官送致の幅を拡げることになりかねない。一般予防的考慮を完全に排除した処遇選択は，理論的には想定できるにしても，現実的なものではない。社会防衛を少年司法の副次的な考慮事情とすることは否定されるべきでない（⇒　71頁）。

2　処遇選択上の個別的問題
(1)　保護処分に馴染みにくい少年の扱い

政治犯・確信犯　　政治犯や確信犯のように，非行事実と要保護性が認定できるにもかかわらず，保護処分に馴染みにくい少年の扱いには困難がある。このような場合，保護処分の意義は小さくても社会的非難としての刑罰には意味があるという観点から，保護処分ではなく刑事処分によるべきだと考えることもできる。しかし，実際には，未成熟で可塑性に富む少年の場合は，成人の場合よりも確信の程度は低いであろうし，保護処分によって処遇可能な場合も多いと思われる。したがって，政治犯や確信犯的な少年についても，通常の処遇選択の場合と同様の実質的判断をすれば足りる。実務上も，保護観察による扱いが予定されているところである（昭44・6・13法務省保護甲285保護局長通達・家月21巻7号164頁）。

　特殊な非行形態である交通非行についても，少年法上の処遇の効果を期待できる場面が多いことから，交通保護観察や交通短期保護観察などによる対応が定着している。

　外国人少年　　保護処分に馴染みにくい少年の扱いで困難なのは，外国人(外国での生活経験の長い) 少年であり，日本語を解せない者の処遇は特に困難である。少年院送致等を認めた裁判例もあるが（東京家決平4・7・2家月44巻11号100頁［旧初等少年院］，横浜家決平4・9・18家月45巻2号182頁［旧医療少年院］，水戸家土浦支決平13・8・1家月54巻3号94頁［児童養護施設］，東京家決平14・11・11家月55巻4号80頁［旧中等少年院］等），関係機関の受入れ体制や今後の在留期間の見通し等の事情を総合的に考慮し，慎重な検討を経たうえで処遇選択される必要があろう。なお，少年院送致の場合は，その者の属する国の領事機関に対して通報等を要する（⇒　139頁）。

　外国人少年による非行の割合は，交通関係事件を除いた一般事件で家裁に

係属したもののうち 3% 程度であり，漸減傾向は見られるものの，依然として軽視しうる状況にはない。こうした現状のもとで，外国人少年に対する処遇体制の拡充と整備が望まれる一方，処遇体制の実情に配慮した処遇選択が家裁に期待されている。

(2)　余罪の扱い等

保護処分中に発見された余罪の扱いや，新たな非行（新件）について処分する場合の扱いは，事情に応じて異なる。余罪等を加えて要保護性を判断しても従前の処分に変更の必要がない場合は，従前の処分を継続したうえで，余罪等について審判不開始または不処分（別件保護中）とすれば足りる。

他方，余罪等の内容によって要保護性の評価が異なってくる場合は，余罪等で同一の処分に付したうえで前の処分を取り消す（27条2項），双方の処分を併存させる，別個の処分に付す，という方法がありうる。いずれの場合も，余罪や新たな非行を含めた総合的な評価によって要保護性を解明し，それにもとづいて最適な処遇選択が検討される（東京高決昭58・4・5家月35巻10号117頁参照）。なお，親告罪における告訴が欠ける場合も，保護処分に付すことはできる（東京高決昭29・6・30家月6巻10号58頁）。

3　保護処分に付随する措置

(1)　環境調整命令

意義　保護観察または少年院送致の保護処分決定を行った場合，家庭裁判所は，保護観察所長に対して，家庭その他の環境調整に関する措置を命じることができる（24条2項）。保護観察所長は，命じられた措置（指示）を実施する義務を負う。これは保護処分に付随して行われる措置であるから，保護処分なしに環境調整だけを命じることはできない。環境調整命令は，決定により，保護観察所長に対して，環境についての調査結果を通知したうえで，必要な事項を指示する方法で行われる（規39条）。実務では，保護観察所長と家庭裁判所との連絡のもとに，円滑な実施が図られている。

内容　環境調整命令の内容は，少年の保護のために必要なものであると同時に，保護観察所にとって実施可能なものでなければならないが，それ以上の内容的制約はない。具体的には，保護観察における帰住先・就労先・就

学先の確保や住居の調整，少年と保護者等との関係の調整，被害者遺族に対する保護者の対応の調整，学校や交友関係の調整，などの例が見られる。

手続等　環境調整命令の決定時期については特段の規定がなく，文言上は，保護処分の執行中に決定することもできる。ただ，それが付随的な措置であり，決定機関と執行機関が分離されていることから，保護処分決定と同時または直後に決定されるべきである。保護処分執行中に何らかの措置が必要となった場合は，処遇勧告（規38条2項）で対応すれば足りる。保護処分決定に対する抗告の効力は，付随措置としての環境調整命令にも及ぶ。

(2) 報告・意見の提出，動向視察，処遇勧告

処遇機関との連携　現行少年法は，旧少年法（旧5条）と異なり，行政機能に対する司法の不介入を原則とし，保護処分の執行に家庭裁判所は原則的に関与しない立場を前提としている。保護処分決定後の取消しや変更を原則として認めないのも，そのような態度の表れである。他方，決定機関と執行機関の機能的分離を徹底すると，処遇の効果的な実現に支障が生じる可能性もあり，健全育成の目的が阻害されることにもなりかねない。こうした不都合を回避するため，保護処分等に関して，家庭裁判所と処遇執行機関や関係機関との事実上の連携が予定されている。

報告・意見の提出　家庭裁判所は，保護処分決定または試験観察決定をした場合，施設，団体，個人，保護観察所，児童福祉施設，少年院に対して，少年に関する報告や意見の提出を求めることができる（28条）。保護処分との関係では，処遇の執行状況について関係機関から正確な情報を入手することは，当該少年に対する適正な処遇の効果的な実現に役立つ。また，試験観察・補導委託との関係では，執行機関や関係機関からの報告や意見は，処分決定を判断する際の重要な資料となる。

報告と意見の提出については，それを求める方法に限定はなく，対象事項にも制限はない。実務では，一定の書式によって，保護観察所から処遇内容の報告がなされ（平20・4・23法務省保観訓261・家月60巻8号131頁，平20・5・9法務省保観325矯正・保護局長通達・家月同180頁），少年院から処遇経過が通知されている（昭55・12・19法務省矯教2726矯正局長通達，平3・7・10法務省矯教1580教育課長通知，平4・11・19法務省矯教2629教育課長通知）。また，補導委託については，

各家庭裁判所の定型書式により，補導成績報告書の提出を求める扱いである。

　動向視察と処遇勧告　　保護処分決定をした家庭裁判所は，当該少年の動向に関心を持ち，随時，その成績を視察し，調査官に視察させることが要請されている（規38条1項）。また，必要に応じて，少年の処遇に関して，保護処分執行機関に勧告（処遇勧告）することもできる（同2項）。処遇勧告の実務上の扱いは，保護観察における一般短期・交通短期保護観察の勧告はそのまま拘束力を有し（平20・5・9法務省保観327保護局長通達・家月60巻8号216頁，同日法務省保観328保護局長通達・家月同229頁），少年院処遇における一般短期・特修短期処遇（現在の短期間処遇・特別短期間処遇）の勧告などでは，定型書式による限り，それに「従う」または「十分尊重する」ものとされていた（平3・6・1矯教1274矯正局長依命通達，平3・6・20家二234家庭局長通達，平9・10・6法務省矯教2453矯正局医療分類課長・教育課長通知・家月50巻2号246頁）。

②　保護観察処分

1　保護観察の意義と担当機関

(1)　保護観察の意義と種類

　保護観察（24条1項1号・64条1項1号・2号）は，少年を施設に収容することなく，家庭や職場等の社会内に置いたまま指導監督や補導援護を加えることによって，その改善と更生を図るものである。少年処遇の場面に限らず，社会内処遇の典型として，諸外国においても広く活用されている。

　保護観察には，少年法上の保護観察処分少年に対するもの（更生48条1号〔1号観察〕）のほか，少年院仮退院者（同2号〔2号観察〕），仮釈放者（同3号〔3号観察〕），保護観察付執行猶予者（同4号〔4号観察〕），婦人補導院仮退院者（売春26条1項〔5号観察〕）に対するものがある。それぞれ広義の処遇という点で共通しているが，それ自体が保護処分である1号観察は，何らかの優遇的な扱い（仮退院，仮釈放，刑の執行猶予）に付随する他の保護観察とは性格が異なる。1号観察に付される者の数が最も多くて全体の45％程度を占め，少年法上も，保護処分対象者の80％程度（少年保護事件全体の25％程度）を占めている。また，2号観察が全体の8％程度，3号観察が38％程度，4号観察が8％程度である。

5号観察は，1983年以降，実例がほとんどない。

⑵ 処遇担当機関

保護観察を担当する機関は，原則として，少年の住居地を管轄する保護観察所である（更生60条）。保護観察所は，法務大臣の管理に属し，地方更生保護委員会から事務上の監督を受ける国家機関で，家庭裁判所の本庁所在地に原則として1か所（全国で50か所）が置かれ（法設17条・24条・25条），保護観察等の実施に当たることを任務とする（更生16条8号・29条）。

保護観察（指導監督と補導援護）の実施者としては保護観察官と保護司が規定されているが（更生61条1項），通常は，保護観察官を主任官とし，保護司が担当者として実施される。ただ，処遇が困難な事案では，保護観察官が直接に担当することもある（直担事件）。主任官と担当者は，保護観察所長が指名する。保護観察官は，医学，心理学，教育学，社会学その他の更生保護に関する専門的知識と技術を有する者で，保護観察所等の職員である（同31条2項）。保護司は，非常勤かつ無給の国家公務員で，保護観察所長の推薦にもとづき，保護司選考会の意見聴取を経て法務大臣が委嘱する（保護司3条）。

保護観察の現状は，事件数に対して保護観察官の数が少ないことから，少年との接触のほとんどが保護司に委ねられている。したがって，保護司に有能な人材を得ることが保護観察の実績を大きく左右することになる。

2　保護観察の方法と期間等

⑴ 保護観察の方法

方法　保護観察は，保護観察官と保護司による指導監督と補導援護の方法による（更生49条1項）。指導監督は，対象者と接触（通常は月に2回程度）を保って行状を把握し，必要な指示その他の措置をとるなどして行う（同57条1項）。また，補導援護は，対象者が自助の責任を踏まえながら自立した生活を営むことができるよう，職業補導や生活環境の改善と調整，生活指導などが法定されている（同58条）。保護観察処分少年に対しては，保護処分の趣旨を踏まえて，特に，対象者の健全育成を期して実施すべきことが明示されている（同49条2項）。

運用　具体的には，遵守事項を定めて，それを守るように指導監督する。

遵守事項は，一般遵守事項として法定されているもの（更生 50 条）＊のほか，特別遵守事項を定めことができる（同 51 条）。特別遵守事項は，保護観察所長が保護処分をした家庭裁判所の意見を聴いて設定し，変更もできる（同 52 条 1 項）。このため，保護観察の決定をした家裁は，保護観察所長への速やかな通知が義務づけられ（規 37 条 2 項），特別遵守事項に関する意見の通知も義務づけられる（同 3 項）。保護観察の具体的な実施要領や手続等は，通達等に委ねられているものが多い（平 20・4・23 法務省令 28・家月 60 巻 8 号 106 頁，同日法務省保観訓 261・家月同 131 頁，平 20・5・9 法務省保観 325 矯正・保護局長通達・家月同 180 頁，同日法務省保観 329 保護局観察課長通知・家月同 244 頁等）。

＊Column　一般遵守事項
　保護観察における一般遵守事項は，すべての保護観察対象者に共通するものである。具体的には，①再犯・再非行の防止のための健全な生活態度の保持，②保護観察官等の呼出・訪問・面接に応じ，指導監督のために求められた生活実態を示す事実（労働・通学状況，収入・支出，家庭環境，交友関係等）の開示や申告，資料の提示に応じ，保護観察官等による指導監督を誠実に受けること，③住居を定めて届出ること，④届出た住居に居住すること，⑤転居や 7 日以上の旅行に際して保護観察所長の許可を受けること，が規定されている（更生 50 条）。

実効性の確保と多様化　　指導監督の実効性を確保するため，2007 年改正によって，保護観察所長に，保護観察処分少年の遵守事項違反に対する警告と施設送致申請が認められ（更生 67 条），保護者に対する指導・助言等の措置をとることが認められた（同 59 条）。また，2021 年改正では，一定の特定少年の遵守事項違反について，少年院収容ができることになった（同 68 条 2 項）。少年院での処遇の多様化と同様に，保護観察においても運用による処遇の多様化が図られており，現在の実務では，一般保護観察を基本としながら，一般短期保護観察，交通保護観察，交通短期保護観察の各形態のものが実施されている。

(2)　保護観察の期間等

対象　　少年法の制定直後は，14 歳未満の少年に対する保護観察が否定されていたが，1952 年に制限が削除され，14 歳未満の者も保護観察の対象となり（昭 27・9・22 法務省保護 305 保護局長通牒），現在に至っている。ただ，14 歳未

満の者については，児童福祉機関先議主義にもとづき，児童福祉機関から家庭裁判所に送致されることが前提となる（3条2項）。

　期間　　保護観察の期間は，原則として，少年が20歳に達するまでであるが，決定から2年未満の経過で20歳に達する少年の場合は2年間とされる（更生66条）。少年の生年月日が不明確な場合は，20歳に達するまでの最短期間（生年月日として想定される最も遅い時点）を基準に終了日が算出される（昭29・1・29法務省保護42保護局長通牒）。虞犯通告にもとづいて，少年とみなされた20歳以上の者には，23歳を超えない期間内で保護観察の期間が定められる（更生68条）。

　なお，特定少年については，2021年改正で保護観察期間が法定されたため（64条1項），6月または2年の期間となる（同1号・2号）。

　保護観察は期間の満了によって終了するが，期間中であっても，成績良好等の理由により保護観察の必要のないことが認められれば，解除または一時解除ができる（更生69条・70条）。解除基準は，処遇内容に応じて，通達にもとづいて運用されている。

(3)　家庭裁判所との連携

　保護観察を有効に活用し，十分に機能させるには，家庭裁判所と保護観察所の緊密な連携が不可欠である。こうした観点から，家裁は，審判に保護観察官と保護司を立会わせ（規26条），処遇意見を述べさせ（同30条），決定後に少年と保護者に保護観察の趣旨を十分説明し（同35条1項），保護観察所長に決定を通知し（同37条2項），特別遵守事項に関する意見を保護観察所長に伝える（更生52条1項）ほか，保護観察所に対して少年に関する報告と意見を求めることができる（28条）。両者の具体的な連携については，通達に定められている（平20・5・9最高裁家二610家庭局長通達・家月60巻8号82頁，同日最高裁家二611家庭局長通達・家月同85頁，同日最高裁家二612家庭局長通達・家月同89頁参照）。

3　保護観察の諸類型

(1)　一般保護観察と交通保護観察

　一般保護観察　　期間が法定されている特定少年を除いて，保護観察は4つの形態で運用されている。一般保護観察は，保護観察の基本的な形態であ

り，更生保護法の規定もこれを前提としている。分類処遇が推進され（昭61・7・9法務省保観299保護局長通達），処遇困難者に対する保護観察官の積極的な関与のほか，暴走族加入者やシンナー乱用者をはじめとする11類型の分類処遇，および低年齢の非行少年の処遇について通達が出されている（平2・3・22法務省保観108保護局長通達・家月42巻11号82頁）。処遇内容は，指導監督と補導援護である。おおむね1年（特別の事情があれば6か月）を経過し，成績良好が3か月以上にわたって継続するときに解除が検討される。

交通保護観察　　交通保護観察は，交通事件とその処遇の特性に着目したものとして運用されている（平20・5・29法務省保観223保護局長通達）。交通事件で保護観察に付された少年のうち，交通短期保護観察の対象者以外の者が対象となる。一般保護観察の運用を基本としながら，できるだけ交通事件の特性に配慮した運用（交通事件を専門に担当する保護観察官・保護司の指名，交通法規・運転技術・車両の構造等に関する指導，交通に関する学習を特別遵守事項とする集団処遇［講習］の併用など）がなされる。6か月の経過（特別の事情があれば短縮できる）で解除が検討される。

(2)　一般短期保護観察

意義と対象　　処遇の多様化を図るため，1994年9月から正式に実施されている。社会適応を促進するための指導を中心とした短期間の保護観察で（平20・5・9法務省保観327保護局長通達・家月60巻8号216頁，同日法務省保観331保護局観察課長通知・家月同260頁），通達上は，「短期保護観察」の名称が使われる。対象は，家庭裁判所が，保護観察決定をしたうえで，一般短期保護観察処遇相当の処遇勧告（規38条2項）をした少年である。対象者選定の具体的な基準は通達に定められている。

期間と内容　　実施期間はおおむね6か月以上7か月以内で，おおむね6か月の経過後に解除を検討し，実施期間内に解除して終了する。実施期間中に解除基準に達しえなかった場合も，保護観察開始後10か月以内には解除する。他方，10か月を超えて継続する必要がある場合は，決定をした家裁の意見を聴いたうえで，一般保護観察に切り替える。

処遇内容は，6領域（生活習慣，学校生活，就労関係，家族関係，友人関係，その他）から更生のために重要なひとつを選択し，具体的な課題を設定して履行を求

め，履行状況を報告（毎月）させ，報告にもとづいて必要な指導と助言等（保護観察官による直接指導，領域や課題の付加や変更を含む）が行われる。

(3) 交通短期保護観察

意義と対象　保護観察処遇の多様化を図るため，1985年5月から正式に実施されている。保護処分としての位置づけを問題視する見解もあるが，交通事件の適正で迅速な処理を可能にする点で積極的に評価されている。対象は，家庭裁判所が，保護観察決定をしたうえで，交通短期保護観察処遇相当の処遇勧告（規38条2項）をした者である。対象者の選定基準や具体的な運用は，通達等に定められている（平20・5・9法務省保観328保護局長通達・家月60巻8号229頁，同日法務省保観332保護局観察課長通知・家月同263頁）。

内容と期間　処遇内容は，原則として保護観察官が直接に集団処遇を行い，少年に生活状況を報告させる。保護司の指名と個別処遇は，原則として行わない。実施期間は3か月以上4か月以内で，車両運転による再犯がなく，集団処遇を受けて生活状況を報告し，更生上の特段の支障がない場合は，期間内に解除される。解除されない場合は，さらに適切な処遇を加え，保護観察開始後6か月以内には解除する。6か月を超える継続の必要がある場合は，決定をした家裁の意見を聴いたうえで，交通保護観察に切り替える。

4　遵守事項違反等に対する措置

(1) 虞犯通告

意義　保護観察に付された少年の行状が改善されず，遵守事項に違反するような状況が生じ，そのままの処分や残期間では十分な処遇効果が期待できない場合，どのような対処をすべきかが問題になる。このような事態に旧法は保護処分の事後的変更で対応していたが（旧5条），現行法は，保護観察所長が当該少年を虞犯少年（3条1項3号）として家庭裁判所に通告し（虞犯通告），新たな少年保護事件としての処分の要否を判断することにした（更生68条）。実際の件数はそれほど多くない（年間数件程度）。

通告の方法と対象　通告の方法については，検察官等による送致書の方式が準用される（規8条5項）。送致の判断に際して，保護観察所長には，出頭命令，引致，留置を含めた調査権限が認められる（更生63条参照）。

　虞犯通告の対象は，少年法上の保護処分として保護観察が継続している少年で（更生68条1項），通告時に20歳以上の者も少年と見なして扱われる（同2項）。準少年保護事件の実質を有する。虞犯が介入対象にならない特定少年も，虞犯通告の対象となる（同2項）。「保護観察継続中」の要件は通告の要件で，決定の要件ではないから，保護観察終了後も少年保護事件としての実体的審判が可能である（昭30・9・15最高裁家庭局長回答）。虞犯通告にもとづいて保護観察処分を受けた少年についても，再度の虞犯通告ができる（長野家決昭50・3・20家月27巻9号138頁）。

　通告の要件等　　通告の実質的要件は，新たな虞犯事由が存在することであり，虞犯性の存在までは必要ないと解される（大阪家決昭43・6・24家月21巻1号153頁は虞犯性をも要求する）。審判後の処遇決定の種類については，通常の少年保護事件と同じであるが（大阪家決昭51・4・12家月29巻1号147頁参照），虞犯を根拠とするため検察官送致（20条）は排除される。保護観察または少年院送致の保護処分を決定する場合は，決定と同時に，23歳を超えない期間内で処分の期間が定められる（更生68条3項）。

(2)　警告と施設送致申請

　2007年改正の意義　　保護観察に付された少年に対する指導を一層効果的なものとするため，2007年改正は，遵守事項違反少年に対する警告と施設送致申請の制度を新設した（26条の4，更生67条）。これには同一の審判事由に対する2重処罰になるとの指摘も見られたが，保護観察中の新たな事由の発生（重大な遵守事項違反）を根拠として新たな処分を決定するもので，虞犯通告で十分に対応できない事案への適切な対処が期待されている。保護事件と同様の手続により（26条の4第3項），対象者が成人となった場合も想定されていること（同2項）から，準少年保護事件とされる。

　手続　　保護観察所長は，保護観察中に遵守事項に違反した少年に対し，遵守事項を遵守するよう警告を与えて（警告書を朗読したうえで少年に交付する）少年の自覚を促し，自発的に生活態度を改める機会を与える（更生67条1項）。警告を受けた者がなお遵守事項を遵守せず，その程度が重い場合に，家庭裁判所（保護観察処分決定をした家裁に限らない）に施設送致申請をする（同2項）。

　申請を受けた家裁は，警告後における遵守事項の不遵守（1回以上の同種の遵

守事項違反）の事実と程度を確認して，施設送致の要否を判断する。判断に当たって，観護措置や試験観察をとることもできる。

決定等　　家庭裁判所は，保護観察処分では本人の改善・更生が図れず，施設送致処分が必要と認められる場合，施設送致の保護処分（24条1項2号・3号）を決定する。20歳以上の者も保護観察の継続的対象となるため（更生66条但書），少年院送致決定をする場合は，虞犯通告の場合（同68条3項）と同様，決定と同時に，23歳を超えない期間内で収容期間が定められる（26条の4第2項）。施設送致決定をした場合も，従前の保護観察は当然には失効せず，競合処分の取消手続（27条2項）によって事後的に保護観察決定が取消される。

要件が欠ける場合は，申請が棄却され，従前の保護観察が継続する。また，審判中に従前の保護観察期間が満了した場合も，申請は棄却される。申請却下決定には一事不再理類似の効力（46条）は認められないため，再度の申請も可能である。

(3) 特定少年の施設収容

2021年改正により，特定少年の保護観察処分について，処遇期間として，6月（罰金以下の刑を法定する犯罪）または2年が法定された（64条1号・2号）。このうち，2年間の保護観察処分を受けている少年が遵守事項違反をし，少年院収容処遇での改善・更生の必要がある場合は，1年以下の範囲内でただちに少年院収容決定ができることになった（64条2項・66条1項，更生68条の2）。特定少年に対する準少年保護事件として位置づけられている（66条2項）。少年院収容の間は，保護観察は停止する（更生68条の4）。また，地方更生保護委員会は，特別遵守事項を新たに設定し，変更し，取り消すことができる（同68条の5）。処遇効果を上げるため，保護観察所と少年院との連携（意見交換）が要請されている（同68条の6）。

特定少年の保護観察処分を定期のものとし，遵守事項違反に少年院収容を認めるのは，成人に対する4号観察（保護観察付執行猶予）と通底した態度と言うことができる。

③　児童自立支援施設・児童養護施設送致

1　意義と担当機関

(1)　保護処分としての意義

　児童自立支援施設（旧教護院）・児童養護施設（旧養護施設）送致は（24条1項2号），児童福祉法上の施設を少年法上の保護処分に活用するものである。これらの施設への入所について，児童福祉法による場合は親権者・後見人の意思に反することはできないが（児福27条4項），少年法上の保護処分の場合にはその制約がなく（強制ができる），社会記録（の写し）の送付も認められる（規37条の2）。これらは，児童福祉法上の施設であることから，非行性の深化していない少年に対する処遇効果が特に期待されている。ただ，保護処分としての利用度は必ずしも高くはなく，一般保護事件全体に占める割合が0.1%程度（保護処分に占める割合も1%弱程度）である。

(2)　処遇担当機関

　担当機関は，児童養護施設と児童自立支援施設である。児童養護施設は，保護者のない児童や虐待されている児童，環境上養護を必要とされる児童を入所させて養護し，その自立を支援することを目的とする（児福41条）。児童指導員や保育士等が児童と起居を共にして生活指導をし，職業指導員による職業指導などが行われる。入所者の大部分が保護環境に恵まれない児童であり，シェルター（避難所）としての意味合いが強く，保護処分施設としての役割は小さい（水戸家土浦支決平13・8・1家月54巻3号94頁）。児童自立支援施設は，不良行為をなす（虞のある）児童等の生活指導を要する児童を入所または通所させて必要な指導を行い，自立を支援することを目的とする（児福44条）。

　これらへの送致が保護処分として利用される割合はきわめて低いにもかかわらず，特に年少少年を中心とした児童自立支援施設での処遇効果は高いものがあり，決して過小に評価されるべきではない。

2　児童自立支援施設における処遇

(1)　児童自立支援施設とその処遇

児童自立支援施設　　児童自立支援施設は，感化院制度から出発し，教護院を経て，現在は全国に 58（国立 2，私立 2，都道府県等の公立 54）の施設がある。留岡幸助の家庭学校に見られた夫婦小舎制が基本的な運用形態であったが，その後，規模と職員の勤務形態に大きな変化が見られる。規模の面では，小舎制（15 名以下），中舎制（16 名以上 25 名），大舎制（26 名以上）があり，職員の勤務形態としては，夫婦制，父母役の職員（児童自立専門員，児童生活支援員）による交替制，両者の混合形態としての並立制があり，近時は徐々に交替制への移行傾向が強くなっている。

処遇内容　　保護処分としての入所処遇の内容は，訓育，生活指導，学科指導，職業指導などが中心であるが，開放的な処遇と任意の福祉的措置（非強制的措置）によって，問題を抱えた少年の「育て直し」を目指すものになっている。処遇に当たって，非行少年とそれ以外の要保護児童を区別して扱うことはない。決定を執行して入所させるのは都道府県知事（その委任を受けた児童相談所長）であり，入所措置の解除や変更も，都道府県児童福祉審議会の意見を聴取したうえで知事等が判断する（児福 27 条 6 項）。

(2)　強制的措置

児童自立支援施設での処遇は非強制的なものであるが，重大事件の触法少年のように強制的措置（行動の自由の制限または剝奪）が必要な場合は，例外的に，家庭裁判所に送致したうえで強制的措置が認められる（6 条の 7 第 2 項，児福 27 条の 3）。この場合，家裁が，強制的措置をとりうる期間・日数や方法を決定に明示して指示し（18 条 2 項），施設側は，それを 1 週間や 2 週間といった短期間に区切って強制的措置をとり，その後は開放処遇に戻すことを繰り返して処遇効果を上げている。しかし，こうした強制的措置は，「たまたま」少年の行動を制限する場合に対応するもので，実際に強制的措置を行っているのは，全国で 12 が指定されている施設のうち国立の 2 施設（武蔵野学院［男子］，きぬ川学院［女子］）に限られている。

(3)　保護処分としての限界

児童自立支援施設処遇は，18 歳未満が対象である（児福 4 条）が，中学生を

中心とする義務教育中の者が大半を占めているため，保護処分対象年齢を原則14歳以上とする（3条2項）少年法との関係で，十分に活用する場面が少ないという実状がある。また，送致後は家庭裁判所が全く関与できないため，入所の義務づけ（児福27条の2）にもかかわらず，施設まで強制連行することができず，無断外出して帰宅しても保護者が連戻しに同意しない場合は，連戻せない事態も生じる。最近は年長児童への対応（高校通学など）も積極的に試みられるようになっているが（平元・4・10厚生省児童家庭局長通知，平6・3・30厚生省児童家庭局長通知），このような限界があるため，児童自立支援施設送致が保護処分として十分に活用されるまでには至っていない。

　また，触法少年による「長崎事件」や「佐世保事件」＊を契機として，精神的問題を抱えた触法少年の処遇のあり方との関係で児童自立支援施設送致の対象が見直され，2007年改正によって，14歳未満の少年の少年院送致が認められることになった（24条1項但書，院4条1項1号・3号　⇒　297頁）。

　　　＊Column　長崎事件，佐世保事件
　　「長崎事件」は，2003年に行為時12歳（中学1年生）の男子少年が，4歳の男児を連れ回したうえ，長崎市の駐車場ビルの屋上で身体的暴行および性的暴行を加えた後，屋上から突き落として殺害したものである。長崎家裁は，2か月にわたって専門家チームによる精神鑑定を実施し，最長1年間の強制的措置を認めて国立武蔵野学院に送致した（2003年9月）。強制的措置は，その後，3回の延長（合計で4年間）が認められている。「佐世保事件」は，2004年に行為時11歳（小学6年生）の女子少年が，同級生の女児をカッターナイフで切り付けて死亡させたものである。長崎家裁は，3か月にわたる精神鑑定を実施し，最長2年間の強制的措置を認めて国立きぬ川学院に送致した（2004年9月）。この少年についても，その後，強制的措置の延長が行われている。これらの事件を契機として，児童自立支援施設における強制的措置のあり方と精神医療体制の適否を中心とした議論が起こり，2007年改正へとつながった。

④　少年院送致

1　少年院送致処分の意義と担当機関

(1)　少年院送致の意義

処遇としての意義　　少年院送致は，保護処分のうちで最も強力な処遇で

ある。自由拘束度の強い施設内処遇として，日常生活全般にわたる集中的で濃密な指導と教育が可能であり，特に要保護性（累非行性の高さや素質的な問題の根深さなど）の高い少年に対する処遇として機能している。法務大臣の管理する国立の施設であることから（法設8条1項），体系的で専門的，計画的で継続的，統一的な処遇を行うという利点がある。少年保護事件全体に占める少年院送致決定の割合は4％程度（保護処分に占める割合は13％程度）である。他方，近時の少年非行の減少もあり，少年院の統廃合が進み，新少年院法施行時には52施設であったものが，現在は46施設になっている。

　少年院の前身であった矯正院が懲戒場としての役割も果たしていた（矯正院法1条）のに対して，少年院は矯正教育施設であることが明示されている（院1条）。他方，要保護性の高い者を収容し，その再非行を防止する点では，事実上の社会防衛的な機能を果たしていることも否定できない。

　対象者の拡張　　従来は保護処分として送致された者だけを収容していたが，2000年改正で14歳以上16歳未満の犯罪少年が刑事処分相当検送の対象になったことがら（20条1項），16歳未満の受刑者（年少少年受刑者）も収容することになった（56条3項，院4条1項4号）。少年院収容受刑者についても，矯正教育施設であることが明示されている（56条3項後段）。また，2007年改正により，児童自立支援施設処遇の限界に対処するため，特に必要な場合には14歳未満（おおむね12歳以上）の少年を第1種・第3種少年院（旧初等・医療少年院）に収容できることになった（24条1項但書，院4条1項1号・3号）。

(2)　新少年院法の成立

　2009年に発覚した広島少年院事件＊を契機として，少年の施設内処遇のあり方が社会的な問題となり，2009年に「少年矯正を考える有識者会議」が招集され，約1年間にわたる議論の結果，「社会に開かれ，信頼の輪に支えられる少年院・少年鑑別所へ」と題する提言が出された。この提言を基礎として，2014年に，少年鑑別所法が独立するとともに（⇒　133頁），新たな少年院法が成立し，いずれも2015年6月から施行されている。新少年院法の概要は，①適切な処遇の実施，②再非行防止に向けた処遇の充実，③社会に開かれた施設運営，にある。①については，規律秩序維持のための規定を整備する（院112条〜119条）一方で，救済の申出制度を充実・新設した（同120条〜132条）。

②については，従来型の矯正教育の内容を充実する（同23条〜43条）とともに，法務省式ケースアセスメントツール（MJCA）の活用，外部交通等の拡大（同91条〜111条，平27・5・27法務省矯少訓6），非行・犯罪の防止に関する援助（平27・5・27法務省矯少訓14），社会復帰支援等が明示されている（同44条〜47条，平27・5・27法務省矯少訓4，同日法務省矯少154矯正局長通達）。また，③については，少年院視察委員会の視察や裁判官・検察官の巡視（同8条〜12条）のほか，参観制度が導入された（同13条，平27・5・14法務省矯少1669矯正局長通達）。

　　＊広島少年院事件　広島県東広島市にある広島少年院で，2009年4月，複数の法務教官が在院者に対し，腹部や顔面への暴行のほか，トイレに行かせずに失禁させたり，進級を条件として1000回の腕立て伏せを強要するなど，虐待行為が疑われる115件の事案が判明した。虐待行為をしたとされる5人の法務教官が43件について特別公務員暴行陵虐罪（刑195条）で起訴され，1審の広島地裁で全員が有罪判決を受けた。この事態を重く見た法務省は，「少年矯正を考える有識者会議」（法務大臣の私的諮問機関）を招集し，少年院法の改正作業に着手した。

⑶　処遇担当機関

　新少年院法は，心身の著しい障害の有無，犯罪的傾向の進度によって少年院を3種類に分類するとともに（院4条1項1号〜3号），少年受刑者用の少年院を第4種として明示した（同4号）。また，2021年改正により，保護観察処分決定を受けた特定少年が（64条1項2号），遵守事項違反によって少年院収容決定を受けた場合（66条1項）の収容施設として，第5種少年院が導入された（院4条1項5号）。各少年院は，1または複数の種類として指定されるが（同4条2項），対象者の種別および性別によって分離されなければならない（同5条）。収容すべき少年院の種類は，少年院送致決定において家裁が指定し（規37条1項），具体的な収容先は，少年鑑別所長が指定する（鑑18条1項）。なお，少年院における処遇の円滑な運用を図るために，家裁と少年院等との間の連携が要請されている（平3・6・20最高裁家二234家庭局長通達・家月43巻11号245頁，平27・5・14法務省矯少97矯正局長通達）。

⑷　少年院の種類と収容対象・期間

少年院の種類と収容対象　　心身に著しい障害があるおおむね12歳以上

26 歳未満の少年は，犯罪的傾向の進度と関係なく，旧医療少年院に相当する第3種少年院の収容対象とされる（院4条1項3号）。心身に著しい障害がない犯罪的傾向が進んだおおむね16歳以上23歳未満の少年は，旧特別少年院に相当する第2種少年院の収容対象とされる（同2号）。また，第5種の収容対象となる特定少年を除いて，心身に著しい障害がないおおむね12歳以上23歳未満の少年は，第1種少年院の収容対象とされる（同1号）。第1種少年院の収容対象者は，従前はおおむね16歳を基準として初等少年院と中等少年院に区別されていたが（旧院2条2項・3項），現行法はこの区別を廃止した。さらに，従来は種別として明示されていなかった，少年院において刑の執行を受ける者（少年院受刑者）を収容対象とする第4種少年院が新少年院法に規定され（院4条1項4号），2021年改正で一部の特定少年に対する第5種少年院（院4条1項5号）が，新たに規定された。

　家庭裁判所が少年院の種類を指定する際には，心身の著しい障害の有無と犯罪的傾向の程度について実質的検討が必要であり，調査官の調査報告と処遇意見（規13条1項・2項），少年鑑別所の指定鑑別の結果等（9条，鑑16条）が判断資料となる（平27・5・27法務省矯少訓10，同日法務省矯少141矯正局長通達）。処遇中の少年も，少年鑑別所の鑑別にもとづいて（院36条1項，鑑17条），他の同種・異種の少年院への移送が認められる（平27・5・14法務省矯少97矯正局長通達）。

　対象者の年齢　　収容可能年齢の「おおむね」については，合理的な裁量の範囲として，2歳程度の幅が見込まれる。実務でも，15歳の少年を旧中等少年院に送致した裁判例がある（大阪高決昭44・5・26家月21巻12号182頁等）。また，旧特別少年院についても，旧初等少年院等での処遇歴や非行の悪質性，体格や成熟度などを考慮して，15歳の少年を送致した裁判例が見られる（大阪家決昭39・7・31家月17巻2号85頁等）。

　「おおむね」が年齢の下限だけにかかるのか，下限と上限の両方にかかるのか，が解釈上争われる。厳格な文言解釈を根拠に前者を主張する見解もあるが，犯罪傾向が進んでいない者を旧特別少年院に収容するのは適切でないという実質的な観点から後者の立場が有力であり，20歳以上の者を旧中等少年院に収容することを認めた裁判例も少なくない（福岡高宮崎支決昭40・5・20家月

18 巻 1 号 126 頁等)。このことは，現行法についても妥当する。

収容期間　収容期間は，本人が 20 歳に達するまでが原則であるが，送致決定時に 19 歳を超えている場合には送致時から 1 年間である (院 137 条 1 項)。決定後から入院までの間に 20 歳に達する者は，少年院に収容したうえで (昭 46・11・12 法務省矯甲 1120 矯正局長通達・家月 24 巻 2 号 207 頁)，収容継続 (院 137 条) で対応することになろう。また，それぞれ法定の事由がある場合，第 1 種・第 2 種少年院では 23 歳まで，第 3 種少年院では 26 歳まで，それぞれ収容を継続することができる (同 138 条・139 条 ⇒ 301 頁)。さらに，2021 年改正は，特定少年の少年院収容について，3 年以下の範囲内で収容期間を定めることとした (64 条 3 項)。犯情の軽重を考慮して収容期間を定める点に，20 歳以上の犯罪者と同様に，行為責任の重視が見られる。

収容は，これらの法定期間の満了による退院のほか，少年院長の申出にもとづく地方更生保護委員会の決定による仮退院・退院 (院 135 条・136 条・136 条の 2・137 条) によって解除される。

2　少年院送致決定後の手続
(1)　決定の執行

少年院送致決定に対する抗告には執行停止の効力がなく (34 条本文)，決定告知後は原則としてただちに執行段階に移行するため，家庭裁判所は，ただちに執行指揮をし (規 4 条)，速やかに少年鑑別所長に通知する (規 37 条 2 項)。少年鑑別所長は，矯正管区長が設けた「保護少年分類規程」にもとづいて収容すべき少年院 (具体的な施設) を特定する指定書を作成する (昭 25・5・29 法務省矯保甲 865 法務府訓令)。矯正管区外の少年院を指定することもできる (平 19・10・24 矯少 6149 矯正局長通達)。

執行受命者 (26 条 1 項) は，指定された少年院長 (代理者) に執行指揮書や指定書等とともに少年の身柄を引渡し，それで執行が完了する (昭 25・6・30 最高裁家甲 176 家庭局長通達・家月 2 巻 5 号 155 頁)。少年院側が少年の身柄を受け取った時が入院の時点である。入院に際して，少年院長は，少年に対して必要事項を告知する (院 20 条) とともに，保護者その他相当な者に通知する (同 22 条)。また，少年の識別のため身体検査が行われる (同 21 条)。

(2) 仮収容

身柄が拘束されていない少年を同行状・緊急同行状にもとづいて少年院に押送する場合，必要に応じて最寄りの少年鑑別所に仮収容でき（26条の3），最寄りの警察署の保護室（少年房）を利用することも認められる（昭29・2・25最高裁家甲33家庭局長回答・家月6巻2号115頁）。他方，身柄を拘束されている少年は，少年院法133条による。いずれも，交通途絶や事故・災害等によって宿泊が必要な場合に限られ，必要最小限度の収容（1泊程度）に限られる。

3 少年院における処遇の運用

(1) 少年院における処遇

長期処遇と処遇勧告　　少年院での処遇は，個々の在院者の特性に応じた適切な矯正教育として構成される（院1条）。あらかじめ収容期間が定められる特定少年を別にして，収容期間は不定期である。2年以内を原則として，おおむね1年程度の処遇計画で運用される長期処遇を基本とし（同137条但書参照），処遇課程（平27・5・14法務省矯少訓2号，同日法務省矯少92矯正局長通達，同日法務省矯少95矯正局長通達）と処遇の段階（院16条）を組み合わせて実施され，少年院の種別に応じた教育課程が準備されている（同30条，**表1**参照）。各少年院ですべての教育課程を実施することは不可能である一方，教育課程ごとの少年院を設置することも合理的でないから，必要に応じて，複数の種別が指定され（院4条2項），それぞれに応じた教育課程で運用されている（同31条）。現在，男子施設が37か所（統合型運用1か所を含む）と女子施設が9か所ある。

処遇勧告（規38条2項）による多様化が図られ，これまでも短期処遇（一般短期処遇と特修短期処遇）については，通達等にもとづいて運用されてきた（昭52・5・25法務省矯教1154矯正局長通達，平9・9・9法務省矯教2214矯正局長通達，平19・3・30法務省矯教2053矯正局長通達，平19・10・19法務省矯教6061矯正局長通達）。新少年院法のもとでも，短期間処遇と特別短期間処遇として，同種の短期処遇が引き継がれている。他方，1年を超える長期処遇や2年を超える長期処遇が勧告されることもある。

矯正教育の内容と段階的処遇　　矯正教育の内容は，生活指導，職業指導，

表1　矯正教育課程

少年院の種類	矯正教育課程	符号	在院者の類型	矯正教育の重点的な内容	標準的な期間
第1種	短期義務教育課程	SE	原則として14歳以上で義務教育を終了しない者のうち，その者の持つ問題性が単純又は比較的軽く，早期改善の可能性が大きいもの	中学校の学習指導要領に準拠した，短期間の集中した教科指導	6月以内の期間
	義務教育課程Ⅰ	E1	義務教育を終了しない者のうち，12歳に達する日以後の最初の3月31日までの間にあるもの	小学校の学習指導要領に準拠した教科指導	2年以内の期間
	義務教育課程Ⅱ	E2	義務教育を終了しない者のうち，12歳に達する日以後の最初の3月31日が終了したもの	中学校の学習指導要領に準拠した教科指導	
	短期社会適応課程	SA	義務教育を終了した者のうち，その者の持つ問題性が単純又は比較的軽く，早期改善の可能性が大きいもの	出院後の生活設計を明確化するための，短期間の集中した各種の指導	6月以内の期間
	社会適応課程Ⅰ	A1	義務教育を終了した者のうち，就労上，修学上，生活環境の調整上等，社会適応上の問題がある者であって，他の課程の類型には該当しないもの	社会適応を円滑に進めるための各種の指導	
	社会適応課程Ⅱ	A2	義務教育を終了した者のうち，反社会的な価値観・行動傾向，自己統制力の低さ，認知の偏り等，資質上特に問題となる事情を改善する必要があるもの	自己統制力を高め，健全な価値観を養い，堅実に生活する習慣を身に付けるための各種の指導	
	社会適応課程Ⅲ	A3	外国人等で，日本人と異なる処遇上の配慮を要する者	日本の文化，生活習慣等の理解を深めるとともに，健全な社会人として必要な意識，態度を養うための各種の指導	
	支援教育課程Ⅰ	N1	知的障害又はその疑いのある者及びこれに準じた者で処遇上の配慮を要するもの	社会生活に必要となる基本的な生活習慣・生活技術を身に付けるための各種の指導	
	支援教育課程Ⅱ	N2	情緒障害若しくは発達障害又はこれらの疑いのある者及びこれに準じた者で処遇上の配慮を要するもの	障害等その特性に応じた，社会生活に適応する生活態度・対人関係を身に付けるための各種の指導	2年以内の期間
	支援教育課程Ⅲ	N3	義務教育を終了した者のうち，知的能力の制約，対人関係の持ち方の稚拙さ，非社会的行動傾向等に応じた配慮を要するもの	対人関係技能を養い，適応的に生活する習慣を身に付けるための各種の指導	
第2種	社会適応課程Ⅳ	A4	特に再非行防止に焦点を当てた指導及び心身の訓練を必要とする者	健全な価値観を養い，堅実に生活する習慣を身に付けるための各種の指導	
	社会適応課程Ⅴ	A5	外国人等で，日本人と異なる処遇上の配慮を要する者	日本の文化，生活習慣等の理解を深めるとともに，健全な社会人として必要な意識，態度を養うための各種の指導	
	支援教育課程Ⅳ	N4	知的障害又はその疑いのある者及びこれに準じた者で処遇上の配慮を要するもの	社会生活に必要となる基本的な生活習慣・生活技術を身に付けるための各種の指導	
	支援教育課程Ⅴ	N5	情緒障害若しくは発達障害又はこれらの疑いのある者及びこれに準じた者で処遇上の配慮を要するもの	障害等その特性に応じた，社会生活に適応する生活態度・対人関係を身に付けるための各種の指導	
第3種	医療措置課程	D	身体疾患，身体障害，精神疾患又は精神障害を有する者	心身の疾患，障害の状況に応じた各種の指導	
第4種	受刑在院者課程	J	受刑在院者	個別的事情を特に考慮した各種の指導	—

図7 少年院処遇の流れ図（イメージ）

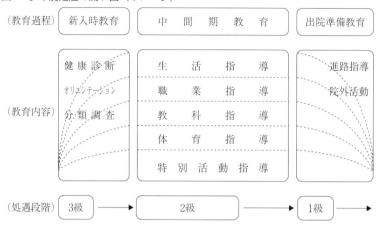

教科指導，学校の教育課程に準ずる教育の教科指導，体育指導，特別活動指導から構成されている（院23条1項・24条〜29条，平15・5・14法務省矯少91矯正局長通達）。少年の特性に応じて，それぞれを適切に組み合わせて体系的・組織的に指導を行う（同23条2項）とともに，処遇の個別化を実現するために，個人別矯正教育計画が策定される（同34条1項・2項，平27・5・14法務省矯少93矯正局長通達）。なお，第5種少年院在院者の個人別矯正教育計画の策定に当たっては，保護観察所長との連携が特に要請されている（同34条4項・5項）。

　処遇は，成績の評価（院35条）にもとづいて，3段階の段階的処遇（3級⇒2級⇒1級）により（平27・5・14法務省矯少89矯正局長通達），社会生活への適応を目指している（院23条1項，**図7**参照）。ただ，各施設において一定程度の柔軟な運用が認められており，退院申請の時期を考慮して，一級を前期と後期に分けて運用している例もある。

(2) 長期処遇

対象者と処遇期間　　短期処遇に馴染まない者が対象となるが，家庭裁判所が短期処遇を勧告しない限りは，原則として長期処遇対象者とされる。特定少年を除いて，収容期間は2年以内であり，おおむね1年程度の処遇計画にもとづいて運用される。少年院長が必要性を認め，矯正管区長の認可があ

れば，入所時点において1年を超える長期処遇を勧告することもできる。実務では，一般に，1年を超えて2年以内の長期の場合には「比較的長期」の処遇勧告をし（東京家決平13・4・18家月53巻10号132頁等），2年を超える長期の場合には「相当長期」の処遇勧告をしている（浦和家決平12・6・28家月53巻1号106頁等）。他方，短期間処遇や特別短期間処遇とは別に，長期処遇における比較的短期の処遇勧告も認められる（広島家決平16・3・30家月56巻10号85頁等）。

　処遇計画による収容期間は，再鑑別に付したうえで（鑑17条），矯正管区長の承認を得れば，延長・再延長することも可能である。

　処遇内容　　矯正教育は，少年の犯罪的傾向を矯正して，健全な心身を培わせ，社会生活に適応するのに必要な知識と能力を習得させることを目的とする（院23条1項。平27・5・14法務省矯少91矯正局長通達）。矯正教育は，日課を定めて（院37条）集団を編成し（同38条），院内で行うことを原則とするが，必要に応じて院外でも行なえる（同39条）。また，矯正管区長の承認を得て，事業主や学校長等に援助を行わせることもできる（同40条）。

　生活指導は，善良な社会の一員として自立した生活を営む基礎的知識と生活態度を習得させるものとして構成される（同24条1項）。基本的生活指導，問題行動指導，治療的指導，被害者心情理解指導，保護関係調整指導，進路指導を基本とし，特有の事情を有する少年には，特定生活指導として（同2項），被害者の視点を取り入れた教育指導，薬物非行防止指導，性非行防止指導，暴力防止指導，家族関係指導，交友関係指導が行われる。職業指導は，勤労意欲を高め，職業上有用な知識と技能を習得させる目的で（同25条1項），職業生活設計指導，自立援助的職業指導，職業能力開発指導から構成される。教科指導は，義務教育を終了していなかったり，社会生活の基礎となる学力を欠くために改善更生および円滑な社会復帰に支障がある少年に対して（同26条1項），義務教育指導，補習教育指導，高等学校教育指導から構成される。

　以上のほか，善良な社会の一員として自立した生活を営むための基礎となる健全な心身を培わせる体育指導（院28条）のほか，少年の情操を豊かにし，自主・自律・協同の精神を養う特別活動指導として（同29条），自主的活動，クラブ活動，情操的活動，行事，社会貢献活動が行われる。

(3) 短期間処遇

対象者と処遇期間　第1種少年院において，短期間の集中的・継続的な訓練指導によって早期の社会復帰を目指すもので，家庭裁判所が短期間の処遇を勧告した者が対象となる。2014年改正前の一般短期処遇に相当する。対象者の選定は，家裁の判断による。実際には，非行が常習化しておらず，施設収容歴のない者を対象として，標準期間が6月以内の矯正教育課程（短期義務教育課程および短期社会適応課程）が指定されている少年院で処遇が実施される。従来の一般短期処遇と同様に，「従う勧告」として，定型の処遇勧告書により，執行機関に対して事実上の拘束力を持っている。2007年改正によって，14歳未満の者の旧初等少年院送致が認められたため，一定の要件を満たせば，14歳未満の者を短期間処遇の対象とすることもできる（平19・10・19法務省矯少6090矯正課長通知）。

処遇内容　規律ある集団生活を営ませ，社会生活訓練，集団討議，生活指導，教育指導等を実施し，開放処遇や半開放処遇（院外教育活動）も組み合わされる。収容期間は6月以内で，おおむね20週間を標準とする指導期間を設定して，進級処遇を実施する。各級の期間の設定は，施設の裁量に委ねられている。6月を超える収容指導が必要な場合は，再鑑別をし（院36条1項，鑑17条1項），送致決定した家裁の意見を聴いたうえで，矯正管区長の許可により期間延長ができる。処遇上の必要性または医療措置のための移送も認められる。長期処遇または特別短期間処遇との併設施設では，それぞれの対象者や処遇内容が異なるため，それぞれを分離して処遇を実施する。

(4) 特別短期間処遇

対象者と処遇期間　2014年改正まで，かつての交通短期処遇を改編した特修短期処遇が存在していた（平3・7・29法務省矯教1689矯正局長通達）。特別短期間処遇は，基本的に特修短期処遇を引き継いでおり，標準期間が6月以内の矯正教育課程が指定されている少年院で実施される。対象者の選定は家裁の判断によるが，事実上の基準として，短期間処遇対象者より非行傾向が進んでいないこと，問題性が単純で軽微なこと，短期の指導による社会復帰の可能性が高いことが考慮される。特修短期処遇と異なり，「従う勧告」として，定型の処遇勧告書により，執行機関に対して事実上の拘束力を持っている（平

27・5・14 法務省矯少 93 矯正局長通達）。短期間処遇と同様，14 歳未満の者も対象
となる。

　　処遇内容　　健全な規範意識の体得と自主性・自立性の伸長を処遇方針と
して，職員による相談や助言，集団討議等を活用し，少年の自主性を重んじ
た運用が行われる。そのため，最高裁判所との協議にもとづいて，特別短期
間とともに「開放的な教育」を求める処遇勧告を行うことが多く，院外教育
活動，自主的活動，保護者参加型活動，宿泊面会・電話通信・単独面会など
が活用される（平 27・5・14 法務省矯少 101 少年矯正課長通知）。収容期間は 6 月以
内で，おおむね 11 週間を標準とする指導期間を設定して，進級処遇が実施さ
れる。なお，特修短期処遇では収容期間の延長は認められなかったが，特別
短期間処遇では期間延長が認められる（平 27・5・14 法務省矯少 93 矯正局長通達）。

　（5）　**連戻し**

　　意義　　少年院への収容は法の強制力による処分であるから，在院者が逃
走した場合は，強制力を用いて再収容する必要がある。そこで，少年院から
逃走した者の身柄を確保して同行し，当該施設に戻すまでの一連の行為を「連
戻し」と呼び，少年院法にその要件と手続が規定されている（院 89 条）。連戻
しは，裁量ではなく，権限と義務にもとづくものと解される。

　　対象　　連戻しは，少年院在院者が逃走または院外委嘱指導から帰着しな
い場合に認められる。在院者とは，少年院送致決定の執行により当該施設の
実力支配下に入った者をいう。少年鑑別所在所者を含む（規 58 条）。実力支配
下にない逃走者は，決定執行のための同行状によって収容を確保する（26 条 2
項・3 項）。逃走とは，自己の意思により施設職員の実力的支配を離脱すること
をいい，刑法の逃走罪（刑 97 条）にいう逃走と同義である。

　　時間的制限　　少年院の職員は，逃走から 48 時間以内であれば，自らまた
は警察官の援助を求めて逃走した者を連戻すことができる（院 89 条 1 項本文・
2 項）。逃走直後には，職員による連戻しに緊急性と相当性が認められるから
である。他方，長時間の経過後は新たな身柄拘束と同視すべきことから，人
権侵害の虞も考慮して，48 時間の制限が設けられている。48 時間経過後は，
令状主義の観点から，家庭裁判所裁判官の発する連戻状によらなければなら
ない（同 1 項但書）。

連戻状の発付　連戻状は，少年院長の請求にもとづいて，当該施設の所在地を管轄する家裁の裁判官が発付する（院89条3項）。請求時期に制限がなく，48時間が経過する前に発付を請求することもできる。請求の方式は，書面（連戻状請求書）に所定の事項を記載して行う（規56条）。発付審理のために必要がある場合には，裁判所は，少年院の職員からの意見陳述や書類等の提示を求めることができる（同56条5項）。

連戻状の有効期間は，原則として30日で，相当な場合には30日を超えることもできる（規57条2項）。数通発付もできる（同4項）。請求を却下する場合は，請求書の謄本に却下の旨を記載し，裁判官が記名押印して，請求者に交付すれば足りる（同6項）。

連戻状の執行　連戻状による連戻しは，所定の事項を記載した連戻状（規57条）を本人に提示したうえで連戻すべき場所に同行し，着手した年月日と場所等を連戻状に記載する（規57条5項による同18条1項～3項の準用）。連戻状を所持しない緊急執行も認められる（規57条5項による同18条2項の準用）。連戻状の執行担当者は，少年院の職員と警察官である（院89条1項・2項）。警察官の援助要請は，少年院長が，少年院の所在地を管轄する警察本部長（東京都は警視総監）に対する連戻援助請求書によって行う。

連戻状の執行については，勾引状や勾留状の執行のような根拠規定（刑訴126条）がないため，強制捜索や強制立入は許されない。

(6)　保護者に対する措置

意義　少年の保護者は，少年の改善や社会復帰の促進，非行や問題行動の克服に重要な役割を果たすと同時に，非行や問題行動の原因であったり，それらを助長していることもある。そこで，少年の改善や社会復帰のため，調査・審判・処分執行の全過程を通じて保護者への働きかけが重要となる。

調査過程および審判過程における裁判官と調査官による働きかけについては，2000年改正において，訓戒と指導その他の適当な措置をとることが明文化された（25条の2）。同様の趣旨から，2007年改正において，少年院で従前から行われていた保護者に対する措置（指導，助言その他の措置）を明文化し，処分執行段階における保護者の積極的な関与が期待されていた（旧院12条の2）。こうした態度は，新少年院法にも引き継がれている（院17条）。

　措置の内容　　いずれの措置も，適宜の方法で行うものであり，内容に限定や制限はない。指導，助言のほか，講義や講習への参加等が行われてきている。いずれも強制力を伴わない任意的なものとして行われ，従わないことに対する制裁は予定されていない。少年院在院者には 18 歳以上の者もありうるが（院 4 条参照），18 歳以上の者の父母等は法律上の監護責任がないことから，働きかけの対象を「在院者の保護者」とする規定は（院 17 条），18 歳以上の在院者の父母（親権者たりえない）等に対する任意の働きかけを排除しない趣旨である。

4　少年院処遇をめぐる個別問題

(1)　虞犯少年の少年院送致

　送致の可否　　非行（犯罪または触法）の危険性（虞犯事由と虞犯性）を根拠として保護処分の対象とされる虞犯少年については，少年院送致を選択することの可否が争われ，少年院送致を明確に否定する見解も見られる。また，虞犯性の著しい場合に限って許容すべきだとする裁判例もある（大阪高決昭 47・5・23 家月 25 巻 1 号 105 頁）。しかし，文理上はそのような制約がないため（3 条 1 項・24 条 1 項），特段の制限なしに虞犯少年の少年院送致を認めるのが実務である（東京高決昭 51・12・1 家月 29 巻 10 号 167 頁等）。

　少年院処遇の意義　　虞犯事件の少年院送致率は，経年的に，一般事件全体の比率の約 3 倍程度になっている。こうした事実は，安易な少年院送致決定がされているようにも見えるが，虞犯による立件そのものが慎重に判断され，その件数も極めて少ないことからは，収容保護の必要性が高い事案で少年院送致が選択されていると考えることができる。真に収容保護を不可欠とする要保護性が認められる事案については，虞犯少年の少年院送致も排斥されるべきでなく，むしろ慎重な判断を確立していくことこそが実務の課題であると言えよう（東京家決平 19・7・18 家月 60 巻 1 号 139 頁参照）。

(2)　少年院収容受刑者

　2000 年改正　　従前，検察官に逆送され，刑事裁判で自由刑（懲役，禁錮）の言渡しを受けた少年は，「特に設けた刑事施設」である少年刑務所で刑が執行されていた（56 条 1 項）。しかし，2000 年改正によって，行為時 14 歳以上で

送致時16歳未満の少年に対する逆送と刑事処分が可能になったため（改正前20条但書の削除），その年齢や心身の発達の程度を考慮して，少年院における年少少年（刑の執行開始時に16歳未満）の刑の執行が特例的に認められることになった（56条3項前段，院3条2号・4条1項4号）。

少年院受刑の意義　　この特例は，年少少年受刑者は義務教育年齢にあることから，職業訓練や生活訓練を重視する少年刑務所での処遇よりも，同年代の矯正教育の専門施設である少年院で処遇する方が適切だと考えられたことによる。このため，少年院での刑の執行については，矯正教育を授けることが明示されている（56条3項後段）。ただ，少年院収容受刑者は，刑の執行中に16歳に達した時点（14日以内）で少年刑務所に移送されるため（院141条1項），少年院における矯正教育とは言いながら，仮退院後の保護観察を前提とする通常の少年院処遇とは異なる処遇プログラムが必要となる。

収容先　　旧少年院法では，年少少年であることとの関係で，初等・中等・医療の各少年院が収容先になりえたが，検察官に逆送される少年は，年少少年であっても犯罪性が進んでいることが多いことから，「おおむね16歳以上」を収容対象とする特別少年院への収容の可能性が明示されていた（旧院2条4項但書）。これに対し，現行少年院法は，少年受刑者用の第4種少年院を明示して（院4条1項4号），具体的な施設を指定している。なお，収容施設の選択は，通常の受刑者の場合と同様に矯正当局が決定するが，判断に当たっては少年鑑別所の資質鑑別が活用される（鑑17条）。

逃走者の扱い　　刑の執行中に逃走した少年院収容受刑者の連戻しについては，逃走後の48時間以内は少年院在院者と同様に扱うが（院89条1項本文），48時間経過後は，それまでに連戻しに着手している場合を別にして，裁判官の連戻状による連戻しは認めず（同但書），一般の受刑者と同様に収容状の発付手続（刑訴485条）による。

少年院収容受刑者は，逃走罪（刑97条）の主体となるから，逮捕による身柄拘束もできる。また，院外委嘱指導から帰着しない等の場合には，少年院法上の罰則の適用がある（院147条）。なお，少年院収容受刑者については，受刑者としての地位との関係で刑事施設法等の準用がある（同141条2項）。

⑶　14 未満少年の収容と教育

従前の対応　14 歳未満の少年については，一般に児童福祉的な対応が望ましいとの観点から児童福祉機関先議主義がとられ（3 条 2 項），1949 年の少年院法改正（昭 24 法 120）以降，少年院送致が一律に否定されてきた。しかし，14 歳未満であっても強制的な収容や特別な精神医療的対応が必要な場合に，児童自立支援施設での処遇に大きな限界があること，中学生の共犯事件の処分に不均衡が生じる（収容施設が異なる）こと，などの問題点が指摘され，法改正が求められていた。

2007 年改正　2007 年改正は，旧初等・医療少年院における処遇対象年齢の下限を「おおむね 12 歳以上」として（旧院 2 条 2 項・5 項），14 歳未満の少年院収容の可能性を認めた。14 歳未満の少年院送致については，「特に必要と認める場合に限〔る〕」ものとされ，文言上，通常の少年院送致以上の謙抑的な運用が求められている（24 条 1 項但書）。少年院における具体的な処遇は，通達等にもとづいて実施される（平 19・10・19 法務省矯少 6064 矯正局長通達，同日法務省矯少 6090 矯正課長通知）。

こうした改正によっても，14 歳未満の少年については，児童福祉的な措置が原則であることに変わりはなく，収容に伴う弊害も予想されることから，より慎重な判断が必要とされ，少年院送致を正当化しうるだけの根拠や事情が示される必要がある。もっとも，但書の文言自体は，義務規定ではなく，実務の運用を確認する注意的な性格のものにとどまる。

⑤　準少年保護事件

1　保護処分の取消し

⑴　27 条の 2 の趣旨

27 条との異同　保護処分の事後的な取消しを認める 27 条の 2 は，その性質に反しない限りで少年保護事件に準じて審理されるから（27 条の 2 第 6 項），準少年保護事件のひとつである。それは，保護処分の事後的取消という点では 27 条（⇒　260 頁）と同様であるが，違法な保護処分であること（審判権の不存在と 14 歳未満の者に対する送致手続違反）を理由とする点で 27 条と異なる。

なお，立法後の動向に大きな変化が見られることも特徴的である。

再審類似機能　当初の立法趣旨は，「本人に対し審判権がなかったこと」（審判権の不存在）について，年齢詐称のような場合を念頭に置いていた。しかし，少年保護事件に再審制度（刑訴435条以下）が存在しないこととの関係で，実務は，非行事実不存在の場合も「審判権の不存在」に読み込む解釈（27条の2第1項の拡張解釈）を前提として，非行事実不存在を理由とする保護処分の取消しを求める抗告・再抗告（32条・35条）を容認し，再審類似の機能への拡張を図っていた（最決昭58・9・5刑集37巻7号901頁，最決平3・5・8家月43巻9号68頁等）。こうした一連の裁判例の確立によって，27条の2について，違法な保護処分からの救済にとどまらず，誤った保護処分からの救済という趣旨が確認されることになったのである。

2000年改正　しかし，こうした拡張解釈も，保護処分終了後の取消しには及ばないとされ（前掲最決平3・5・8参照），その点での限界が指摘されていた。そこで，2000年改正は，保護処分終了後の取消しを認める条文を新設し，問題の立法的解決を図ることにした（27条の2第2項本文）。しかし，本人死亡後の取消しは明示的に否定されているため（同但書），再審制度としての趣旨は，依然として一貫されずにとどまっている。

⑵　取消しの要件

取消しの要件　保護処分継続中の少年に対して審判権がなかったこと，または14歳未満の少年に対する送致手続違反（3条2項の送致の欠如）が判明した場合，保護処分をした家裁は保護処分取消決定をしなければならない（27条の2第1項）。審判権がなかった場合とは，20歳以上の者（19条2項）や刑罰・保護処分の一事不再理効が及んでいた場合（46条）が典型であるが，誤った保護処分からの救済を目的に，非行事実が存在しない場合を含むことが最高裁判例で確立されている。こうした実務によれば，非行事実の一部誤認または一部不存在の場合も，それが保護処分決定の結論を左右する限りで取消しを認めるべきことになる（東京高決平2・11・20高刑集43巻3号191頁）。

明らかな資料　「明らかな資料」とは，保護処分決定の認定を覆すに足りる証明力を有する証拠をいう。非行事実不存在の場合は，刑事再審の場合と同様，事実認定に合理的な疑いを生ぜしめるもので足りる（最決昭50・5・20刑

集29巻5号177頁参照）。「新たに発見したとき」とは，保護処分をした裁判所が，決定時には知り得なかった資料を決定後に認知したことをいう。

　年齢超過や14歳未満を理由とする取消しでは，保護処分決定時が基準となる。他方，非行事実不存在を理由とする取消しでは，事実誤認にもとづく場合は，取消時の証拠関係から判断し，法解釈の変更や誤りにもとづく場合は，保護処分決定時の証拠関係から判断する。

　2000年改正の限界　　2000年改正で新設された保護処分執行終了後の取消しは，執行終了後の誤った保護処分を取り消すことによって，少年の情操を保護し，その健全育成を図るためのものと解されている。他方，少年の名誉回復は直接の目的ではなく（最決平3・5・8家月43巻9号68頁参照），したがって，本人死亡後の取消しは認められない。

　また，不処分決定と審判不開始決定が取消し対象となるかが争われ，取消しを認める裁判例があり（新潟家決昭57・3・31家月34巻8号132頁等），積極に解する学説もある。しかし，そうした解釈は「保護処分を取り消［す］」という文言に反すること，少年の名誉回復は目的でないこと，一事不再理効のない不処分決定等には取消しの実益がないこと，不処分決定に対しては事実誤認を理由とする抗告が認められないこと（最決昭60・5・14刑集39巻4号205頁）から，消極に解するのが一般である。

⑶　取消決定の手続

　申立権者　　取消申立の性格は明示されていないが，最高裁決定により，申立権として認められたものと解される（最決昭58・9・5刑集37巻7号901頁参照）。取消申立権者は，少年（であった成人）とその法定代理人である。原事件の付添人には固有の申立権はないが，少年・法定代理人の任意的代理人の立場で申立てができる。また，実質審理がされる場合は付添人選任権が認められるので（27条の2第6項による10条の準用），その限りでは，新たに選任された付添人の申立権も認められる。

　申立ての効果　　申立権者から非行事実不存在を理由とする申立てがあれば，ただちに事件係属が生じる。他方，非行事実不存在以外の理由（年齢超過等）による申立ての場合は，職権発動を促すにとどまり，裁判所が職権で内容を調査して立件する必要がある。保護処分の執行中に取消事由が発見される

ことが多いため，保護処分の執行機関には，取消事由の存在を疑うに足りる資料を発見した場合の通知義務がある（27条の2第3項）。この通知は裁判所の職権発動を促すもので，家庭裁判所が立件したうえで処理する。

審理　取消しの可否の審理は少年保護事件手続に準じるが，審判権の存否または手続の欠如の有無だけが審判対象となるため，要保護性に関する調査は必要でない。審理は保護処分をした家裁の専属管轄であるが，申立てを受けた家裁には保護処分の執行を停止する権限はない。審理の運用は，申立内容と新規に発見された資料を中心に検討し，申立人および少年をはじめとする関係者から事情を聴取するのが通常である。非行事実不存在を理由とする申立ての場合は，原決定の事件記録も資料となる。

決定　取消事由がある場合は保護処分取消決定をしなければならず，取消事由がない場合は申立棄却決定をする。主文は，「保護事件を取り消す」または「申立てを棄却する」という記載になる。取消決定が必要的なのは，相当性を根拠とする27条の取消しと異なり，保護処分の前提要件の不存在が根拠となるからである。決定の告知は，審判を開いた場合は面前告知が原則とされる。取消決定の場合の告知は相当と認める方法で足り，申立てを棄却する場合は抗告権の告知もしなければならない（27条の2第6項による24条1項，規3条1項・4項・35条2項の準用）。

14歳未満の送致手続違反を理由に取り消す場合は，本来の手続としての通告（児福25条）ではなく，児童福祉機関送致決定（18条1項）をする（27条の2第4項）。また，保護処分時20歳以上を理由とする取消しの場合は，年齢超過による検察官送致決定（19条2項）をしなければならない（27条の2第4項）。いずれも，保護処分取消決定と同時に行う。

(4)　取消しの効力

46条との関係　2000年の改正前は，保護処分取消決定があっても，取り消された事件での刑事訴追や再審判は遮断されないことが明示されており（改正前46条但書），非行事実不存在による取消し（刑事事件の無罪に相当）の場合，刑事事件の扱いとの不整合という深刻な問題があった。そこで，2000年改正は，検察官関与決定事件（22条の2）の保護処分について，27条の2第1項・2項による取消しに一事不再理効を認めることで解決を図った（46条2項・3

項(但書)。

通知等　27条または27条の2第1項によって保護処分を取り消した場合は，事後の手続が必要となるから，保護処分の執行機関の長に通知しなければならない（規5条3項）。少年院収容中の少年の保護処分を27条の2第1項によって取消した場合で，少年の身柄を検察官に引継いだり，保護者等の関係者に引渡す準備のため必要がある場合は，3日以内の期間，従前の施設での収容を継続することができる（27条の2第5項）。

抗告　非行事実不存在を理由とする申立てが棄却された場合は，少年等に抗告が認められ，保護処分に対する抗告と同様に扱われる（27条の2第6項による32条の準用）。また，検察官関与決定事件については，取消決定および不取消決定のいずれについても，検察官は抗告受理の申立てができる（同6項による32条の4の準用）。

2　収容継続申請事件
(1)　収容継続の意義

未成熟で可塑性の高い少年に対する保護処分が，個々の対象者の要保護性に応じた実効性の高いものであるためには，多様な選択肢の存在とその柔軟な運用が要請される。旧少年法は，このような観点から，保護処分の事後的な取消・変更を認めていた（旧5条）。他方，保護処分が少年の人権に深く関わることから，処遇の必要に応じた事後的変更は一切認めるべきでないと考えることもできる。

現行法は，処遇の必要性と人権保障との調和を図る観点から，保護処分の事後的変更を原則として否定したうえで，例外的に少年院収容期間満了後の収容継続を認め（処遇の必要性），その可否と期間の判断を家庭裁判所に委ねることにした（人権への配慮）。これは，司法機関としての家裁が例外的に執行段階（行政機能）に関与する場面である。このための手続等（院138条・139条）を「収容継続申請事件」と呼び，少年保護事件手続を準用して審理されるため（規55条），準少年保護事件のひとつとされている。

(2)　収容継続の対象

少年院送致後に少年が成人に達する場合があることから，対象者について

は「保護処分在院者」の文言が使用されている。少年院を退院すべき者が収容継続の対象であり，19歳以前に送致されて在院して20歳に達した者，および19歳を超えて送致されて在院して1年間を経過した者である（院138条参照）。年齢が不明確な場合の扱いは，執行機関側の判断によるとする見解（昭30・9・8法務省保護829保護局長通牒）と決定書によるとする立場がある。

(3) 収容継続の要件

収容継続の2つの形態　通常の収容継続は，①心身に著しい障害があること，または②犯罪的傾向が矯正されていないことを要件とするもので（院138条1項），23歳までの期間を定めて決定する（同2項）。さらに，③精神に著しい障害があって，医療に関する専門的知識および技術を踏まえて矯正教育を継続して行うことが特に必要な者については，23歳から26歳までの範囲において，第3種少年院における収容継続を決定することができる（139条）。

心身の障害　①は，第3種少年院における収容継続の要件である。心身の障害がある以上，犯罪的傾向がなくなっても対象となる。第3種少年院と通常の精神医療施設のいずれでも治療が可能な場合は，受入態勢等にもとづく総合的・実質的検討にもとづく判断による（松山家決昭57・3・23家月34巻9号141頁等参照）。③については，2014年改正で精神医療の要件が加わった。犯罪的傾向の残存は必要とされない。

犯罪的傾向の残存　②の要件は，本来的には，本人の性格や帰住環境等から総合的に判断して，そのまま退院すると罪を犯す虞がある場合をいう（東京家決平11・11・12家月52巻7号117頁等参照）。ただ，実際の判断に当たっては，収容継続の必要性が本人の健全育成との関係で相対的に考えられ，資格取得の利益（大阪家決昭44・5・13家月21巻12号200頁，東京家決平11・8・10家月52巻1号130頁等）や病気治療の利益（鹿児島家決昭42・12・26家月20巻8号121頁，札幌家決昭48・3・14家月25巻10号181頁等）などの観点から収容継続を認める場合もあり，実務上は比較的緩やかに運用されているようである。

継続が認められる場合　実務上，収容継続が認められる具体的な場合としては，少年院収容前に20歳に達した者（昭46・11・12法務省矯正甲1120矯正局長通達・家月24巻2号207頁），逃走した在院者について収容期間の最終日までに連戻しの見込みがない場合（昭35・8・22最高裁家三113家庭局長回答・家月12巻

9号258頁），収容継続決定によって収容が継続中の者（東京家決昭43・10・22家月21巻5号91頁等），戻し収容（更生72条）を受けた者（長崎家決昭51・2・13家月28巻8号126頁等），虞犯通告（同68条）によって少年院送致された者（金沢家決昭31・4・10家月8巻6号82頁），などがある。

　また，少年院を仮退院中の者について，保護観察期間を延長する目的で収容継続申請手続を利用することも，実務では積極に解されている（昭28・9最高裁家庭局見解，福岡家飯塚支決昭51・4・26家月28巻12号211頁）。ただ，保護観察期間の延長については，施設収容に転化する可能性があることなどから，収容期間の限定を処遇勧告したり（松山家決平6・2・25家月46巻7号100頁），処遇勧告に出院時期を付加する（那覇家平良支決平18・6・9家月58巻12号107頁）など，適切な調整を意図した運用が見られる。

(4)　申請手続と審理手続

　申請手続　　申請者は，対象者が在院する少年院の長である（院138条1項・139条1項）。申請の方式等に関する規定はないが，実務上は，家庭裁判所に書面（収容継続申請書）を提出する扱いである。申請は収容期間内に家裁に到達しなければならず，収容期間経過後に到達した場合は不適法として却下される（東京家決昭42・12・22家月20巻8号119頁等）。他方，あまりに早期の申請については，判断を留保しておく対応もできるが，棄却・却下もありえよう（仙台家決昭57・9・2家月35巻3号130頁参照）。申請の取下げも認められる。

　申請の受理　　申請が受理された場合，裁判所からの決定通知があるまでは，本人を少年院に収容継続することができる（院138条4項・139条3項）。これは，申請の受理に与えられた家裁の効力と解されている。申請は本人を送致した家裁に対してしなければならないが（同138条1項），審理は当該家裁の専属管轄と解する必要はなく，合理的な理由があれば審理のための移送も認められよう（松江家決昭46・5・18家月23巻10号114頁参照）。たとえば，行為地の家裁の送致決定にもとづいて保護者の住居地の少年院に収容されているような場合である。

　審判手続　　収容継続申請事件の手続は，その性質に反しない限り，少年保護事件の例による（規55条，院138条5項・139条3項）。したがって，少年院長の申請が適法であれば，収容継続の必要性について調査官調査（8条・9条）

を命じ，審判を開始し（21条），審判期日に裁判官の直接審理によって可否を
決定しなければならない。保護処分を延長する収容継続決定は，実質的に保
護処分決定と同様だからである。審判は，本人が在院する少年院で行われる
ことが多く（規27条），合議体によることもでき，付添人も選任できる。他方，
非行事実の認定は審理対象ではないから，検察官関与等の余地はない。

審判の運用　　審判期間については，特に時期的な制限はないが，実務で
は，本来の収容期間満了日以前に決定される扱いが多いようである。本人の
要保護性にもとづく収容継続の可否が審理対象であるから，審理に当たって
は，調査官調査だけでなく，医学・心理学・教育学・社会学その他の専門的
知識を有する者および本人を収容中の少年院職員の意見を聴くことになって
いる（院138条3項・139条3項）。

　なお，試験観察をとることの是非については，実施を認めた裁判例もある
が（名古屋家決昭49・1・29家月26巻10号120頁等），現に少年院に収容されている
者には馴染まないと思われる。観護措置についても同様である。

(5)　終局決定

終局決定　　収容継続申請が不適法な場合は却下する。また，理由がない
ことによる棄却の場合の決定主文は，実務上，「少年の収容を継続しない」と
いう表記ではなく，「申請を棄却する」という表記の扱いのようである。

　他方，収容継続を認める場合，家裁は，少年院長が申請した継続期間も考
慮して収容継続期間を定め，収容すべき少年院の種類を指定して収容継続決
定をする（規55条による規37条1項の準用）。決定に当たって，実務では，処遇勧
告（規38条2項）および環境調整命令（24条2項）を行うことも広く認められて
いる（大阪家決昭60・6・18家月37巻12号82頁，東京家八王子支決平17・1・6家月57
巻8号128頁等）。

収容継続の期間　　期間の定めは，少年院長が申請した期間と同じになる
場合が多いが，少年院長の申請期間に拘束力はない。収容継続の要件に応じ
て，23歳または26歳が期間の上限となる（院138条2項・139条2項）。期間の
定め方には，具体的な終期を明示するものと期間を明示するものがあるが，
前者が一般的なようである。後者による場合，収容継続期間の起算点は，期
間満了前の決定では満了日翌日からとなり，期間満了後の決定では決定日か

らとなる（昭31・2・8最高裁家甲19家庭局長通知・家月8巻2号119頁）。

　　少年院の指定　　収容すべき少年院の種類については，現に収容中の少年院の種類と異なる種類を指定することもできる。在院中の少年院に併設されていない種類の少年院を指定する場合は，本人の身柄を移動するための決定の執行が必要となる。他方，具体的な施設の指定は，執行機関（少年鑑別所長）の専権事項であり，家庭裁判所に指定権はない。

　　決定の告知等　　決定は，その効力が直接に及ぶ者に告知すべきであるから，本人に対して告知すれば足りる。しかし，少年院長は収容継続申請者であると同時に，本人の退院を管理する職責を担う者であることから（院138条1項・139条1項），少年院長にも告知するのが適切であろう。

　　抗告　　収容継続決定に対しては，抗告が認められる（規55条による32条の準用）。収容継続決定は，当初の保護処分決定時に予想されなかった不利益（身体拘束の継続）を本人に認めるもので，本人に争う機会を保障すべきだからである。本人が成人している場合，保護者には抗告権がない（32条本文参照）。他方，申請の却下・棄却の場合には本人に不利益が認められないから，少年法における不服申立の性質上，抗告は認められない。

3　戻し収容申請事件

(1)　戻し収容の意義と対象

　　意義　　少年院送致処分は，累進処遇にもとづいて，処遇の最高段階に至った時点で仮に退院させ（院135条），保護観察（2号観察）に付したうえで（更生41条・42条・48条），問題がなければ退院として保護処分が終了する（同74条）。しかし，保護観察中に一定の問題が生じた場合には，それへの対応が必要となることがある。保護処分としての保護観察（1号観察）においては，虞犯通告（同68条）と警告・施設送致処分（26条の4，更生67条），特定少年の少年院収容（64条2項66条1項，更生68条の2）が，そのような事態への対応として規定されている（⇒　280頁）。

　　他方，2号観察においては，特定少年の仮退院を別にして，少年院に再収容（戻し収容）して処遇する対応が規定されており（更生71条・72条），その手続を「戻し収容申請事件」と呼ぶ。収容継続申請事件と同様，家庭裁判所が執行段

階で例外的に関与する場面のひとつであり，少年保護事件手続を準用して審理されるため（規55条，更生72条5項），準少年保護事件とされる。

　仮退院中の特定少年（更生41条）の遵守事項違反は，戻し収容ではなく，仮退院の取消によって再収容される（同73条2・73条の3）。この限りで，特定少年の2号観察は，成人の3号観察の場合（刑29条1項）に類似している。

　対象　　特定少年を除く少年院仮退院者が対象である。26歳までの者が対象となるため，対象者については「その者」の文言が使用されている。収容継続決定または戻し収容決定等にもとづいて収容された後に仮退院した者については，消極説もあるが，戻し収容を認めるのが実務であり（前橋家桐生支決昭36・11・25家月14巻3号149頁，甲府家決昭37・7・26家月16巻1号183頁等），多数説でもある。

(2)　戻し収容の要件

　要件　　戻し収容の要件は，①保護観察所長が遵守事項を遵守しなかったと認めるとき（更生71条本文），または　②23歳以上の仮退院者が，少年院法139条1項に規定する事由（精神の著しい障害）に該当するとき（同但書）で，③家庭裁判所が相当と認めるとき（同72条1項），である。①との関係で，更生保護法の前身であった犯罪者予防更生法43条1項は「遵守しない虞」も明示していたが，更生保護法は遵守事項違反に限定し，要件を明確にした。

　違反事実の評価　　遵守事項違反の事実が同時に犯罪事実と重なる場合は，2重処罰の禁止との関係で問題を生じることになるから，特段の事由がない限り戻し収容申請においては考慮すべきでないとする裁判例がある（東京家決昭52・5・6家月29巻12号100頁）。ただ，複数の違反事実の一部を評価する場合もありうるから，一律に排除するのは妥当でない。結局は，具体的事案における総合的判断によることになろう（高知家決昭49・6・17家月27巻2号131頁等参照）。

　相当性と必要性　　③については，従前も，「相当性」だけでなく，「必要性」も要件であると解されていた。そのため，判断に際しては，少年院送致を選択する際の考慮要素（少年の資質・非行歴，親の保護能力，保護環境等）のほか，遵守事項違反事実の内容，保護観察所の指導内容とそれに対する態度等から，戻し収容の必要性と相当性を総合的に検討すべきものとされている（奈良家

葛城支決平 12・4・7 家月 52 巻 9 号 123 頁参照）。

(3) 申請手続と審理手続

申請手続　　申請は，保護観察所長の申出により，地方更生保護委員会が，対象者を少年院に送致した家庭裁判所に対して行う（更生 71 条本文）。文理上の困難はあるが，審理は，送致決定をした家裁の専属管轄ではなく，他の家裁に移送できるものと解される（東京家決昭 38・6・6 家月 15 巻 10 号 179 頁）。

戻し収容申請は，通常，本人を引致状によって引致し，その留置中に行われる。引致後 24 時間以内に地方委員会が申請の要否の審理を開始する場合は，引致後 10 日以内で本人を少年鑑別所等に留置することができ，その期間内に地方委員会が申請の要否を判断する（更生 73 条 1 項・2 項）。留置中に申請がされていれば，家裁からの決定通知があるまで，引致時から 20 日を上限として留置を継続できる（同 3 項）。仮退院期間中に申請がされていれば，審理と決定は仮退院期間経過後であっても許されよう。

審判手続　　戻し収容申請事件の手続は，専門家および保護観察所長からの意見聴取が義務づけられる（更生 72 条 4 項）ほか，少年保護事件の例による（規 55 条）。したがって，家庭裁判所は，戻し収容の必要性の存否等について調査官調査（8 条・9 条）を命じ，審判を開始し（21 条），審判期日に裁判官の直接審理によって戻し収容の可否を決定しなければならない。戻し収容決定も，収容継続決定と同様，実質的には保護処分決定と同様のものだからである。付添人も選任でき，裁定合議制によることもできる。他方，非行事実認定は審理対象でないから，検察官関与等の余地はない。

観護措置・試験観察の可否　　観護措置については，収容継続申請事件と異なり，従前から実務は積極説のもとで運用されており（神戸家決昭 61・10・29 家月 39 巻 5 号 87 頁），更生保護法 73 条 3 項はそれを追認した規定ぶりになっている。観護措置の期間には争いがあるが，戻し収容事件受理後の留置期間と観護措置期間を通じて 4 週間以内とする裁判例がある（名古屋家決昭 54・9・3 家月 32 巻 7 号 85 頁）。心身鑑別の必要性，人権保障の観点，通常の観護措置期間との整合性を考えれば，妥当な制限と言えよう。試験観察についても，収容継続申請事件の場合と異なり，25 条の準用を認める運用が実務である（秋田家決昭 61・8・1 家月 39 巻 3 号 77 頁等）。

⑷ **終局決定**

終局決定　戻し収容を認めない場合の決定主文について，実務では，「本件申請の戻し収容はしない」という表記ではなく，「本件申請を却下する」という表記の扱いのようである。他方，戻し収容を認める場合には，家庭裁判所は，収容期間を定め，少年院の種類を指定して戻し収容決定をする。環境調整命令も認められる（前橋家高崎支決昭56・8・20家月33巻12号133頁）。

期間等　20歳を超えて収容する必要がある場合は，23歳または26歳が期間の上限となる（更生72条2項・3項）。戻し収容による収容期間の長期化の不都合を調整するため，実務では，処遇勧告（規38条2項）が積極的に活用されているようである（盛岡家決昭53・7・19家月31巻6号105頁，宇都宮家決昭57・3・9家月34巻8号125頁等）。また，期間の定め方は，具体的な終期を明示する

図8　準少年保護事件等

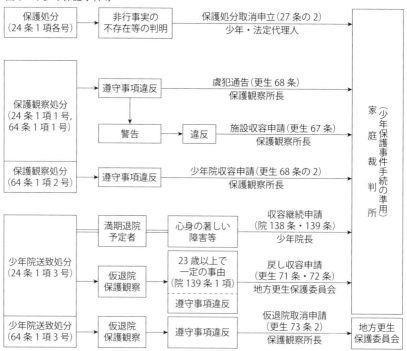

ものが一般的なようである。

少年院の種類については，在院していた少年院の種類と異なる種類を指定することもできる（大阪高決昭60・6・3家月37巻12号73頁）。戻し収容は本人の身柄の移動を伴うため，執行指揮が必要であり，少年鑑別所に留置されている場合には執行指揮書を交付する扱いになっている。

決定の告知等　　決定の告知の相手方は本人であるが，収容継続決定の場合と同様の趣旨から，地方更生保護委員会への告知を要すると考える。なお，戻し収容決定に対しては，収容継続決定の場合と同様の趣旨から，抗告が認められる（規55条による32条の準用）。

虞犯通告と施設収容申請を含めた準少年保護事件等の概要は**図8**に示した通りである。

.

第 10 章　少年の刑事事件

　少年法は，調査・審判の結果，何らかの処遇が必要な少年について，少年法の枠内での処遇（保護処分）を原則としながら，例外的に他の法システムに扱いを委ねることを認めている。そのひとつが，刑事処分を求めて事件を検察官に送致するものであり，「少年の刑事事件」と呼ばれる。家庭裁判所から検察官に送致された少年事件は，通常の刑事事件と同様に刑事裁判手続で扱われるが，少年法の目的（成長発達権を前提とする健全育成）との関係で，その手続と行刑に多くの特則（特別な対応）が定められている。また，2021 年改正によって，特定少年の刑事事件については，それ以外の少年に対する特則の多くが，適用から除外されることになった。以下，少年の刑事事件の意義と要件を確認したうえで，その手続と行刑における特別扱いについて見ていく。

1　少年の刑事事件の意義と要件

1　少年に対する刑事処分の意義

⑴　刑事処分をめぐる対応の変遷

旧少年法の刑事処分優先主義　　旧法は，一定の重罪を犯した犯罪少年および 16 歳以上の犯罪少年（犯罪の種類を問わない）について，刑事裁判所に起訴する（刑事処分を求める）か，少年審判所で審理する（保護的扱いを求める）かの判断を，原則として検察官の専権事項としていた（検察官先議主義）。その結果，検察官が不起訴とした犯罪事件だけが，少年審判所の管轄とされていたのである（旧 27 条）。旧法の運用の実際についてはかなり保護主義的なものであったとの指摘も見られるが，その構造は，犯罪少年に対する刑事処分優先主義に立脚するものであったことに疑いはない。

保護処分優先主義への転換　　これに対して，現行少年法は，犯罪少年についても，保護処分優先主義を前提として，一定の要件（事件や年齢の限定，刑事処分相当性の認定）のもとに，刑事処分を例外的にのみ認める態度を明らかに

した。しかも，検察官が捜査段階で事件を終結させることを認めず（検察官先議主義の否定），すべての犯罪事件を家裁に送致させることとし（全件送致主義），保護処分と刑事処分の選択を家裁の専権事項とした（家庭裁判所先議・専議主義）。保護処分優先主義を前提とする構造への転換に，現行少年法の大きな特徴を見ることができる（⇒　68頁）。

(2)　少年に対する刑事処分の意義

保護処分と刑事処分の関係　　保護処分優先主義を徹底すれば，およそ少年である以上は刑事処分の対象にしない，という政策的判断もありうる。しかし，現行少年法も，保護主義をそこまでは徹底せずに，例外的ではあるが，犯罪少年が刑事処分の対象となることを認めている。ただ，刑事処分相当性の実質的判断は，具体的な基準等が示されておらず，解釈に委ねられている。このため，どのような事情を考慮して刑事処分相当性を認めるかについて，保護不能説と保護不適説とが対立している（⇒　313頁）。同時に，それは，少年犯罪者の処遇において，保護処分と刑事処分の関係を断絶したものと見るか，連続的なものと見るかの違いでもある。

2000年改正前　　2000年改正までの少年法には，送致時16歳未満の少年について，家庭裁判所から検察官に送致する手続が存在しなかった（改正前20条但書参照）。そのため，行為時14歳以上で送致時16歳未満の者は，刑法上は刑罰非難の対象とされながら（刑41条），その前提となる刑事裁判手続の対象にできず，結果的に刑事処分が否定されていた。従前の少年法は，このような形で，16歳未満の者についても保護処分優先主義を徹底していたのである。この対応については，刑法との不調和を根拠とする批判も見られたが，保護主義を徹底するものとして一般には肯定的に評価されていた。

(3)　2000年改正

改正前20条但書の削除　　こうした状況のもとで，1997年に行為時14歳の少年による「神戸児童連続殺傷事件」（⇒　46頁）が発生し，送致時16歳未満の者に刑事処分を一律に否定する態度（硬直的な構造）が厳しく批判されることになった。批判的な立場は，但書を削除して刑法との不調和を解消し，刑事処分相当性を適切に判断すれば，従前のような硬直的な運用がなくなる一方，保護処分優先主義が軽視されることもないと主張した。こうした主張

を受け，2000 年改正は，刑事処分の対象を行為時 14 歳以上の者に拡張した（当時の 20 条但書の削除）。2000 年改正が刑事処分対象を拡張した点を，厳罰化に向けた改正として批判する立場もある。しかし，刑法との調和を図った以外には何らの実質的な変更はなく，厳罰化の批判は当たらない。

20 条 2 項の新設　　また，2000 年改正は，20 条 2 項に，行為時 16 歳以上の者による一定の重大犯罪について，原則として検送を義務づける条項を新設した。これは「原則逆送制度」と呼ばれる。そして，何よりもこの点が，厳罰化を実現するものとして厳しく批判された。しかし，検送の際の家庭裁判所先議は維持されており，保護処分相当を理由とする刑事裁判所からの移送制度（55 条）についても変更は加えられていない。その意味で，厳罰化の実現という批判はただちには当たらない。ただ，刑事処分相当検送の要件が変更されなかった状況のもとで，2 項を新設する必要があったかは議論の余地があろう。それは，2 項の趣旨をどのように解するかという問題でもある。さらに，2021 年改正により，特定少年の逆送規定に大きな変更がもたらされることになった（⇒ 315 頁）。

2　検察官送致の要件

(1)　前提

検察官送致には，年齢超過を理由とするものと（年超検送［19 条 2 項・23 条 3 項］），刑事処分相当を理由とするもの（刑事処分相当検送［20 条・62 条・63 条］）の 2 つがある。いずれも，非行事実について刑事裁判所での審理を求めるものであるから，その対象は犯罪少年（3 条 1 項 1 号，刑 41 条）に限られ，触法少年（3 条 1 項 2 号）と虞犯少年（同 3 号）は対象となりえない。いずれも，時期的には「調査の結果」として判断されれば足りるため，調査の結果として送致される場合（審判開始前）もあれば，審判の結果として送致される場合もある。いずれも，少年法の枠内での事件を終局させる決定（中間決定）による。なお，20 歳以上であることの判明を要件とする年超検送には，年齢の確認方法等を別にすれば，特段の問題は生じない。

(2)　20 条 1 項検送

20 条 1 項にもとづく検察官送致決定をするためには，3 つの要件が充足さ

れなければならない。

禁錮以上の刑が定められている犯罪事件　　刑事処分相当検送の対象犯罪は，禁錮以上の刑に当たるものが必要とされるが，選択刑または併科刑として罰金以下の刑が定められている犯罪でもよい。また，起訴を受けた刑事裁判所の宣告刑は，罰金以下の刑でもよい。実務では，交通関係事件で罰金刑を見込んで検送を利用する扱い（罰金見込検送）が定着しており，一般事件による検送の約３倍を占めている。罰金以下の刑だけを定める犯罪が，禁錮以上の刑を定める犯罪と科刑上一罪または併合罪の関係に立つ場合は，両者を一括して検送することができる。刑事処分相当性は総合的な観点からの判断であり，一括処理にも必要性や合理性が認められるからである。

非行事実の蓋然的心証　　家庭裁判所の非行事実認定を前提として，その事実が禁錮以上の刑の犯罪に当たることの認定が要件とされる。その心証の程度については，①合理的疑いを超える程度の心証，②刑事事件における公訴提起と同程度の心証，③証拠の優越，④蓋然的心証，が主張されている。検送後は原則として起訴が強制される（45条5号本文）から，③および②は採り得ない。また，審判開始が要件でないことから，保護処分決定と同様の①も妥当でない。これらに加えて，検送後に刑事裁判所での証拠調べが予定されていることから，④の蓋然的心証を要件とすれば足りよう。

(3)　刑事処分相当性

検送の実質的要件として，「罪質及び情状に照らして刑事処分を相当と認める」こと（刑事処分相当性）が必要である。その内容については，保護処分優先主義の理解との関係で，見解が分かれる。

保護不能説　　保護不能説と呼ばれる見解は，少年事件における保護処分優先の原則を徹底して，保護処分の可能性がある以上は刑事処分を認めるべきでなく，保護処分による改善の見込みがない場合に限って，刑事処分を求める検送が許されるとする。この立場は，少年法が刑法に絶対的に優先するとして，保護処分と刑事処分の関係を，処遇効果の高さや適切性とは無関係に排他的ないしは断絶的なものととらえる。

この立場は，少年法の優越性と保護処分優先を強調・徹底する点で，少年法の理念や目的に忠実であるように見える。しかし，保護処分も不可能でな

い交通関係事件について，保護処分以上に適切と思われる罰金見込検送を否定することが適切な対応とは思われない。罰金見込検送が活用される交通事件について，保護不能説は，どのような保護処分を想定するのだろうか。あるいは，審判不開始決定または不処分決定を主張するのだろうか。

保護不適説　保護不能説に対して，保護不適説は，保護処分と刑事処分のどちらが当該少年の処遇として適切か，という観点に立つ。それによれば，保護処分と刑事処分は，それぞれが非行少年の処遇選択肢として並列的・競合的な関係に立ち，当該少年にとって何が最適な処遇かという観点から，いずれを選択すべきかが決定される。実務は，保護不適説の運用で一致している（東京家決昭 36・3・22 家月 13 巻 5 号 183 頁等）。

保護不適説に対しては，保護不能説から，事案の重大性や悪質性を重視した判断になり，厳罰化の方向に傾斜するとの批判が見られる。しかし，「罪質及び情状に照らして」とされている以上，具体的な事案の内容や行為者の事情を考慮するのは当然である。また，少年刑事事件に対する「特別な措置」も「健全な育成を期し」たものである以上（1 条），要保護性を解消する最適な処遇であれば足り，それ以上の制約はない。その意味で，保護不適説にもとづく実務の運用は肯定的に評価できる。具体的な判断に当たって，保護処分優先主義の原則から慎重な運用が必要とされるのは当然の前提である。

(4)　20 条 2 項検送（原則逆送）

要件と効果　①行為時に 16 歳以上の少年が，②故意の犯罪行為によって被害者を死亡させた事案について，家庭裁判所は，検察官送致の「決定をしなければならない」（20 条 2 項本文）。罪種としては，殺人や強盗殺人のほか，致死類型の結果的加重犯（傷害致死，強盗致死，強姦致死，危険運転致死等）が含まれる（金沢家決平 14・5・20 家月 54 巻 10 号 77 頁等）。これらの罪の共犯（共同正犯，教唆，幇助）も対象となる。

2 項の意義　「決定をしなければならない」とする点は，①②の要件を充足する限り検送が義務づけられる印象を与える。しかし，①②を充足する場合も家裁の調査が必要とされるから（20 条 2 項但書），2 項は検送を義務づけるもの（必要的検送）ではない。①②の要件は，刑事処分相当性を推定させるにとどまる。また，少年審判が職権主義的審問構造を前提とすることから，推定

を破る事情についても，家裁が積極的に明らかにしなければならない。その点で，2項は，16歳以上の少年の重大事件について，十分な調査を行うべきことを義務づけるものである。

　2項の意義がこのようなものであれば，1項と2項の関係は，前者が刑事処分相当性の積極的な認定を要求するのに対して，後者は保護処分相当性の不存在の積極的な認定を要求するものにすぎない。この認定は，職権主義的審問構造のもとでは表裏の関係に立つから，実際の判断は1項の運用で足り，2項を新設する実質的な意味はないように思われる。

　効果　　但書の例外に当たらない限り，家庭裁判所は，検察官送致決定をしなければならない。他方，①②を充足する事件について保護処分決定がされた場合も，検察官には処遇決定に対する不服申立が認められないため（32条本文参照），検察官関与事件であっても抗告受理の申立て（32条の4）はできない。したがって，実際には，但書を適用しなかったことの適否だけが，起訴された刑事裁判所による家庭裁判所の移送（55条）の可否の判断に当たって意味を持つことになる。

⑸　特定少年の刑事処分相当検送

　以上のような20条検送に対して，2021年改正は，特定少年への20条の適用を排斥したうえで，犯罪を限定することなしに刑事処分相当検送を認めた（62条1項）。このため，特定少年の犯罪については，司法警察員から家裁への直送手続（41条）が認められなくなった（67条1項）。また，原則逆送についても，1年以上の懲役・禁錮が法定されている犯罪にまで対象を拡張した（62条2項）。さらに，特定少年の選挙関連犯罪について，特別な配慮を要請するとともに（63条1項），原則逆送の対象とすることを特に規定している（同2項）。これらの規定によって，特定少年については，保護優先の基本姿勢は維持したものの，刑事事件としての立件について，20歳以上の者に対する扱いに近づいたものと言えよう。

　また，2021年改正は，逆送決定について，20条1項以外は判事補もできるものとし（4条），判事補の関与を拡張した。その理由は必ずしも明らかでないが，刑事処分相当（保護処分不相当）に関する実質的な判断に特段の困難はないとの趣旨であれば，20条1項以外の逆送が「必要的」逆送に傾斜する懸念

を払拭できない。

⑹　検送の可否が問題になる事案

相当性が問題になる場合　　刑事処分相当性の存否が問題になる事案として，否認事件（東京地判昭50・11・19家月28巻8号129頁），行政犯・過失犯・確信犯，本人が検送を希望する場合（東京家決昭36・7・17家月13巻9号130頁），外国人少年（広島家決平16・3・30家月56巻10号85頁等），自由刑の執行猶予中や服役前科のある少年，が指摘されている。これらの事案の判断は困難ではあるが，通常の事案と判断構造は異ならず，事案の具体的な内容によって「罪質及び情状に照らして」総合的に判断していく以外にはない。

検送の可否が争われる場合　　検察官から再送致された事件（45条5号但書）と刑事裁判所から移送された事件（55条）について，再度の検送が許されるかが問題となる。再検送を禁じる規定はなく，それを認める裁判例もある（名古屋家岡崎支決昭42・7・18家月20巻7号125頁等）。しかし，少年の不利益（身柄の長期拘束や法的な不安定等）を回避する観点から，再検送は極力避けるべきであろう。他方，抗告審の保護処分決定取消しによって家庭裁判所に差戻された事件については，最高裁が，いわゆる「調布駅南口事件」＊判決において，検送の不利益性等を理由として，検送が許されないことを明らかにしている（最判平9・9・18刑集51巻8号571頁）。

　訴訟条件を欠く事件についても議論は分かれるが，検送後に補充を期待して検送できる。補充されなければ，家裁に再送致される（45条5号但書）。また，一部の非行事実だけを分離した検送は，行為者主義的観点を徹底すれば否定することになるが，行為主義的な観点を完全には捨象できない以上，肯定してよい。特に，交通事件を分離して罰金見込検送を行う意義は小さくない。ただ，一部検送の場合には，その旨を主文に併記するか，理由中に示すべきであろう。一部を検送して一部を保護処分にする場合は，事件記録も分離したうえで，格別の決定書を作成すべきである。

　　＊Column　調布駅南口事件
　　　1993年，東京都調布市の調布駅南口広場で予備校生ら5人が暴行を受け，1人が負傷した事件で，当時18歳・19歳の少年7人が逮捕され，東京家裁八王子支部の審判に

付された。審判の結果，1人が非行事実なし不処分決定，1人が保護観察処分決定，5人が旧中等少年院送致決定を受けた。少年院に送致された5人が無実を主張して抗告し（保護処分の執行は停止されなかった），東京高裁は，証拠に疑問があるとして処分を取り消し，事件を家裁に差戻した。差戻審は，1人を非行事実なしの不処分としたが，1人を20歳後に年超検送し，残る3人については，警察による補充捜査を経たうえで刑事処分相当検送した。これを受けて，検察官は，不処分の1人を含む5人全員を起訴した。この起訴の正当性と適法性をめぐって，違法・無効とする東京地裁八王子支部判決と適法とする東京高裁判決が対立したのに対し，最高裁は，抗告審の保護処分決定取消しによって家庭裁判所に差戻された事件については，その後の検送が許容されないことを明らかにした。

3　検察官送致の手続

(1)　検察官送致決定

検送の時期　　調査または審判の結果，犯罪少年の通常の事件について刑事処分相当性が認められる場合（20条1項・62条1項・63条1項），または原則逆送の要件を満たす事案で保護処分相当性が認められない場合は（20条2項・62条2項・63条2項），家庭裁判所は，検察官送致決定を行う。実務上は，審判を経ない検送を「書面検送」と呼び，要保護性に特段の問題のない事案（年超少年の交通事犯等）で活用されている。

決定の権限　　検送決定は，少年保護手続から刑事裁判手続への移送の効果を持つため，これまでは，実質的判断を要しない年超検送の場合を除いて判事補が行うことはできなかった（旧4条）。検送の前提となる調査・審判は判事補でもできるが，原則逆送の対象事件については，2000年改正の趣旨を尊重して，未特例判事補の関与を認めない運用になっていた。しかし，2021年改正で，判事補の単独関与範囲が広がった（4条）。なお，検送決定した裁判官は，検送後の刑事裁判を担当しても，前審関与（刑訴20条7号）には当たらないものとされている（最決昭29・2・26刑集8巻2号198頁）。

決定の告知等　　観護措置のとられている事件を検送する場合は，少年の面前で，検送決定の告知と併せて，観護措置が勾留とみなされること（45条4号）についても告知しなければならない（規3条2項2号・24条の2）。その場合は，少年の収容施設および保護者・付添人への通知も必要とされる（同21条の2・22条）。これらの告知手続は審判期日に行うこともでき，合議体の場合は裁

判長が行う（同 24 条の 2 第 1 項）。

　決定の送致先　「管轄地方裁判所に対応する検察庁の検察官」とされていることから，支部を含む地方検察庁の検察官が送致先となる。簡易裁判所の事物管轄に属する事件は，送致を受けた地方検察庁の検察官が事件を区検察庁の検察官に移送し，簡易裁判所に起訴する（東京高判昭 29・9・4 家月 7 巻 4 号 42 頁参照）。身柄事件で少年の住居地が遠隔地にある場合は，管轄地方裁判所が競合する事態が考えられるが，身柄拘束の長期化の不利益を回避するため，現に身柄を管轄する家裁に対応する地方検察庁への送致が望ましい。

⑵　決定書

　決定書には主文と理由を記載し，理由中には犯罪事実と罰条を示さなければならない（規 2 条 4 項・24 条）。裁判例には，記載漏れや不明確な記載等を結果的に救済したものもある（東京高判昭 26・12・25 家月 4 巻 1 号 84 頁，名古屋高判昭 29・3・30 家月 6 巻 8 号 90 頁等）。送致書（誤記も多いと言われる）を単に引用するのではなく，犯罪事実を明確に記載することが求められる。特に，刑事処分相当性判断は，検送決定の可否を左右するから，前提事実を含めて具体的な記載が強く望まれる（東京家決昭 36・3・22 家月 13 巻 5 号 183 頁，静岡家沼津支決平元・5・23 家月 42 巻 1 号 124 頁等参照）。とりわけ，20 条 2 項にもとづく検送については，具体的な理由を明確にすることこそが 2000 年改正の趣旨に合致するものである。

⑶　検察官送致の効果

　検送の意義　検察官送致決定によって，少年事件は家庭裁判所から検察官に逆送され，保護手続から刑事手続に移行する。適法な検察官送致は少年刑事事件の訴訟条件であり，送致を受けた検察官は，原則として起訴を義務づけられる（45 条 5 号本文）。他方，検送を経ない事件や，罰金以下の刑だけを定める罪の事件が検送された場合（特定少年の場合を除く），それらが起訴されれば公訴棄却となり（刑訴 338 条 4 号），その事実を看過して判決すれば破棄される（刑訴 378 条 2 号，仙台高判昭 24・11・25 判特 8 号 93 頁）。

　不服申立　検送決定に対しては，不服申立を認める明文がないこと，実体的な不利益を生じる性格のものではないことから，不服申立を認めないのが通説である。実務では，抗告も特別抗告も認めないとしている（東京高決昭

45・8・4 家月 23 巻 5 号 108 頁，最決平 17・8・23 刑集 59 巻 6 号 720 頁）。

②　少年の刑事事件手続

1　起訴前の段階

⑴　調査官観護の扱い

　逆送事件の少年が調査官観護（17 条 1 項 1 号）に付されている場合は，事件が家庭裁判所に再送致された場合（45 条 5 号但書）を除いて，事件送致を受けた日から 10 日以内に検察官が公訴提起しなければ調査官観護は失効する（同 1 号前段）。10 日以内に公訴提起があれば，調査官観護は有効で，成人になっても効力が持続し（同 3 号），終局裁判の確定によって効力を失う（刑訴規 280 条）。公訴提起後は，裁判所は，検察官の請求または職権によって調査官観護をいつでも取り消すことができる（45 条 1 号後段）。また，その事件で勾留状が発せられれば調査官観護は失効する（同 2 号）。もっとも，実務においては，調査官観護はほとんど利用されていない。

⑵　観護措置（みなし勾留）の扱い

　手続等　事件が逆送されると，観護措置（17 条 1 項 2 号）は，裁判官のした勾留とみなされ（45 条 4 号前段），「みなし勾留」と呼ばれる。したがって，検送決定に際して，家裁は，勾留の理由と必要性（刑訴 60 条）を判断し，その要件がないと判断する場合は観護措置を取り消しておく必要がある。裁定合議制にもとづく合議体がした観護措置も，裁判所の勾留（刑訴 60 条）ではなく，裁判官のした勾留（刑訴 207 条以下）として扱われる。

　検送決定の際は，あらかじめ本人に対し，犯罪事実，刑訴法 60 条 1 項各号所定の事由があることと弁護人選任権を告げ，告知調書が作成される（規 24 条の 2）。少年または保護者等の選任した弁護士付添人（10 条 1 項但書，規 14 条 1 項。国選付添人［22 条の 3］を除く）がある場合は，検送と同時にその付添人が弁護人となるから（45 条 6 号），弁護人選任権の告知は不要である（規 24 条の 2 第 1 項但書）。告知の際の犯罪事実に対する弁解聴取の規定はないが，適正手続の観点から，黙秘権の告知とともに弁解聴取と録取を行う運用が望まれる。

　「みなし」勾留の意義　観護措置が勾留とみなされることから，勾留理由

の開示請求（刑訴 82 条・207 条 1 項）が可能となる。起訴前は家裁の裁判官が開示し，起訴後は公訴提起を受けた裁判所の裁判官が開示する。また，みなし勾留では勾留状が発せられているとみなされ，裁判官による被疑者の弁護人選任に関する刑訴法の規定が適用される（45 条 7 号）。

　みなし勾留に対する準抗告（刑訴 429 条）も認められる（東京家決昭 57・8・5 家月 35 巻 9 号 125 頁等）。検送された少年も，成人被疑者より不利益に扱われるべき合理的理由がないからである。合議体による観護措置が勾留とみなされる場合も裁判官の勾留となるので，不服申立はすべて準抗告となり，準抗告裁判所は家庭裁判所になる。不服申立は，勾留の要件が存在するという潜在的判断に対するものになる。検察官送致に際して観護措置を取り消した場合，それに対する検察官の不服申立の可否が問題になるが，観護措置とその取消しが家裁の職権であること，少年法の抗告の対象が保護処分に限定されていることから，消極に解すべきである。

　みなし勾留の始期　　少年に対して 20 条決定の告知をした時点から，観護措置が勾留とみなされる。勾留の期間は，検察官が事件の送致を受けた日（検察庁に実際に事件記録が送付され受付印が押された日）から起算される（45 条 4 号前段，東京高判昭 25・3・4 高刑集 3 巻 1 号 76 頁）。

　勾留場所　　みなし勾留の勾留場所について，従前は，明文の規定がなかったため，事件事務規程 47 条にもとづいて，裁判官の同意（刑訴規 80 条）なしに，検察官が，収容指揮書によって少年を刑事施設や警察の留置施設に収容することが行われていた。しかし，こうした運用については，立法的解決の必要性が主張され，最高裁も早急の改善を指摘していた（最決平 13・12・10 家月 55 巻 2 号 178 頁参照）。これらを受けて，規則 24 条の 3 が新設された。

　規則 24 条の 3 は，みなし勾留の場所について，裁判官の同意が得られない場合または請求がない場合は，現に収容されている少年鑑別所での収容を継続するという原則に立っている（規 24 条の 3 第 3 項）。ただ，検送が予想される場合は，「あらかじめ」裁判官（合議体の裁判長）に同意を請求でき（同 1 項），同意があった場合は同意された刑事施設・留置施設に収容・留置する（現に収容されている少年鑑別所から移送する）ことが予定されている（同 2 項）。同意する裁判官については，地裁の裁判官を含むとの見解もあるが，同意は勾留の付随

図9　少年刑事事件手続

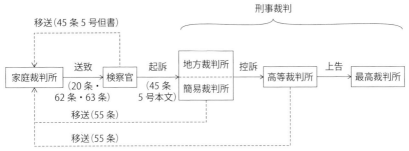

処分であるから，みなし勾留の判断をした家裁の裁判官が担当すべきであろう。同意がある場合も，特定少年を除いて（67条2項），成人から分離して収容される（49条3項）。

　　勾留延長の制限　　みなし「勾留」は，刑訴法上の起訴前勾留の場合（刑訴208条・208条の2）と異なり，家裁への送致前に勾留状が発せられていた事件については勾留期間の延長ができない（45条4号後段）。みなし勾留の効果は，勾留延長には及ばない。その理由は，家裁への送致前の勾留に延長が認められるため，検送決定後にも勾留延長を認めると，家裁送致前に勾留状が発せられた事件について，身柄の拘束期間が最長40日間となり，成人事件と比べて不当な扱いとなるからである。

　他方，観護令状によるみなし勾留（43条1項本文・44条2項）については，延長を認めうる。観護令状は勾留状と同視できないだけでなく，勾留に代わる観護措置期間が10日間に限られることから（44条3項），延長を認めても勾留の場合と同期間にとどまり，実質的な不利益が生じないからである。ただ，少年事件における勾留の例外的運用ないしは制限の観点から（43条3項参照），一般に勾留期間の長期化を避ける運用が要請される。

　検察官送致後の少年刑事事件手続については，**図9**参照。

2　公訴提起の段階

(1)　起訴強制

起訴強制の意義　家庭裁判所から逆送された事件を受けた検察官は，例外的な事情に当たる場合（45 条 5 号但書）を除いて，刑事裁判所（地裁・簡裁）に公訴を提起しなければならない（同号本文）。これは，少年刑事事件について，刑事訴訟における起訴裁量主義（刑訴 248 条　⇒　66 頁）の例外として，検察官に起訴を義務づけるもの（起訴強制）である。その意義は，少年「刑事事件」についても，「少年事件」であることを重視し，刑事政策的判断によって起訴の要否を検察官に決定させるのではなく，刑事処分相当とした家裁の判断を尊重する点に求められる。それは，家裁先議主義の趣旨を徹底するものであり，家裁専議を尊重するものである。

起訴強制の範囲　公訴提起を義務づけられるのは，検察官送致決定書に記載された事件である。ただ，訴因の拘束がないことから，罰条には拘束されず，検送された事件と事実の同一性がある限りで事実を変えて起訴することができる（名古屋高判昭 29・3・30 家月 6 巻 8 号 90 頁）。また，起訴後の訴因変更も認められる（札幌高判昭 28・3・3 家月 7 巻 11 号 111 頁参照）。

事実の同一性がないことや，事実が罰金以下の刑に当たることが判明した場合は，検察官は，その事実に係る事件を改めて家庭裁判所に送致しなければならない（奈良簡判昭 38・11・11 家月 16 巻 6 号 207 頁）。これは，家裁先議主義からの帰結である。逆送を経ない事件を起訴した場合は，訴訟条件が欠け，公訴棄却となる（刑訴 338 条 1 号）。

一部不起訴の可否　検送された事件の全部に犯罪の嫌疑が認められる場合，その一部の事実に限った起訴・不起訴の可否が争われる。積極説は，裁判の効率的運用（訴訟経済）等を根拠とする。しかし，そうした扱いは，家裁先議主義に反すること，刑罰による少年の要保護性の解消や再社会化が限定的になること等から，特に一部不起訴は認めるべきでない。もっとも，一部起訴と一部不起訴は表裏の関係にあるから，一部不起訴の残り部分の一部起訴を有効とする裁判例もある（東京高判昭 60・12・9 家月 38 巻 10 号 53 頁等参照）。

成人後の起訴の扱い　検送後に少年が成人となった場合，起訴強制の効力が成人後に及ぶかについて，積極説と消極説が対立している。積極説は，

成年に達したことが起訴強制の例外として規定されていないこと，家裁先議主義の趣旨を徹底すべきこと，を根拠とする（昭43・2最高裁家庭局見解・家月20巻11号152頁）。他方，消極説は，成人後の効力存続が明示されていないこと，起訴猶予は被告人の不利益にならず，家裁先議主義の趣旨に実質的に反しないこと（刑事手続からの解放という方向に限って家裁の判断に反する），積極説によれば事件の発覚の時点によって起訴猶予処分の可否が左右されること，を根拠とする。家裁先議主義からも，積極的に解してよいと思われる。

(2)　起訴強制の例外

　起訴強制の原則のもとでも，公訴提起をすることができない例外的事情が認められている（45条5号但書）。ただ，こうした扱いは，成人刑事事件における起訴裁量（刑訴248条）とは異なることに注意を要する。

　一部の犯罪に対する嫌疑の不存在　　送致を受けた複数の事件の一部に公訴を提起するに足りる嫌疑が認められない場合，残余の事件に犯罪の嫌疑が認められても起訴は強制されない。この場合，嫌疑が認められる事件だけを再送致手続を経ずに起訴できるかが問題になり，積極説も有力である。しかし，家裁の刑事処分相当判断（逆送決定）は，嫌疑がないと判明した事件を含めた総合的判断の結果であるから，家裁先議主義の観点から消極に解すべきである（神戸家決昭46・2・12家月23巻10号100頁）。ただ，嫌疑が認められない犯罪が極めて軽微で，嫌疑の認められる事件の罪質と情状だけから家裁が刑事処分相当性を判断していることが明らかな場合は，再送致を経ることなく，嫌疑の認められる犯罪事実で起訴することもありえよう。

　新たな事情による訴追不相当　　犯罪の情状等に影響を及ぼすべき新たな事情を発見したために訴追が相当でないと判断される場合も，起訴は強制されない。犯罪情状等とは，一般には犯罪の動機や原因・態様等を意味するが，構成要件や罪名に影響する事情，違法阻却事由に該当する事情も含む。また，新たな事情は，検察官送致決定前に存在していた事情で，決定後に発見されたものを含む（昭44・3・7最高裁家三42家庭局長回答・家月21巻3号113頁）。そうした事情が刑事処分相当性判断の時点で判明していれば，家裁の判断が異なっていた可能性を否定できないからである。

　訴追不相当な状況の発生　　送致後に訴追を相当でないと判断される情況

が生じた場合も，起訴は強制されない。そのような情況としては，一般に，恩赦，法令の改正，被害弁償，示談の成立，被害者の宥恕，世論の緩和，少年・保護者の反省等が指摘されている。これらは，逆送後の情状にもとづいて，刑事処分相当性を事後的に低下させる機能を営む。なお，親告罪における告訴が逆送後に取り消された場合は，訴追は不可能になるが，訴追不相当の場合に準じて扱うことになる。

(3) 検察官による再送致

起訴強制の例外の扱い　　起訴を強制されない例外的事情が認められる場合，検察官は，自身の判断によって公訴を提起しないことになる。ただ，その場合も，犯罪の嫌疑がある以上，理由を付して事件を家裁に再送致しなければならない (42条，規8条4項)。不起訴処分で事件を終結させることは，家裁先議主義に反するからである。訴訟条件が欠ける場合も，同様の扱いとなる (大阪家決昭44・7・31家月22巻4号98頁，東京高決昭29・6・30家月6巻10号58頁参照)。

　他方，犯罪の嫌疑がなく，かつ家庭裁判所の審判に付すべき事由もない場合は，検察官限りでの終局が認められる。この場合の不起訴処分は，捜査の結果としての不送致判断の場合 (42条1項参照) と実質的に同じで，家裁先議主義に反するものでなく，刑事訴訟の一般原則に従ってよいからである。

起訴強制の例外に当たらない再送致の扱い　　起訴強制の例外に当たる事情がない場合，検察官が独自の判断で家裁に再送致できるかが問題となる。起訴強制に反して無効とする裁判例もあるが (水戸家下妻支決昭39・1・23家月16巻6号198頁等)，原則として有効とする立場が有力である (大阪家決昭36・1・7家月13巻3号190頁等)。その意味で，検察官の再送致の判断は，起訴強制の例外的事情の存在に拘束されないものになる。ただ，新たな事件として再送致する場合は2重処分の虞が生じるため，新たな事件としての再送致は無効と解される (東京家八王子支決昭46・3・1家月23巻11＝12号144頁)。

　再送致事件を審判した結果，改めて刑事処分が相当と判断された場合は，再度の検察官送致 (再逆送) も可能である (東京高判昭61・5・30家月43巻10号62頁等)。ただ，こうした扱いは，少年の地位の法的安定性を欠くだけでなく，身柄事件では身柄拘束期間の長期化といった不利益が生じることから，再検

送せずに，再送致後の保護手続で事件を終局させる運用が望ましい（京都家決昭56・10・21家月34巻3号90頁等参照）。

⑷ 弁護人の扱い

少年保護事件の弁護士付添人　　少年保護事件手続における弁護士付添人は（10条1項但書，規14条1項），当該事件が検送決定によって刑事手続に移行すると，弁護人選任手続なしに当該事件の弁護人とみなされる（45条6号）。この付添人は，少年または保護者の選任した者に限られ，国選付添人（22条の3）は含まれない。

被疑者の国選弁護人選任の扱い　　刑事事件においては，被疑者の請求による国選弁護人の選任は，「勾留状が発せられている」ことが要件とされる（刑訴37条の2）。検送された少年事件の場合，観護措置が勾留とみなされるが（45条4号），勾留状が発せられないため，刑訴法37条の2にもとづく国選弁護人の選任を請求することができない。そこで，45条7号を設けて，みなし勾留の場合も勾留状が発せられているものとみなし，被疑者の国選弁護に関する規定（刑訴37条の2～37条の5・38条～38条の4）の適用が明示されている。

3 裁判段階

⑴ 少年刑事裁判の特殊性

成人刑事事件との異同　　検送された少年事件は，刑事事件として刑事裁判所に起訴され，刑事裁判手続で扱われる。そのため，少年保護事件手続に見られた少年事件の特別扱いの多くが排除され，刑事訴訟に関する一般規定が適用されることになる。その典型は，非公開・非方式の審理運営（22条）が認められず，公開法廷で裁判されること（憲37条1項）である。

　他方，少年法の理念や目的（1条，規1条）は少年刑事事件にも及ぶから，少年事件における特別扱いのすべてが排除されるわけではなく，法律に特則がある場合，それが刑事訴訟に関する一般規定に優先する（40条）。少年法上の特則としては，特定少年を除く少年被告事件と他の関連被告事件（少年事件を含む）との手続分離（49条1項・2項，67条3項），特定少年を除く収容場所の分離（49条3項，67条2項），特別な審理方針（50条），起訴された特定少年を除く少年被告人の同一性推知情報の公表禁止（61条，68条本文），が明示されてい

る。また，刑訴規則第 4 編「少年事件の特別手続」にも，関係条文が置かれている（刑訴規 277 条〜282 条）。

　　審理の方針　　少年刑事事件は刑事訴訟手続に従って裁判されるが，その審理は，9 条（少年保護事件における調査の方針）にもとづいて行われるべきものとされる（50 条，刑訴規 277 条）。したがって，9 条の明示する科学主義が少年刑事事件においても尊重され，その審理に際しては，少年・保護者等の性格や環境等を，心理学や教育学等の専門的知識および少年鑑別所の鑑別結果等を活用して解明することが要請される。もっとも，50 条は訓示規定にとどまり（最判昭 24・8・18 刑集 3 巻 9 号 1489 頁参照），そこからただちに具体的な運用や結論が導かれるわけではない。

(2)　少年刑事事件の裁判員裁判

　　裁判員裁判の対象事件　　司法制度改革の一環として成立した「裁判員の参加する刑事裁判に関する法律」は，犯罪の種類によって対象事件を特定したうえで，裁判員裁判を必要的なものとしている（裁判員 2 条 1 項）。そこでは，少年刑事事件も裁判員裁判の対象となることが前提になっている（裁判員 6 条 1 項参照）。したがって，裁判員法 2 条 1 項に規定する対象犯罪に該当する以上，少年刑事事件も裁判員による裁判を受けることになる。

　　いわゆる原則逆送事件の対象犯罪は，故意の犯罪行為によって被害者を死亡させた事件で（20 条 2 項・62 条 2 項），その大半は裁判員法 2 条 1 項に規定する犯罪にも該当する。また，通常の刑事処分相当検送（20 条 1 項・62 条 1 項・63 条 1 項）においても，罪質と情状にもとづいた判断が前提となるため，重大事件が刑事処分相当とされる傾向は否定できないから，逆送事件が裁判員裁判の対象となる場合の多いことが予想される。

　　裁判員裁判との適合性　　裁判員法は，成人の刑事裁判を念頭に置いて，国民が裁判員として刑事訴訟手続（事実認定，法令適用，量刑）に関与するものである（裁判員 1 条・6 条 1 項）。他方，少年刑事事件も少年事件である以上，その審理において，少年法が前提とする特有の理念や目的が反映されるべきことが要請される。そこから，このような特性を前提とする少年刑事事件が裁判員裁判に適合するか，が問題になる。

　　刑事裁判手続で扱われる少年刑事事件は，必ずしも刑事処分で終局しなけ

ればならないわけではなく，保護処分相当性を理由として家庭裁判所に再移送する可能性が明示されている（55条）。この点に，刑事処分のあり方（事実認定と量刑）を問題にする通常の刑事事件との決定的な相違がある。また，保護処分相当性の判断に当たっては，社会記録の検討等が必要不可欠であり，秘密保持への配慮等，困難な課題が付随している。特に，社会記録を裁判体で検討しないということになれば，社会記録を職業裁判官が入念に検討したうえで保護処分相当性の有無を判断していた従来の少年刑事裁判の構造が根底から覆ってしまう（裁判員裁判で55条移送を認めた例として，東京地決平23・6・30家月64巻1号92頁）。裁判員裁判の対象事件から少年刑事事件を除外する立法論も含めて，早急かつ十分な議論と検討が必要である。

4　家庭裁判所への移送

(1)　移送制度の意義

　全件送致主義にもとづく家裁先議主義からすれば，家裁が刑事処分相当として検察官送致した少年事件は，刑事裁判所で刑事処分の可否と程度が判断されればよいとも言える。にもかかわらず，55条は，刑事裁判手続に付された少年を再び少年保護手続に戻す可能性を明示している。これは，家裁先議主義を前提としながら，刑事処分と保護処分の第2次的な選択の裁量権を刑事裁判所に与えるものである。こうした対応は，少年刑事事件においても，保護主義と教育主義が重視されることを示したものと言ってよい。それは，少年の健全育成という理念のもとで，保護処分と刑事処分が断絶した関係でなく，有機的に関連し合い統合されていることを示している。それは，刑事処分相当判断における保護不適説の立場とも調和する（⇒　314頁）。

(2)　移送の要件

　事実認定　「事実審理の結果」として移送の要否が判断されるから（55条），公判廷での事実審理（公判手続）を経ることが前提となる。少年側が冒頭手続で移送を申立てても，単に予告的な意味があるにすぎない。移送は，少年刑事事件の処分選択の問題であるから，公訴事実の認定が必要である。その心証については，有罪判決の心証までは必要でないとする見解もあるが，実務は，合理的な疑いを超える程度の心証（確信的心証）を必要としている。犯

罪事実が認定できない場合は，刑事事件としての前提が欠け，当該少年に虞犯事由と虞犯性が認められる場合も，55 条移送はできない。無罪として，改めて虞犯事件としての一般通告（6 条 1 項）を行うことになる。

保護処分相当性　移送するためには，「保護処分に付するのが相当である」（55 条）と認められなければならない（保護処分相当性）。その内容は明記されていないが，少年の健全育成（1 条）を前提として，刑事処分と保護処分とを具体的に比較衡量したうえで，後者の方が適切と判断される必要がある。それは，個々の少年に最適な処遇を選択する場面であるから，刑罰と保護処分との間の抽象的・一般的な比較検討ではなく，総合的な観点からの具体的判断が必要とされる（福岡高判平 5・11・1 家月 46 巻 6 号 98 頁，横浜地小田原支決平 8・6・7 家月 48 巻 12 号 79 頁等参照）。

　保護処分相当性を判断するための要素としては，少年の年齢や成熟度，非行歴・保護処分歴，犯罪の情状，犯行後の情状，生育歴，科刑の弊害や影響，共犯者との均衡等が指摘されている。これらにもとづいて，当該事件の刑事手続で予想される具体的な刑罰と，移送後の保護手続で予想される具体的な保護処分とを比較検討することになる。被害（者）感情や社会の処罰感情・正義感覚も，過度の重視や強調は妥当でないとしても，判断要素から排除することはできないと思われる。実務の運用も，そのようなものである。

移送判断の性質　移送の判断は，刑事裁判所の裁量に委ねられている（最判昭 25・10・10 刑集 4 巻 10 号 1957 頁）。したがって，移送の可否は，移送判断を促す契機となるような特段の事情の発生や変更を必要とせず，刑事裁判所として，刑事処分と保護処分との間の相対的な適切性を独自に検討して判断すればよい。ただ，家裁先議主義との関係では，家裁の刑事処分相当判断を前提としたうえで，改めて社会記録等を慎重に検討して判断することになろう。実務の運用も，そのようなものである。

⑶　管轄裁判所と移送裁判の方式

移送を行う裁判所等　移送を行うのは，一般に，少年の刑事事件を担当する地方裁判所である。簡易裁判所が少年刑事事件を担当する場合は，簡易裁判所が移送できる（前橋簡決昭 49・12・20 家月 27 巻 12 号 84 頁等）。また，高等裁判所も，事実の取調べをすることがあるため（刑訴 393 条），その限りで移送

ができる（福岡高判平5・11・1家月46巻6号98頁等）。

移送先は，その少年事件の管轄権を有する家裁（支部を含む）であり（5条1項），先の検察官送致決定をした家裁には限られない。移送を受けた家裁に管轄権がない場合は，管轄権のある家裁に移送される（同3項）。

移送裁判の方式　　地方裁判所または簡易裁判所が移送する場合は，「決定をもって」行うことに異論はない。他方，高等裁判所が少年刑事事件の控訴審として事実審理を行ったうえで移送する場合，実務上は，原判決を破棄して判決によって移送する立場（破棄説）と，破棄判決をせずに決定で移送する立場（決定説）が見られる。前者の裁判例も多いが（東京高判昭39・12・25家月17巻8号85頁，前掲福岡高判平5・11・1等），決定によっても特段の困難は生じないし，文理にも忠実であるから，決定説によるべきであろう（大阪高決昭40・6・5家月19巻1号87頁，札幌高決昭43・3・29家月20巻10号110頁等）。

(4)　移送決定の効果等

不服申立てと訴訟費用の負担　　移送決定に対しては，特別抗告を認める見解もあるが，一般抗告，即時抗告，特別抗告のすべてを否定するのが実務の一般的な運用である（大阪高判昭30・3・31家月7巻8号92頁）。

移送決定の際には，被告人に訴訟費用を負担させることができる。職権で訴訟費用負担の裁判をして（刑訴185条本文），移送決定の主文で併せて言渡す。その根拠と範囲については見解が分かれる。ある見解は，移送決定によって刑事手続が終了することに着目して，「刑の言渡をしない場合」に当たり，「被告人の責に帰すべき事由によって生じた費用」に限る（刑訴181条2項）とする（神戸地姫路支決昭62・4・6家月40巻7号206頁参照）。他方，移送決定の実質は犯罪事実を認定して刑の言渡しをするのと同じであるとの理解から，「刑の言渡をしたとき」（同1項）に当たるとする見解が有力である（東京地八王子支決昭50・9・22家月28巻3号114頁等）。

勾留の効力，付添人　　被告人である少年が勾留中の事案で移送決定された場合，勾留の効力は移送決定の執行完了までしか継続せず，受移送裁判所に到着の時から24時間以内に観護措置をとらなければ，勾留が失効する（17条2項の準用）。したがって，当該事件について逆送前に観護措置がとられていても，改めて観護措置がとれることになる。

　家裁に事件が移送されても，刑事裁判の弁護人であった者は，当然に付添人になるわけではない。弁護人が付添人になるには，改めて付添人の選任をしなければならない（10条）。このことは，付添人であったものが逆送後に弁護人とみなされた場合（45条6号）にも同様である。

　再逆送の可否　　家裁に移送された事件を審判した結果，検察官に再逆送することも認められる（名古屋家岡崎支決昭42・7・18家月20巻7号125頁等）。その根拠は，移送裁判所による保護処分相当の判断には受移送審（家庭裁判所）に対する拘束力がないこと，再逆送を禁じる規定がないこと，に求められる。こうした扱いは，起訴強制の例外にもとづく再送致の場合と同様であり，再逆送を極力回避すべきことも同様である。

③　少年の刑事処分とその執行

　少年の刑事処分とその執行に関しては，少年法上，多くの重要な特則が置かれている。そこには，少年法の理念と目的を前提とする少年事件への配慮が顕著に示されている。他方，2021年改正によって，特定少年については，行為責任を重視する観点から，特則の適用の多くが排除されることになった。この点には，特定少年を20歳以上の成人犯罪者に準じる存在と見る態度がうかがわれる。

1　少年の刑事処分に関する特則

⑴　死刑と無期刑の緩和

　緩和の意義と趣旨　　成人犯罪者に対する刑罰も，教育と社会復帰が重要な目的とされているが（刑事施設30条参照），未成熟である反面で可塑性の高い少年犯罪者には，成人以上に教育と社会復帰の観点が重視されなければならない。こうした観点から，行為時18歳未満の少年について，死刑と無期刑の緩和の特則が規定されている（51条）。

　同様の特則は旧法にも存在したが（旧7条1項），少年年齢の上限が18歳未満とされていたことから（同1条），緩和対象が16歳未満の者とされており，対象から除外される犯罪もあった（同7条2項）。現行法は，少年年齢の上限が

20 歳未満に引き上げられたのに伴って緩和対象年齢を拡張し，行為時 16 歳・17 歳に対する死刑を廃止した点が特に重要である。これは，子どもの権利条約 37 条(a)の要請にも合致している。

無期刑の緩和措置の動向　　無期刑の緩和措置については，2000 年に重要な改正がなされた。従前は，無期刑で処断すべきときは「必要的に」刑を減軽し，10 年以上 15 年以下の範囲内で有期刑を宣告すべきものとされていた（改正前 51 条後段）。しかし，無期刑相当と判断される事案のすべてを必要的に有期刑に減軽することは不適切な場合も想定される（東京高判平 3・7・12 高刑集 44 巻 2 号 123 頁参照）。そこで，51 条 2 項を新設して，無期刑相当事案における有期刑の選択を裁判所の裁量に委ねるべく改正された。さらに，2014 年改正（平成 26 法 23）は，無期刑を緩和して有期刑とする場合の選択刑の上限を 20 年にまで引き上げた（51 条 2 項）。

緩和の要件　　死刑および無期刑のいずれについても，行為時に 18 歳未満であることが要件とされる。少年法は，少年の年齢について処分・裁判時基準を基礎としながら，死刑・無期刑の緩和については行為時基準によることを明示したものである（⇒ 82 頁）。行為時に 18 歳未満でありさえすれば，裁判時の年齢は問題とならない。したがって，行為時の未成熟を根拠とする本条は，特定少年にも適用がある。

「処断すべきとき」とは，処断刑として死刑または無期刑が相当な場合をいう。処断刑とは，法定刑に，科刑上一罪の処理，刑種の選択，法律上の加重・減軽，酌量減軽の操作（刑 45 条～59 条・66 条～72 条等）を経て得られた刑である。

緩和の効果　　死刑が処断刑となる場合は，必要的に無期刑に減軽される（51 条 1 項）。他方，無期刑が処断刑となる場合，裁判所は，情状等を総合的に考慮して，無期刑を宣告することもできるし，有期刑を選択することもできる（同 2 項）。有期刑を選択する場合は，10 年以上 20 年以下の範囲内の定期刑を量定して宣告する（最判昭 25・11・9 刑集 4 巻 11 号 2227 頁）。有期刑の宣告について解釈適用を誤った結果，不定期刑の宣告が確定した場合は，非常上告によって法令違反部分が破棄される（最判昭 26・12・21 刑集 5 巻 13 号 2607 頁，最判昭 48・12・24 刑集 27 巻 11 号 1469 頁）。

通常の減軽との関係　　刑の緩和措置は，行為時 18 歳未満に着目した特別な措置であるから，通常の減軽（法律上の減軽および酌量減軽）を行った後にも行える。したがって，通常の減軽によって死刑が無期刑とされた場合は，無期刑が処断刑となるから，51 条 2 項を適用して有期刑（10 年以上 20 年以下の範囲内の定期刑）を選択することもできる。

　刑種として無期刑を選択し，通常の減軽なしに 51 条 2 項による減軽を行う場合は，10 年以上 20 年以下の範囲内の定期刑が宣告される。他方，無期刑の酌量減軽をするだけにとどまる場合は，短期 10 年以下と長期 15 年以下の範囲内の不定期刑が宣告される（52 条 1 項・2 項および刑 71 条・68 条の適用）。

年長少年と死刑　　行為時 18 歳未満に対する死刑回避の趣旨は，18 歳・19 歳の年長少年（現在の特定少年）にも妥当すべきだろうか。このことが問題になったのが「永山事件」である。死刑を宣告した原判決を破棄して無期懲役を言渡した控訴審判決（東京高判昭 56・8・21 判時 1019 号 20 頁）に対し，最高裁は，被告人の精神的成熟度が 18 歳未満の少年と同視しうることが証拠上明らかでない限りは 51 条の精神を及ぼす必要がないとして，控訴審判決を破棄し，差戻した（最判昭 58・7・8 刑集 37 巻 6 号 609 頁）＊。永山事件最高裁判決の実質は，年長少年の事件に限らず，誰が考えても死刑以外に選択の余地がない場合に限って死刑を選択することができるという形で，死刑判決の例外性を強調するものであった点に注意を要する。

　その後，「光市母子殺害事件」判決＊において，最高裁は，2 名を殺害した行為時 18 歳 1 か月の少年に対して，51 条の趣旨は「死刑を選択するかどうかの判断に当たって相応の考慮を払うべき事情ではあるが，死刑を回避すべき決定的な事情であるとまではいえ［ない］」ことを明言して，無期懲役の控訴審判決を破棄し，差戻している（最判平 18・6・20 判時 1941 号 38 頁）。これによって，永山事件判決が事実上変更され，年長少年に対する死刑の適用が緩和される可能性が生じた。少年事件における死刑の扱いは，今後に重大な課題を残したままになっている。

　　＊Column　「永山事件」最高裁判決
　　永山事件（警察庁広域重要指定 108 号事件）は，1968 年 10 月から 11 月にかけ，行為時 19 歳の少年が 4 人を射殺した逆送事件である。第 1 審の東京地裁の死刑判決に

対し，控訴審は，「精神的な成熟度においては実質的に18歳未満の少年と同視し得る情況にあったとさえ認められる」として，家庭環境・生育環境の劣悪さ，事件後の心境や情況の変化等を総合的に検討したうえで，無期懲役刑を言渡した。控訴審判決を破棄差戻した最高裁判決において，死刑の一般的な適用基準が提示され，いわゆる「永山基準」として実務に定着していった。最高裁は，①犯罪の性質，②犯行の動機，③犯行態様，特に殺害方法の執拗性，残虐性，④結果の重大性，特に殺害された被害者の数，⑤遺族の被害感情，⑥社会的影響，⑦犯人の年齢，⑧前科，⑨犯行後の情状，を総合的に考察し，刑事責任が極めて重大で，犯罪と刑罰の均衡や犯罪予防の観点からも止むをえない場合は，少年に対する死刑も許されるとした。差戻審を経て死刑が確定した永山死刑囚は，1997年8月1日，東京拘置所で死刑を執行された。

＊Column 「光市母子殺害事件」最高裁判決

光市母子殺害事件は，1999年に，行為時18歳1か月の少年が，強姦目的で民家に押し入り，主婦と生後11か月の女児を殺害した逆送事件である。山口地裁と広島高裁は，死刑適用可能年齢を1か月超えただけの少年事件であること等を考慮し，無期懲役刑を言渡した。これに対し，最高裁は，犯行時の年齢は「本件犯行の罪質，動機，態様，結果の重大性及び遺族の被害感情等と対比・総合して判断する上で考慮すべき一事情にとどまる」としたうえで，「特に酌量すべき事情がない限り死刑の選択をするほかない」として，控訴審判決を破棄し，差戻した。こうした判示は，一般論としては永山事件判決と同様でありながら，実際には，死刑適用の可否に関する原則と例外の関係を逆転させたものと言えよう。その後，差戻後の上告審で（元）少年側の上告が棄却され（最判平24・2・20判時2167号118頁），（元）少年の死刑が確定した。なお，こうした最高裁の態度（死刑適用を必ずしも例外視しない）は，少年事件の裁判員裁判ではじめて死刑判決が言渡された「石巻事件」（18歳の少年が2人を殺害）に引き継がれている（最判平28・6・16集刑320号99頁）。

(2) 不定期刑の活用

意義と趣旨 犯罪に対する社会的非難として刑罰を科される成人事件では，行為者の責任に応じた刑罰を科したうえで，仮釈放制度（刑28条以下）によって社会復帰の意欲を喚起する方策がとられる。他方，未成熟で可塑性の高い少年については，自由刑（実刑）は（相対的）不定期刑を原則とする一方，刑の短期と長期に上限を定めることによって，事実上の減軽が図られている（52条）。これは，教育的配慮を前提として，弾力的な処遇による実効的な再社会化を目指すもので，旧法の8条を引き継いだものである。

他方，刑の執行猶予を言渡す場合は，不定期刑ではなく定期刑が言い渡される（52条3項）。これは，執行猶予の場合は，不定期刑の言渡しに行刑上の効果（弾力的な処遇）が期待できないと判断されたためと思われる。しかし，こう

した 3 項によれば，執行猶予が取り消された場合は定期刑が執行されることになり，不定期刑に期待される行刑上の効果の余地がなくなってしまうという問題が表面化する。

　要件等　　不定期刑を科せるのは，処断刑が有期懲役・禁錮の場合である（52 条 1 項本文）。2014 年改正前は，長期 3 年以上の有期刑の場合に限られていたが，2014 年改正によって要件が緩和された。また，2021 年改正により，特定少年は本条の適用から除外された（67 条 4 項）。

　不定期刑の対象者は，判決の言渡時にも 18 歳未満でなければならない（処分・裁判時基準）。したがって，行為時に 18 歳未満であっても，判決言渡時に 18 歳になっていれば，不定期刑ではなく定期刑が宣告される。第 1 審判決時に 18 歳未満であった者が控訴審判決時に 18 歳に達している場合は，控訴棄却と破棄自判の場合で扱いが異なる（⇒　83 頁）。行為時 18 歳未満の少年を有期刑で処断する場合は，無期刑の緩和措置のような定期刑を宣告する規定（51条 2 項）がないから，無期刑を酌量減軽する場合も含め，52 条 1 項・2 項にもとづいて不定期刑が宣告される（大阪高判平 17・9・7 家月 58 巻 3 号 149 頁）。

　不定期刑の量刑基準　　不定期刑は，教育的な配慮と弾力的な処遇を重視するものではあるが，その本質は刑罰であり，行為者の責任との相関を無視できない。2021 年改正による特定少年に対する定期刑の導入は，この点に着目したものである。不定期刑は短期と長期と定めて宣告するため，責任との相関をどこに求めるかで見解が分かれ，短期との相関に求める短期説，長期との相関に求める長期説，全体を基準とする全体基準説，中間との相関に求める中間位説が主張されている。判例は，上訴審における不利益変更禁止の原則（刑訴 402 条）との関係で，中間位説の立場から不利益の有無を判断している（最大判昭 29・1・20 刑集 8 巻 1 号 41 頁，最判昭 32・9・20 刑集 11 巻 9 号 2353 頁）。その前提には，量刑基準における中間位説的な発想があると言えよう。ただ，いずれの主張にも一長一短があるため，裁判員裁判との関係でも，早急に量刑基準を明確化する必要があると思われる。

　不定期刑の刑期と終了　　宣告される不定期刑は，短期は 10 年を超えられず，長期は 15 年を超えられない（52 条 1 項後段）。2014 年改正により，従前の短期 5 年以下と長期 10 年以下が引き上げられた。短期は，長期の 2 分の 1

（長期が 10 年を下回る場合は長期から 5 年を減じた期間）を下回らない範囲で量定される（同 1 項前段）。不定期刑の短期と長期の引き上げは，一見，犯罪少年に対する厳罰化のようにも見える。しかし，少なくとも上限については，成人犯罪者に対する有期刑の上限を引き上げた刑法改正（平 16 年法 156）の際に犯罪少年に対する不定期刑の上限の変更がなかったことからすれば，ただちに厳罰化したとの判断はできない。10 年および 15 年は，それぞれ短期と長期の最長であり，それらを下回る短期と長期を宣告することも当然にできる。処断刑の短期が 10 年を超えるときは，短期を 10 年に短縮して宣告される。したがって，宣告される不定期刑の長期は最大で，10 年以上 15 年以下の範囲の間ということになる。

　不定期刑の終了は，刑の短期を経過した少年について刑事施設または少年院の長から申請があった場合に，地方更生保護委員会が判断する（更生 16 条 5 号・43 条）。終了を相当と認める場合は，終了決定をして刑事施設・少年院の長に書面で通知し（同 44 条 1 項・2 項），通知の到達日に刑期が終了したものとみなされる（同 3 項）。

　未決勾留のみなし規定　　少年鑑別所における収容は，身柄拘束の側面を持つことから，観護措置期間を未決勾留日数とみなし，本刑に算入すること（刑 21 条）が認められる（53 条）。勾留日数の法定通算に関する規定（刑訴 495 条）も適用される。不定期刑への算入も認められ，特段の明示がない限りは，長期と短期のそれぞれに算入される。

　未決勾留とみなされる観護措置は，家裁の調査・審判のための観護措置（17 条 1 項 2 号）のほか，勾留に代わる観護措置（43 条・44 条・17 条 7 項）を含む。他方，逆送事件の観護措置は勾留とみなされるため（45 条 4 号），逆送後の収容期間は未決勾留日数となり，刑法 21 条によって本刑に算入される。

　少年院在院中の別事件で逮捕・勾留された少年の身柄が刑事施設・留置施設に移されて起訴された場合，未決勾留と少年院収容とが競合するため，未決勾留日数の算入の可否が問題になる。算入を認めても少年に特段の不利益は生じないし（昭 55・12・5 法務省矯正局長通知・家月 33 巻 4 号 132 頁参照），未決勾留としての実態もあることから，少年院収容日数の算入を認めてよい。

(3)　換刑処分の禁止

意義と趣旨　成人犯罪者に財産刑（罰金，科料）を言渡す場合，それが完納できない場合を想定して労役場留置の期間を併せて言渡し，完納できない場合は不完納分について労役場留置を執行する（刑18条）。労役場留置は，財産刑に換わる処分（換刑処分）であり，労役場に留置して労役を科すことを内容とする。労役場は刑事施設に附置されており（刑事施設287条1項），そこに留置されている者の処遇については，その性質に反しない限りで懲役受刑者に関する規定が準用される（同288条）。

これに対し，少年には，労役場留置処分が明示的に禁止されている（54条）。その理由は，労役場留置処分は教育を目的としない短期の自由拘束にすぎず，少年の情操に悪影響を与えるものであることに求められる。旧法の13条を引き継いだ規定である。こうした扱いは，教育的配慮にもとづく合理的な扱いであり，成人犯罪者との関係で憲法14条に反するものではない（大阪高判昭39・3・13家月16巻8号140頁）。

要件　労役場留置が禁止されるのは，刑罰の言渡時点に少年（特定少年を除く〔67条4項〕）である場合に限られる（処分・裁判時基準）。逆送時や起訴時に少年であっても，刑罰言渡時に成人に達していれば，労役場留置処分の対象になる。ただ，罰金以下の刑を定める犯罪は特定少年以外では逆送の対象にならないため（20条，62条1項），実際に労役場留置が問題になる事例は少ない。逆送対象事件に罰金の併科刑や選択刑が法定されている場合は逆送が許されるから，刑事裁判で当該事件に罰金刑が言渡される場合に限って，労役場留置処分の禁止対象となる。

2　刑事処分の執行に関する特則

(1)　刑の優先執行主義

意義と趣旨　保護処分（24条）と自由刑（懲役，禁錮，拘留）は，性質上，それぞれの執行が併存することはありえない。そのため，同一少年に保護処分と自由刑とが競合する場合，刑の執行を優先すること（刑の優先執行主義）が明示されている（57条）。刑の執行が優先するが，保護処分決定の効力は，保護処分決定の取消し（27条1項）がない限りは失われない。なお，刑の優先執

行を確実にするため，少年刑事事件の終局裁判が確定した場合には，検察官送致決定をした家庭裁判所に結果を通知することになっている（平12・7・14最高裁家二362家庭・刑事局長通達・家月52巻12号115頁）。

要件等　　刑の優先執行は，保護処分の継続中に自由刑が確定した場合の扱いである。現に保護処分の執行が開始されている場合はもちろん，保護処分の決定後であれば，執行に着手する前も含まれる。成人後にも保護処分が継続している限りで，成人後に自由刑が確定した場合にも適用がある。他方，換刑処分としての労役場留置には優先執行は及ばず，保護処分の執行が優先する（昭30・11最高裁家庭局見解）。刑の執行猶予中や仮釈放中に保護処分に付され，その継続中に執行猶予・仮釈放が取り消された場合も57条が準用される。なお，保護観察付きの執行猶予判決においては，少年院在院中も保護観察期間は並行して進行する（昭33・10・7法務省矯正甲900矯正局長通牒）。

(2)　自由刑の執行

成人との分離執行　　少年は周囲の環境からの影響を受けやすく，特に情操保護の必要があるため（規1条2項参照），被疑者段階での成人被疑者との分離的扱い（49条）と同様の観点から，受刑段階でも成人受刑者との分離的扱いが必要とされる（56条1項）。旧法の9条の規定を引き継いだものである。なお，2000年改正により，逆送年齢の制限（改正前の20条但書）が削除されたことにより，16歳未満の者の実刑に対処するため，3項が新設された。さらに，2021年改正により，特定少年の被疑者・被告人には，分離的扱いに関する特則（49条・56条）は適用されない（67条2項・4項）。

少年刑務所とその処遇　　少年受刑者のために「特に設けた刑事施設」として，法務省設置法8条にもとづいて，全国6か所に（川越，松本，姫路，佐賀，盛岡，函館）少年刑務所が設置されている。少年刑務所は，20歳未満の少年の収容を原則とするが，少年処遇の特別な効果を継続的に維持するため，26歳に達するまでの成人（青年受刑者）の収容を例外的に認めている（56条2項）。26歳は，第3種少年院の収容対象年齢の限度（院4条1項）との対応に配慮したものである。ただ，20歳未満の受刑者は減少傾向にあり，毎年の新規受刑者は10名ないし20名程度である。

　少年刑務所における処遇は，少年受刑者の特性を考慮したものでなければ

ならない。2000 年改正に伴って，新たに「少年受刑者処遇の充実について」（平 13・3・22 法務省総 650 矯正局長通達・家月 53 巻 8 号 124 頁）が発出され，処遇の個別化と処遇内容・方法の多様化を基礎として，個別的処遇計画の作成，個別担任制，教科教育や職業訓練の積極的実施，被害者の視点の取り入れ等，多くの工夫がなされている。

少年院における執行　2000 年改正により，14 歳・15 歳の年少少年も検送が可能になり（20 条 1 項），16 歳未満の者にも自由刑を科しうることになった。そこで，年少少年受刑者については，その年齢や成熟度を考慮して，行刑においても教育的側面を重視する観点から，少年刑務所よりも少年院での処遇が適切と判断され，少年院で自由刑の執行ができるものとされた（56 条 3 項）。新少年院法により，少年受刑者を収容対象とする第 4 種少年院が明示された（院 4 条 1 項 4 号）。収容施設の決定は矯正当局が管轄し，判断に当たって少年鑑別所の資質鑑別を活用しうる（鑑 17 条 1 項 3 号）。

少年院収容受刑者は，16 歳に達すると少年刑務所に移送される（院 141 条）。このため，少年院収容受刑者については，仮退院後に保護観察に移行する通常の少年院処遇とは異なる処遇プログラムが必要とされ，少年刑務所との緊密な連携にも特段の配慮が要請される。

(3)　仮釈放要件の緩和

意義　刑法は，法定された受刑期間の経過後，自由刑受刑者に「改悛の状があるとき」に（刑 28 条），地方更生保護委員会（更生 16 条 1 項）の審理にもとづいて刑期満了前に仮の釈放を認め，残刑相当期間を社会内で無事に経過すれば刑の執行を終えたものとする。これが仮釈放制度であり，累進処遇との連携のもとに受刑者の更生意欲を喚起し，社会復帰の実効性を高めようとするものである。成人以上に可塑性や教育可能性が高い少年については，仮釈放の意義はさらに大きく，より積極的な活用が期待される。こうした観点から，少年受刑者については，仮釈放が認められるための期間を大幅に緩和する特例が設けられている（58 条 1 項）。ただ，本条との関係でも，行為責任が重視される特定少年は，適用対象から除外される（67 条 5 項）。

仮釈放の要件　特定少年を除いて，「少年のとき」に自由刑の言渡しを受けていること（処分・裁判時基準）が要件であり，受刑期間中に 18 歳に達して

いても特例の適用がある。他方，行為時の少年が判決言渡時に 18 歳になって
いる場合は，特例の適用はなく，本則（刑 28 条）による。

　無期刑については，成人の 10 年（刑 28 条）が 7 年に短縮される（58 条 1 項 1
号）。ただし，死刑で処断すべき場合に 51 条 1 項にもとづいて無期刑に減軽
された場合は，58 条 1 項 1 号の適用が排除され（58 条 2 項），刑法 28 条の本則
による。51 条 1 項による刑の緩和を受けた者に仮釈放のための期間の短縮を
認めることは，2 重に刑の緩和を認めることになり，相当でないからである。
従前は 51 条 1 項による場合も含めて一律に特則の適用を認めていたが，
2000 年改正により，58 条 2 項が新設された。

　51 条 2 項にもとづいて宣告された有期刑（10 年以上 20 年以下の範囲内で宣告
された定期刑）の場合は，宣告刑の期間の長短を問題にせず，刑期の 3 分の 1
の経過が要件とされる（58 条 1 項 2 号）。従前は一律に 3 年の経過であったも
のが，2014 年改正によって改められた。他方，52 条 1 項または同 1 項および
2 項にもとづいて宣告された有期刑（不定期刑）については，短期の 3 分の 1
の経過が要件である（同 3 号）。

　仮釈放の効果　　仮釈放を許された者は，保護観察（3 号観察［更生 48 条 3 号］）
に付される（更生 40 条）。保護観察の方法等については，保護処分としての保
護観察（24 条 1 項 1 号）と基本的に同様であり，更生保護法の関連条文による
（更生 49 条～65 条）。仮釈放された者は，原則的には，残刑相当期間を社会内で
無事に経過することにより，刑の執行を終えたものとされる。

(4)　仮釈放期間の短縮

　意義　　刑法においては，原則通り，仮釈放後に仮釈放を取り消されるこ
となく残刑期間を無事に経過したとき，刑の執行を受け終わることになる（刑
29 条 2 項の反対解釈）。したがって，仮釈放の期間は，残刑期間と同一の期間と
いうことになる。他方，可塑性と教育可能性が高い少年については，刑罰に
おける緩和措置と同様に，仮釈放期間を短縮する特則が置かれている（59 条）。
旧法の 11 条を引き継いだものである。本条についても，特定少年は適用対象
から除かれている（67 条 5 項）。

　内容　　特定少年を除いて，少年時に刑の言渡しを受けた者が対象である
（処分・裁判時基準）。無期刑の場合と有期刑の場合で，期間短縮の扱いが異な

る。無期刑の言渡しを受けた者が仮釈放された場合は，仮釈放を取り消されずに 10 年が経過した時点で，刑の執行を受け終わったものとされる（59 条 1 項）。有期刑の場合は，仮釈放後の残刑期間（不定期刑の場合は長期が基準）の経過と仮釈放前に刑の執行を受けた期間とを比較して，いずれか早い時点で刑の執行を受け終わったものとされる（同 2 項）。仮釈放要件の緩和もあることから（58 条 1 項），通常は，残刑期間の経過を待たずに刑の執行が終了する。仮釈放前に刑の執行を受けた期間とは，実際に刑が執行された期間であり，本刑に算入された未決勾留日数は含まれない（東京高判昭 31・10・30 家月 8 巻 9 号 53 頁）。

　なお，不定期刑については，仮釈放中または仮釈放前に短期が経過した場合に，保護観察所長の申出にもとづく地方更生保護委員会の判断で刑の執行を受け終わったとする特例がある（更生 78 条 1 項・2 項）。

(5)　人の資格に関する法令の適用

　意義　　有罪判決や所定の刑罰を受けたことの効果として，多くの特別法令において，人の一定の資格を制限する規定が置かれている。他方，少年刑事事件については，少年の可塑性と教育可能性を重視して，そのような制限の適用をできるだけ早期に解除することが望ましい。そこで，60 条は，刑罰を受けたことを根拠とする資格制限に限って，社会復帰を容易にするための特則を設けている。旧法の 14 条を引き継いだものである。これは，人の資格に関する法令の適用に関する規定であり，前科が全面的に抹消される「刑の消滅」（刑 34 条の 2）とは異なる。なお，本条についても，特定少年は適用対象から除かれる（67 条 6 項）。

　内容　　資格制限については，少年時の犯罪による刑罰との関係で，ふたつの特則が規定されている。少年時の犯罪による刑罰が対象となるから，犯罪行為時に少年（特定少年を除く）であれば足り（行為時基準），処分・裁判時にまで少年である必要はない。

　ひとつは，刑の執行終了または執行の免除を受けた場合で，それらの時点から，ただちに，将来に向かって刑の言渡しを受けなかったものとされる（60 条 1 項）。60 条は，旧 14 条が特則の対象から除外していた死刑・無期刑も除外していないため，死刑・無期刑が恩赦等で減軽され，仮釈放期間終了の要件

(59条1項) を満たした者にもこの特則が適用される。

　もうひとつは，刑の執行猶予の場合で，猶予の言渡しを受けた時点から，ただちに，刑の言渡しを受けなかったものとされる (60条2項)。その後，猶予の言渡しが取り消された場合にはじめて，取消し時点で刑の言渡しがあったとなされる (同3項)。刑法における執行猶予では，猶予を取り消されることなく猶予の期間が経過した場合に刑の言渡しの効力が消滅するが (刑27条)，そうした扱いに対する特則である。したがって，少年時の犯罪で執行猶予中の者は，公務員等の欠格事由には当たらないことになる。

　人の資格に関する法令　　人の資格に関する法令の規定は，400程度の法令に1000程度の資格を対象とするものがあると言われる。資格制限の内容は多様で，公職その他の業務に関する資格の制限と，選挙権や被選挙権のような公民権の喪失や停止を内容とするものに大別される。前者の例として，国家公務員 (国公38条)，地方公務員 (地公16条)，裁判官 (裁46条)，検察官 (検察20条)，弁護士 (弁7条)，裁判員 (裁判員14条)，司法書士 (司書5条) などがある。また，後者の例は，公職選挙法や裁判員法などに見られる。

　他方，刑の執行猶予や累犯加重に関する規定は，人の資格に関する法令には当たらない (最決昭33・3・12刑集12巻3号520頁，最決昭37・4・10集刑141号741頁等)。したがって，少年時の犯罪も，執行猶予 (刑25条) や再犯 (同56条) との関係では，通常の前科と同じように扱われる。

終 章　少年法の動向

　第4章以下において，少年保護事件を中心に，現行少年法の構造や内容等を明らかにしてきた。しかし，少年司法システムは，不変的なものではないし，普遍的なものでもない。わが国の少年法も，多くの改正（の試み）を経験して現在に至っている。また，少年犯罪や非行への対処は国際的な関心事でもあるから，国際的動向にも注意する必要がある。本章では，実現に至らなかった少年法の根本的改正の試みを明らかにするとともに，2000年以降の改正内容をまとめておく。そのうえで，少年司法システムに関わる国際的な動向に言及する。さらに，少年法の将来の方向性と課題にも言及する。

① 　少年法の改正

1　実現しなかった根本的改正の試み

⑴　法務省「少年法改正に関する構想・同説明書」の公表

　公表の背景と構想の性格　　現行少年法は，制定直後から何回かの改正を経験したが，そのほとんどは，文言の変更（保護司，少年鑑別所，保護観察所，家庭裁判所調査官等）を中心とした小規模な改正であった。他方，現行少年法の制定当初から，法務省を中心に，家庭裁判所先議主義，少年年齢の引き上げ，審判と執行の分離，科学的調査における連携のあり方，保護処分の種類の整理等に対して厳しい批判がなされ，旧少年法への復帰が主張されていた。こうした事情と戦後の少年非行の変化（激増，凶悪化，知能犯化）を背景として，1966年5月には，法務省が「少年法改正に関する構想㈠㈡・同説明書」を公表し，少年法の抜本的改正の動きが表面化することになった。

　構想は，①年齢に応じた刑事政策の実現，②関係機関相互の責任と権限の明確化，③検察官の参加と適切な刑事政策の実現，④保護・矯正の執行面の充実，⑤その他，から構成されていた。

　構想の具体的内容　　①については，処遇の個別化を実現するためには，

保護主義か刑罰主義かといった抽象的・択一的な論じ方は妥当でなく，教化・改善手段としての適切性と社会の治安維持上の必要性とを総合的に判断したうえで，ⓐ年齢層に応じたきめ細かい刑事政策の必要性が指摘された。その具体的内容は，②において，処分判断における行政機関の排除，調査機能と審判機能の家庭裁判所への集中，審判手続の職権主義的・審問主義的運用を批判して，ⓑ青年の犯罪事件における検察官先議の復活，ⓒ保護事件の処分に対する検察官の意見陳述権と国選付添人制度の導入，青年事件の審判手続への当事者主義的訴訟構造の導入，ⓓ処分に対する検察官の不服申立権，が提言された。

　③については，家庭裁判所の温情的な処分と裁判官の個人差による処分の不均衡を批判して，ⓔ検察官関与による不当不均衡な処分の是正の制度的保障が提言された。④については，保護処分の選択率の低さ，試験観察制度の逸脱的利用，処分運用の硬直性を批判し，ⓕ保護処分の多様化，ⓖ審判と執行の連携の強化，が提言された。⑤としては，独立した総合的調査機構設置の必要性等が提言された。

　構想に対する反応　　法務省の構想に対しては，最高裁判所と日本弁護士連合会がただちに反応し，いずれも，ほぼ全面的に反対する態度を明らかにした。最高裁事務総局家庭局は，1966 年 10 月に「少年法改正に関する意見」を公表して，国選付添人制度の導入以外の提言に反対し，家裁の充実強化と現行手続の一部手直しによる改革にとどめるべきことを主張した。

　日弁連は，同年 12 月に「少年法改正に関する意見」を公表し，「現行法は制度面については，その人権保障面での欠陥を除きなんらの欠陥も見出しえず，むしろ現状では，その運用面での強化改善が急務である」との基本的認識に立って，法務省の構想を厳しく批判した。そのうえで，早急になすべきこととして，家裁自身が現行の運用について厳しく反省すること，執行面での人的・物的な不備と欠陥を是正すること，調査機関を司法権のもとに統合独立させて科学的処理体制を確立すること，人権保障を担保する国選付添人等の諸制度を確立すること，を内容とする部分的改正の必要性を主張した。

(2)　法務省「少年法改正要綱」の諮問

　諮問の背景　　1966 年の構想の公表に続いて，法務省は，少年法の全面改

正に向けた準備を進め，1970 年 6 月に，「少年法改正要綱」を法制審議会に諮問した。その基本的な認識は，1966 年の構想と同様のものであった。それとともに，現行少年法の母国とも言えるアメリカにおいて，一連の連邦最高裁判決等を契機として，少年司法システムの司法モデル化の動きがあったことも見逃せない（⇒ 29 頁）。このため，要綱は，非行少年に対する刑事処分の拡大と人権保障の強化を中核とするものになり，当時の少年法の根本的変更を目指すものであったと言うことができる。

要綱の基本的な方向性は，①発育途上にある少年の一律的扱いは適切でない，②人権保障の観点から保護手続（職権主義と非形式的な密行主義）を改善する，③関係諸機関の協力体制を十全のものとする，④処遇の個別化と事態に即応的な処遇を実現する，というものであった。

要綱の内容　　①の観点から，ⓐ準成人として扱う青年層（18 歳以上 20 歳未満）を設置し，青年の処遇について，保護処分の余地を残しながら，家裁が管轄する刑事処分を優先させることが提案された。②との関係では，ⓑ青年事件の扱いについて，検察官の関与を認め，原則として刑事訴訟手続によること，ⓒ少年保護事件にも，可及的に検察官の関与を認める，権利保障を強化すること（付添人選任権の保障や供述拒否権・付添人選任権の告知等），が提案された。

③では，ⓓ青年事件に検察官先議を導入して，ⓔ一定範囲の司法前処分（検察官の不送致・不起訴処分，司法警察員の不送致処分）による事件終結の導入，が提案された。④に関して，ⓕ保護処分の種類を増やして，保護観察所の定期観察・短期保護観察・保護観察，教護院・養護施設送致，短期訓練所送致，短期青少年院送致，青少年院送致とするとともに，ⓖ保護処分の取消しや変更を柔軟に認めること，が提案された。

要綱に対する反応　　要綱に対しても，最高裁と日弁連は，法制審議会の審議の早い段階で意見表明を行い，ほぼ全面的に要綱を批判した。1972 年 4 月に公表された日弁連の「少年法改正要綱に関する意見」の内容は，構想に対する意見を基本的に引き継いだものであった。

他方，日弁連の意見に先立って 1971 年 2 月に公表された最高裁の「少年法改正要綱に関する意見」は，一定程度の手直し（執行面の充実整備，保護処分の多様化と取消・変更，検察官の意見陳述と不服申立，国選付添人制度，適正手続の保障を強化

する規定の整備，参与員制度，年少者用の開放・非開放施設，交通関係事件に適した保護処分，審判権の留保等）の必要性を認めながらも，年長少年の手続の全面的な刑事訴訟化や審判手続への検察官の当然かつ全面的な関与等の提案に対して，厳しく批判した。「20 年を超える現行少年法の運用の実績からしても，年長少年の実態，少年非行の現状から考えても，いま制度を根本的に変革し，歴史の流れにも逆行して，要綱の目ざすような方向へ改正することを必要とする理由は全くない」と結論づけたのである。

(3)　「法制審議会少年法部会中間報告」と「少年法改正に関する中間答申」

中間的な扱いの背景　　法務省の諮問は，法制審議会少年法部会の審議に付され，69 回の会議を開催して 6 年余りにわたって審議されたが，最高裁や日弁連の強硬な反対もあり，最終的に一致した結論に至りえなかった。そこで，一定の妥協的対応として，1976 年 11 月に，前年に提出された植松部会長試案をもとに「法制審議会少年法部会中間報告」が公表された。翌年 6 月には，「中間報告」と同一内容の「少年法改正に関する中間答申」が法務大臣宛てに提出された。そこでは，「現行少年法の基本的構造の範囲内で，差し当たり速やかに改善すべき事項」として，次のような提言がされた。

中間報告・答申の内容　　①少年の権利保障と検察官関与のための改善では，ⓐ審判手続と権利保護に関する事項の教示，ⓑ国選付添人制度，ⓒ付添人の意見陳述権と証拠調請求権，ⓓ少年の証拠調請求権や証人尋問権，ⓔ自白や補強証拠等の事実認定手続の整備，ⓕ非行事実不存在決定，ⓖ補導委託期間の制限等に関する試験観察関連規定の整備，ⓗ観護措置の際の非行事実の告知と弁解聴取，ⓘ再審類似の非常救済手続，ⓙ観護措置決定や保護処分期間の延長決定等への不服申立権，ⓚ家裁の要請・許可にもとづく検察官の審判出席，ⓛ法令違反と事実誤認に対する検察官の抗告権，が提言された。

　②18 歳・19 歳の年長少年の特則として，ⓜ死刑・無期・短期 1 年以上の懲役・禁錮を規定する重罪事件に対する検察官の審判出席権と付添人の必要的選任，ⓝ刑事処分を求める検察官の抗告権，が提言された。③捜査段階について，ⓞ一定限度での捜査機関による不送致処分の導入が提言された。④保護処分の多様化と弾力化として，ⓟ6 種類の保護処分（短期保護観察，保護観察，短期少年院送致，少年院送致，短期開放施設送致，教護院・養護施設送致），ⓠ付随的措

置制度（定期出頭命令，居住指定），ⓡ保護処分中の少年に対する新たな保護事件としての通告，ⓢ保護処分の期間延長に関する規定等，が提言された。

　さらに，⑤その他に必要な改正として，ⓣ送致時 20 歳未満の少年に対する成人後の家裁管轄，ⓤ調査開始後の事件における仮の保護的措置，ⓥ審判不開始等に付随する措置としての保護的措置，ⓦ執行猶予における必要的保護観察と再度の執行猶予を認める特則，が提言された。

**　中間報告・答申への反応と実務における先取り**　　少年法部会の中間報告と中間答申に対して，最高裁は，法務省の要綱を中間報告・答申とは区別して扱う態度をとり，中間報告・答申には事実上賛成する方向性を明らかにした。こうした状況の中で，中間報告の公表と中間答申の採決をめぐって法制審議会内部で深刻な議論が交わされた結果，日弁連推薦委員と他の委員が激しく対立し，弁護士委員が辞任する事態に至った。

　最高裁の方向転換に危機感を持った日弁連は，1984 年 3 月に「少年法『改正』答申に関する意見」を公表し，法務省の構想と要綱への反対表明に続いて，中間報告・答申への絶対反対を明確にした。それと並行して，日弁連と各単位弁護士会を中心として，「改正」阻止に向けた活動が精力的に展開された。また，少年法研究者の多くが改正反対の立場をとったこともあり，その後，改正作業としては進展を見ることなく終わっている。

　少年法の根本的な改正は実現しなかったが，中間報告・答申で示された具体的な改善提案の多くは，その後の通達等によって実務に定着している。ⓐⓔⓖⓗは運用上ほぼ実現されているし，ⓒⓓⓘなども実現が図られた。こうした事情をも背景として，2000 年改正が実現することとなった。

2　2000 年改正とその後の動向

　2000 年とそれ以後の一連の改正については，少年事件の扱いとの関係ですでに個別的に言及したので，以下では，主なものを再確認する。

⑴　2000 年改正

**　改正の概要**　　1994 年頃から，現行少年法の基本理念と構造を維持したうえで，非行事実認定手続を整備する必要性が再び議論されるようになった。その結果，1998 年に，裁定合議制度の導入，検察官および弁護士である付添

人が関与する審理の導入，観護措置期間の延長，検察官に対する事実認定および法令の適用に関する抗告権の付与，保護処分終了後における救済手続の整備，を内容とする整備要綱が法制審議会に諮問された。1999 年 1 月，要綱骨子が法務大臣に答申され，2000 年の国会で審議された。一旦は廃案となったが，同年 11 月に成立した（平 12 法 142）。

　改正法の内容は，①少年事件の処分等のあり方の見直し，②少年審判の事実認定手続の適正化，③被害者への配慮の充実，が大きな柱であった。このうち，法制審議会に諮問されたのは②を中心とするもので，①③の多くは議員提案によるものであった。

　改正の内容　　①についての改正は，ⓐ年齢区分の見直しとして，刑事処分可能年齢の引き下げ（20 条 1 項），少年院における懲役・禁錮の執行（56 条 3 項），ⓑ凶悪重大犯罪を犯した少年に対する処分の見直しとして，いわゆる原則逆送制度の導入（20 条 2 項），行為時 18 歳未満の少年に対する無期刑への緩和の裁量化（51 条 2 項），死刑を無期刑に緩和した場合における仮釈放可能期間の特則の不適用（58 条 2 項），ⓒ保護者に対する措置の創設（25 条の 2），ⓓ審判における内省促進の要請（22 条 1 項），である。

　②についての改正は，ⓔ裁定合議制度の導入（裁 31 条の 4 第 2 項），ⓕ事実認定手続への検察官関与（22 条の 2）と，弁護士付添人の必要的関与（22 条の 3），ⓖ観護措置期間の延長（17 条 3 項・4 項・9 項），ⓗ検察官による抗告受理申立制度の導入（32 条の 4），ⓘ保護処分終了後における救済手続の整備（27 条の 2），である。また，③についての改正は，ⓙ被害者等による記録の閲覧および謄写（5 条の 2），ⓚ被害者等の申出による意見の聴取（9 条の 2），ⓛ被害者等に対する審判結果等の通知（31 条の 2），である。

　以上の改正にともない，少年審判規則をはじめ，家事審判法，少年院法，刑事訴訟法，犯罪者予防更生法（現存の更生保護法），少年の保護事件に係る補償に関する法律，法務省設置法の関連条文が改正されたり，新設されている。このように，2000 年改正は非常に広範囲にわたるものであった。

(2)　2007 年改正

　改正の概要　　2000 年改正法には，必要に応じた 5 年後の検討が規定されていた（附則 3 条）。しかし，検討の要否を議論する前に，14 歳未満の少年によ

る「長崎事件」や「佐世保事件」(⇒　283頁) 等を契機として部分改正の必要
性が高まり，2004年9月に，法制審議会に改正要綱が諮問された。その内容
は，①警察による触法・虞犯少年の調査権限と重大な触法事件の送致手続の
整備，②14歳未満の少年の少年院送致，③保護観察の条件違反への対応，④
国選付添人の拡充，であった。2005年2月の答申にもとづいて改正案が国会
に提出された後，2007年5月に成立した (平19法68)。

　　改正の内容　　①についての改正は，ⓐ対象を触法事件に限定して，触法
少年に対する強制調査を含む調査権限を警察に与え (6条の2~6条の5)，ⓑ重
大な触法事件について，警察から児童相談所への送致と児童相談所等から家
庭裁判所への送致を義務づける (6条の6・6条の7)，ものである。②について
の改正として，ⓒ旧初等・医療少年院の収容年齢を「おおむね12歳以上」に
引き下げ，「特に必要と認める場合」に限って触法少年の少年院送致を可能に
した (24条1項但書，旧院1条の2・2条)。

　　③の改正として，ⓓ保護観察の遵守事項に違反した少年への警告と収容保
護処分 (施設送致) の申請権を保護観察所長に認めた (26条の4，更生67条)。④
の改正として，ⓔ国選付添人の選任を犯罪少年と触法少年による重大事件に
拡張した (22条の3・32条の5)。その他の改正として，保護観察所長と少年院長
による保護者に対する措置が規定された (旧院12条の2，更生59条)。

(3)　2008年改正

　　改正の概要　　2007年改正法の要綱が法制審議会に諮問された直後に「犯
罪被害者等基本法」が成立し，翌年閣議決定された犯罪被害者等基本計画と
ともに，犯罪被害に係る刑事手続に被害者が参加する機会を拡充するための
制度整備の必要性が強調されることになった。その結果，刑事裁判について，
2007年6月に，刑事裁判手続への被害者等の参加を含む刑訴法改正等の一連
の整備が実現した。その後の2007年11月に，少年事件についても，同様の
観点からの法整備が法制審議会に諮問された。その内容は，①被害者等によ
る少年審判の傍聴，②被害者等による記録の閲覧・謄写の範囲の拡大，③被
害者の申出による意見の聴取の対象者の拡大，④成人の刑事事件の管轄の移
管等，であった。2008年2月の答申を経て3月に改正法が成立した (平20法
71)。

改正の内容　①についての改正として，傍聴の基準の明示，少年等への配慮，弁護士付添人（国選付添人の拡充）からの意見聴取，触法事件の傍聴の限定を条件として，被害者等の申出による一定の重大事件の少年審判における被害者等傍聴の裁量的許可が規定された（22条の4・22条の5）。②と③については，少年事件記録の閲覧・謄写の対象範囲が拡張され（5条の2），意見聴取対象者の範囲が拡張された（9条の2）。④については，37条から39条までの規定が削除された。また，⑤被害者等の申出にもとづいて家庭裁判所が審判期日における審判状況を説明する規定が，新たに設けられた（22条の6）。

(4)　2014年改正

検察官関与事件の範囲の拡張や少年の刑事処分の見直しについては，それまでも指摘されていたところであったが，2014年にそれらを内容とする改正が行われた（平26法23）。その概要は，①触法調査事件における警察官による送致対象事件の範囲の拡張（6条の6第1項）と，検察官関与対象事件および国選付添人対象事件の範囲をそれぞれ拡張する（22条の2第1項，22条の3第2項）一方，②少年の刑事処分について，犯罪少年に厳しく対応する方向での改正がされた。特に，行為時18歳未満の者の無期刑を有期刑に緩和する場合の選択刑の範囲について，10年以上15年以下が10年以上20年以下に改められ（51条2項），最も重い不定期刑の範囲について，短期5年以下と長期10年以下が，短期10年以下と長期15年以下に改められた（52条）。また，仮釈放要件が，51条2項にもとづいて宣告された有期刑の場合に，一律に3年経過であったものが，刑期の3分の1の経過に改められた（58条1項2号）。

また，少年法の改正ではないが，単行法として少年鑑別所法が成立するとともに，新少年院法が制定されたことも見逃せない重要な動向であった。

(5)　2021年改正

改正の背景　「日本国憲法の改正手続に関する法律」（国民投票法）の制定（平19法51）や民法上の成年年齢の引下げの実現を契機として，少年法適用年齢の上限を18歳未満に引き下げるべきだとする議論が沸き起こった。その結果，2017年に，法務大臣から，法制審議会に対して，「少年法における少年の年齢及び犯罪者処遇を充実させるための刑事法の整備に関する諮問第103号」が発せられた。諮問の内容は，①少年法における「少年」年齢を18歳未

満とすること，②非行少年を含む犯罪者に対する処遇を一層充実させるための刑事の実体法及び手続法の整備のあり方，③関連事項，であった。これをうけた法制審議会は，少年法部会による 29 回（2 年半）にわたる審議の後，少年法適用年齢の引下げは見送ったものの，民法上は成年となる 18 歳・19 歳を「特定少年」として，特定少年に対する特例の導入を答申した。2021 年 5 月に改正法が成立した。また，少年法改正にともなって，少年院法や更生保護法等の関連法令が改正されている。

　改正の内容　①少年法の介入対象として，ⓐ保護観察における遵守事項違反に対する虞犯通告の場合を除いて（更生 68 条 2 項），虞犯（3 条 1 項 3 号）を対象外とし（65 条），侵害原理との親和性が強くなった。②逆送規定（20 条）の特例として，ⓑ刑事処分相当逆送対象犯罪の限定をなくして（62 条 1 項），司法警察員による家裁への直送手続（41 条）を否定し（67 条 1 項），ⓒ原則逆送対象犯罪の範囲を拡張した（62 条 2 項・63 条 2 項）。行為責任の観点から，③保護処分（24 条）の特例として，ⓓ期間を明示した定期（6 月または 2 年）の保護観察処分を導入して（64 条 1 項 1 号・2 号），遵守事項違反に対する少年院収容（1 年以下）を可能にし（66 条・64 条 2 項），ⓔ少年院送致処分を定期のもの（3 年以下）とした（64 条 1 項 3 号）。

　特に，刑事事件の扱いについては多くの特例が設けられ，20 歳以上の成人犯罪者の扱いに類似するものになっている。④被疑者・被告人の段階では，ⓕ勾留状の例外性（48 条 1 項）が否定されるとともに（67 条 2 項），他者との分離手続・分離収容（49 条 1 項・2 項・3 項）が否定された（67 条 2 項・3 項）。また，⑤自由刑で有罪とされた場合，ⓖ不定期刑（52 条）ではなく定期刑を科すことにし（67 条 4 項），ⓗ分離執行（56 条 1 項・2 項）が否定され（67 条 4 項），ⓘ仮釈放要件の緩和（58 条）と仮釈放期間の優遇措置（59 条）の対象から除かれた（67 条 5 項）。さらに，⑤罰金刑を受けた場合に，ⓙ換刑処分（労役場留置［54 条］）の禁止対象から外された（67 条 4 項）。

　⑥その他として，ⓚ人の資格に関する法令の適用の制限（60 条）が外され，20 歳以上の犯罪者と同様の扱いになった。また，ⓛ同一性推知情報の公表禁止措置（61 条）も，公訴を提起された場合には適用されなくなった（68 条）。

2　少年法をめぐる国際的動向

1　子どもの権利条約

(1)　少年司法に関わる国際準則

　少年司法システムのあり方は，各国の国内法として具体化されている一方，国際的にも重要な関心事である。そうした状況は，1980年代から特に顕著となり，少年司法に関する4つの国際準則が相次いで実現した。それらを成立年度順に見れば，1985年の「少年司法運営に関する国連最低基準規則」（北京ルールズ），1989年の「子どもの権利に関する条約」（権利条約），1990年の「少年非行の防止に関する国連ガイドライン」（ガイドライン）および「自由を奪われた少年の保護に関する国連規則」（保護規則）である。権利条約は，少年司法をも重要な視野に入れながら，子どもの権利一般についての理念を示している。また，3つの国連規則は，権利条約に先行した北京ルールズを含めて，それぞれが緊密に連携し合って，非行少年の処遇すべての場面をカバーする関係にある（児童約40条2項，北京ルールズ9，ガイドライン7，保護規則9参照）。

(2)　子どもの権利条約の成立

　子どもの権利条約は，子どもの基本的人権を国際的に保護するために制定された国連条約である。18歳未満を「子ども」と定義し，国際人権規約（1976年発効）に規定された基本的人権について，子どもの観点から，その生存と成長，発達の過程における子どもの特性に応じた特別の保護と援助の必要性を規定している。1979年の国際児童年を契機として，10年をかけてまとめられた。その淵源は，子どもの権利宣言（1959年国連総会採択）に遡る。全体は，前文および54条の本文から構成されている。1989年の国連総会において採択され，1990年に条約として発効している。

　わが国は，37条(c)（自由を奪われた子どもの取扱い）を留保したうえで，1994年に採択し，「児童の権利に関する条約」の名称で発効している。それを受けて，一部の自治体は，「児童の権利に関する条例」を制定している。

(3)　子どもの権利条約の内容

　概要　　権利条約の基本的姿勢は，①差別の禁止（児童約2条），②子どもに

関わる活動において，子どもの最善の利益の第1次的な考慮と保障（同3条1項・9条・18条1項），③子どもの生命・生存・発達（成長発達権）の保障（同6条），④子どもの意見表明権の尊重（同12条），である。⑤子どもの教育と発達に対して第1次的な責任は親または法定保護者が負い（同3条2項），子どもの能力の発達と一致する方法による指示と指導を与える権利と義務が尊重され（同18条2項・5条・14条2項），その責任を果たす際に国が必要な援助とサーヴィスの確保に努めるとしている（同18条2項・3項）。同様の観点は，北京ルールズにも明記されている（北京ルールズ5.1・14.2・17.1⒟）。少年非行に関わる規定は，保護規則と関連する37条と北京ルールズに関連する40条である。

少年非行に関する内容　　権利条約37条⒜⒝は，ⓐ拷問と残虐・非人道的な処遇の禁止，18歳未満に対する死刑と終身刑の禁止，ⓑ不法・恣意的な自由剥奪の禁止，合法的な身柄拘束の最終手段性と最短期間の要請，を明示している。特に，自由を奪われた子どもについては，37条⒞⒟が，ⓒ年齢に応じた人道的な扱いと成人との分離的な扱いの要請，家族との接触を維持する権利の承認，ⓓ弁護人その他の援助者と接触する権利の承認，および裁判所その他の独立的で公平な機関で争う権利の承認，を明示している。

権利条約40条は，非行少年の扱いについて，ⓔその特性に応じた適切で社会復帰を目的とした扱いを受ける権利の承認（児童約40条1項），ⓕ特別な法律と手続の制定と特別な施設の設置を促進するため，⒤刑事責任年齢の明示，⒤司法手続外の扱いの要請（同3項），ⓖカウンセリングや保護観察等の非収容（社会内）処遇の活用（同4項），を規定している。また，ⓗ一般の刑事被疑者・被告人と共通する事項として，⒤刑罰法規不遡及の原則，⒤無罪推定原則，被疑事実の告知を受ける権利と防御権，⒤独立かつ公正な審理と親・法定保護者の立会い，⒤不利な供述および自白の強制禁止と尋問権，⒱上訴の権利，⒱通訳の利用，⒱プライヴァシーの尊重，が規定されている（同2項）。

2　3つの国連規則

⑴　適正手続の保障

これについては，北京ルールズの規定が特に重要である。

少年犯罪者に関する規定　　北京ルールズは，少年犯罪者の手続について，

刑事被告人に普遍的に保障される適正手続の最低基準が妥当しなければならないとして，無罪推定，証人の召喚と尋問権，一般的防御権，黙秘権，最終陳述権，上訴権がそれに当たるとする（北京ルールズ14注釈）。そのうえで，犯罪事実の告知を受ける権利，弁護人依頼権，親・保護者の立会権（同7.1）に範囲を拡張し，さらに法的助言者に代理される権利，無償の法律扶助を受ける権利（同15.1）に拡張している。また，プライヴァシー保護の観点から，少年に関する情報の公開禁止（同8.1・8.2）と記録の秘密保持（同21.1・21.2）を規定している。これらは，権利条約40条2項が規定するところでもある。

親・保護者に関する規定　北京ルールズは，適正手続における少年の権利だけでなく，親・保護者の手続的権利として，手続一般への立会権（北京ルールズ7.1），少年の逮捕について告知を受ける権利（同10.1），審判手続への参加権（同15.2），監督権の保持（同18.2），施設内処遇の際の少年への接触権（同26.5）を規定している。こうした規定は，権利条約18条1項と同様であり，子どもの権利保障の実現のためには親・保護者の役割が重要であるとの認識にもとづいている。なお，適正手続の保障の実効性を担保するために，再調査と不服申立制度等の整備，専門的な資質向上に向けた努力の要請が明示されている（北京ルールズ6.1〜6.3）。

(2) 処分の選択基準

意義　権利条約40条4項の明示する処分の選択基準は，①福祉の重視，②比例原則，③福祉的要素の強い多様な措置の積極的開発の要請，にまとめられる。また，北京ルールズ5.1においては，①少年の福祉の重視のほか，②犯罪者と犯罪の双方に比例する処分の必要性（比例原則），が明示されている。これらは，少年の福祉を重視する観点から，多様な措置の開発を含めて，少年の社会復帰（再社会化）の効果的な実現に向けた最善の処遇選択を保障する一方で，比例原則によって処遇選択を限界づけようとするものである。ここでは，行為主義的な観点が行為者主義的運用を制限することになる。

死刑の扱い　少年に対する死刑は，権利条約においても北京ルールズにおいても明示的に禁止されている。権利条約は18歳未満を禁止対象としているため（児童約37条(a)），日本が権利条約を批准する障害にはならなかった。他方，北京ルールズは，成人と異なる扱いを受ける者（少年）を一律に死刑禁

止対象としている（北京ルールズ17.2）。したがって，日本の少年法は，18歳・19歳に死刑の可能性を認める点で（51条1項），北京ルールズに抵触する。しかし，国連規則には，規則にもとづく国内法の整備と実施の義務がないため，行為時18歳以上の少年に対する死刑自体が問題になることはない。ただ，日本の死刑制度一般が国際社会の中で批判されている現状のもとで，今後，北京ルールズへの抵触が大きな問題になる可能性は否定できない。

(3)　処遇システム全体の改革

身柄拘禁の制限　　身柄拘禁（施設収容）は少年処遇に重大な弊害があるという観点から，処遇システムのあらゆる場面で，施設収容は極力回避すべきであるとされる（児童約37条(b)）。特に，北京ルールズは，捜査，審判，処分決定，処分執行のすべての段階について，拘禁を制限する詳細な規定を置いている（北京ルールズ10.2・13.1・17.1(b)(c)・19.1・28.1）。保護規則は，拘禁の最終手段性と（保護規則前文1・1・2・17）具体的な運用を規定し（同Ⅳ），ガイドラインは，施設収容について厳格な具体的基準を規定している（ガイドライン46）。

ダイヴァージョンと社会内処遇の推進　　施設収容処分の制限は，開放的な社会内処遇の活用と表裏をなすだけでなく，少年司法システムからの積極的な離脱（ダイヴァージョン）の推進へとつながる。この点で，北京ルールズは，社会資源の最大限の活用によって法的介入を減少させることにより，少年の福祉を増進させるという基本認識から（北京ルールズ1.3），ダイヴァージョンの積極的推進と，受け皿としての社会内プログラムの提供を要請している（同11.1〜11.4）。具体的には，審判のための身柄拘束に代わる社会内措置の開発（同13.2）と施設収容に代わる多様な社会内処遇手段の開発（同18.1），である。そうした姿勢は，ガイドラインにおいても同様である（ガイドライン6）。

その他　　少年からの不服申立や調査，公平な問題解決や援助を実効的に達成するため，独立したオンブズマン制度の導入が提言され（保護規則77，ガイドライン57），国連規則の実施状況の監督や定期的な報告書の公表が期待されている（北京ルールズ30.2・30.3）。また，少年非行に対する国連のアプローチの基本姿勢として，「社会的に危険な状態にある子ども」に関心を持つことが期待され，ガイドラインで具体化されている（ガイドライン前文5(a)・24・25・33・39・51・53・59）。さらに，処遇を実効的なものにする目的のもとに，専門的な

施設やプログラムとサーヴィスの提供が要請され（北京ルールズ 1.3・11.4・13.5・16.1・17.1⒜・24.1・25.1・26.1～26.6・28.2・29.1・30.4），専門職のための研修等が提言されている（北京ルールズ 22，保護規則 5・85，ガイドライン 58・63）。

③　少年法の将来と課題

1　少年法の将来

(1)　少年法の現状とその評価

少年法の現状　　これまで，わが国の現行少年法が少年事件をどのように扱っているかについて，非行（少年）の発見段階，家庭裁判所による受理後の段階（審判前段階と審判段階），保護処分執行段階を中心に見てきた。また，少年非行の状況や少年の刑事事件についても，必要に応じて言及してきた。本書での叙述が，わが国の少年法の現状ということになる。他方，少年司法システムは歴史的な創造物であり，社会情勢や理論的動向の変化等に応じて可変的なものであることも否定できない。それは，わが国の 2000 年以降の少年法改正にも見られる。少年法の現状は，まさに現時点のものでしかなく，それが少年法の将来的なあり方や姿を拘束するわけではない。

現状に対する評価　　そうは言っても，少年法の将来が何らの制約もなしに可変的であってよいとは思われない。少年司法システムが独立してきた歴史や，成人と決定的に異なる少年の特性（未熟な人格的発達段階と可塑性の高さ）等を重視すべきことから，最低限，少年司法システムを刑事裁判システムに再統合することは否定される。今後は，独立した少年司法システムの維持という大枠のもとで，より適切な制度と運用を模索していくことになる。

　各国における少年司法システムの具体的な構造や運用は，各国の事情に大きく左右されるが，将来の方向性については，子どもの権利条約を中心とする国際準則の考え方が参考になる。一連の国際準則は，少年司法システムの維持を前提としたうえで，刑事事件として共通に扱われるべき場面と，少年の特性を重視して扱うべき場面を明らかにしている。前者は，刑事法上の原則の確認と適正手続の少年への適用を提言するものであり，後者は，処分の分離執行の必要性や処遇選択肢の拡充に向けた提言に見られる。

⑵　将来に向けた方向性

刑事事件との共通性　　成人と質的に異なる特性が少年に認められるにし
ても，刑事事件との共通性を重視すべき場面はある。犯罪少年の非行事実の
認定については，「疑わしきは被告人の利益に」の原則から，合理的な疑いを
超える程度の心証が要求されなければならない。それは，触法少年や虞犯少
年における非行事実認定の場合も同様である。また，無罪推定の原則と同様
に，非行事実が認定されるまでは非行事実の不存在が推定されるから，審判
による非行事実の認定を経ない段階（調査段階）での積極的な処遇は許される
べきでない。この点で，調査段階での試験観察の活用は許されないものと解
する。濫用にわたらないことを絶対的要件として，事実上の処遇的効果が認
められる措置（特に保護的措置）だけが許容されることになろう。さらに，刑事
事件との共通性の観点からは，一事不再理効に関する規定の一層の整備が必
要であると思われる。

適正手続の保障　　刑事事件との共通性からは，適正手続の保障の要請が
導かれる。このこととの関連で，被疑事実の告知を受ける権利，黙秘権，法
律扶助を受ける権利等については，現行少年法でも相当に配慮されているが，
さらに適切な運用が期待される。他方，刑事裁判と同じような審判の対審構
造化は，要保護性の解明と最善の処遇選択には馴染みにくく，職権主義的審
問構造は基本的に維持されてよいと思われる。

　適正手続の保障との関係で困難なのは，弁護人依頼権である。弁護人依頼
権の保障それ自体は，刑事事件との共通性から，積極的に推進すべきもので
ある。しかし，選任された弁護人の役割をめぐって困難な問題が予想される。
少年事件の弁護人（弁護士付添人）については，刑事裁判と同様の代理人とし
て行動する役割と，少年に対する教育的・保護的役割を重視すべき役割とが，
相互に調和しがたい場面が多く見られるからである。これは，カナダのよう
に，徹底した司法モデル化の実現を見た少年司法システムが直面している問
題でもあり，今後に残された課題である。

⑶　侵害原理と保護原理の関係

　少年法の将来を考える際に重要なのは，福祉モデル少年法制を支えていた
保護原理（パターナリズム）と刑事裁判システムの前提となる侵害原理との関

係を，どのように捉えるかということである。

　単独の原理から調和の原理へ　　独立当初の福祉モデル少年法制を基礎づ
けていたのは，もっぱら保護原理であった。それによれば，非行少年は，多
種多様な要保護少年の一部として法的介入の対象とされ，その要保護性を解
消するために必要な処遇が正当化される。したがって，要保護性の解消だけ
が，処遇を正当化するとともに，処遇を限界づけていた。その後，要保護性
の内容の違いから，非行少年とそれ以外の要保護少年との扱いが分離してい
き，保護原理だけから法的介入（処遇）の正当性を説明することが困難になっ
た。非行事実の存在を前提として要保護性の解明と処遇が認められる以上，
法的介入の根拠は非行事実の存在にあり，それには侵害原理による正当化が
必要となるからである。

　こうして，現在の非行少年法制（少年法）は，侵害原理（非行事実）と保護原
理（要保護性の解明とその解消）とが相互に有機的に結びついたものとなってい
る。これが，司法モデル少年法制であり，わが国の少年法もそのような構造
になっている。したがって，将来の少年法を考える場合には，侵害原理と保
護原理の関係（調和）をどのように捉えるべきかが重要になる。

　侵害原理を根拠とする限界　　ひとつの捉え方は，非行事実の存在は要保
護性解明の契機にすぎないから，その限りで侵害原理を考慮すれば足りると
する。それによれば，侵害原理の機能は，非行少年への法的介入を正当化す
るにとどまり，それ以上は特段の機能を果たさないものとなる。これは，要
保護性を中心として少年法を考えるもので，行為者主義と言うことができる。
現行少年法は，未成熟で可塑性が高いという少年の特性を重視することから，
非行に対する少年の責任（社会的非難）には言及するところがない。保護原理
を重視する立場は，こうした少年法の基本的な姿勢と調和する。

　他方，こうした立場によれば，要保護性が解消されない限りは保護原理に
よる介入が認められ，非行事実の内容や程度とは無関係に，介入が際限なく
なる可能性を否定できない。しかし，そのような帰結は，当初の福祉モデル
少年法制における過度の介入と同じで，妥当でないと思われる。少年法が，
司法システムを構成する法制度である以上，侵害原理によって正当化できる
範囲内で保護原理を機能させるべきである。その意味で，侵害原理は保護原

理の機能を限界づける。もはや，純粋な福祉モデルに復帰することはできない。もっとも，非行事実の内容や程度が軽微である反面，要保護性がそれと相応しないほどに重大な事案は，実際にはそれほど多くない。

　　少年司法システムとしての限界　　これに対し，非行事実の内容や程度が重大である反面，要保護性が相対的に重大でない事案が問題になる。一般には，原則逆送対象事件（20条2項・62条2項・63条2項）に当たるような事案である。非行少年の責任追及を明示せず，成長発達権にもとづく再社会化（健全育成）を目的とする少年法の立場（1条）からすれば，少年法上の処遇によって要保護性が解消すれば介入の根拠がなくなるから，非行事実の内容や程度そのものを重視する必要はないことになる。こうした扱いの徹底を主張するのが，逆送要件の刑事処分相当性を判断する際の保護不能説である。他方，保護不適説からは，このような事案の場合，要保護性の程度を超える少年法の介入は否定されるにしても，非行事実の内容や程度を根拠として刑事処分相当検送（20条1項）が認められる。侵害原理と結びつく非行事実の内容や程度も，刑事処分相当性の重要な判断要素のひとつとされるからである。

　少年の特性を重視する少年法の目的は，少年保護事件と少年刑事事件の双方に共通している（1条参照）。しかし，保護事件の枠内で扱えない少年刑事事件の存在を認め，検送の要件として刑事処分「相当」を明示する以上，保護不適説の立場によるべきこととなろう。その意味で，侵害原理をも重視する実務動向は妥当なものと思われる。

2　少年法の課題

　少年法の今後については，すでに指摘したことを含め，多くの課題が残されている。なかでも，各国で課題となっているのは，一方では重大事犯への適切な対処方法であり，他方では軽微事犯を中心とした積極的なダイヴァージョンの導入である。

(1)　重大事犯への対応

　　重大事犯に対する社会の反応　　少年による重大な犯罪事件や触法事案に対して，最近の社会は，非常に強い否定的・拒否的な反応を示し，少年法の内容を厳しいものに変更することで対処しようとする傾向（いわゆる厳罰化論）

が強い。この傾向は，わが国特有のものではなく，1970年代の終わり頃から，アメリカやカナダを中心としたモラル・パニックに見られたところである。

　厳罰化論の具体的な内容は，論者によって異なるが，少年非行の現状が深刻な状況（量的増加と質的悪化）にあるとの認識を前提として，少年非行を扱う少年法の構造や運用がそうした現状をもたらしているとし，少年法の内容を厳しいものにすれば少年非行の現状は改善できる，と考える点で共通している。このような3段論法的な主張は，大前提や小前提が証明されていない（証明できない）にもかかわらず，広く社会に受け入れられる傾向にあり，こうした論調で現行少年法を批判する報道なども見られる。

　現行少年法の対応　　犯罪に対する社会的非難を目的とする刑法では，罪刑均衡の原則（比例原則）が前提とされることから，個々の犯罪類型に適用しうる刑罰の幅が法定されており，責任に応じた刑罰が量定される。他方，非行少年の再社会化（成長発達権にもとづく健全育成）を目的とする少年法は，非行事実と処遇との間の均衡以上に，要保護性と処遇との間の均衡を重視することを要請している。このため，処遇内容は，非行事実に応じる形では一般的に法定されておらず，審判を通じて個別的・具体的に決定される。

　わが国の少年法は，少年保護事件に対するこのような対応を基本として，少年保護事件としての扱いが相当でない（少年刑事事件としての扱いが相当である）場合に，例外的に刑事裁判手続への事件送致を認める。したがって，少年による重大な事件や深刻な事案についても，現行少年法を前提とする限り，このような枠組みの中で適切に対応していく以外にない。それを不十分ないしは不適切とするのであれば，少年法の改正を主張することになる。

　今後の方向性　　2002年に制定されたカナダ少年刑事裁判法は，少年保護事件と少年刑事事件との関係について，わが国と同様の構造であった従前の態度を改め，すべての少年犯罪（者）を少年刑事裁判所で扱うこととし（刑事裁判所への移送制度の廃止），事案の内容に応じて処分と刑罰のいずれかで対処することにした。その目的のひとつは，少年の重大事犯に対する相応の制裁を可能にすることにある。その意味で，カナダ少年刑事裁判法は，少年法の枠内で，「重大事犯に対する厳罰化」を実現したものと言ってよい。わが国でも，このような思い切った改正が必要なのであろうか。

　問題は，わが国の少年法が，少年事件の内容に応じた適切な対応を可能にしているかということにある。これは，少年法の構造と運用に対する評価であり，立場によって結論が異なる。いわゆる厳罰化を主張する立場は，現行少年法の対応に不満を持っている。しかし，少年保護事件については，実務における運用や2000年以降の改正によって，保護処分の選択肢の拡充が実現している。また，刑事処分相当性にもとづく刑事事件の扱いについても，2000年改正や2014年改正，さらには2021年改正によって，より柔軟な運用が可能になっている。事案の内容を根拠とする特段の改正は必要ないと思われる。むしろ，適切な運用こそが今後の課題と言えよう。

(2) ダイヴァージョンの方向性

　現行少年法におけるダイヴァージョン　少年事件については，一般に，適切な段階での積極的なダイヴァージョン（司法的対応からの離脱）が望ましいとされる。専門機関としての家庭裁判所の先議と専議を重視して全件送致主義をとり，司法前処分を認めない現行少年法においては，適時のダイヴァージョンの必要性は特に大きい。こうした要請のもとで，少年法は，調査の結果としての審判不開始決定（19条1項）と審判の結果としての不処分決定（23条2項）によるダイヴァージョンを規定している。それは，非行事実または要保護性の不存在が判明した場合に限らず，調査段階と審判段階を通じて要保護性の程度が低下した場合を含むものである。その結果，家裁に送致された事件の約60％が保護処分に付されることなく終局している。そうした実績を支えているのが，広義の処遇的効果を持つ事実上の措置や積極的な働きかけであり，家庭裁判所のケースワーク機能として高く評価されている。また，簡易送致制度も，事実上のダイヴァージョンの機能を果たしている。

　修復的司法への期待　こうした現状のもとで，1990年代の終わり頃から，わが国においても，ニュージーランドやカナダの少年事件で特に実績を上げている修復的司法について，精力的な紹介が行われるようになった。修復的司法の一般的な形態は，被害者と加害者が同じテーブルについて事件を考えることを通して，最終的には和解による原状回復を図るというものである。その過程を通じて，加害者が被害者の心情や事件後の状況について深く知ることになる結果，両者の単なる和解にとどまらず，加害者の積極的な再

社会化が達成されるとも言われる。こうしたことから，修復的司法をわが国の少年事件に導入することへの期待が表明されているのである。

審判不開始決定と不処分決定によるダイヴァージョンは，事実上の処遇的効果を根拠とするものであり，少年手続から離脱した後の少年がどのように社会への再統合を実現していくかについて，裁判所は積極的に関わることができない。他方，修復的司法の先例によれば，少年が社会に再統合していく過程も視野に入れた運用がされるだけでなく，被害者の満足にとっても有用であると言われている。その点で，修復的司法は積極的に評価できるし，それに期待する主張も理解しうる。しかし，そのような有用性を認めるにしても，わが国の少年法との関係では，修復的司法による少年事件の終結（ダイヴァージョン）が現実的に導入可能であるかが検討されなければならない。

修復的司法の可能性　修復的司法の実際の運用においては，ファシリテーターの役割が極めて重要で，その力量によって成否が左右されると言われる。しかし，わが国の状況は，修復的司法の運用に限らず，いわゆるファシリテーターとしての機能を果たし得る人材は極めて稀有な存在である。修復的司法の手法をわが国に導入するのであれば，何よりも，修復的司法をも視野に入れたファシリテーターの育成自体が先決の課題となる。そのうえで，少年事件のどの段階で修復的司法の導入可能性があるかを検討することになる。可能性としては，家裁への送致前（捜査段階）と家裁の事件受理後があり，後者についてはさらに，調査段階と審判段階が考えられる。

送致前の段階でのダイヴァージョンを認めることは，家庭裁判所先議・専議主義と全件送致主義にもとづいて司法前処分を否定する現行法の立場に正面から抵触する。全件送致主義の例外を認めない限り，送致前の段階に修復的司法を導入することはできない。捜査段階で適切なファシリテーターを見つけるのも困難である。カナダでは警察官をファシリテーターとして修復的司法を行っている州もあり，わが国でも，少年相談に当たる少年サポートセンターの少年補導職員（少警8条3項）の活用可能性を想定しうる。しかし，捜査機関に対する社会の認識からすれば，本来の警察官ではないにしても，広義の警察関係者をファシリテーターとすることは現実的でない。

これに対し，事件受理後の導入については，少年法の構造上の制限はない

と思われる。しかし，修復的司法の中核を非行少年の社会への積極的な再統合に求めるとすれば，非行事実認定前の調査段階に導入することは許されない。他方，それほど積極的な運用を求めないのであれば，事実上の処遇効果のある措置を活用する現状と大きな違いはないとも言えよう。また，非行事実が認定された後の審判段階においても，修復的司法が試験観察等よりも格段に勝るもののようには思われない。特に，事件受理後の導入を考えるならば，ファシリテーターとして予想されるのは調査官と裁判官であるが，それは調査官・裁判官の本来の役割を超えるものとなる。

　以上のように，修復的司法については，有効に機能している国（少年法制）があることは否定できないにしても，わが国の現行少年法のもとで導入することは極めて困難であり，その必要性もないように思われる。何よりも，その成功要因が特有の文化的風土と強く結びついていることとの関係で，修復的司法はわが国の文化的風土とは馴染みにくいものと言えよう。修復的司法で重視・強調される被害者の視点は，記録の閲覧・謄写（5条の2），被害者調査，意見聴取（9条の2），審判の傍聴（22条の4）など，現行法のもとで可能な方法で（さらなる拡充も含めて）考慮すべきものである。

事項索引

判例索引

【地方裁判所・家庭裁判所・簡易裁判所】

[著者紹介]

丸 山 雅 夫（まるやま まさお）

1951年　長野県に生まれる
1980年　上智大学大学院法学研究科博士課程修了
現　在　南山大学大学院法学研究科教授
　　　　法学博士（上智大学）

主要著書

結果的加重犯論（成文堂，1990年）
カナダの少年司法（成文堂，2006年）
プロセス演習刑法（共編著，信山社，2009年）
ブリッジブック少年法入門（信山社，2013年）
刑法の論点と解釈（成文堂，2014年）
ケーススタディ刑法〔第5版〕（共著，日本評論社，2016年）
少年法の理論と実務（日本評論社，2022年）

少年法講義〔第4版〕

2010年10月10日　初　版第1刷発行
2012年 3 月20日　第2版第1刷発行
2016年 3 月20日　第3版第1刷発行
2022年 3 月 1 日　第4版第1刷発行

著　者　　丸 山 雅 夫

発行者　　阿 部 成 一

〒162-0041　東京都新宿区早稲田鶴巻町514

発行所　株式会社　成 文 堂

電話 03（3203）9201（代）Fax 03（3203）9206
http://www.seibundoh.co.jp

製版・印刷　三報社印刷　　　　　　製本　弘伸製本
☆乱丁・落丁本はおとりかえいたします☆
©2022　M. Maruyama　　　Printed in Japan
ISBN978-4-7923-5355-1　C3032

定価（本体3300円＋税）